供应链分销渠道策略与战略库存管理

——基于企业双重目标的视角

王宁宁 樊治平◎著

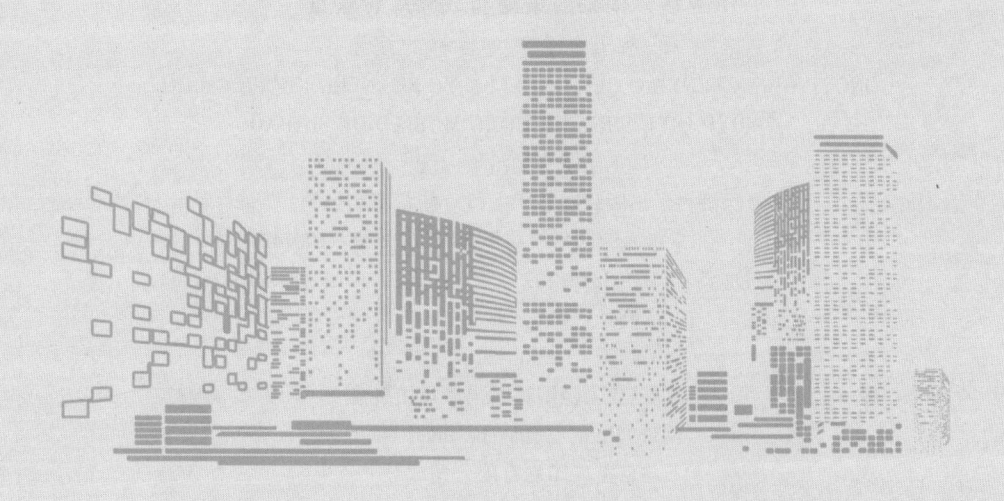

中国财经出版传媒集团
经济科学出版社
Economic Science Press
·北京·

图书在版编目（CIP）数据

供应链分销渠道策略与战略库存管理：基于企业双重目标的视角／王宁宁，樊治平著．－－北京：经济科学出版社，2025.6．－－ISBN 978-7-5218-7033-6

Ⅰ．F274；F273.4

中国国家版本馆 CIP 数据核字第 2025TD2896 号

责任编辑：白留杰　凌　敏
责任校对：齐　杰
责任印制：张佳裕

供应链分销渠道策略与战略库存管理
——基于企业双重目标的视角
GONGYINGLIAN FENXIAO QUDAO CELÜE YU ZHANLÜE KUCUN GUANLI
——JIYU QIYE SHUANGCHONG MUBIAO DE SHIJIAO
王宁宁　樊治平　著
经济科学出版社出版、发行　新华书店经销
社址：北京市海淀区阜成路甲 28 号　邮编：100142
教材分社电话：010-88191309　发行部电话：010-88191522
网址：www.esp.com.cn
电子邮箱：bailiujie518@126.com
天猫网店：经济科学出版社旗舰店
网址：http://jjkxcbs.tmall.com
北京密兴印刷有限公司印装
710×1000　16 开　18.75 印张　290000 字
2025 年 6 月第 1 版　2025 年 6 月第 1 次印刷
ISBN 978-7-5218-7033-6　定价：76.00 元
（图书出现印装问题，本社负责调换．电话：010-88191545）
（版权所有　侵权必究　打击盗版　举报热线：010-88191661
QQ：2242791300　营销中心电话：010-88191537
电子邮箱：dbts@esp.com.cn）

前　言

股东价值（利润）最大化是过往管理实践的主导模式。然而，在极端气候危机、不平等、金融危机以及社会组织变革等冲击下，企业面临从追求单一利润目标到多目标平衡发展的商业文明变革。人们开始反思市场的制度安排，尤其是反思商业与社会的关系。企业应该追求什么社会责任，企业追求社会责任的动机是什么，以及企业追求社会责任对经济社会的影响等一系列问题是业界和学术界广泛关注的研究热点。正如哈佛商学院朱莉·巴蒂拉纳（Julie Battilana）教授指出的那样，在"超越利润理念"的驱动下，越来越多的公司或组织将追求利润和追求社会责任结合起来，诸如消费者合作社、认证B公司以及商业非营利组织等的数量正在快速增长。

近年来，世界知名大学纷纷推出了融合ESG（环境、社会和治理）的可持续研究计划。比如，哈佛大学的社会变革与创新计划（Social Innovation and Change Initiative）和欧洲工商管理学院的可持续商业计划（Sustainable Business Initiative）。同时，斯坦福大学李效良（Hau L. Lee）教授和欧洲工商管理学院卢克·凡·沃森霍夫（Luk Van Wassenhove）教授等多位顶尖学者相继在国际顶尖学术期刊 *Management Science* 和 *Production and Operations Management* 上撰文指出，环境与社会责任驱动的运营管理是重要前沿领域。因此，关于融合企业社会责任的管理科学有待深入探究。

企业社会责任具有非常广泛的概念。普林斯顿大学罗兰·贝纳布（Roland Bénabou）教授和诺贝尔经济学奖得主让·梯若尔（Jean Tirole）教授认为企业社会责任有三种不同的理解：长期视角有利可图的企业社会责任、回应利益相关者诉求的企业社会责任和内驱型的企业社会责任。不论哪种理解，企业社会责任都促使企业将责任从增加利润扩展到为不同的利益相关者（如消费者、员工和社区等）做出积极贡献。这势必将对企业及至社会经济的发展产生深刻的影响。如何量化分析企业社会责任行为与市场以及其他一般均衡力量的相互作用是新兴的研究领域。

当前，双重目标组织（企业）对现代市场的影响尚未被系统理解。总体来说，有关的解析模型分析仍处于起步阶段。特别是，已有研究尚未在供应链管理层面挖掘企业社会责任的战略价值，并较少探索与现代市场中商业策略的相互作用。如何将正确的商业模型（外部市场结构）与企业（内部）目标匹配，以更好地实现双重目标使命是当前亟待解决的重要问题。这为系统解构社会责任情境下的复杂策略互动及其对系统绩效的影响提出了新的要求。多目标权衡也为理论模型分析提出新的难点和挑战。

在上述背景驱动下，本书一方面力求深入探究企业社会责任在运营层面，特别是在供应链管理中的重要影响；另一方面聚焦剖析供应链成员间的策略互动对企业双重目标影响的反向作用机制，进而试图从供应链层面挖掘企业追求双重目标的内在解释机理。具体地，提出了融合企业利润和消费者福利的双重目标的供应链分析模型框架，并逐步拓展到竞合、多渠道和多周期供应链多个场景，重点剖析了供应商入侵、供应链分销渠道设计和战略库存等商业策略。

本书的工作是较早一批突破利润最大化单一目标局限，将双重目标和商业策略进行有机融合的研究。同时，本书的工作也是首次在竞合、多渠道、多周期等不同场景揭示企业社会责任在供应链层面的战略价值的研究。本书的研究工作有助于解决企业和供应链在双重目标新情景下的管理实践困境，为融合双重目标的供应链管理问题分析提供了可借鉴的模型框架，丰富或完善了供应链管理理论和企业社会责任价值理论。

本书内容共分为8章。第1章系统阐述了企业社会责任和双重目标组织的发展背景，进而给出研究动机以及框架和意义；第2章梳理了国内外相关学术研究动态和趋势；第3章探究了考虑企业双重目标的供应商入侵策略；第4章探究了考虑企业双重目标的分销渠道选择策略；第5章探究了零售竞争环境下考虑企业双重目标匹配的分销渠道选择策略；第6章探究了单渠道供应链下考虑企业双重目标的战略库存策略；第7章探究了双渠道供应链下考虑企业双重目标的战略库存策略；第8章总结全书主要结论和管理见解。

本书内容由王宁宁和樊治平共同完成。王宁宁领衔全书的框架设计、内容组织和统稿。本书涉及的研究工作得到了国家自然科学基金项目（72472155，72031002）的资助，王宁宁获得的泰山学者工程（青年）专项支持计划项目也给予了经费支持。本书作者感谢吕林鑫等研究生对全书内容的通读和校对工作。

本书的一些内容是探索性的研究成果。由于作者水平有限，书中的一些观点、提法和叙述难免有不妥以及疏漏之处，恳请读者给予批评指正。

目录
CONTENTS

第1章 绪论 …………………………………………………………… 1
  1.1 企业社会责任与双重目标组织 ………………………………… 1
  1.2 电子商务环境下供应链分销渠道 ……………………………… 6
  1.3 供应链战略库存管理 …………………………………………… 8
  1.4 研究框架与意义 ………………………………………………… 10

第2章 相关研究综述 ………………………………………………… 16
  2.1 文献检索情况概述 ……………………………………………… 16
  2.2 供应商侵入与分销渠道管理 …………………………………… 31
  2.3 供应链战略库存 ………………………………………………… 41
  2.4 企业社会责任与企业双重目标 ………………………………… 45
  2.5 已有研究成果的述评 …………………………………………… 50
  2.6 本章小结 ………………………………………………………… 53

第3章 考虑企业双重目标的供应商侵入策略 ……………………… 55
  3.1 问题描述与模型设置 …………………………………………… 55
  3.2 纯营利基准模型 ………………………………………………… 58
  3.3 零售商追求双重目标情形的供应商侵入策略模型 …………… 61
  3.4 企业双重目标与供应商侵入策略的互动分析 ………………… 69
  3.5 价格竞争与各裔型双重目标 …………………………………… 83

3.6 本章小结 …… 91

第4章 考虑企业双重目标的分销渠道选择策略 …… 93

4.1 问题描述与模型设置 …… 93
4.2 基准模型：企业追求纯营利目标情境 …… 96
4.3 考虑企业双重目标的渠道模型 …… 98
4.4 多情境双重目标模型 …… 112
4.5 价格竞争与追求双重目标的零售商 …… 139
4.6 本章小结 …… 168

第5章 零售竞争环境下考虑企业双重目标的分销渠道选择策略 …… 170

5.1 问题描述与模型设置 …… 170
5.2 自有零售商间竞争情境 …… 172
5.3 额外零售竞争情境 …… 181
5.4 本章小结 …… 194

第6章 单渠道供应链下考虑企业双重目标的战略库存策略 …… 196

6.1 问题描述与模型设置 …… 196
6.2 基准模型：企业追求纯营利目标情形 …… 199
6.3 考虑企业双重目标的战略库存策略 …… 202
6.4 企业双重目标与契约偏好 …… 208
6.5 本章小结 …… 212

第7章 双渠道供应链下考虑企业双重目标的战略库存策略 …… 214

7.1 问题描述与模型设置 …… 214
7.2 双渠道供应链下考虑企业纯营利目标的战略库存策略 …… 218
7.3 考虑零售商追求双重目标的战略库存策略 …… 229
7.4 考虑供应商双重目标的战略库存策略 …… 244
7.5 本章小结 …… 256

第 8 章　结论与展望 ··· 258
　8.1　主要研究结论 ··· 258
　8.2　主要贡献 ··· 264
　8.3　局限性 ··· 267
　8.4　今后研究工作展望 ····································· 268

参考文献 ··· 270

第1章 绪　　论

1.1　企业社会责任与双重目标组织

1.1.1　企业社会责任和 ESG* 浪潮

企业应该追求什么目标（社会责任）的观念正随着时间的推移和所处社会环境的改变而发生变化。从历史的发展长河来看，经世济民和商以载道等观念是古人对经济发展的朴素理解。然而，经济发展的历史并未完全按照这一理想的轨迹前进（商道纵横，2015）。股东价值（利润）最大化是过往管理实践的主导模式。这呼应着诺贝尔经济学奖得主米尔顿·弗里德曼（Milton Friedman）对企业社会责任的论断，即企业只有一个社会责任——增加利润。在这一理念的驾驭下，全球经济发展经历了多次工业化革命，实现了经济的飞跃式发展，却也带来了与人类社会发展相违背的环境污染、贫富差距以及金融危机等问题。这让人们开始反思市场的制度安排，尤其是反思商业与社会的关系。由此，企业社会责任（Corporate Social Responsibility，CSR）成为现代商业的重要话题。

20世纪80年代，现代意义的"企业社会责任"运动开始在欧美发达国家逐渐兴起。随着我国的改革开放和经济全球化发展，企业社会责任以供应链为媒介传入我国。这在一定程度上体现了企业社会责任的全球化浪潮，以及股东利益至上理念在全球范围内受到了挑战。即便如此，企业社会责任仍未有一个

---

* ESG 是 Environmental, Social and Governance 的缩写，表示环境、社会和治理。

明确的定义。特别是，企业应该追求什么社会责任，企业追求社会责任的动机是什么，以及企业追求社会责任对经济社会的影响等一系列问题是业界和学术界广泛关注的研究热点（Mc Williams & Siegel，2000；Keys et al.，2009；Dou & Choi，2021）。

企业社会责任具有非常广泛的概念，涉及人权、消费者福利、社会福利、公司治理、健康和安全、环境影响、工作条件以及对经济发展的贡献等许多不同的主题。普林斯顿大学罗兰·贝纳布（Roland Bénabou）教授和诺贝尔经济学奖得主让·梯若尔（Jean Tirole）教授认为，企业社会责任有三种不同的理解：长期视角有利可图的企业社会责任、回应利益相关者诉求的企业社会责任和内驱型的企业社会责任（Bénabou & Tirole，2010）。不论哪种理解，企业社会责任都促使企业将责任从增加利润扩展到为不同的利益相关者（如消费者、员工和社区等）做出积极贡献。这势必将对企业乃至社会经济的发展产生深刻的影响。如何量化分析企业社会责任行为与市场以及其他一般均衡力量的相互作用是新兴领域（Bénabou & Tirole，2010）。正是在这一驱动下，本书力求深入探讨企业社会责任在运营层面，特别是在供应链管理中的重要影响。

从长远或者外部溢出性视角来看，已有研究表明 CSR 会给企业带来一定的好处。比如，CSR 会对组织的品牌形象和营利产生积极影响。CSR 有助于企业建立良好的品牌形象，提高客户的信任度和忠诚度、吸引人才、提高员工敬业度和留存率，从而提升竞争优势。一些 CSR 活动（如提高能源效率）可以降低运营成本，从长远来看可以增加利润。此外，积极主动地解决道德和社会问题还可能避免法律问题、罚款和声誉损害。

需要指出的是，一方面，本书并未刻意刻画企业社会责任在正外部性等方面的商业优势，而是更加关注企业社会责任如何策略性地影响企业间，尤其是供应链成员间的互动。另一方面，为简化分析，本书仅考虑企业既关注利润，也关注消费者剩余这一情形。消费者剩余是衡量消费者福利的重要指标，这一概念由纽约大学教授马歇尔（Alfred Marshall）在《经济学原理》一书中提出，是指买者的支付意愿减去买者的实际支付量。关注消费者剩余可以反映企业在承担社会责任方面的良好表现。本书将在随后部分具体列举企业既关注利润又关注消费者剩余的动机和例子。

第1章 绪　　论

如今，在企业社会责任理念的战略性引导下，ESG 开始在全球范围内掀起浪潮。2004 年联合国全球契约组织（United Nations Global Compact，UNGC）首次提出 ESG 的概念；2006 年，联合国成立责任投资原则组织（United Nations Principles for Responsible Investment，UNPRI）。在 UNPRI 的推动下，ESG 投资的理念逐步形成，ESG 投资的原则正式确立。同年，高盛发布了一份 ESG 研究报告，较早地将环境、社会和治理概念整合在一起，明确提出 ESG 概念。此后，国际组织和投资机构将 ESG 概念不断深化，针对 ESG 的三个方面演化出了全面、系统的信息披露标准和绩效评估方法，形成一套完整的 ESG 理念体系。

ESG 是衡量企业和组织可持续发展绩效的评价标准或体系，其将责任转化为可衡量的投资标准，可作为企业长期价值的评判依据之一。由于通用、量化、全面、系统等特征，ESG 成为国际上被不同行业普遍认可和接受的评价方法，也是投资机构考察投资标的的重要策略。除此之外，ESG 也适用于客户、供应商、员工和公众。通过融合 CSR 的战略性和 ESG 的标准化，企业可以更好地应对监管要求、满足投资者期待，并提升长期竞争力。

ESG 有三个维度，分别是环境、社会和公司治理。（1）环境（Environmental）层面指组织是否作为环境管理者运作，并涵盖气候变化、温室气体排放（Greenhouse Gas，GHG）、森林砍伐、生物多样性、碳排放、废弃物管理和污染等环境问题。（2）社会（Social）层面是指组织对人、文化和社区的影响，并关注对多样性、包容性、人权和供应链的社会影响。（3）公司治理（Governance）层面是指组织如何被引导，并着眼于公司治理因素，如高管薪酬、继任计划、董事会管理实践和股东权利。

本书从双重目标的视角展开分析，其中目标之一是关注消费者剩余，体现了企业在 ESG 中社会维度的优良表现。过去，社会维度是市场的边缘体，如今科尔伯格·克拉维斯·罗伯茨集团（Kohlberg Kravis Roberts & Co. L.P.，KKR）、先锋领航集团（Vanguard Group）、天利投资等大型投资者都创设了专注于社会问题的基金。企业逐渐认识到，社会维度的崛起意味着做坏事的代价可能越来越高。社会维度牵涉的利益相关方很多，包括但不限于员工、供应商、经销商与承包商、客户与消费者、当地社区、政府、媒体公众、行业协会等。在具体的实践中，如何了解众多利益相关方的意见并在其中作出权衡，对企业来说很有挑战性，也是其必须关注的问题。因此，对社会维度进行抽丝剥茧，进而简化分析是十分有必要的。消费者剩余是企业竞争力的最本质内涵，是企业培育竞争力机制，发挥竞争力机制作用的最终目的。在市场竞争日益激烈的今天，企业必须重视消费者剩余问题，提高对社会责任的关注，从而提高自身竞争力。

1.1.2 双重目标组织的兴起与发展

随着利润至上的管理原则在全球范围内被挑战，"超越利润"的管理原则正在积蓄动能（Pontefract，2016；Edgecliffe-Johnson，2019）。关注不同利益相关者的利益（如消费者、员工和股东等）在很多实践和研究中都得到了认可（Bian et al.，2021）。在实践中，具有社会责任的企业往往追求利润和社会使命的融合，如消费者福利和社会利益等（Arya et al.，2019；Zhou & Hong，2022）。正如阿里亚等（2019）提到的，专注于为企业所有者创造回报的纯营利组织和着眼于社会产出的政府实体之间曾经泾渭分明的界限在如今日益变得模糊起来（Arya et al.，2019）。

近些年，双重目标企业（Dual-Purpose Organization）在许多行业得到了显著的发展（Eldar，2017；Arya et al.，2019）。比如，医疗、教育、食品、健康产品和娱乐等行业领域。双重目标企业在为消费者提供价格优惠的产品的同时，也维持其财务的稳定性（Arya et al.，2019）。双重目标企业可以涵盖消费合作社、认证B公司、商业非营利组织、践行企业社会责任倡议的营利性组织等多种形式。

（1）消费者合作社。消费者合作社是一种以社区为基础的企业，由消费者所有，旨在满足其成员社区的需求。它们在现有的市场体系内运作，追求消费者的福利和利润。比如，位于西雅图的普吉特消费合作社市场（Puget Consumers Cooperative Community Markets，PCC Community Markets）是最大的消费者拥有的食品合作社。总部位于西雅图的安伊艾（Recreational Equipment Inc，REI）专门从事户外运动器材，是美国最大的消费者合作社。REI成立于1938

年，由一群登山者决定共同努力，以采购优质、负担得起的装备。如今，REI拥有1800万名会员，并将其年利润的70%以上投资于社区。同样，加拿大的户外零售商登山设备合作组织（Mountain Equipment Co-op，MEC）是该国主要的消费合作社之一。美国和加拿大所有的信用合作社都是金融合作社。在美国，9000多家信用合作社为全国8600多万名消费者提供金融服务。在瑞士，最大的两家连锁超市库普（Coop Group）和米格罗斯（Federation of Migros Cooperatives）都是合作社，也分别是该国最大的雇主之一。

（2）经认证的共益企业。经认证的共益企业可以追求利润以及其他目的，包括但不限于消费者福利。阿里亚等（2019）提供了一个示例列表，在引用的参考文献中可以找到更多示例（Arya et al.，2019）。除了视觉之春（Vision-Spring）和沃比帕克（Warby Parker）等以外，有许多大公司是经过认证的共益企业，包括本杰里（Ben & Jerry's）和联合利华（Seventh Generation）；幸福家庭（Happy Family，达能旗下公司）和新章（New Chapter，宝洁旗下公司）。

（3）商业性非营利组织。有些不同类型的组织是为了帮助特定的客户和销售负担得起的产品或服务（如蚊帐、眼镜和医疗保健服务）而建立的。例如，提供低成本眼科护理服务的亚拉文眼科医疗系统（Aravind Eye Care System）；社会企业A到Z（A to Z）在坦桑尼亚销售价格合理的蚊帐（Eldar，2017）。这些只是商业非营利组织和社会企业不断扩大的几个例子。商业非营利组织主导着许多行业，如医疗保健和教育，但在传统的营利性行业，如食品、健身产品和娱乐领域也有足迹（Arya et al.，2019）。

（4）除此之外，即便是对于利润最大化的公司，考虑以消费者为中心的目标也很重要，特别是对于那些具有前瞻性，且与消费者在长期内进行反复互动的公司（Sumida et al.，2021；Huh & Li，2023）。正如《斯雷特》（Slate）和《福布斯》（Forbes）等商业杂志所报道的，尽管亚马逊（Amazon）没有获得丰厚的利润，但其拥有消费者剩余这一强大的引擎（Yglesias，2013；Grennfield，2014）。现实中，沃尔玛（Walmart）和麦当劳（McDonald's）也采取社会责任措施来为消费者节省开销的同时保证其优质的生活。

这类双重目标企业的兴起及其给市场带来的根本性改变在企业界和学术界引起了关注和探索。然而，其在供应链系统，尤其是多周期供应链系统中的影响尚未得到深入考察，特别是对供应链运营层面的影响还知之甚少。比如，双重目标企业通常依靠不同的分销渠道来实现其双重目标，它在设计正确的渠道结构方面面临着独特的挑战。本书将针对这些问题展开深入研究。

1.2 电子商务环境下供应链分销渠道

1.2.1 电子商务的兴起与发展

随着互联网的普及和技术的不断进步，电子商务（Electronic Commerce，EC）在过去几十年里迅速崛起并得到了广泛发展。它是以计算机网络为基础所进行的各种商务活动，包括商品和服务的提供者、广告商、消费者、中介商等有关各方行为的总和，涵盖了从在线零售、在线拍卖、在线支付到供应链管理等多个领域，是现代商业活动的重要组成部分。在 21 世纪的今天，电子商务已成为全球经济中增长最快的领域之一，对传统商业模式产生了深远的影响。

电子商务最初主要集中在 B2B（Business-to-Business）领域，即企业之间的交易。随着亚马逊（Amazon）和易贝（eBay）等在线零售平台的出现，B2C（Business-to-Consumer）市场迅速崛起，为企业和消费者提供了一个交流和交易的场所。消费者开始习惯于在网上购买各种商品，购物选择和购物体验都得以丰富。当前，随着智能手机的普及和互联网的进一步发展，以及移动支付的兴起，电子商务进入了一个新的阶段，推动了其他领域的创新。例如，消费者可以更便捷地通过智能手机进行在线购物和支付；共享单车、共享住宿等共享经济的兴起使得人们可以通过在线平台共享资源和服务。电子商务也推动了供应链管理的创新，为企业在选择分销渠道策略以及战略库存管理时提供了更多的选择。

1.2.2 多样化的供应链分销渠道

分销渠道的设计是各个公司和组织的核心决策。传统上，企业可以通过自建的渠道将产品和服务转移到顾客或者消费者手中,通常被称为集中销售或者直销。经典的供应链分销渠道是指供应商通过中间商(零售商)将产品或服务提供给消费者(Kotler,1980;McGuire & Staelin,2008),通常也被称为分散渠道或者零售。传统观点认为,供应商在分销渠道中增加中间商(例如,零售商)的理由是,中间商在交易过程中可能具有更高的销售效率。然而,增加中间商的分散销售会存在双重边际化效应,减弱整个渠道的运营效率。

电子商务的发展促使供应链渠道结构变得更加扁平化,即上游制造商拓展了直接接触消费者和向消费者销售产品的能力。这促进了供应链分销渠道的多样化。网络零售已逐渐成长为各行各业普遍使用的销售方式,分销渠道逐步从传统的线下往线上拓展并不断向线上线下融合的方向发展。比如,零售平台互联网零售商(Internet Retailer)的数据显示,2018 年全球在线消费总额达到了 2.86 万亿美元,占比达到了全球零售总额的 15.2%。当前,许多制造商或供应商不仅可以通过独立零售商间接销售,还可以通过建立网上销售渠道实现直销。这种供应商与其零售商争夺零售市场,从而引起上下游竞争的现象通常被称为供应商侵入(Supplier Encroachment)。由此形成的供应链分销结构通常被称为双渠道供应链(Dual-Channel Supply Chain)(Dumrongsiri et al.,2008)。实践中,还存在其他形式的双渠道营销,比如,制造商或者零售商既通过线下实体店销售又通过线上销售;制造商或者零售商既通过线下实体店销售又通过网络平台进行销售等(Huang & Swaminathan,2009;Yan et al.,2015;Wang et al.,2020)。因此,研究供应链分销渠道选择问题具有十分重要的理论价值和现实意义。

供应商侵入现象在许多行业普遍存在。如电子数码行业的苹果(Apple)、思科(Cisco)、三星(Samsung)和华为等,通过电子零售巨头百思买(BestBuy)和自己的门店或者网站销售其电子产品;服装行业的耐克(Nike)和阿迪达斯(Adidas)等,通过零售商梅西百货(Macy's)和自己的工厂店(factory outlets)销售其鞋子和衣服;星巴克通过它自己的渠道和沃尔玛等传统零售商销售速溶咖啡;化妆品行业的雅诗兰黛(Estee Lauder)和兰蔻(Lancôme)等,通过零售商丝芙兰(Sephora)和自己的网站销售其化妆品;酒店和航空服务业的美国航空(American Airlines)和希尔顿(Hilton)等,通过亿客行（Expedia）和自己的网站销售机票和房间等（Tsay & Agrawal, 2004; Li et al., 2015）。

供应商侵入使得上游制造商获得了直销的能力，但却蚕食了零售商在零售领域的市场，从而有可能引发供应链成员间的紧张局势（渠道冲突）。目前，有关供应商侵入的问题引起了运营管理和市场营销领域的学者们的广泛关注（Chiang et al., 2003; Tsay & Agrawal, 2004; Arya et al., 2007）。比如，许多学者在不同情境下对供应商侵入这一策略及其对供应链动态和利润的影响进行了分析（Tsay & Agrawal, 2004; Arya et al., 2007; Li et al., 2014; Ha et al., 2016; Guan et al., 2019）；还有许多学者就供应商侵入后的双渠道供应链背景下的定价控制策略、契约协调和绿色产品销售等问题进行了深入的探讨（Cai, 2010; Dan et al., 2012; Li et al., 2016; Liu et al., 2016）。简言之，供应商侵入和多渠道营销已逐渐成为当今零售时代的一类标志性现象，也逐渐成为供应链管理领域一个不可或缺的重要研究主题。

1.3 供应链战略库存管理

1.3.1 供应链库存管理

库存管理是指企业对库存进行有效的规划、控制和管理，涉及对原材料、在制品和成品等各类库存的控制和优化，以实现最佳的库存水平和成本效益。通俗来讲，库存管理旨在确保在正确的时间将正确的产品放在正确的地方。供应链库存管理指的是一种在供应链环境下的库存运作模式，通过对整条供应链上的库存进行计划、组织、协调和控制，将各阶段库存控制在合理范围，减少资源闲置与浪费，以期降低库存成本和提高企业市场反应能力。

库存管理是运营管理中的一个重要的研究课题。如今，现代管理学普遍认为尽可能做到"零库存"是最好的库存管理方式。这是因为较高的库存水平不仅会给企业带来高存储成本（包括存储和保险费用，以及变质、盗窃和损坏的风险），还会占用企业较高的前期资金（利息负担相应增加）。进一步地，企业库存常常掩盖生产经营过程中不确定的需求与预测、随机的供应商、产品与服务质量以及生产能力不足等诸多问题。因此，企业必须尽力减少库存来暴露上述潜在问题，从而提高企业的经营管理水平和快速反应能力。

即便如此，企业仍有多个经典的原因来囤积库存。比如，为获得规模经济效应的周期库存（Cycle Inventory）、为应对交付和生产延误的管道库存（Pipeline Inventory）、为应对市场需求不确定的安全库存（Safety Inventory）和为对冲价格波动的投机性库存（Speculative Inventory）等（Zipkin，2000）。不确定的市场环境会给供应链带来牛鞭效应，这将增加供应链中的整体库存，给供应链中各节点企业带来了不必要的成本负担。对于供应链企业来说，必须在库存过多和库存不足之间找到适当的平衡，进而有效地管理库存。

1.3.2 战略库存及其在供应链管理中的重要作用

战略库存（Strategic Inventory）与上述提到的经典库存有所不同。具体地，战略库存是指在供应链环境中，下游零售商会在某一时期策略性地囤积库存，并在随后时期将囤积的库存进行销售的行为（Anand et al.，2008）。零售商的这一策略行为将有助于削弱供应商的垄断供应链地位。战略库存行为在许多行业实践中得到了广泛的观察，包括纸巾、咖啡、洗涤剂和废金属材料等（Bell et al.，1999；Martinez-de-Albeniz & Simchi-Levi，2013；Li et al.，2021）。进一步地，哈特维希等（2015）还通过实验室实验检验了零售商囤积战略库存的现象，及其对供应链绩效的影响（Hartwig et al.，2015）。已有文献表明，战略库存可以显著改变供应链动态，有助于减轻经典的双重边际化效应，可以在一定条件下提高供应链绩效和社会福利（Arya & Mittendorf，2013；Guan et al.，2019；Roy et al.，2019）。因此，这种供应链成员之间跨期互动的有趣现象受到了运营和营销领域学者们的广泛关注（Keskinocak et al.，2008；Anand et al.，2008；Desai et al.，2010）。

战略库存在供应链管理中的重要性主要体现在以下三个方面：（1）在企业实践中，大多数的供应链互动均发生在多周期环境中（Hartwig et al.，2015），在选择策略时考虑多周期环境具有重要意义；（2）战略库存不仅带来直接的库存成本，还在垂直供应链系统中引起了更加复杂的跨期互动，在协调供应链中上游供应商和下游零售商互动方面发挥了重要作用（Martin & Jiang, 2017; Roy et al., 2019）；(3) 这种跨期互动不仅影响着零售商利润，还对供应链绩效和社会福利产生着重要影响，进而影响了供应链契约设计（Guan et al., 2019）。综上所述，战略库存在供应链管理研究中也逐渐成为一个不可或缺的重要研究课题。

1.4 研究框架与意义

1.4.1 研究框架

基于上述背景，考虑双重目标企业的分销渠道选择和战略库存策略是一个值得关注的研究课题，且具有广泛的现实背景。本书创新性地将企业双重目标引入到供应商侵入、供应链分销渠道设计和战略库存管理等经典的供应链运营管理问题中，通过开发程式化模型探究了追求双重目标如何影响供应商侵入、供应链企业的渠道设计和战略库存策略等，并揭示了渠道侵入和战略库存策略的改变对企业社会责任影响的反向作用机理。

本书的研究目标介绍如下：

（1）理论层面，在已有研究成果的基础上，通过基于现代管理学和经济学的理论以及数学和博弈论等研究工具，建立考虑企业双重目标的供应链渠道选择和战略库存策略研究框架和模型，包括考虑企业双重目标的供应商侵入模型；考虑企业双重目标的分销渠道模型；零售竞争环境下考虑企业双重目标的分销渠道模型；单渠道供应链下考虑企业双重目标战略库存模型；以及双渠道供应链下考虑企业双重目标的战略库存模型。进一步地，利用逆向归纳等求解并分析，得到考虑企业双重目标的供应商侵入策略、分销渠道策略和战略库存管理策略等理论结果，为后续融合双重目标的运营管理问题奠定理论框架和方向指导。

（2）实践应用层面，在细致刻画考虑企业双重目标的供应商侵入、供应链分销渠道设计和战略库存管理的基础上,通过开展系统科学的研究,得到不同情境下的均衡策略;揭示不同情境下的企业双重目标对均衡结果的影响以及供应链系统中的其他市场参数对这些均衡策略的影响,从而为企业管理者提供科学的、有价值的管理见解。

本书的研究内容介绍如下:

(1) 考虑企业双重目标的供应商侵入策略。关于这方面的具体内容包括:一是对利润最大化和企业双重目标两种情形下供应商侵入问题的形式化描述。二是利润最大化基准模型。具体地,首先给出无供应商侵入的基准模型,然后给出供应商侵入的基准模型,最后分析利润最大化基准情形下的均衡结果。三是考虑零售商双重目标的供应商侵入模型。具体地,首先给出无供应商侵入模型,然后给出供应商侵入模型,最后分析企业双重目标对定价等均衡决策的影响。四是企业双重目标与供应商侵入策略的互动分析。具体地,首先给出供应商侵入的策略分析,然后分析双重目标对消费者和企业利润的影响。五是价格竞争与双重目标。考虑价格竞争和吝啬型企业双重目标,以及追求双重目标的供应商。

(2) 考虑企业双重目标的分销渠道策略。关于这方面的具体内容包括:一是对利润最大化和企业双重目标两种情形下分销渠道设计问题的形式化描述。二是利润最大化基准模型。具体地,首先给出仅直销渠道的基准模型,然后给出仅零售渠道的基准模型,最后分析混合销售渠道的基准模型。三是考虑企业双重目标的渠道模型。具体地,首先给出单渠道的模型分析,然后给出混合渠道的模型分析,最后分析渠道的均衡策略以及 Loss-for-Surplus 比率分析。四是多情境双重目标模型。首先考虑极端高的消费者关注比重,然后考虑利润约束;最后讨论一般化的企业双重目标模型。五是考虑价格竞争问题和追求双重目标的零售商。

(3) 零售竞争环境下考虑企业双重目标的分销渠道策略。关于这方面的具体内容包括:一是对自有零售商间竞争和额外零售竞争两种情境下分销渠道设计问题的形式化描述。二是自有零售商间竞争情境。具体地,首先给出单渠道的模型分析,然后给出混合渠道的模型分析,最后分析渠道的均衡策略和 Loss-for-Surplus 比率分析。三是考虑额外零售竞争情境。具体地,首先给出单渠道模型，然后给出混合渠道模型，最后分析均衡结果和 Loss-for-Surplus 比率分析。四是零售竞争的影响机理。对得到的均衡结果进一步对比分析，并且得到相关管理启示。

（4）单渠道供应链下考虑企业双重目标的战略库存策略。关于这方面的具体内容包括：一是利润最大化和企业双重目标两种情形下单渠道供应链的战略库存问题的形式化描述。二是利润最大化基准模型。具体地，首先给出利润最大化情形下的静态基准模型，然后给出利润最大化情形下的两期动态基准模型，包括动态契约模型和承诺契约模型，最后分析利润最大化情形下的战略库存管理的均衡结果。三是考虑企业双重目标的战略库存策略。具体地，首先给出静态模型，然后给出动态契约和承诺契约模型，最后分析企业双重目标情形下的战略库存管理的均衡结果。四是企业双重目标与契约偏好。对得到的均衡结果进一步对比分析，并且得到相关管理启示。具体地，首先分析企业双重目标对契约偏好的影响，然后分析战略库存对零售商采取企业双重目标的影响，最后分析双重目标零售商对供应商、供应链以及消费者的影响。

（5）双渠道供应链下考虑企业双重目标的战略库存策略。关于这方面的具体内容包括：一是双渠道供应链下考虑企业双重目标的战略库存问题的形式化描述。二是双渠道供应链下考虑利润最大化企业目标的战略库存策略。具体地，首先给出静态双渠道供应链基准模型，然后分析利润最大化情形下的动态契约和承诺契约模型，进一步地，分析利润最大化情形下基于双渠道供应链的战略库存策略，最后分析纯营利情形下基于双渠道供应链的契约偏好。三是双渠道供应链下考虑企业双重目标的战略库存策略。具体地，首先分别给出零售商和供应商两类双重目标情形下的静态双渠道供应链基准模型，然后分别在两类双重目标情形下给出基于双渠道供应链的动态契约模型和承诺契约模型，进一步地，分析两类双重目标情形下基于双渠道供应链的战略库存策略，最后分析两类双重目标情形下基于双渠道供应链的契约偏好以及战略库存对消费者的影响。

本书的研究思路介绍如下：

分析研究背景和明确研究问题—相关文献分析—理论分析—管理启示。下面给出具体描述。

（1）通过对有关考虑企业双重目标的供应链分销渠道和战略库存的企业实践背景以及已有研究的分析，提炼并明确具有科学价值的研究问题。

（2）针对明确的研究问题，结合研究缺口和企业实践考察分析及需求，进一步明确本书的研究目标和研究意义。

（3）在确定研究目标和明确研究意义的基础上，确定具体研究内容。进一步地提出研究框架，包括研究思路和研究方法。

（4）通过文献检索和归纳整理分析，对考虑企业双重目标的供应链分销渠道和战略库存的相关文献进行总结和梳理；在此过程中对已有研究的贡献和局限性进行述评，总结已有研究对研究本书关注问题的启示，进一步明确相关概念和理论基础，进而为本书的研究奠定基础。

（5）基于现实背景和已有研究成果，对本书明确的研究问题进行深入研究，即针对考虑企业双重目标的供应商侵入问题、考虑企业双重目标的分销渠道选择问题、零售竞争环境下考虑企业双重目标的分销渠道选择问题、单渠道供应链下考虑企业双重目标战略库存问题和双渠道供应链下考虑企业双重目标的战略库存问题，分别进行形式化描述、构建模型、优化求解以及对比分析，并得到管理启示。

（6）总结研究结果和主要结论以及研究贡献，指出研究局限性，进一步地给出今后研究展望。

本书的研究方法介绍如下：

主要采用了调查分析、文献主题分析、逻辑归纳、博弈分析、建模优化、逆向归纳、数值分析、对比分析等研究方法。本书针对不同的研究内容，将采取不同的研究方法，具体如下：

（1）针对绪论和文献综述等部分内容，主要采用调查分析方法、文献主题分析方法以及归纳逻辑等方法。

（2）针对考虑企业双重目标的供应商侵入策略研究，主要采用博弈分析、逆向归纳、建模优化、数值分析、对比分析和逻辑归纳等方法。

（3）针对考虑企业双重目标的分销渠道选择策略研究，主要采用博弈分析、建模优化、逆向归纳、数值分析、对比分析和逻辑归纳等方法。

（4）针对零售竞争情境下考虑企业双重目标的分销渠道选择策略研究，主要采用博弈分析、建模优化、逆向归纳、数值分析、对比分析和逻辑归纳等方法。

（5）针对单渠道供应链下考虑企业双重目标的战略库存策略研究，主要采用博弈分析、建模优化、逆向归纳、数值分析、对比分析和逻辑归纳等方法。

（6）针对双渠道供应链下考虑企业双重目标的战略库存策略研究，主要采用博弈分析、建模优化、逆向归纳、数值分析、对比分析和逻辑归纳等方法。

1.4.2 研究意义

供应链分销渠道和战略库存是供应链运营领域两个非常重要的研究课题，引起了运营管理和市场营销等领域学者们的广泛关注。已有的研究给出了许多有意义的管理见解，为决策者提供了一定的决策支持。但是，已有研究大多基于利润最大化的假设。因此，鉴于以上现实背景，本书考虑企业双重目标的供应链分销渠道策略和战略库存策略研究的必要性主要体现在以下三个方面：

（1）不论是上游供应商侵入，还是零售商战略库存，又或是双重目标企业的分销渠道设计，都具有强大的企业实践背景。然而，已有文献缺乏考虑企业双重目标的供应链分销渠道策略和战略库存策略的理论研究。

（2）已有的有关分销渠道和战略库存的研究，在利润至上的时代能够为企业管理者提供有价值的管理参考；然而，随着"超越利润"的管理观念在企业界流行起来，企业管理者迫切需要科学、合理、有效的理论分析方法或模型来对这一新时代背景下的供应链分销渠道和战略库存相关问题进行探索，从而可以为企业管理者提供更深入的管理见解。

（3）正如阿里亚等（2019）所提到的，双重目标（混合）企业的兴起已经在企业界和学术界引起关注（Arya et al., 2019），并且这些新型企业给市场带来的根本性改变才刚刚开始被探索和理解（Matsumura, 1998; Hart, 2003; Porter & Kramer, 2006; Friedman & Heinle, 2016），然而，这类双重目标企业在垂直供应链系统中的影响尚未得到深入理解，尤其是对供应链运营层面的影响还知之甚少。

本书针对众多企业追求企业双重目标这一现实背景，对供应链管理中的供应商侵入、分销渠道和战略库存进行研究，具有如下重要意义：

（1）理论意义。从以往研究成果来看，学者们还没有系统地对考虑企业双重目标的供应链运营管理问题进行理论分析。首先，本书通过构建融合双重目标的多渠道供应链模型框架，将已有的供应链分销渠道等研究拓展到了零售商和制造商具有双重目标的情境，同时进行零售竞争环境下的延伸分析，并得到了许多有趣且不同的管理见解；其次，本书通过构建融合双重目标的多周期供应链模型框架，将已有的战略库存研究拓展到企业具有双重目标的情境，修正了多个基于利润最大化假设的理论结果。本书为融合双重目标的供应链管理问题分析提供了可借鉴的模型框架；补充完善了供应链侵入和战略库存等管理理论，补充完善了企业社会责任价值理论。

（2）实际意义。本书研究有助于为双重目标情形下的供应链分销渠道设计和战略库存问题提供管理见解。第一，在电子商务迅猛发展的当代，对供应商侵入和零售商采取企业双重目标等商业实践有着积极的指导意义。比如，在一定条件下，侵入双重目标零售商可能不利于提高供应链利润；零售商采取双重目标可以策略性地抵制供应商侵入。第二，对双重目标企业的分销渠道设计具有积极的指导意义。比如，不同程度的消费者关注度和销售劣势会显著影响企业分销渠道设计。第三，为零售竞争情境下的双重目标企业的分销渠道设计提供管理启示。比如，自有零售商竞争情境下，转售渠道的效率最高，混合渠道的效率最低；额外零售竞争情境下不一定如此。第四，为双重目标组织的兴起和发展提供了一个新的合理解释。即从上下游互动的视角揭示了企业追求双重目标的战略价值。第五，为管理双渠道供应链下的战略库存策略提供有益指导。比如，供应商采取双渠道营销以及提升直销渠道的效率可以有效地消除零售商战略库存等。

第 2 章　相关研究综述

围绕考虑双重企业目标的分销渠道和战略库存管理等研究问题，本章首先对已有的相关研究文献进行检索、分析和梳理；然后对已有研究文献进行综述；进一步地，对已有研究成果进行述评。在相关研究文献综述的过程中，本章还将以文献综述的方式对本书关注的相关概念和理论基础等进行总结和阐述。

2.1　文献检索情况概述

针对文献的检索情况，本节将从文献检索范围分析、文献主题分析以及学术趋势分析三方面进行阐述。

2.1.1　文献检索范围分析

本节首先对考虑双重企业目标的分销渠道管理和战略库存问题本身及其相关研究的发展脉络进行分析，从而确定本书研究的主题和文献检索的范围，为后续文献检索等做前期必要准备。显然，本书研究涉及两类供应链管理领域的重要研究课题：供应商侵入与分销渠道管理和战略库存。当然，这两类管理问题同时也受到了市场营销领域的学者们的广泛关注。可以看到，已有关于供应商侵入和战略库存的文献取得了丰硕的研究成果，并得到了许多经典的结果。因此，有必要对这两类研究进行检索和综述，以更好地开展本研究。此外，随着电子商务迅猛发展，分销渠道营销出现了新的变化和挑战。供应商侵入和分销渠道营销的结合促成了双渠道供应链的背景，在该背景下的运营管理问题也引起学者们的广泛关注，并取得了丰硕的研究成果。考虑到本书将对分销渠道管理和双渠道供应链下的战略库存问题进行研究，因此，有必要对分销渠道管理的相关研究进行综述。

本书在上述管理决策问题和管理背景下引入了企业双重目标的概念。这一"超越利润"的议程正在各行各业流行起来，并逐渐引起了企业界和学术界的关注。可以看到，已有研究为这类双重目标企业在改变竞争态势中的影响提供了许多见解，这可以为本书考察其在供应链运营层面的作用提供理论基础。因此，有必要对双重目标组织发展和影响的相关文献进行检索和综述。此外，双重目标组织的相关研究又涉及企业社会责任和利益相关者理论（Stakeholder Theory）等。对这类文献进行综述，有助于读者更好地理解企业双重目标。因此，本书也将对这类相关的文献进行简要的梳理和分析。

基于以上考虑，本书检索和综述的文献主要包括四个方面：一是关于供应商侵入的研究；二是关于分销渠道管理的研究；三是关于战略库存的研究；四是关于企业社会责任和企业双重目标的研究。在文献综述过程中，本书也将对出现的经典的相关概念和理论基础进行梳理和总结。

2.1.2 文献主题分析

为识别以上四个文献流的关键主题、研究热点，以科学引文索引（Web of Science，WoS）的核心合集数据库中的文献作为研究对象，运用知识图谱可视化文献计量软件引文空间（CiteSpace）分别对这四类文献流进行描述性统计分析和聚类分析，并利用可视化图谱探究每个文献流的研究脉络和发展趋势。

供应商侵入以主题、标题或关键词"supplier encroachment""manufacturer encroachment"同时检索，文献类型限定为论文，经人工核对，剔除掉会议论文、非英文发表文献等不相关文献后，共检索到相关文献273篇。为确定供应链侵入文献流的研究热点，使用关键词共现图谱和共现聚类相结合的方式。在CiteSpace 6.3软件中，设置时间切片为1年，设定节点类型参数为关键词，对 273 篇文献进行数据处理，得到供应商侵入领域的共现图谱，如图 2.1 所示。

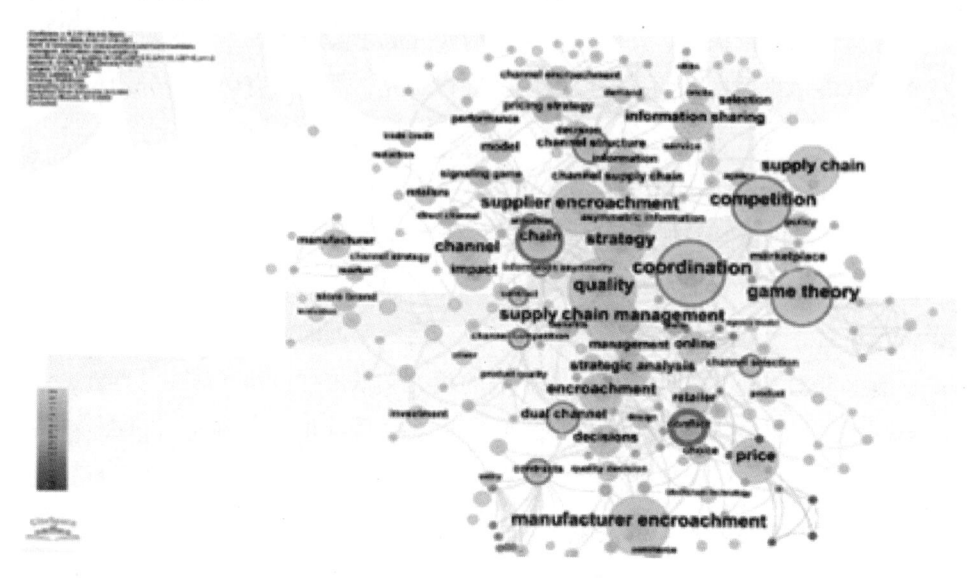

图 2.1　供应商侵入文献流的共现图谱

由图 2.1 可知，供应商侵入相关领域主要以 "manufacturer/supplier encroachment" "coordination" "quality" "game theory" 等关键词为主。其中，以 "manufacturer/supplier encroachment" 和 "coordination" 为关键词的相关文献数量最多，分别高达 142 篇和 97 篇。"coordination" "conflict" "encroachment" 的中心性高达 0.14，说明这三类关键词同供应商侵入领域的相关文献的其他关键词之间的关联度较高。由该图谱可知供应商侵入领域的研究热点主要集中在供应商侵入如何通过不同的渠道结构、定价策略、信息共享、供应链管理、竞争与渠道策略、产品质量与投资决策、不对称信息与博弈论以及市场影响与协调等方面来影响市场和供应链。这些研究热点为理解供应商侵入的复杂性和制定有效的应对策略提供了重要的参考。

依据这些文献中的关键词的共现图谱，将意思一致或相近的关键词和突现词聚为一类，可以宏观地把握供应商侵入的不同研究模块和方向。供应商侵入文献流的关键词聚类图谱如图 2.2 所示，其 Q 值为 0.5022，大于 0.3，S 值为 0.7803，大于 0.5，表明该聚类图谱社团结构显著且聚类结果是合理的。由聚类图谱可知，供应商侵入相关文献可分成 9 个聚类群（见图 2.2），聚类群之间的联系较为密切，构成复杂的网络结构，其所形成的聚类模块与关键词共现图谱具有较高的契合度。

#8 online marketplace
#6 dual-channel supply chain
#2 channel selection
#5 channels of distribution
#0 supply chain management
#3 supplier encroachment #7 game theory
#1 strategy
#4 energy performance contracting

图 2.2　供应商侵入文献流的关键词聚类图谱

作为整个网络图的核心聚类模块之一，供应链管理（#0 supply chain management）在图中占据了重要的位置。它与其他模块如双渠道供应链（#6 dual-channel supply chain）、分销渠道（#5 channels of distribution）和供应商侵入（#3 supplier encroachment）等都有紧密的联系。学者在该领域的研究主要从供应链和渠道角度出发，探讨供应商侵入的特点和影响，以及企业的应对策略等问题。

为了解该研究领域的整体动态演变，表 2.1 给出了在某个时间段内该领域呈爆发式增长的关键词，及其热度持续时间。通过观察这些关键词，可以迅速了解当前领域的研究重点，把握研究方向。

表 2.1　供应商侵入文献流的前 20 个关键词与最强的引用爆发

关键词	年份	强度	开始年份	结束年份	2007～2024 年
conflict	2007	4.14	2007	2019	
distribution channels	2012	1.79	2012	2018	
information asymmetry	2014	1.6	2014	2017	

续表

关键词	年份	强度	开始年份	结束年份	2007～2024年
commerce	2016	2.55	2016	2017	
dual-channel supply chain	2016	1.97	2016	2017	
age	2016	1.9	2016	2018	
coordination	2012	1.68	2019	2020	
contracts	2012	1.8	2018	2020	
market	2017	1.5	2017	2020	
manufacturer	2017	1.49	2017	2018	
benefits	2018	2.22	2018	2020	
pricing strategy	2019	2.35	2019	2022	
service	2020	2.74	2020	2021	
management	2015	2.73	2020	2021	
dual channel	2018	1.86	2021	2022	
store brand	2021	1.86	2021	2022	
loop supply chain	2021	1.54	2021	2022	
bricks	2021	1.31	2021	2022	
product quality	2022	1.97	2022	2024	
trade credit	2022	1.97	2022	2024	

从表2.1中最后一列的时间趋势上看，这些关键词的突现时间跨度不一，但整体上呈现出一个动态变化的过程。早期的研究可能更多地关注于供应商侵入所带来的直接冲突和分销渠道的选择问题，而随着时间的推移，研究逐渐深入到信息不对称、协调机制、服务质量等方面，反映了该领域研究的不断深入和拓展。

战略库存以主题、标题或关键词"strategic inventory"检索，文献类型限定为论文，经人工核对，剔除掉会议论文、非英文发表文献等不相关文献后，共检索到相关文献2280篇。借助CiteSpace 6.3软件，得到战略库存领域的共现图谱（见图2.3）。

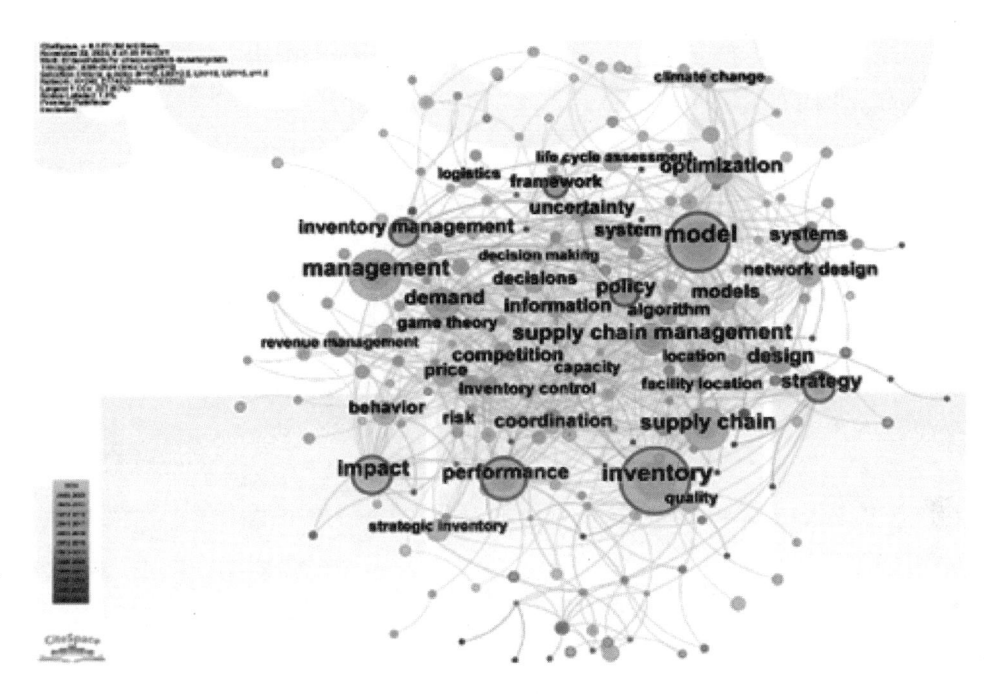

图 2.3　战略库存文献流的共现图谱

图谱中，以"inventory""inventory management""model"等关键词为主，辐射出"coordination""strategy""competition"等多个紧密相关的研究热点。供应链管理与库存管理紧密相连，共同构成了战略库存管理的基石，研究者们关注如何通过优化这两个方面来提高企业的运营效率和降低成本。同时，协调作为连接供应链与库存管理的关键纽带，其重要性不言而喻，研究致力于探索如何更好地协调供应链中的各个环节，以实现库存的最优管理。此外，策略与竞争也是图谱中的重要组成部分，研究者们深入分析不同库存策略对企业竞争力的影响，以及如何在竞争激烈的市场环境中制定有效的库存策略。而信息作为现代企业管理的重要资源，在战略库存管理中同样发挥着不可替代的作用，研究者们关注如何利用信息技术提高库存管理的效率和准确性。

战略库存文献流的关键词聚类图谱如图 2.4 所示，其 Q 值为 0.4622，S 值为 0.7479，表明该聚类图谱社团结构显著且聚类结果是合理的。由聚类图谱可知，战略库存相关文献可分成 8 个聚类，其中，利润管理（#0 revenue management)、系统（#3 system）、战略库存（#5 strategic inventory）、（#7 linear demand）之间有紧密的联系。

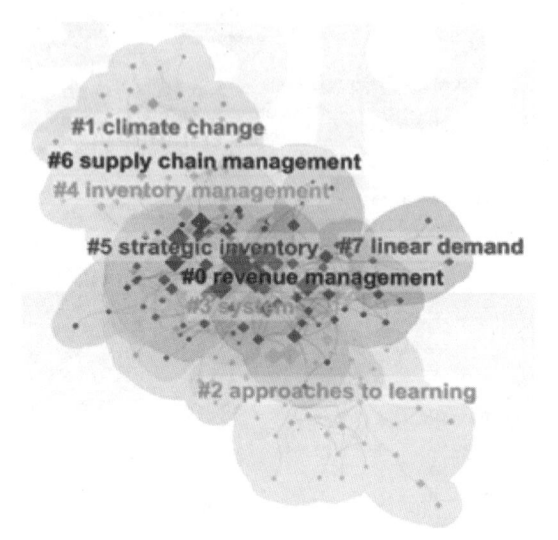

图 2.4　战略库存文献流的关键词聚类图谱

表 2.2 给出了在某个时间段内战略库存领域呈爆发式增长的关键词，及其热度持续时间。

表 2.2　战略库存文献流的前 20 个关键词与最强的引用爆发

关键词	年份	强度	开始年份	结束年份	2000～2024 年
supply chain management	2001	9.68	2001	2011	
qualitative differences	2006	6.06	2006	2011	
approaches to studying	2006	4.73	2006	2013	
facility location	2009	7.55	2009	2017	
revenue management	2008	5.51	2008	2017	
allocation	2009	4.47	2009	2013	
supply chain design	2010	4.69	2010	2013	
formulation	2010	4.44	2010	2015	

续表

关键词	年份	强度	开始年份	结束年份	2000~2024年
capacity	2001	4.76	2012	2015	
consumers	2014	5.15	2014	2019	
demand uncertainty	2008	4.58	2014	2017	
cost	2014	4.29	2014	2021	
dynamics	2016	5.19	2016	2021	
energy	2016	4.71	2018	2024	
inventory model	2014	4.46	2018	2021	
strategic inventory	2018	8.28	2020	2024	
health	2020	4.45	2020	2021	
channel	2010	4.22	2020	2024	
validation	2022	4.97	2022	2024	
benefits	2022	4.75	2022	2024	

表2.2揭示了过去25年间战略库存领域中最为关键的研究热点及其发展趋势。供应链管理"supply chain management"作为该领域的核心关键词，在2001~2011年被引用的次数最多，强度高达9.68次，凸显了其在当时及之后一段时间内的重要地位。随着时间的推移，供应链设计"supply chain design"成为了一个备受关注的热点，同时，消费者"consumer"，需求不确定性"demand uncertainty"，成本"cost"等关键词的突现，也表明了该领域在需求预测和风险管理等方面的研究进展，显示了战略库存领域研究的多元化和深入化。

双渠道供应链以主题、标题或关键词"dual-channel supply chain"检索，文献类型限定为论文，经人工核对，剔除掉会议论文、非英文发表文献等不相关文献后，共检索到相关文献1435篇。该领域的关键词共现图谱如图2.5所示。

由共现图谱可知，双渠道供应链的研究中，协调和竞争与多个其他关键词有着紧密的关联。协调与供应链、决策、合同、模型、博弈理论、策略等关键

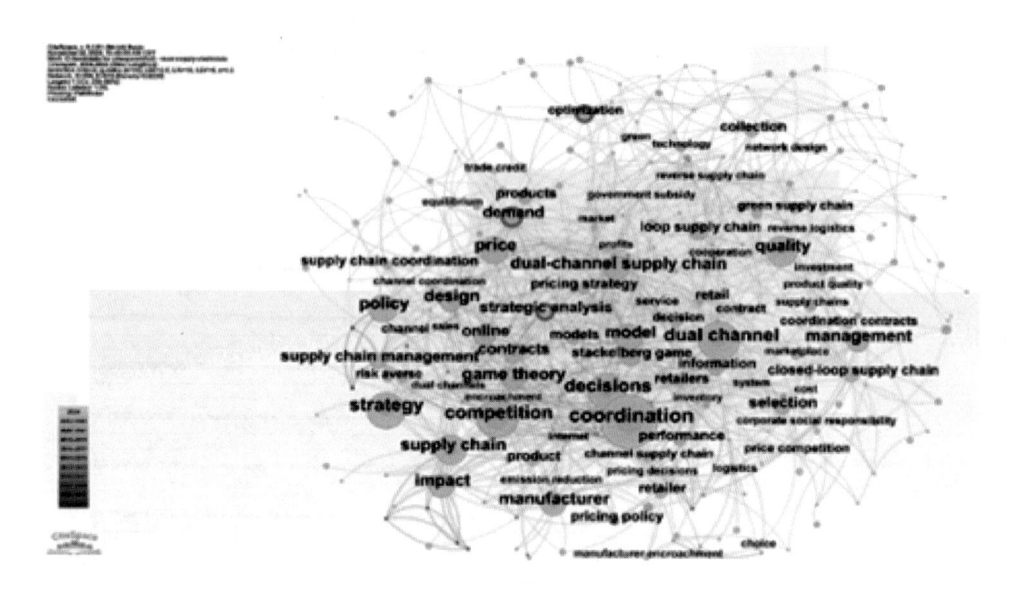

图 2.5　双渠道供应链文献流的关键词共现图谱

词紧密相连，表明研究者们在这一领域深入探讨了如何通过有效的协调机制来提升供应链的整体绩效。竞争也是双渠道供应链中一个不可忽视的主题。竞争与价格、侵入、策略等关键词紧密相连。

双渠道供应链文献流的关键词聚类图谱如图 2.6 所示，其 Q 值为 0.4108，S 值为 0.7065，表明该聚类图谱社团结构显著且聚类结果是合理的。

图 2.6　双渠道供应链文献流的关键词聚类图谱

由聚类图谱可知，战略库存相关文献可分成 8 个聚类，涵盖了低碳偏好、闭环供应链、政府干预、区块链技术和在线零售等多个方面。还体现了研究者们对双渠道供应链效率、可持续性和市场竞争力的持续关注和探索。

表2.3 给出了在某个时间段内双渠道供应链文献流中呈爆发式增长的关键词，及其热度持续时间。

表 2.3　双渠道供应链文献流的前 20 个关键词与最强的引用爆发

关键词	年份	强度	开始年份	结束年份	2002~2024 年
supply chain management	2003	4.35	2003	2017	
strategic analysis	2006	8.85	2006	2017	
competition	2003	5.74	2006	2016	
channel coordination	2008	4.63	2008	2016	
supply chain	2007	7.93	2010	2017	
demand	2011	3.59	2011	2017	
profits	2012	8.98	2012	2018	
game theory	2003	7.73	2012	2016	
retail	2012	7.11	2012	2019	
commerce	2012	5.33	2012	2018	
demand uncertainty	2012	3.73	2012	2018	
coordination	2003	4	2013	2015	
conflict	2016	4.59	2016	2018	
product	2018	4.31	2018	2019	
revenue	2020	4.93	2020	2021	
inventory	2009	6.21	2021	2022	
trade credit	2021	5.35	2021	2022	
marketplace	2020	4.31	2022	2024	
investment	2020	4.04	2022	2024	
reverse supply chain	2022	3.83	2022	2024	

"供应链管理"自 2003 年起就占据了显著的位置，其引用强度高达 4.35，并在接下来的十几年中持续受到关注。"战略分析""竞争""博弈理论"等关

25

键词也在早期就表现出了较高的引用强度，表明这些领域是双渠道供应链研究的基础和核心。2010 年之后，双渠道供应链研究在应对市场需求变化、优化利润结构、拓展零售渠道以及应对商业竞争等方面做出努力。近年来，"产品""收入""库存""贸易信贷""市场""投资""逆向供应链"等关键词也开始受到越来越多的关注。

企业社会责任和企业双重目标以主题、标题或关键词"dual-purpose organization""corporation social responsibility"检索，文献类型限定为论文，经人工核对，剔除掉会议论文、发表非英文等不相关文献后，共检索到相关文献 114 篇。

图 2.7 中，"corporate social responsibility"作为核心，与"business ethics""management""information""ethics"等关键词紧密相连，形成了紧密的网络结构。同时，"corporate governance""financial performance""sustainability""impact governance"等也是显著的研究焦点。学者不仅深入探讨了企业社会责任的道德伦理维度，还广泛关注了其对企业治理、财务绩效及可持续发展的深远影响，体现了企业社会责任研究的多维度和综合性特点。

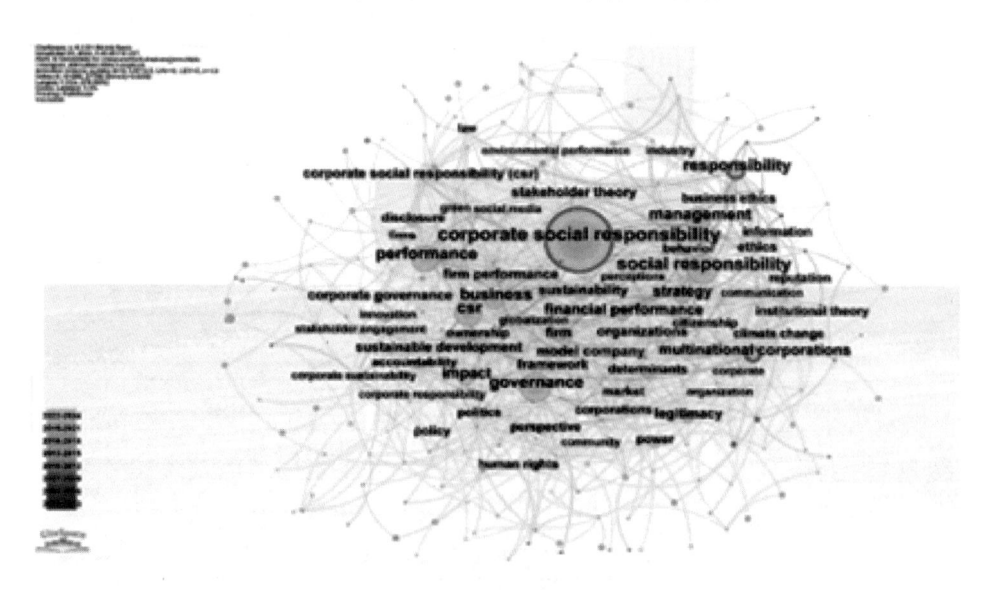

图 2.7　企业社会责任和企业双重目标文献流的共现图谱

企业社会责任和企业双重目标文献流的关键词聚类图谱如图 2.8 所示。其

Q 值为 0.4603，S 值为 0.7095，表明该聚类图谱社团结构显著且聚类结果是合理的。

图 2.8　企业社会责任和企业双重目标文献流的关键词聚类图谱

企业可持续性、企业社会责任、社交媒体、益利企业、制度理论、ESG 绩效、公司治理、人权、可持续发展以及气候变化等关键词紧密交织，形成了一个复杂而全面的研究网络。这些关键词的紧密聚集不仅体现了这些领域在 CSR 和双重目标研究中的核心地位，还表明当前研究正广泛聚焦于企业运营的多个维度，包括环境责任、社会责任、公司治理结构及绩效评估等多个方面，展现了学术界对企业如何在追求经济效益的同时，兼顾社会责任与环境责任的深入探索与广泛关注。

表 2.4 给出了在某个时间段内企业社会责任和企业双重目标文献流中呈爆发式增长的关键词，及其热度持续时间。

表 2.4　企业社会责任和企业双重目标文献流的前 20 个关键词与最强的引用爆发

关键词	年份	强度	开始年份	结束年份	2001～2024 年
business ethics	2002	13.32	2002	2009	
ethics	2002	13.27	2002	2015	
stakeholder theory	2002	5.19	2002	2006	
corporate citizenship	2004	7.12	2004	2015	
model	2004	5.37	2004	2012	

续表

关键词	年份	强度	开始年份	结束年份	2001~2024 年
corporate responsibility	2005	5	2005	2015	
corporation	2005	4.92	2005	2012	
corporate social responsibility	2002	13.21	2007	2012	
values	2007	6.79	2007	2015	
labor standards	2007	6.03	2007	2018	
global governance	2008	5.13	2008	2018	
behavior	2003	4.13	2007	2012	
global governance	2008	5.13	2008	2018	
consumers	2010	4.32	2010	2015	
associations	2011	4.26	2011	2015	
firm performance	2013	3.88	2019	2024	
firm value	2019	3.73	2019	2024	
benefit corporation	2019	3.48	2019	2024	
innovation	2016	3.15	2019	2024	
impact	2007	9.43	2022	2024	

这些变化共同体现了企业社会责任研究领域的广泛性和研究热点的动态演变。从整体趋势来看，"business ethics" "corporate social responsibility" 等关键词持续占据研究热点，显示出学术界对这些领域的长期关注。同时，"global governance" "impact" "benefit corporation" 等新兴话题的引用强度逐渐上升，反映出研究者们正日益重视全球视野下的企业责任、影响评估及利益相关企业模式。

2.1.3 学术趋势分析

基于相关文献的检索数据，本书对供应商侵入、战略库存以及双重目标组织等相关研究的发表年限和发表刊物进行了简单的分析。总体来看，国内外学者对上述问题的研究成果大多于近20年（2005~2024年）发表在国际期刊上。尤其是2010年以后的相关文献发表量相对更多，并且已有研究较多发表在高水平国际期刊上，包括《管理科学》（Management Science）、《营销科学》（Marketing Science）、《市场营销研究杂志》（Journal of Marketing Research）、《制造与服务运营管理》（Manufacturing and Service Operations Management）、《生产与运营管理》（Production and Operations Management）、《欧洲运筹学杂志》（European Journal of Operational Research）等。此外，近几年，国内期刊也开始出现相关的研究成果。这在一定程度上呼应了国内电子商务迅猛发展的商业背景。

为了更清晰地了解和阐述相关研究问题的研究趋势，本书利用科学知识网络平台（ISI Web of Knowledge）的Web of Science数据库，通过以"supplier encroachment""strategic inventory""dual-channel supply chain""stakeholder theory"为例创建了引文分析报告。具体如图2.9~图2.12所示。

简单来讲，图2.9~图2.12的结果体现了如下几个研究趋势：（1）已有的关于战略库存、供应商侵入以及双渠道供应链等主题的文献在发表量和引文数上都呈现逐年递增的趋势；（2）已有相关文献大多发表在2010年以后，尤其是在2016年左右开始迅速增加；（3）供应商侵入和战略库存等相关研究主题正稳步成长为学术界的研究热点；（4）与双重企业目标相关的利益相关者理论研究引起了学术界的广泛关注，且文献在发表量和引文数上都呈现逐年增加的趋势。

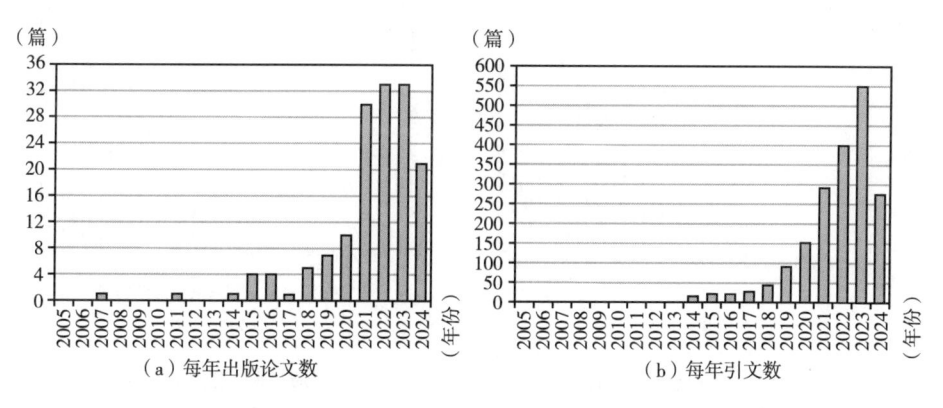

图2.9 以供应商侵入为研究主题的文献出版情况和文献引用情况

(a) 每年出版论文数　　　　　　　　(b) 每年引文数

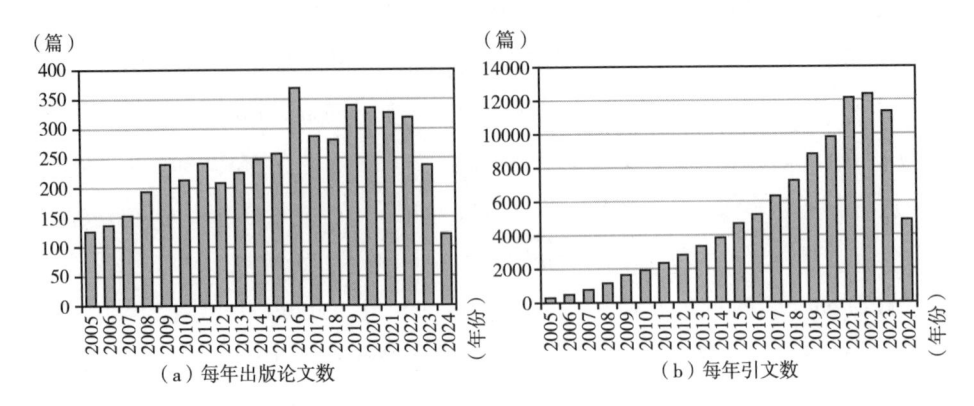

图 2.10　以战略库存为研究主题的文献出版情况和文献引用情况

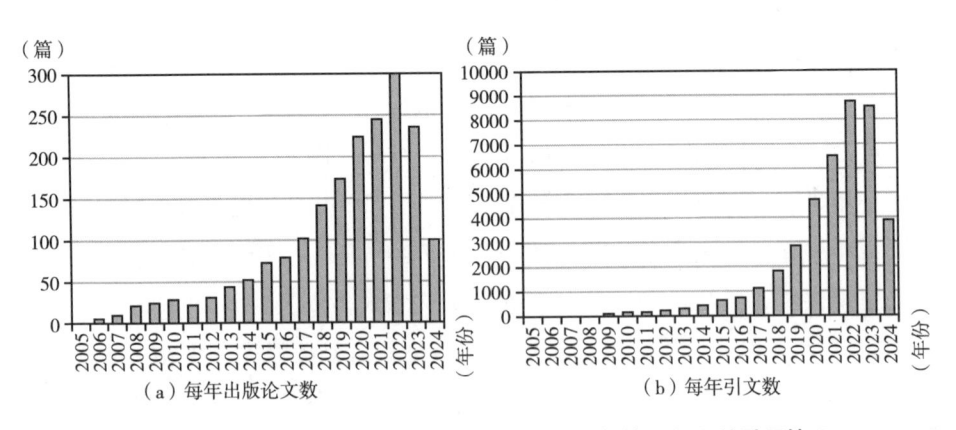

(a) 每年出版论文数　　　　　　　　(b) 每年引文数

图 2.11　以双渠道供应链为研究主题的文献出版情况和文献引用情况

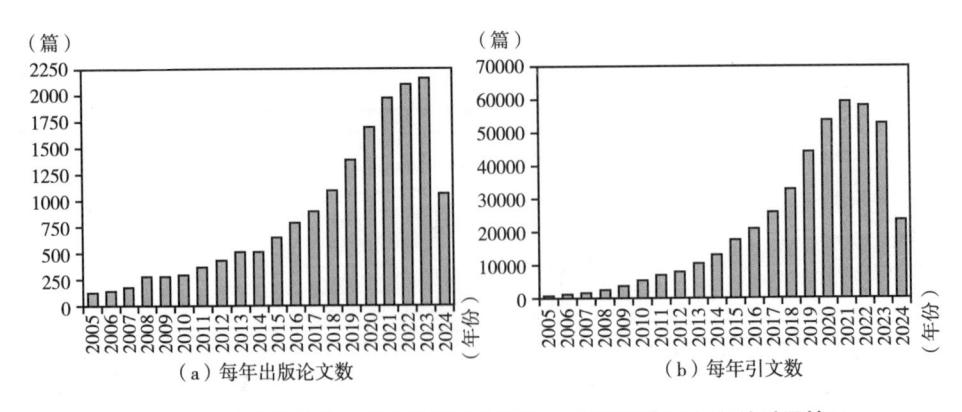

(a) 每年出版论文数　　　　　　　　(b) 每年引文数

图 2.12　以利益相关者理论为研究主题的文献出版情况和文献引用情况

综上所述，有关供应商侵入和战略库存的问题研究引起了国内外学者们的广泛关注，是值得关注的具有现实意义的研究课题。此外，有关双重目标组织的研究正在引起学者们的关注，是一个值得进一步深入探索的研究课题。

2.2 供应商侵入与分销渠道管理

本节主要对有关供应商侵入和分销渠道管理的研究文献进行综述，并且对相关研究概念和理论进行梳理和总结。

2.2.1 供应商侵入

供应商侵入（Supplier Encroachment）这一词语最早出现在阿里亚等（2007）发表在市场营销学顶级期刊 *Marketing Science* 上的研究中，并且目前在文献中被普遍使用。然而，这一概念更早来源于行业分析师对于企业实践的观察，并早期出现在了许多商业杂志上，比如，《华尔街日报》（*Wall Street Journal*）和《纽约时报》（*New York Times*）等（Tannenbaum, 1995; Tedeschi, 2005）。

上游制造商或者供应商在通过独立的零售商进行间接销售的同时，还会通过建立网上商城或者线下实体店等方式直接销售，如此将引起供应商和零售商之间的竞争，这一现象通常被称为供应商侵入（Arya et al., 2007; Li et al., 2014）。供应商侵入通常被认为会引起上下游之间紧张的关系（即渠道冲突, Channel Conflict），从而降低双方的利润，尤其是下游零售商的利润（Tsay & Agrawal, 2004）。针对这一现实背景，江伟裕等（2003）在消费者是异质的且对直销渠道和零售渠道具有不同偏好的情况下，分别考察了仅有零售渠道、仅有直销渠道和双渠道分销三种情境下的定价决策（Chiang et al., 2003）。他们研究发现：相比仅采取零售渠道的情形，供应商采取双渠道分销时将导致更低的批发价格和销售价格，这将减轻双重边际化，从而可能同时有益于供应商和零售商。蔡安达和阿格拉瓦尔（2004）在假定零售价格是外生的情况下，分析了仅直销、仅分销和混合三种分销模式下的销售努力策略，包括供应商和零售商的销售努力策略（Tsay & Agrawal，2004）。通过分析发现：在分销渠道的基础上增加一个直销渠道并不一定会伤害零售商的利润。事实上，这一举措可能会同时有益于双方。卡塔尼等（2006）针对供应商会在其直销渠道设定与零售渠道相同零售价格策略的情形，分析了三种更具体价格策略对企业利润的影响，包括承诺保持批发价格不变、保证零售价格不变和最优化调整批发价格和零售价格（Cattani et al.，2006）。研究结果表明：相比前两种策略，第三种策略反而使得零售商利润最高。

阿里亚等（2007）提出了经典的供应商侵入模型。其中，供应商既可以通过零售商销售，又可以通过其直销渠道销售，且通过直销销售时，供应商相对零售商具有销售劣势（Arya et al.，2007）。在这一简单实用的模型设定下，作者们发现：当供应商的销售劣势处于中间水平时，零售商将由于供应商侵入带来了相对更低的批发价格（减轻双重边际化）而从中获益。李茁新等（2014）将阿里亚等（2007）的研究拓展到了信息不对称的情形，并且发现对于供应商和零售商而言，供应商侵入不仅可能带来双赢（win-win）和一胜一负（win-loss）两种结果，还有可能带来双输（loss-loss）和一负一胜（loss-win）两种结果（Li et al.，2014）。李茁新等（2015）进一步将阿里亚等（2007）的研究拓展到了信息不对称和非线性定价的情形，并得出结论：在信息对称下，当供应商可以使用非线性定价时，供应商侵入减轻双重边际化的益处将消失等（Li et al.，2015）。李婷婷等（2015）进一步将阿里亚等（2007）的研究拓展到了竞争性供应链中（包括两个不对称的供应链和多个相同的供应链）（Li et al.，2015）。他们研究发现：随着供应商直销劣势的增加，均衡中侵入的供应商数量呈单调递减的趋势。李婷婷等（2016）指出，供应商侵入可能会触发零售商公平关切心理，并将零售商公平关切心理行为引入到了供应商侵入问题中（Li et al.，2016）。他们的研究发现：当零售商具有较强的公平关切意识且供应商销售劣势较为显著时，供应商侵入有可能会伤害供应商；此外，零售商的公平关切行为可以显著提高系统利润。霍特卡尔等（2021）考虑了两个供应商通过同个非排他性零售商销售可替代产品，其中一个供应商可以引入直销渠道的情形（Hotkar et al.，2021）。他们的研究发现：在产品可替代性很强时，直销渠道并不会让零售商和整个供应链受益。当零售商是排他性的情况下，侵入供应商可能会通过其直销渠道进行排他性销售。在单个供应商的情形下，上述两种结果均不会出现。

夏耀祥等（2016）针对产品质量是外生且消费者对产品质量具有异质性偏好的供应链，研究了供应商侵入问题。研究结果表明：在质量是外生的情形下，供应商侵入总是损害零售商利润；并且当供应商在两个渠道提供差异化产品时，其倾向于在直销渠道提供更高质量的产品（Ha et al., 2016）。尹（2016）研究了供应商自利投资下的供应商侵入问题，并考察了投资溢出效应对供应商侵入的影响（Yoon, 2016）。通过研究发现：供应商自利投资的溢出效应会导致供应商侵入有益于零售商。哈马穆拉和泽尼奥（2021）发现，零售商可以通过自愿投资来降低供应商的生产成本，并将其作为一种有效的策略阻止供应商侵入（Hamamura & Zennyo, 2021）。官辉琪等（2019）针对一个二元的两周期供应链，探索了零售商战略库存和供应商在第二期侵入之间的互动作用（Guan et al., 2019）。他们发现：在顺序模型下，相比不存在零售商战略库存的情况，零售商战略库存将迫使供应商不那么激进地采取直销渠道策略。在特定情况下，零售商在同时决策情境下有可能获得比顺序决策情境下更高的利润。关旭等（2019）探索并分析了供应商有侵入下游市场能力情境下的自愿质量披露策略（Guan et al., 2019）。通过研究发现：供应商建立直销渠道将促使其倾向于更频繁地披露产品质量，从而增加供应链的质量透明度。如此，零售商可能得益于供应商侵入，而供应商则有可能倾向于选择不侵入。

黄松等（2018）针对一个两级传统供应链，探讨了在供应商可能会侵入下游市场时的零售商信息共享问题（Huang et al., 2018）。研究结果表明：零售商有动机共享其私有需求信息，这是因为通过共享私有需求信息可以有效地抵制供应商侵入。张建雄等（2019）研究了在产品质量外生和需求信息不对称情境下的供应商侵入问题，并分析了供应商侵入和信息不对称对产品质量以及企业利润的影响（Zhang et al., 2019）。他们发现：供应商侵入有可能会带来较低的产品质量；而信息不对称则有可能会提升产品质量等。夏耀祥等（2022）研究了供应商侵入（供应商通过代理渠道进行侵入）和在线零售平台信息共享决策之间的相互影响，此时供应商侵入发生在信息共享前（Ha et al.，2022）。他们的研究结果表明：侵入和信息共享是相辅相成的。供应商侵入在减轻双重边际化效应的同时，由于响应式代理定价效应的推动也会增加信息共享给平台带来的利益，进一步激励平台共享信息。信息共享让侵入的供应商不仅能调整批发价格，还可以调整代理渠道的零售价格，以应对需求的不确定性，进一步增强了供应商的侵入动机。汤艳丽等（2023）除了考察夏耀祥等（2022）中供应商侵入决策发生在信息共享之前的情境外，还考察了供应商侵入决策发生在信息共享之后的情境，此时，供应商存在两种侵入形式，分别是直接侵入和代理侵入（Tang et al.，2023；Ha et al.，2022）。他们的研究发现：无侵入和直接侵入在上述两类情境下，零售商都不会共享信息。第一类情境下更容易出现即使出现代理侵入平台也会共享信息的情况。

牛文举等（2019）考察了在服务溢出下供应商侵入及其影响，并分别构建了供应商和零售商作为斯塔克伯格（Stackelberg）领导者时的模型（Niu et al.，2019）。通过研究发现：在供应商作为市场领导者且服务溢出效应非常强时，供应商侵入将带来帕累托改进；而在零售商作为市场领导者时，这种帕累托改进会消失。牛文举等（2020）进一步将上述研究拓展到了市场不确定、多渠道采购和产能限制的情境，并验证了结论的鲁棒性（Niu et al.，2020）。杨惠霄等（2018）针对供应商和零售商通过非线性定价双边协定价格和数量的供应链，探讨了供应链协调和供应商侵入问题（Yang et al.，2018）。他们通过研究发现：结合收益共享的非线性定价契约可以实现双渠道供应链的协调；供应商侵入始终伤害零售商利润，并且实力较弱的供应商更有可能受益于供应商侵入等。

郑本荣等（2019）针对不同渠道权利结构的闭环供应链，研究了供应商侵入问题（Zheng et al.，2019）。他们通过研究发现：在对称的初始需求下，供应商侵入始终有益于供应商，而零售商是否受益于供应商侵入取决于渠道间的竞争强度；在非对称的初始需求下，供应商侵入可能带来"loss-loss"的结果。孙等（2019）分别在需求信息对称和需求信息不对称情境下研究了带有成本降低决策的供应商侵入问题（Sun et al.，2019）。研究结果表明：当供应商直销渠道效率较高时，供应商侵入促使供应商在成本降低上投入更多资本等。李进等（2021）针对供应商集中侵入和分散侵入（即供应商侵入时集中控制其直销渠道决策或者直销渠道自主决策）的供应链，考察了供应商侵入和零售商战略库存之间的相互作用（Li et al., 2021）。他们的研究发现：当零售商持有战略库存时，分散侵入优于集中侵入；当供应商采取分散侵入时，零售商战略库存始终有益于供应商等。杨等（2024）探讨了供应商侵入和零售平台战略库存持有之间的关系（Yang et al., 2024）。他们的研究发现：零售平台持有战略库存从定性和定量的角度均会减轻供应商侵入；反过来，供应商侵入也会缩小战略库存持有的范围。

2.2.2　分销渠道管理

分销渠道管理（Distribution Channel Management）是指企业为了实现自身的销售目标、提升市场竞争力以及提高企业的运营效率，进而对其产品或服务的销售渠道进行有效的组织、协调和控制的一种管理活动。目前关于分销渠道管理的研究大多涉及两方面：一方面是双渠道供应链（Dual-Channel Supply Chain）的运营管理问题；另一方面是全渠道供应链（Omni-Channel Supply Chain）的运营管理问题。本书重点是传统的分销渠道下考虑供应商侵入的运营决策，于是，形成了一个由传统分销渠道和直销渠道组合而成的双渠道供应链。基于此，以下重点综述双渠道供应链的相关文献。

双渠道供应链通常是指这样一类供应链，即上游制造商或者供应商既通过下游独立的零售商进行销售的同时，还通过自己建立的网络商城或者线下实体店进行销售的供应链（Dumrongsiri et al., 2008）。实践中，还存在其他形式的双渠道营销，比如，制造商或者零售商既通过线下实体店销售又通过线上销售；制造商或者零售商既通过线下实体店销售又通过网络平台进行销售等（Huang & Swaminathan, 2009；Yan et al., 2015；Wang et al., 2020）。与之不同的是，本书关注的是上述的双渠道供应链，并且在没有其他特殊说明的情况下，本书中出现的双渠道营销亦指双渠道供应链。

可以看到一些文献针对双渠道供应链的协调问题进行了研究。具体地，博亚吉（2005）在随机需求环境下研究了双渠道供应链契约协调问题（Boyaci, 2005）。他通过研究发现，简单的价格契约难以实现协调；并且尽管一个惩罚性契约可以实现协调，但难以付诸实践。他还提出了一个补偿佣金契约用于实现协调。蔡港树等（2009）评估了价格折扣契约和定价机制对双渠道供应链竞争的影响（Cai et al.，2009）。在供应商 Stackelberg、零售商 Stackelberg 和纳什博弈结构下，他们发现，价格折扣下的供应链绩效始终优于无价格折扣下的供应链绩效等。陈静等（2012）发现，供应商可以通过使用一个包含批发价格和直销渠道价格的契约来实现双渠道供应链的协调，然而这一契约对零售商更有利（Chen et al.，2012）。为此，作者展示了在这一契约基础上外加一些补充协议（比如，两部收费或者收益共享协议）可以实现帕累托改进。徐广业等（2014）针对均值-方差模型，研究了供应商和零售商均是风险厌恶时的双渠道供应链契约与协调问题（Xu et al.，2014）。研究结果表明：在简单的价格契约下，供应链双重边际化效应会导致无效率。此外，作者还提出了通过双向收益共享契约来实现供应链协调。张盼等（2015）研究了需求中断和生产成本中断情境下的双渠道供应链协调问题，并通过一个由批发价格、直销渠道价格以及一次性固定费用构成的契约来实现供应链协调（Zhang et al.，2015）。

王先甲等（2017）针对双渠道供应链，研究了生产商具有生产规模不经济性对供应链契约与协调的影响。在批发价格和收益共享契约难以实现此类双渠道供应链帕累托改进的情况下，提出了带固定补偿的收益共享契约，从而实现了供应链双方的帕累托改进。兰詹和贾（2019）在考虑产品绿色度和销售努力的情形下，研究了双渠道供应链的定价和协调问题。他们通过提出的盈余利润分享机制实现了供应链双方的帕累托改进（Ranjan & Jha，2019）。龚本刚等（2019）在考虑制造商产能约束以及消费者渠道和低碳双重偏好的双渠道供应链中，分别研究了集中情境和分散情境的最优策略，并设计了改良的收益共享契约以实现供应链协调。朱宝琳等（2020）针对制造商产出不确定和市场需求不确定的情形，研究了零售商具有风险厌恶行为的双渠道供应链协调问题（Zhu et al.，2020）。作者提出了收益共享和回购联合契约，并发现这一联合契约可以有效地实现供应链协调。王康周等（2023）研究了同时存在市场需求和制造商产量不确定的双渠道供应链协调问题（Xue & Wang，2023）。他们提出了一种新的联合契约，是由收益共享和回购合同组成的，该契约促成了帕累托改进。其他有关双渠道供应链协调的文献已较为丰富，这里不再一一列举。

一些文献对具有搭便车行为的双渠道供应链问题进行了研究。比如，浦徐进等（2017）针对消费者可以通过线下实体店进行体验，然后在线上以较低价格购买这一搭便车行为存在的双渠道供应链，考察了搭便车对销售努力的影响（Pu et al.，2017）。他们通过分析发现：相比集中供应链，在分散供应链中，销售努力和供应链利润更低，并且随着搭便车消费者数量的增加而降低等。曹裕等（2019）分析了双渠道供应链中随机需求下搭便车行为和渠道间缺货替代行为对供应链库存竞争与促销决策的影响。他们通过研究发现：零售商的最优订货量（供应商对网络渠道的供货量）随着网络（零售）渠道替代率的增加而增加，零售商的促销努力水平会因搭便车行为而降低等。其他考虑搭便车行为下的双渠道供应链研究还包括罗美玲等（2014）、李建斌等（2016）、浦徐进和龚磊（2016）、周建亨和赵瑞娟（2016）等，这里不再一一列举。

在渠道结构选择方面，蔡港树（2010）针对两个单渠道供应链和两个双渠道供应链，研究了渠道结构和渠道协调对供应商、零售商以及整个供应链的影响（Cai，2010）。研究表明：供应商和零售商对有协调和无协调的渠道结构的偏好列表是不同的，并取决于渠道基础需求、渠道运营成本和渠道可替代性等参数。陈敬贤等（2017）针对双渠道供应链，同时研究了价格和质量决策（Chen et al.，2017）。他们通过研究发现：当价格和质量同时作为外生变量时，引入一个新的渠道可以有效地提升供应链的整体绩效。陈等（2017）针对一个零售商作为 Stackelberg 领导者的供应链，探讨了引入直销渠道对供应链成员决策以及利润的影响（Chen et al.，2017）。研究表明：引入直销渠道可以始终有益于提升供应商和供应链利润；然而，对于零售商而言，只有当零售渠道的销售量足够大时才会受益于引入直销渠道。他们还提出了一个零售商的保证金合同用于实现零售商 Stackelberg 的双渠道供应链的协调。夏耀祥等（2022）研究了通过服务努力提升需求的网络零售平台的渠道选择问题（Ha et al.，2022）。平台在代理渠道、转售渠道和双渠道中进行选择。他们发现在双渠道下平台可以在两个渠道间灵活转移销售，这种灵活性进一步激励了零售平台开展服务努力。此外，已有学者分别考察了直销双渠道、转售双渠道和代理双渠道下战略消费者对线上和在线零售商的战略互动的影响，探讨了不同类型的零售商对三类双渠道的渠道选择问题。他们的研究结果表明：大多数情况下，转售双渠道和代理双渠道分别适合线下和在线零售商（Yu et al.，2022）。

可以看到一些文献研究了不同情境下双渠道供应链的定价决策、服务决策以及渠道优先策略等问题。具体地，陈其一等（2008）研究了服务竞争下供应商如何管理其直销渠道和零售商分销渠道，并给出了依赖于诸如直销渠道管理成本和零售商渠道不便性等渠道环境的最优双渠道策略等（Chen et al.，2008）。但斌等（2012）研究了集中双渠道供应链和分散双渠道供应链下的最优零售服务和定价策略，并分析了零售服务和消费者对零售渠道的忠诚度对制造商和零售商定价策略的影响（Dan et al.，2012）。肖条军等（2016）针对由于随机产出将导致供应短缺的双渠道供应链，探讨了定价和渠道优先策略，其中，渠道优先策略包括直销渠道优先和分销渠道优先（Xiao & Shi，2016）。研究结果表明：在分散供应链下，只有当零售渠道的总剩余较低时，零售渠道优先策略才会被采取。李波和蒋雨珊（2019）针对由一个风险中性的供应商和一个风险厌恶的零售商构成的双渠道供应链，探讨了消费者退货策略和零售商风险厌恶行为对供应链成员定价和利润的影响（Li & Jiang，2019）。研究结果表明：当消费者对退货政策过于敏感时，提供消费者退货政策可能会对在线需求和总需求造成伤害等。郭晓朦等（2022）在一个以制造商为中心的双渠道供应链下，研究了随机需求和库存约束下的制造商产品线设计、零售商库存管理和不同渠道上的定价决策问题（Guo et al.，2022）。

可以看到，一些文献对双渠道供应链中与信息有关的问题，比如，信息获取、信息披露和信息共享等进行了探讨。例如，黄松等（2018）针对一个双渠道供应链，探索了制造商诱导零售商花费成本去获得需求信息的最优激励条款（Huang et al.，2018）。他们的研究发现：双渠道供应链有助于缓解因获取信息成本的增加对零售商的销售量所产生的扭曲效应；当需求变动较大且信息获取成本较低时，获取需求信息不一定对零售商有利。石纯来和聂佳佳（2019）针对双渠道供应链，探讨了网络外部性对信息共享的影响。研究结果表明：产品网络外部性有助于零售商向供应商分享其市场需求信息。周建亨等

(2020）针对零售商信息披露服务下的双渠道供应链，探讨了制造商基于行为的价格歧视策略，并分析了制造商基于行为的价格歧视策略与零售商信息披露服务策略之间的互动作用（Zhou et al.，2020）。他们通过研究指出：如果零售商能够在线下披露信息，特别是提供有经验的服务，那么制造商在实施基于行为的价格歧视策略时，应该鼓励在网上商店进行新的购买；制造商应该通过向下扭曲批发价格来诱导零售商披露产品信息等。有关双渠道供应链信息共享的其他文献还包括穆克霍帕德海等（Mukhopadhyay et al.，2008）和张建雄等（Zhang et al.，2019）等，这里不再一一列举。

其他有关双渠道的研究也得到了学者们的广泛关注（例如 Chiang & Monahan，2005；Huang et al.，2013；Li & Li，2016；Yan et al.，2016；Yang et al.，2018；Pi et al.，2019）。上述文献取得了丰硕的研究成果，然而，鉴于这些文献与本研究的关联不是特别密切，这里不再一一对其进行列举。更多关于双渠道供应链的研究，可参见蔡安达和阿格拉瓦尔（Tsay & Agrawal，2004）以及肖条军等（Xiao & Shi，2016）等研究中的综述。

随着互联网的不断发展，除了上述所综述的双渠道供应链相关研究以外，越来越多的学者对全渠道供应链下的运营管理问题开展了研究（Gao & Su，2017；Akturk et al.，2018；Akturk & Ketzenberg，2022；Gao et al.，2022）。全渠道供应链是指通过多种渠道，将产品或服务提供给最终消费者的过程。达雷尔（Darrell）于 2011 年在《哈佛商业评论》杂志发表的文章中，最早提出了全渠道零售（Omni-Channel Retailing）的概念。电商平台的不断发展对传统零售商造成极大的威胁，于是，传统零售商需要通过线上和线下销售渠道的融合以促成自身的转型升级，从而形成快速响应消费者需求的能力（郭燕等，2015）。为了提升运营效率，供应链成员开始重视全渠道零售（Bell et al.，2014；Jin et al.，2018；Saghiri et al.，2017；Thaichon et al.，2022）。

目前，大多数全渠道供应链关注的是线上购买线下取货（Buy Online and Pickup in Store，BOPS）和线上购买线下退货（BORS）两类新兴零售模式。曹等（2016）分析了 BOPS 渠道对零售商需求和利润的影响。研究发现，这种新的渠道可以帮助零售商挖掘新的客户群体并产生额外的需求，但也可能会因为蚕食现有渠道和增加运营成本而对零售商造成伤害（Cao et al.，2016）。加利诺和莫雷诺（2014）讨论了 BOPS 的实施对线上和线下渠道需求的影响（Gallino & Moreno，2014）。他们发现，BOPS 减少了线上销售，增加了线下的销售和流量。高飞等（2017）分别从线上和线下两个渠道考察了增加 BOPS 渠道对零售商运营的影响（Gao & Su，2017）。他们的研究发现：店内提货的形式并不适合所有产品；对店内热门产品实施 BOPS 策略并不能带来更高的利润；BOPS 在线上线下分开管理的去中心化系统中可以实现跨渠道共享以缓解激励冲突。关于 BORS 模式的文献大部分集中在 BORS 策略对零售商销售、库存管理、定价决策和退款政策的影响研究。具体地，曹兰兰等（2015）提出了一个概念框架来解释 BORS 策略对零售商销售的影响（Cao & Li，2015）。他们的研究结果表明：跨渠道整合促进了销售增长，但线上体验和线下的存在削弱了这种影响。戴克斯特拉等（2019）引入了一种性能良好的启发式算法来处理与 BORS 策略中退货产品相关的不平衡库存（Dijkstra et al.，2019）。曼达尔等（2021）研究零售商考虑陈列室策略和/或 BORS 策略时的在线退货管理，得到不同场景下的最优全渠道策略（Mandal et al.，2021）。金德龙等（2020）从竞争的角度分析零售商采用 BORS 政策的战略决策（Jin et al.，2020）。

一些文献对全渠道供应链下的库存优化问题进行了研究。具体地，西亚索利特和高克勒（2021）与贾苏等（2022）在全渠道供应链下，分别考虑了易腐食品库存决策和线上订单履行/取消情形下的订货策略（Siawsolit & Gaukler，2021；Jia et al.，2022）。相关学者研究了全渠道背景下零售商之间可以互相调货或从配送中心补货的情境，建立了具有主动调货的多期库存模型。他们的研究发现：零售商的不同现货库存会导致最优调货方案有所调整，因此追踪每家零售商的库存很有必要（Li，2020）。还有一些学者则根据不同的情境，采用了不同处理方法。巴伊拉姆和杰萨雷特（2021）考虑一家同时拥有线上和线下运营的零售商，每个渠道都有自己的库存，分析一个动态履行决策过程。采用启发式算法研究了在线订单的履行问题，确定了线下实体店发货的时间和位置，从而最大化全渠道零售商的利润（Bayram & Cesaret，2021）。德尔哈米等（2021）考察了在全渠道零售网络背景下，零售商需要综合考虑产品库存和网络可用性以满足潜在需求的问题（Derhami et al.，2021）。建立了存在需求不确定和顾客可替代性的调货模型，证明了该调货模型适用于高价值可替代产品的全渠道零售网络。其他有关全渠道的研究文献也较为丰富（Zhang et al.，2020；Wei et al.，2021；Guo et al.，2021；Wang et al.，2023）。上述文献取得了丰硕的研究成果，然而，鉴于这些文献与本研究的关联不是特别密切，这里不再一一列举。

2.3　供应链战略库存

本节主要针对有关战略库存的研究进行文献综述，并对文中出现的一些相关概念和理论进行梳理和总结。现实中，企业有许多运营层面的理由去囤积库存，比如，为了应对供应和需求的不确定性或者为了扩大规模经济效应等。然而，已有研究表明，企业还有策略层面的原因去囤积库存，即战略库存（Strategic Inventory）。战略库存这一概念或者理论最早出现在阿南德等（2008）的研究中，其是指下游的买方在第一期或者前期策略性地囤积库存，以用于第二期或者后期销售的行为（Anand et al.，2008）。

具体地，阿南德等（2008）在一个由单个制造商和单个零售商构成的两周期供应链中，分别探讨了动态契约和承诺契约下的均衡策略（Anand et al.，2008）。他们的研究发现：动态契约下，零售商会战略性地在第一期囤积库存以用于第二期；如此供应商将提高第一期批发价格来限制零售商，而零售商将获得较低的第二期批发价格。最终，战略库存带来了相对较低的批发价格，从而减轻了供应链双重边际化。在承诺契约下，供应商可以有效地消除零售商的战略库存行为。然而，即便如此，零售商的战略库存行为实际上有助于提升供应商的利润，并且当零售商战略库存持有成本较小时，零售商和供应链都有可能受益于这一战略行为。此外，他们通过进一步的分析还指出：在零售商存在战略库存时，传统的两部费用契约难以实现协调等，这意味着最优的供应链契约需要考虑零售商的战略库存行为。

近些年，战略库存逐渐引起了运营管理和市场营销领域学者们的关注。比如，凯斯金奥贾克等（2008）针对供应商第一期具有能力限制的情形，分析了阿南德等（2008）研究中的动态契约和承诺契约（Keskinocak et al., 2008; Anand et al., 2008）。通过对比两种契约下的均衡结果，他们发现：当供应商的能力阈值低于某个值时，两种契约下的均衡结果相同。供应商比零售商更加偏好较低的能力限制等。德赛等（2010）针对供应商促销、竞争以及需求不确定的情形，研究了零售商的战略库存策略（Desai et al., 2010）。他们通过研究发现：不论制造商是否提供促销活动，允许零售商战略性地囤积库存始终有可能有益于上下游；相比无战略库存情形，供应商在存在战略库存的情形下将采取更激进的促销策略；在竞争环境中，由于囚徒困境的竞争压力，零售商会出现战略性囤积库存的情况；在需求不确定下，零售商依旧有可能战略性地囤积库存。

阿里亚和米滕多夫（2013）分析了供应商的时间敏感的消费者折扣与零售商战略库存之间的相互作用（Arya & Mittendorf, 2013）。他们通过研究发现：来自供应商前期消费者回扣的拉动式促销将增加前期销售，从而有效地限制零售商的战略库存行为；有趣的是，供应商这一战略性的"武器"同时有利于自身以及零售商和消费者等，这是因为，供应商提供消费者回扣在有效限制零售商战略库存的同时还减轻了供应商在第一期过度提高批发价格的压力，从而减轻了低效率等。阿里亚等（2015）进一步拓展阿南德等（2008）的战略库存模型，以分析集中采购和分散采购的选择问题（Arya et al., 2015; Anand et al., 2008）。他们通过研究发现：虽然集中决策（采购）通常被认为是一种完美形式，但在零售商有动机使用库存管理这一工具来提取其供应商的盈余时，分散采购要优于集中采购，这是因为分散采购可以有效地缓解战略库存带来的供应链上的紧张关系。

哈特维希等（2015）通过实验室实验验证了零售商战略库存对供应链绩效的影响（Hartwig et al., 2015）。他们发现：零售商战略库存对供应链绩效的影响实际高于理论预测结果。这是因为战略库存具有双重正面效应，即，其一方面可以战略性地改变供应链互动关系；另一方面可以通过改变公平分配的观念来增强零售商的权能；两种效应都将减轻批发价格，从而改善供应链效率。曼廷等（2017）进一步将阿南德等（2008）的研究拓展到了产品质量会随着时间而退化的情形（Mantin & Jiang，2017；Anand et al.，2008）。他们通过研究发现：产品质量退化将显著影响零售商的战略库存策略，以及供应链成员对于承诺契约和动态契约的偏好等。穆恩等（2018）针对由价格和投资水平决定市场需求的两期供应链，分别分析了供应商投资努力和零售商投资努力对战略库存的影响（Moon et al.，2018）。研究结果表明：制造商的投资努力并不总是能够说服零售商保持战略库存，以维持供应链参与者之间的和谐；然而，当战略库存被使用时，零售商的投资努力可以促进供应链和谐等。罗伊等（2019）针对实践中供应商难以观察到零售商的库存水平这一现实背景，考虑一个由单个供应商和单个零售商构成的供应链，探讨了这一观察的缺失性对战略库存使用的影响（Roy et al.，2019）。他们通过研究发现：供应商这一对零售商库存的观察的缺失性，对零售商的战略库存持有量以及在均衡中战略性持有库存时的持有成本范围有重要影响。

戴伊等（2019）探讨了三种采购策略下的权力结构和战略库存对发展密集型和边际成本密集型绿色产品类型的影响（Dey et al.，2019）。他们通过分析发现：在制造商作为Stackelberg领导的情形下，零售商将战略性囤积库存，且这一举动有助于提升产品的绿色水平；对于边际成本密集型绿色产品，在零售商作为Stackelberg领导者的博弈中，权力结构和零售商采购策略对产品的绿色水平没有影响，并且零售商将不会战略性地囤积库存等。戴伊和萨哈（2018）探索了两期供应链框架下零售商的最优零售定价和采购决策，以及制造商的批发定价和产品的绿色水平决策（Dey & Saha, 2018）。研究结果表明：如果零售商和制造商严格执行传统的单期采购决策模式，则产品的绿色化水平无法达到最优水平。而在两周期采购决策模式下，零售商战略性地囤积库存可以诱使制造商投入更多的资金来提高产品的绿色水平等。尼尔森等（2019）研究了两种博弈结构下的两种政府激励政策对企业利润、产品绿色度、消费者剩余以及环境改进的影响，其中，两种博弈结构包括单期采购模式和两期采购模式（Nielsen et al.，2019）。研究结果表明：在制造商作为Stackelberg领导者的两期采购博弈模式下，产品绿色度最高且制造商获得最高的利润；然而，在零售商作为Stackelberg领导者的单期采购博弈模式下，零售商的绿色水平和利润最高等。

张文杰和骆建文（2013）针对产出不稳定的两周期供应链，分析了产出不稳定对零售商战略库存策略、供应商定价策略以及企业利润的影响。他们通过研究发现：零售商在产出不稳定情形下依旧会囤积库存，且这一行为有助于抑制供应商过高地设定批发价格等。梁喜等（2017）针对由一个制造商和一个零售商构成的两期供应链，分别对集中决策、分散决策以及制造商促销的契约决策模型进行了分析。他们的研究发现：零售商是否战略性地囤积库存与渠道结构有关系，即在零售商主导的供应链中，零售商不囤积战略库存；而在供应商主导的供应链中，零售商将囤积库存；制造商进行促销可以显著地降低零售商的战略库存量等。杨家权和张旭梅（2020）针对考虑零售商战略库存的双渠道供应链契约与协调问题进行了研究。他们设计了基于电子渠道直销价格的批发价格折扣和固定转移支付组合契约，并通过数值算例验证了其在协调方面的有效性。

陈鹏宇等（2022）研究了存在横向竞争的情况下，消费者回扣如何与战略库存相互作用（Chen et al.，2022）。他们的研究发现：在下游竞争环境下，消费者回扣和战略库存可以减轻双重边际化效应，进而使制造商、零售商和消费者均受益。在上游竞争环境下，竞争激烈时消费者回扣缓解双重边际化效应的效果则会消失。其他相关学者则考虑存在链与链之间的竞争时，战略库存的影响。他们的研究发现：供应链竞争下战略库存仍然存在，并且企业可能会从较高的库存成本中受益，此外，当竞争中等时会出现囚徒困境（Li et al.，2022）。已有学者研究了两个平行供应链在完全议价和部分议价情形下战略库存所发挥的作用。他们的结果发现：充分议价时，仅其中供应链上持有战略库存。在部分议价情形下，在供应链零售商议价能力小且持有库存成本低时，零售商总会选择持有库存（Chen et al.，2023）。部分学者进一步将陈鹏宇等（2022）的研究引入到动态环境中，考察了如何使用战略库存和网络外部性来管理供应链内外竞争的问题（Chen et al.，2022）。他们的研究发现：当网络内外部性和战略库存共同优化时，两者在增加供应商收益方面是互补的；而当库存成本大以及网络外部性弱时，它们则可以替代零售商（Jin et al.，2023）。罗伊等（2022）考察了在非排他性零售情境下战略库存对短期和长期供应合同的影响（Roy et al.，2022）。他们的研究发现：非排他性零售环境下，在短期合同中使用战略库存会加剧供应商间的价格竞争；而长期合同则可以减轻这个影响。当产品可替代性很强或持有成本较高时，长期合同是最优选择。

2.4 企业社会责任与企业双重目标

本节主要针对有关企业社会责任和企业双重目标的研究进行文献综述，并且对文中出现的一些相关概念和理论进行梳理和总结。正如阿里亚等（2019）提到的，专注于为企业所有者创造回报的纯营利组织和着眼于社会产出的政府实体之间曾经泾渭分明的界限在如今日益变得模糊起来（Arya et al., 2019）。类似于商业非营利组织、践行企业社会责任倡议的营利性组织以及社会型企业（Social Enterprises）的兴起表明：这些企业不再单纯为企业所有者创造利润，而是拥有双重目标（Dual-Purpose Objective）。

《美国社会学杂志》（*American Journal of Sociology*，AJS）（世界上第一本社会学杂志）于1895年刊登的美国社会学界著名学者阿尔比恩·斯莫尔（Albion Small）的文章中提到"不仅仅是公共办事处，私人企业也应该为公众所信任"，这是较早一批有关企业社会责任的论述。关于企业在社会上的责任，一直以来备受争议。弗里德曼（1970）和奥佩勒等（1985）主张从成本理论和委托-代理理论的视角出发反对企业承担社会责任，认为企业在社会上的主要责任是营利（Friedman, 1970; Aupperle et al., 1985）。然而，企业社会责任的支持者巴内特（2007）认为，从一个长远的角度来看，企业社会责任是可以为企业带来收益的（Barnett, 2007）。近年来，消费者、雇员、供应商、社区团体、政府和一些股东都鼓励企业在企业社会责任方面进行更多的投资（2000），并且企业社会责任已在企业界和学术界引起了浓厚的兴趣（Mc Williams & Siegel, 2000; Huang & Waston, 2015; Albuquerque et al., 2019）。根据《金融时报》（*Financial Times*，FT）的定义，企业社会责任是一种通过为所有利益相关者带来经济、社会和环境效益来促进可持续发展的商业方法，其目的是鼓励公司更多地意识到它们的业务对社会其他方面的影响，包括他们自己的利益相关者和环境。需要指出的是，CSR 在当前仍旧拥有许多定义和实践的概念，不同的公司和国家地区对 CSR 的理解和实施方式都有很大的不同；CSR 还是一个非常广泛的概念，涉及许多不同的主题，比如人权、消费者福利、社会福利、公司治理、健康和安全、环境影响、工作条件以及对经济发展的贡献等。

虽然当前许多企业通过独特的企业社会责任行动取得了显著的成效，但要在企业社会责任的各个方面都面面俱到是很困难的（Mc Williams & Siegel, 2001）。尽管如此，已有大量文献依旧针对企业社会责任的不同方面或者情况，在运营管理领域展开了深入的探讨。具体地，阿尔伯克基等（2019）发现，CSR 可以增加产品的差异化从而使公司获得更高的利润率（Albuquerque et al., 2019）。阿里亚等（2019）和多罗班图等（2017）则发现，这种差异化使企业能够通过增强品牌忠诚度或"温情效应"获得竞争优势（Arya et al., 2019; Dorobantu et al., 2017）。一些学者研究发现，CSR 可以作为企业或产品的差异化战略（Luo & Bhattacharya, 2006; Gao, 2020）。考尔和罗（2018）认为，企业在与现有非营利努力不重叠的前提下，通过企业社会责任举措可以提高企业绩效且能造福社会（Kaul & Luo, 2018）。此外，一些实证研究支持 CSR 和企业营利能力或者估值之间存在正相关关系（Barnett & Salomon, 2006; Flammer, 2015; Godfrey et al., 2009; Servaes & Tamayo, 2013）。企业双重目标研究与新兴的供应链设计文献密切相关，这类文献超越了企业利润最大化，将社会/环境问题纳入决策目标（Cachon et al., 2020）。这类文献集中研究了 CSR 与其他企业决策的互动，例如替换潜在有害物质（Kraft et al., 2013）、信息披露（Bova & Yang, 2018; Arya et al., 2019）、供应商侵入（Wang & Li, 2021）、库存管理（Hu et al., 2021）、产品组合（Sumida et al., 2021），以及产品线定价（Huh & Li, 2023）等。在运营管理领域中，有关企业社会责任的研究还有很多（例如，Modak et al., 2014; Sodhi, 2015; Hsueh, 2015; Panda et al., 2015; Panda et al., 2017; Nematollahi, 2017; M et al., 2017; Modak et al., 2019; Shi et al., 2020），这里不再一一举例。

企业双重目标（Corporate Dual-Purpose Objective）是指在运营过程中，企业往往拥有二维目标以及各个目标上对应的期望水平。具有双重目标的企业通常把追求利润和社会使命结合起来，近些年，其在不同行业得到了显著的发展（Eldar，2017；Arya et al.，2019）。然而，针对企业双重目标的研究还面临很多困难，且还未形成较为统一的理论框架（Eldar，2017）。目前，与企业双重目标有关的理论主要包括上述的企业社会责任 CSR 理论和利益相关者理论（Stakeholder Theory）。

利益相关者理论最初由弗里曼（2010）在其著作《战略管理：利益相关者管理的分析方法》中提出，其是商业道德和组织管理的一个概念框架，涉及企业或其他组织管理中的道德和伦理价值（Freeman，2010）。具体地，利益相关者管理理论是指企业的经营管理者为综合平衡各个利益相关者的利益要求而进行的管理活动。与传统的股东至上主义相比较，利益相关者理论强调企业、客户、供应商、员工、投资者、社区和其他与组织有利害关系的人之间的相互联系。如今，利益相关者理论以其描述的准确性、工具的力量和规范的有效性在已有文献中被提出和证明（1995），并且利益相关者理论显著影响着全球企业对公司治理模式的选择（Donaldson & Perston，1995；Jensen，2001）。索迪（2015）基于利益相关者资源基础观理论（SRBV），证明了建立和收获利益相关者资源对于焦点企业竞争优势的重要性（Sodhi，2015）。尽管有关利益相关者理论本身仍存在一些争论（例如，Sundaram & Inkpen，2004；Freeman et al.，2004；Sundaram & Inkpen，2004），这一理论却推动了大量的相关研究，比如，项目管理（Littau et al.，2010）、薪酬设计（Ikram et al.，2019）以及会计税与成本管理等问题（Col & Patel，2019；Liu et al.，2019）等。这里不再一一列举。

企业拥有双重目标的行为被认为可以改变企业竞争态势，带来新颖的经济见解等（Bova & Yang，2018）；这还包括本研究和其他文献研究的企业双重目标很好地捕捉了实践中许多类型的社会型企业以及践行 CSR 倡议的营利性企业的关键特征，并且这一类企业双重目标强调既要追求企业利润，又要评估和考虑企业不同利益相关者（包括消费者、员工、供应商乃至社会等）的目标的模型刻画与利益相关者理论的主旨思想一致（Arya et al.，2019）。

这里，针对企业双重目标的相关研究进行详细的文献综述。在双寡头竞争环境中，石桥和松村（2006）考虑一个由福利最大化的公共机构和利润最大化的私有企业竞争的混合市场，使用一个标准的专利竞赛模型来研究研发竞争，其中每个公司选择其创新规模和研发支出（Ishibashi & Matsumura，2006）。他们通过研究发现：从社会福利的角度来看，公共机构选择的创新规模（R&D 支出，Research and Experimental Development spending）相对太小（太大），因此，政府应该对公共机构进行适当的控制。石桥和金子（2008）针对由一个利润最大化的私营企业和一个国营公司构成的混合双寡头垄断情形，分析了价格和产品质量竞争（Ishibashi & Kaneko，2008）。他们通过研究发现：在同等效率下，福利最大化的国营企业反而将提供相对较低质量的产品等。

科佩尔（2015）考虑一个带有社会关注型企业的混合双寡头垄断市场，研究了价格和数量契约的内生选择问题（Kopel，2015）。他们通过研究发现：在均衡中，价格和数量契约可能共存；价格竞争下的福利可能低于数量竞争下的福利等。已有学者针对每个企业都由一个所有者和一个管理者构成的混合双寡头市场，将企业社会责任引入到了管理层激励设计中，其中，每个企业不仅追逐自身利润，还关注消费者剩余。他们的研究发现：在均衡中，两个企业所有者总是对他们的经理使用与 CSR 相关的激励，如果产品是独立的，则均衡降低为纯利润（没有 CSR）激励等（Bian et al.，2016）。金等（2019）提出了一个混合寡头垄断的概念，即一家上市公司与两家可能承担企业社会责任的私营企业竞争，并探索了最优的私有化策略（Kim et al.，2019）。研究结果表明：最优的私有化策略取决于企业间有关 CSR 水平和成本的差异的大小，且完全国有化或者完全私有化都有可能是行业均衡等。

松井（2016）针对一个由国有企业（State-Owned Enterprise, SOE）和股份制私有企业构成的混合竞争市场，研究了私有信息的最优披露策略（Matsui，2016）。通过构建和分析不确定性与边际成本或市场需求有关的古诺竞争和伯川德竞争模型，他发现：在成本不确定的古诺竞争中，两家企业都进行信息披露，而在需求不确定的古诺竞争中，只有国有企业披露信息或两家企业都不进行信息披露等。阿里亚等（2019）将企业双重目标引入到经典的信息披露和竞争模型中，探讨了企业双重目标对信息披露的影响，并评估了在什么条件下双重企业目标在经济上是可行的（Arya et al.，2019）。他们通过研究发现：双重目标企业对消费者剩余的重视将显著影响信息披露策略;并且,在一定条件下,企业采取双重目标结构将获得相比纯营利目标结构更高的利润。此外,有学者针对企业可以从股票价格中学习的情形,构建了一个易于处理的模型来探究企业社会责任对企业生产和披露等实际决策的影响。他们通过研究发现:企业 CSR 水平越高,其披露的信息将更加准确,如此将提高股票的流动性和价格效率,从而有益于流动性交易者和消费者等(Ji et al.,2019)。

在供应链系统中,戈林(2012)在线性需求下分别考察了供应链中上游制造商践行 CSR 和下游零售商践行 CSR(即除传统的利润动机外,还希望提高终端消费者的福利)对供应链契约协调的影响(Goering,2012)。他研究发现:传统的可以协调供应链的两部收费制契约在供应链成员践行 CSR 的情境下表现出明显的不同。比如,如果供应链中的任何一家企业践行 CSR,最优批发价不等于制造商的边际生产成本,而固定费用也不等于零售商获得的利润。布兰德和格罗特(2013)将戈林(2014)的研究拓展到了上下游都践行 CSR 的情形,为具有企业社会责任的传统供应链协调问题提供了更深入的见解(Brand & Grothe,2013;Goering,2014)。戈林(2014)针对由一个制造商和一个零售商构成的传统供应链,提出了由批发价格和企业社会责任组成的两部契约,并证明了这一契约可以有效地实现供应链的协调。这意味着,企业社会责任合同可以替代传统的两部费用契约,用来优化协调供应链。潘达(2014)分别分析了在收益共享契约下零售商践行 CSR 和制造商践行 CSR 的供应链协调问题。他研究发现:收益共享契约可以有效地实现供应链协调,但企业践行 CSR 将对收益共享契约中的契约条款产生影响等(Panda,2014)。

玻色和古普塔(2013)分析了在一个混合双边垄断情境下企业的福利和总盈余,以确定针对上游或下游私有化的政策是否得到了理论支持(Bose & Gupta,2013)。他们总结出在对比上游和下游私有化政策时,仅考虑成本节省是不够的。只有当公共利益在总盈余中相对不重要时,那么只有成本节省的大小是重要的;然而,当成本节省效益相同时,下游私有化才能带来更大的盈余。此外,即使上游民营化比下游民营化更具有成本效益,但下游民营化仍可能优于上游民营化。布兰德和格罗特(2015)针对供应链成员均可践行 CSR,

且 CSR 水平是内生的情况，分析了供应链中上下游企业践行 CSR 对供应链整体绩效的影响，以及上下游企业践行 CSR 的内在利润动机（Brand & Grothe，2015）。他们通过研究发现：不论上游还是下游践行 CSR 均可以减轻供应链双重边际化效应；而当上游承诺践行 CSR 时，下游也会跟随践行 CSR，如此将促使上下游从缓解双重边际化效应中获得更高的利润。

已有学者分别研究了在伯川德和古诺竞争模式下一个公共企业和一家私有企业竞争时的渠道分销策略。他们的研究发现：渠道策略取决于竞争模式、垂直契约形式以及产品的可替代水平（Bian et al.，2015）。李超凡和周品（2019）分析了在引入企业社会责任的供应链中上游成本改进策略和下游促销努力策略之间的相互作用（Li & Zhou，2019）。他们的研究结果表明：相比合作情形，在非合作情境下，上游制造商将对创新投入更多资金用以降低生产成本，如此将策略性地降低零售商从制造商那里获取的批发价格；而下游零售商则在促销努力方面投入相对更少等。叶等（2023）研究了双重目标制造商对零售商信息共享策略的影响（Ye et al.，2023）。结果表明：与以营利为目的的制造商相比，零售商共享信息给双重目标制造商更有利可图。黄松等（2023）考察了供应商侵入、平台关注企业双重目标和零售竞争之间的战略互动（Huang & Chen，2023）。黄松等（2023）考察了转售、代理和双渠道下制造商对双重目标的关注对企业合作竞争关系的战略影响（Huang et al.，2023）。在供应链中，有关企业双重目标的研究不胜枚举（Chen et al.，2016；Chang et al.，2019；Planer-Friedrich & Sahm，2020），这里不再一一列举。

2.5 已有研究成果的述评

通过前面几节的相关文献综述可以看出，已有文献提供了丰富的研究背景、清晰的研究概念、科学的研究方法以及有价值的结论和管理启示。本节进一步对已有研究成果进行述评，指出已有研究的一些主要贡献和不足之处。

2.5.1 主要贡献

首先,已有相关文献围绕供应商侵入、分销渠道管理以及战略库存等研究课题,在不同情境下针对不同主题开展了丰富的研究,并得到了丰富的研究结果(Boyaci,2005;Arya et al.,2007;Anand et al.,2008;Dumrongsiri et al.,2008;Cai,2010;Li et al.,2014;Xu et al.,2014;Ranjan & Jha,2019)。具体包括,渠道权利结构的影响(Yang et al.,2018;Zheng et al.,2019)、信息不对称和信息披露(Li et al.,2014;Zhang et al.,2019;Sun et al.,2019;周建亨和赵瑞娟,2016)、考虑行为因素的决策(Li et al.,2016;Xu et al.,2014)以及产品质量和绿色度决策(Li et al.,2016;Ranjan & Jha,2019;Dey et al.,2019)等。这些研究不仅丰富了供应商侵入和战略库存等课题的研究体系,还为企业管理者提供了丰富的、有价值的管理启示。

其次,已有相关文献指明了考虑双重企业目标的供应商侵入和战略库存问题的重要性(Tsay & Agrawal,2004;Arya et al.,2007;Anand et al.,2008;Li et al.,2014;Hartwig et al.,2015;Ha et al.,2016;Eldar,2017;Guan et al.,2019;Arya et al.,2019)。特别地,蔡安达和阿格拉瓦尔(2004)、阿里亚等(2007)和阿南德等(2008)梳理和总结了有关供应商侵入和战略库存的企业实践,并阐明了这两个方面的研究主题是供应链管理领域的重要研究方向(Tsay & Agrawal,2004;Arya et al.,2007;Anand et al.,2008);而文献阿里亚等(2019)和埃尔达尔(Eldar,2017)等阐明了企业双重目标的兴起和理论基础等,并强调了双重目标企业有改变市场竞争态势的重要作用。这为本书研究奠定了良好的基础。

最后,已有相关文献为考虑双重企业目标的供应商侵入和战略库存问题研究提供了相关概念界定、基准模型和方向指引(Boyaci,2005;Arya et al.,2007;Anand et al.,2008;Cai,2010;Arya et al.,2019)。特别地,阿里亚等(2007)界定了供应商侵入的概念并提出了经典的供应商侵入模型框架;阿南德等(2008)界定了战略库存的概念并提出了经典的战略库存模型框架;阿里亚等(2019)界定了双重目标组织的概念,并给出了引入双重企业目标的研究框架。博亚吉（Boyaci，2005）、阿里亚等（2007）和蔡港树（2010）等阐明了双渠道供应链的概念，以及双渠道供应链中供应商和零售商之间的冲突，为供应商直销提供了模型框架（Cai，2010）。

2.5.2 不足之处

虽然已有文献为供应商侵入、战略库存以及双重目标组织等研究课题奠定了坚实的理论和模型基础，并逐渐形成了一定的研究体系。但是，仍存在许多研究缺口尚待进一步探索，具体如下：

首先，已有文献缺乏对考虑双重企业目标的供应商侵入问题的研究。虽然供应商侵入和双重企业目标在商业实践中逐渐流行起来（Tsay & Agrawal, 2004；Arya et al., 2007；Ha et al., 2016；Arya et al., 2019），然而，有关供应商侵入和双重企业目标这两方面的相互作用及其随后的经济影响尚未可知。

其次，已有文献缺乏对单渠道供应链下考虑企业双重目标的战略库存问题的研究。已有文献大多基于企业是纯营利的假设下对零售商战略库存策略及其影响进行探索研究（Anand et al., 2008；Arya et al., 2015），但是，在零售商采取企业双重目标结构下，零售商如何采取战略库存策略及其随后在供应链中的经济影响还未被研究。

最后，已有文献缺乏对双渠道供应链下考虑企业双重目标的战略库存问题的深入研究。已有文献大多针对单渠道供应链下的战略库存策略进行研究（Anand et al., 2008；Arya et al., 2015），但是，针对双渠道供应链下的战略库存相关文献缺乏对零售商战略库存的影响的深入考察，尤其是对契约偏好等（Guan et al., 2019；杨家权和张旭梅，2020）。进一步地，已有研究也较少考虑双重企业目标对战略库存的影响等。

综上所述，已有文献缺乏对考虑企业双重目标的供应商侵入和战略库存问题的系统研究和理论指导，从而难以对现实中的企业实践提供深入的管理见解。

2.5.3 已有研究对本书研究关注问题的启示

已有文献的研究概念、研究模型、研究结论以及对现实实践的总结和梳理为本研究提供了宝贵的经验和有价值的研究启示。

（1）针对考虑企业双重目标的供应商侵入策略研究，可基于阿里亚等（2007）的经典的供应商侵入模型框架，引入双重企业目标（Arya et al.，2007）；同时借鉴李茁新等（2014）、黄松等（2018）、罗伊等（2019）和阿里亚等（2019）的研究思想，研究双重企业目标下的供应商侵入问题，探讨零售商在采取双重企业目标结构的利润方面的动机以及探索双重企业目标对消费者剩余的影响等（Li et al.，2014；Huang et al.，2018；Roy et al.，2019；Arya et al.，2019）。

（2）针对单渠道供应链下考虑企业双重目标的战略库存策略研究，可以基于阿南德等（2008）的经典的战略库存模型框架，引入企业双重目标（2008）；同时借鉴阿南德等（2008）以及曼廷等（2017）的研究思路，考察双重企业目标下的战略库存策略、探究企业对动态契约和承诺契约的偏好、明晰战略库存在新的"超越利润"的商业背景下对企业利润的影响等（Anand et al.，2008；Anand et al.，2008；Mantin & Jiang，2017）。

（3）针对双渠道供应链下考虑企业双重目标的战略库存策略研究，可以借鉴双渠道供应链的研究概念和阿里亚等（2007）的模型框架，将单渠道供应链下阿南德等（2008）的研究拓展到双渠道供应链中，并考察双渠道供应链下的战略库存策略、分析双渠道供应链的直销渠道对战略库存策略的影响以及探索双渠道供应链下的企业契约偏好等。进一步地，可借鉴布兰德和格罗特（2015）、徐维军等（2019）和阿里亚等（2019）的研究思想，探讨企业双重目标对双渠道供应链中的战略库存相关问题的影响等（Brand & Grothe，2015；Ji et al.，2019；Arya et al.，2019）。

2.6　本章小结

本章围绕考虑企业双重目标的供应商侵入和战略库存管理问题进行了相关研究文献的综述工作。具体包括供应商侵入、分销渠道管理、战略库存以及企业社会责任和企业双重目标四部分的文献综述。与此同时，对本研究中出现的相关概念和理论基础以文献综述的方式进行了梳理和总结。

在相关文献综述的基础上，本章进一步总结了已有研究成果的发展现状和主要贡献，指出了已有研究文献的不足之处，并阐述了相关研究对本书关注问题的研究启示。通过本章的工作，有助于了解已有研究趋势、明晰已有的研究缺口，进而深化本书的研究问题和研究思路。与此同时，也为后续章节的研究工作奠定了基础。

第3章 考虑企业双重目标的供应商侵入策略

实践中，供应商除通过下游独立的零售商间接销售产品之外，也会开通直销渠道进行直销。供应商侵入下游市场将与零售商产生竞争。这种现象在许多行业中已经非常普遍，通常被称为供应商侵入。已有研究在纯营利假设下对供应商侵入进行了深入的研究，本章将基于企业追求双重目标这一现实背景，突破已有利润最大化的假设，探讨企业双重目标对供应商侵入策略的影响这一科学问题。

3.1 问题描述与模型设置

3.1.1 问题描述

近些年，"利润至上"的管理原则在全球范围内受到了挑战。"超越利润"的管理原则正在积蓄动能（Battilana et al., 2019；Edgecliffe-Johnson, 2019；Pontefract, 2016）。目前，具有双重目标的企业显著增长，这些企业既追求自身利润，也兼顾其他利益相关者的利益（包括消费者、雇员，乃至社会公众等）。本书关注的对象是双重目标企业，即那些在追求自身利润的同时还关注消费者剩余的双重目标（混合）企业或组织。如今，这类双重目标企业存在于许多行业，通常以消费者合作社、经认证的共益企业或商业非营利组织的形式出现。例如，消费者合作社（即由消费者社员拥有的社区企业）关心其社员的福利。在美国，有超过1亿人参加了消费者合作社。总部位于西雅图的REI（专门经营户外运动装备，并拥有1800万名会员）和PCC Natural Markets（专门经营杂货）均属于消费者合作社。它们兼顾消费者剩余和持续营利能力，并以此为经营目标。作为一家经过认证的共益企业，Warby Parker不仅要提供能够被消费者负担得起的老花镜，还要保持足够的营利水平以保证其财务稳定。A to Z是一个商业非营利组织，其成立初衷是为了帮助特定客户并提供价格合理的产品或服务，如蚊帐、眼镜和医疗保健服务（Eldar，2017）。上述企业或组织只是众多例子中的一小部分，它们除了关注自身利润之外，还在不同程度上关注消费者的福利。这种具有"超越利润"管理原则的双重目标企业对于商业实践和学术研究来说都是一个重要而有趣的主题（Arya et al.，2019；Matsumura，1998；Porter & Kramer，2006）。

供应商侵入是指供应商除了依赖独立的零售商分销其产品外，还可以通过建立直接渠道（如网店、工厂直销店）直接向消费者销售产品的商业行为。这种现象普遍出现在许多行业。比如，电子数码行业的苹果（Apple）、思科（Cisco）、三星（Samsung）和华为等通过电子零售巨头百思买（BestBuy）和自己的门店或者网站销售其电子产品；服装行业的耐克（Nike）和阿迪达斯（Adidas）等通过零售商梅西百货（Macy's）和自己的工厂店（Factory Outlets）销售其鞋子和衣服；化妆品行业的雅诗兰黛（Estee Lauder）和兰蔻（Lancome）等通过零售商丝芙兰（Sephora）和自己的网站销售其化妆品；酒店和航空服务业的美国航空（American Airlines）和希尔顿（Hilton）等通过Expedia和自己的网站销售机票和房间等（Tsay & Agrawal，2004；Li et al.，2015）。

虽然双重目标企业和供应商侵入在实践中获得了较多关注，但已有文献并未研究这种内部组织目标与企业运营的外部市场结构之间的相互作用。本章旨在探讨在供应商侵入的情况下，追求双重目标结构对企业利润和消费者剩余的影响，分析在此情形下的供应商侵入策略。

3.1.2 模型设置

考虑由一个供应商和一个零售商组成的供应链。供应商通过独立的零售商

第 3 章　考虑企业双重目标的供应商侵入策略

间接地销售其产品。此外，供应商还可以选择通过建立直销渠道进行销售，即供应商侵入。遵循已有研究，本章假设相比零售商，供应商在直销中每销售一单位产品将产生额外的销售成本（Arya et al., 2007）。供应商这一直销的劣势可能源于多方面原因，比如，缺乏市场销售经验、缺乏消费者知识或额外的电子商务等相关的成本等（Kapner, 2014；Ha et al., 2016）。不失一般性，供应商的生产成本和零售商的销售成本都归一化为零。市场价格由线性需求函数确定，即 $p = a - bQ$，其中 Q 是市场上的总销售量；p 是市场出清价格。

为了刻画供应链中双重目标企业的角色，本章考虑这样的情况：零售商既可以是传统的营利性公司，即最大化自己的利润；也可以是双重目标公司，即同时考虑自己的利润和消费者剩余。这与现实相符，因为零售商更可能追求亲消费者的倡议，因为他们更接近消费者（Meyer, 2017；Li & Wu, 2019）。具体地，假设 $\delta(\delta \in [0, 1])$ 表示零售商对消费者剩余的关注程度。供应商以最大化自身利润为目标，这样，供应商和零售商的目标函数可分别表示为 $v_S = \pi_S$ 和 $v_R = \pi_R + \delta \cdot cs$。其中，$\pi_S$ 和 π_R 分别为供应商和零售商的利润函数；cs 表示消费者剩余。依据已有研究，消费者的剩余可以表示为 $cs = bQ^2/2$（Singh & Vives, 1984）。

博弈顺序为：第一，给定供应链情境（纯营利或双重目标零售商）下，供应商决定是否要开发侵入零售商零售市场的能力；第二，供应商为零售商提供单位批发价格；第三，零售商决策其订货量，一旦供应商有能力侵入，供应商随后决定其直销数量。为了评估双重目标企业采取双重目标立场的目的，本章还将从利润最大化的角度分析零售商的双重目标结构是否是一个有利策略。

为便于理解，表 3.1 列出了详细的符号含义与说明，并对本章出现的决策变量予以标示。

表 3.1　　　　　　　　　　符号说明

符号	含义及说明
c	供应商直销单位产品所产生的销售成本
a	市场需求参数，$a > 0$
b	市场需求参数，$b > 0$

续表

符号	含义及说明
δ	零售商对消费者剩余的关注程度，$\delta \in [0, 1)$
Q	市场总销售量
p	市场销售价格
π_i	渠道成员及供应链的利润，$i \in \{S, R, C\}$ 分别表示供应商、零售商和供应链
v_j	渠道成员的目标函数，$j \in \{S, R\}$ 分别表示供应商和零售商
cs	消费者剩余

决策变量	含义及说明
w	供应商的批发价格
q_R	零售商的订货量
q_S	供应商的直销数量

需要说明的是，表 3.1 仅介绍了一些通用的符号。在后文中，针对特定情形下出现的符号或者特指的符号将会做进一步说明，此处不再赘述。

3.2 纯营利基准模型

本节在供应商和零售商都是利润最大化企业的假设下，概述无供应商侵入基准和供应商侵入基准的结果（Arya et al., 2007；Guan et al., 2019）。这些基准有助于确定双重目标组织结构的作用以及供应商侵入的影响。

3.2.1 无供应商侵入基准模型

无供应商侵入基准：如果供应商没有侵入能力，那么模型将简化到一个标准的两阶段博弈模型。此时，供应商提供单位批发价格给零售商，随后零售商决策其订货量。通过逆序求解，对于给定的供应商批发价格，零售商的最大化问题为：$\max_{q_R}[(a - bq_R)q_R]$。通过求解易得零售商的最优反应函数为：$q_R^N(w) = (a - w)/2b$。供应商得知零售商最优反应函数后，通过求解 $\max_w [wq_R^N(w)]$ 来确定其最优批发价格。最终的均衡结果如表3.2所示。

表3.2　　　　　　　　情境 N 和情境 E 下的均衡结果

	$E\left(0 \leqslant c < \dfrac{3a}{5}\right)$	$E\left(\dfrac{3a}{5} \leqslant c < \dfrac{5a}{6}\right)$	$E\left(\dfrac{5a}{6} \leqslant c < a\right)$；$N(\text{any } c)$
w^*	$\dfrac{3a-c}{6}$	$\dfrac{3c-a}{2}$	$\dfrac{a}{2}$
q_R^*	$\dfrac{2c}{3b}$	$\dfrac{a-c}{b}$	$\dfrac{a}{4b}$
q_S^*	$\dfrac{3a-5c}{6b}$	0	0
π_S^*	$\dfrac{3a^2-6ac+7c^2}{12b}$	$\dfrac{(3c-a)(a-c)}{2b}$	$\dfrac{a^2}{8b}$
π_R^*	$\dfrac{2c^2}{9b}$	$\dfrac{(a-c)^2}{2b}$	$\dfrac{a^2}{16b}$
cs^*	$\dfrac{(3a-c)^2}{72b}$	$\dfrac{(a-c)^2}{2b}$	$\dfrac{a^2}{32b}$

需要说明的是，本章使用上角标 N 和 E 分别表示无供应商侵入基准和供应商侵入基准的均衡结果。字母 N 代表无供应商侵入（No‐Encroachment）；字母 E 代表供应商侵入（Encroachment）。

3.2.2　供应商侵入基准模型

供应商侵入基准：在这一基准模型中，供应商首先决策其批发价格 w；零售商随后决策其订货量 q_R；最后供应商决策其直销数量 q_S。接下来，通过逆序求解最优的均衡结果。给定批发价格和零售商的订货量，通过解决如下最优问题来决定供应商的最优直销数量：

$$\max_{q_S}(a-bq_R-bq_S)q_S - cq_S + wq_R \tag{3.1}$$

通过求解式（3.1）可得，供应商的反应函数为：

$$q_S^E(q_R) = \begin{cases} \dfrac{a-c-bq_R}{2b} & if\ q_R \leqslant \dfrac{a-c}{b} \\ 0 & if\ q_R \geqslant \dfrac{a-c}{b} \end{cases} \tag{3.2}$$

给定供应商的批发价格以及期望的直销数量，零售商决策其订货量来解决如下最优化问题：

$$\max_{q_R}[a - bq_R - bq_S^E(q_R)]q_R - wq_R \tag{3.3}$$

通过求解式（3.3）可得，零售商的订货量为：

$$q_R^E(w) = \begin{cases} \dfrac{a-w}{2b} & if\ 0 \leqslant w < (2c-a)^+ \\ \dfrac{a-c}{b} & if\ (2c-a)^+ \leqslant w \leqslant \dfrac{(3c-a)^+}{2} \\ \dfrac{a+c-2w}{2b} & if\ \dfrac{(3c-a)^+}{2} < w < \dfrac{a+c}{2} \\ 0 & if\ w \geqslant \dfrac{a+c}{2} \end{cases} \tag{3.4}$$

截至目前，供应商的利润函数可以通过将上述结果代入式（3.1）中，表示为有关批发价格 w 的函数。供应商在式（3.4）中所展示的约束条件下，通过最大化这一有关 w 函数来决定其最优的批发价格。具体推导过程相对比较复杂，但其与接下来双重目标零售商情境下的推导类似（即 $\delta = 0$ 的特殊情形）。因此，限于本书篇幅，这里不再赘述。最终的均衡结果如表3.2所示。

表3.2中给出了两种基准情形下的均衡结果，通过对比这两种基准情形，可以得到一些有趣的见解，具体在3.2.3节中给出。

3.2.3 追求纯营利目标情形的供应商侵入策略

通过表3.2可知，在均衡状态下，零售商有动机通过增加订货量来减少供应商的直接销售数量。并且，随着供应商销售成本的增加（供应商销售劣势增加），零售商有增加其订货量的趋势。因此，当供应商销售劣势足够明显时，零售商可以选择将供应商排除在零售市场之外（即 $q_S=0$）。同样，供应商可以通过调整批发价格 w 来影响零售商的订货量，进而影响其自身的直销数量。随着 w 增加，零售商订货量减少，而供应商订货量增加。因此，供应商通过调整批发价格 w 可以平衡批发利润和销售利润。

当供应商有能力侵入时，上述供应链动态导致三种结果出现：（1）当 $0 \leqslant c < 3a/5$，供应商在直销渠道销售正数量的产品（$q_S^E > 0$），并且供应商的批发价格始终低于无供应商侵入的情形；（2）当 $3a/5 \leqslant c < 5a/6$，供应商在其直销渠道不销售任何产品（$q_S^E = 0$），但是会利用其直销渠道作为威胁零售商的工具，此时的供应商批发价格相比无供应商侵入的情形或高或低；（3）当 $5a/6 \leqslant c < a$，供应商侵入威胁不可信时，均衡的结果模仿无供应商侵入的基准模型结果。

综上所述，依据供应商销售成本的大小，供应商有三种直销渠道策略。这里需要说明的是：（1）为了区分不同直销渠道策略下的均衡结果，本章使用符号 T 来特定地表示供应商在其直销渠道不销售任何产品，但可以使用其直销渠道给零售商造成可信威胁下的均衡结果；（2）为便于考察双重目标对供应商侵入策略的影响，有关纯营利情形下供应商侵入策略的分析将在 3.4 节给出。

3.3 零售商追求双重目标情形的供应商侵入策略模型

3.2 节分析了纯营利零售商情形下的无供应商侵入和供应商侵入的基准模型，本节将进一步分析零售商具有双重目标时的上述两种模型。为便于对比，这里将使用上角标 RN 和 RE 分别表示无供应商侵入和供应商侵入情形下的均衡结果。字母 R 代表零售商是双重目标的。

3.3.1 无供应商侵入模型

无供应商侵入：与纯营利情形不同的是，双重目标零售商将以最大化自身利润和消费者剩余的线性组合为目标。具体博弈如下展开：给定供应商的批发

价格 w，零售商的最优化问题为：

$$\max_{q_R}[(a - bq_R)q_R + \delta q_R^2/2] \tag{3.5}$$

通过求解式（3.5）可得零售商的最优反应函数为：$q_R^{RN}(w) = (a - w)/(2b - b\delta)$。了解零售商的最优反应函数，通过求解问题 $\max_w[wq_R^{RN}(w)]$ 来决策供应商的最优批发价格。最终的均衡结果如表 3.4 所示。

下面的推论总结了在无供应商侵入情形下，纯营利零售商和双重目标零售商情形下的均衡结果对比。

推论 3.1 $w^{RN} = w^N$，$q_R^{RN} > q_R^N$，$\pi_S^{RN} > \pi_S^N$，$\pi_R^{RN} < \pi_R^N$，$\pi_C^{RN} > \pi_C^N$，$cs^{RN} > cs^N$

证明：通过对比表 3.2 和表 3.3 中的结果易得：$q_R^{RN} - q_R^N = \dfrac{a\delta}{8b - 4b\delta} > 0$，

$\pi_S^{RN} - \pi_S^N = \dfrac{a^2\delta}{16b - 8b\delta} > 0$，$\pi_R^{RN} - \pi_R^N = -\dfrac{a^2\delta^2}{16b(2-\delta)^2} < 0$，$\pi_C^{RN} > \pi_C^N = \dfrac{a^2\delta(4-3\delta)}{16b(2-\delta)^2} > 0$，

$cs^{RN} - cs^N = \dfrac{a^2(4-\delta)\delta}{32b(2-\delta)^2} > 0$。证毕。

推论 3.1 表明：即使供应商的批发价格保持不变，零售商对消费者剩余的关注也导致其提升了订货数量。因此，供应商变得更好（利润增加）；而零售商由于偏离利润最大化而遭受利润损失。这表明，零售商不会从利润最大化的角度把自己建立成一个具有双重目标的公司。然而，零售商对消费者剩余的兴趣可以缓解供应链双重边际化问题。因此，当零售商具有双重目标时，由于市场价格较低，且市场销售量较大，消费者剩余较高。

3.3.2 供应商侵入模型

供应商侵入：这个子博弈的决策顺序与以营利为目标的零售商的供应商侵入基准模型相同。这里依旧通过逆序求解。首先分析供应商的决策。给定批发价格和零售商订货量，决定供应商的直销数量来最大化其利润，如式（3.1）所示。通过求解式（3.1）可得供应商的最优直销数量 $q_S^{RE}(q_R) = q_S^{RN}(q_R)$，如式（3.2）所示。预期到供应商的直销数量，可决策零售商最优订货量，其最优化问题为：

$$\max_{q_R}[a - bq_R - bq_S^{RE}(q_R)]q_R - wq_R + \frac{b\delta}{2}[q_R^2 + 2q_R q_S^{RE}(q_R) + (q_S^{RE}(q_R))^2]$$
(3.6)

通过求解上述问题，可得零售商的最优订货量为：

$$q_R^{RE}(w) = \begin{cases} \dfrac{a-w}{b(2-\delta)} & if\ 0 \leq w < (a\delta - a + 2c - c\delta)^+ \\ \dfrac{a-c}{b} & if\ (a\delta - a + 2c - c\delta)^+ \leq w \leq \dfrac{(a\delta - a + 3c - c\delta)^+}{2} \\ \dfrac{2a + a\delta + 2c - c\delta - 4w}{b(4-\delta)} & if\ \dfrac{(a\delta - a + 3c - c\delta)^+}{2} < w < \dfrac{2a + a\delta + 2c - c\delta}{4} \\ 0 & if\ w \geq \dfrac{2a + a\delta + 2c - c\delta}{4} \end{cases}$$
(3.7)

将式（3.7）代入式（3.2）中可得供应商直销数量，进一步将得到的结果代入到供应商的利润函数中，可得供应商有关批发价格的利润函数。进一步求解这一函数，可得供应商的最优批发价格。具体的均衡结果如表3.4所示。在给出表3.4之前，表3.3总结了本章使用的截断的表达式。

表3.3　　　　　　　　　　截断表达式

截断	表达式
$c_1(\delta)$	$\dfrac{6a - 3a\delta}{10 - 3\delta}$
$c_2(\delta)$	$\dfrac{2a(\delta - 2)^2 + a\sqrt{4 - 6\delta + 2\delta^2}}{12 - 10\delta + 2\delta^2}$
$c_3(\delta)$	$\dfrac{a(\delta - 6)(\delta - 2)^2 + 2a\sqrt{\delta^4 - \delta^3 - 18\delta^2 + 44\delta - 24}}{\delta^3 - 14\delta^2 + 52\delta - 56}$
$c_4(\delta)$	$\dfrac{a(\delta - 6)(\delta - 2)^2 - 2a\sqrt{\delta^4 - \delta^3 - 18\delta^2 + 44\delta - 24}}{\delta^3 - 14\delta^2 + 52\delta - 56}$
$c_5(\delta)$	$\dfrac{2a(\delta - 2)^2 - a\sqrt{4 - 6\delta + 2\delta^2}}{12 - 10\delta + 2\delta^2}$
$c_6(\delta)$	$\dfrac{a(2-\delta)^2\delta + 2a(6 - 5\delta + \delta^2)\sqrt{32 - 40\delta + 20\delta^2 - 11\delta^3 + 3\delta^4}}{(2-\delta)^2(32 - 8\delta - 4\delta^2 + \delta^3)}$
$c_7(\delta)$	$\dfrac{a(4 - 2\delta - \sqrt{2})}{4 - 2\delta}$

表3.4　　　　　　　　　　　　　　RN 和 RE 情形下的均衡结果

	$RE(0\leq c<c_1(\delta))$	$RE(c_1(\delta)\leq c<c_2(\delta))$	$RN;RE$ $(c_2(\delta)\leq c<a)$
w^*	$\dfrac{a(12-2\delta-\delta^2)-c(4+2\delta-\delta^2)}{8(3-\delta)}$	$\dfrac{a(\delta-1)+c(3-\delta)}{2}$	$\dfrac{a}{2}$
q_R^*	$\dfrac{a\delta+4c-c\delta}{6b-2b\delta}$	$\dfrac{a-c}{b}$	$\dfrac{a}{4b-2b\delta}$
q_S^*	$\dfrac{6a-10c-3a\delta+3c\delta}{12b-4b\delta}$	0	0
π_S^*	$\dfrac{a^2(12-4\delta+\delta^2)-2ac(12-8\delta+\delta^2)+c^2\kappa_1}{16b(3-\delta)}$	$\dfrac{a^2(\delta-1)+ac(2-\delta)-c^2(3-\delta)}{2b}$	$\dfrac{a^2}{4b(2-\delta)}$
π_R^*	$\dfrac{a^2(\delta^3-4\delta^2)-ac(8\delta-8\delta^2+2\delta^3)+c^2\psi_1}{16b(3-\delta)^2}$	$\dfrac{(1-\delta)(a-c)^2}{2b}$	$\dfrac{a^2(1-\delta)}{4b(2-\delta)^2}$
cs^*	$\dfrac{[a(\delta-6)+c(2-\delta)]^2}{32b(3-\delta)^2}$	$\dfrac{(a-c)^2}{2b}$	$\dfrac{a^2}{8b(2-\delta)^2}$

注：$\kappa_1=28-12\delta+\delta^2$，$\psi_1=32-8\delta-4\delta^2+\delta^3$。

定理3.1 当零售商具有双重企业目标时，无供应商侵入和供应商侵入情形下存在唯一均衡解，均衡结果如表3.4所示。

证明：通过逆序求解来确定均衡策略。无供应商侵入的情形下，是一个标准的两阶段博弈。零售商的最优订货量和供应商的批发价格可通过直接依次求解一阶导数为零的条件得到，这里不再赘述。证毕。

供应商侵入的情形下，如前所述，供应商的直销数量满足式（3.2）。预期到供应商的直销数量，零售商在式（3.2）中给出的约束条件下求解式（3.6）。这里，分两种情况进行分析：

（1）如果 $q_R\leq\dfrac{a-c}{b}$，那么 $q_S^{RE}(q_R)=\dfrac{a-c-bq_R}{b}$。将 $q_S^{RE}(q_R)$ 代入式（3.6）中，并求解关于 q_R 一阶导数为零的条件可得：当 $\dfrac{(a\delta-a+3c-c\delta)^+}{2}\leq w\leq\dfrac{2a+a\delta+2c-c\delta}{4}$ 时，$q_R^{RE}(w)=\dfrac{2a+a\delta+2c-c\delta-4w}{b(4-\delta)}$；当 $w\leq\dfrac{(a\delta-a+3c-c\delta)^+}{2}$ 时，$q_R^{RE}(w)=\dfrac{a-c}{b}$；当 $w\geq\dfrac{2a+a\delta+2c-c\delta}{4}$ 时，$q_R^{RE}(w)=0$。

(2) 如果 $q_R \geq \dfrac{a-c}{b}$,那么 $q_S^{RE}(q_R) = 0$。将 $q_S^{RE}(q_R)$ 代入式 (3.6) 中,并求解关于 q_R 的一阶导数为零的条件可得:当 $0 \leq w \leq (a\delta - a + 2c - c\delta)^+$ 时,$q_R^{RE}(w) = \dfrac{a-w}{b(2-\delta)}$;当 $w \geq (a\delta - a + 2c - c\delta)^+$ 时,$q_R^{RE}(w) = \dfrac{a-c}{b}$。

进一步地,易得:$(a\delta - a + 2c - c\delta)^+ < \dfrac{(a\delta - a + 3c - c\delta)^+}{2} < \dfrac{2a + a\delta + 2c - c\delta}{4}$。因此,结合上面有关 q_R 的四个区间,可得零售商有关订货量的最优反应函数如式 (3.7) 所示。

预期到零售商的订货量,供应商决策其最优批发价格。这一分析过程与上述分析类似。首先,将式 (3.7) 代入式 (3.1) 中,确定关于批发价格的利润函数。然后,在式 (3.7) 给出的四个约束区间内,分别确定这一利润函数的最优解。最后,通过比较得到全局最优解。

(1) 如果供应商在区间 $0 \leq w \leq (a\delta - a + 2c - c\delta)^+$ 内选择批发价格,那么其最优批发价格满足:当 $\dfrac{3a - 2a\delta}{4 - 2\delta} \leq c < a$ 时,$w = \dfrac{a(2-\delta)}{4 - 2\delta}$;当 $0 < c \leq \dfrac{3a - 2a\delta}{4 - 2\delta}$ 时,$w = c(2-\delta) - a(1-\delta)$。因此,最优的批发价格及对应的供应商的利润函数为:

$$w_a^{RE} = \begin{cases} c(2-\delta) - a(1-\delta) & if\ 0 \leq c < \dfrac{3a - 2a\delta}{4 - 2\delta} \\ \dfrac{a}{2} & if\ \dfrac{3a - 2a\delta}{4 - 2\delta} \leq c < a \end{cases} \quad (3.8)$$

$$\pi_{Sa}^{RE} = \begin{cases} \dfrac{(a-c)[c(2-\delta) - a(1-\delta)]}{b} & if\ 0 \leq c < \dfrac{3a - 2a\delta}{4 - 2\delta} \\ \dfrac{a^2}{8b - 4b\delta} & if\ \dfrac{3a - 2a\delta}{4 - 2\delta} \leq c < a \end{cases} \quad (3.9)$$

(2) 如果供应商从区间 $(a\delta - a + 2c - c\delta)^+ \leq w \leq \dfrac{(a\delta - a + 3c - c\delta)^+}{2}$ 内选择批发价格,那么其利润函数式是关于批发价格的严格增函数,因此,最优的批发价格及对应的供应商利润函数为:

$$w_b^{RE} = \frac{a(\delta-1)+c(3-\delta)}{2} \tag{3.10}$$

$$\pi_{Sb}^{RE} = \frac{(a-c)[c(3-\delta)-a(1-\delta)]}{2b} \tag{3.11}$$

(3) 如果供应商从区间 $\frac{(a\delta-a+3c-c\delta)^+}{2}<w<\frac{2a+a\delta+2c-c\delta}{4}$ 内选择批发价格，那么其最优批发价格满足：当 $0\leq c<c_1(\delta)$ 时，$w=\frac{a(12-2\delta-\delta^2)-c(4+2\delta-\delta^2)}{8(3-\delta)}$；当 $c_1(\delta)\leq c<a$ 时，$w=\frac{a(\delta-1)+c(3-\delta)}{2}$。因此，最优的批发价格及对应的供应商利润函数为：

$$w_c^{RE} = \begin{cases} \dfrac{a(12-2\delta-\delta^2)-c(4+2\delta-\delta^2)}{8(3-\delta)} & if\ 0\leq c<c_1(\delta) \\ \dfrac{a(\delta-1)+c(3-\delta)}{2} & if\ c_1(\delta)\leq c<a \end{cases} \tag{3.12}$$

$$\pi_{Sc}^{RE} = \begin{cases} \dfrac{a^2(12-4\delta+\delta^2)-2ac(12-8\delta+\delta^2)+c^2(28-12\delta+\delta^2)}{16b(3-\delta)} & if\ 0\leq c<c_1(\delta) \\ \dfrac{a^2(\delta-1)+ac(2-\delta)-c^2(3-\delta)}{2b} & if\ c_1(\delta)\leq c<a \end{cases}$$

$$\tag{3.13}$$

(4) 如果供应商从区间 $w>\frac{2a+a\delta+2c-c\delta}{4}$ 内选择批发价格，那么 $q_R^{RE}=0$。此时供应商的利润函数与批发价格无关。供应商的利润函数为：

$$\pi_{Sd}^{RE} = \frac{(a-c)^2}{4b} \tag{3.14}$$

接下来，比较上述不同情况下的供应商利润。注意易得，$c_1(\delta)<\frac{3a-2a\delta}{4-2\delta}$。首先，当 $0\leq c<c_1(\delta)$ 时，$\pi_{Sa}^{RE}-\pi_{Sb}^{RE}=-\frac{(a-c)^2(1-\delta)}{b}<0$，$\pi_{Sb}^{RE}-\pi_{Sc}^{RE}=-\frac{[c(10-3\delta)-a(2-\delta)]^2}{16b(3-\delta)}<0$，$\pi_{Sc}^{RE}-\pi_{Sd}^{RE}=\frac{[c(\delta-4+)-a\delta]^2}{16b(3-\delta)}>0$。因此，如果 $0\leq c<c_1(\delta)$，则 $w^{RE}=w_c^{RE}$。

其次，当 $c_1(\delta)\leq c<\frac{3a-2a\delta}{4-2\delta}$ 时，易得 $\pi_{Sb}^{RE}=\pi_{Sc}^{RE}$，且需要对比 π_{Sb}^{RE} 和

π_{Sd}^{RE}。进一步地，易得 $\pi_{Sb}^{RE} - \pi_{Sd}^{RE} = \dfrac{(a-c)[c(7-2\delta)-a(3-2\delta)]}{4b}$。因此，证明 $\pi_{Sb}^{RE} > \pi_{Sd}^{RE}$ 等同于证明 $c(7-2\delta) > a(3-2\delta)$，即等同于证明 $c > \dfrac{a(3-2\delta)}{7-2\delta}$。因为 $\dfrac{a(3-2\delta)}{7-2\delta} < c_1(\delta)$，所以，如果 $c \geq c_1(\delta)$，则 $\pi_{Sb}^{RE} > \pi_{Sd}^{RE}$。这意味着，如果 $c \geq c_1(\delta)$，则 $w^{RE} = w_b^{RE}$。

再次，如果 $\dfrac{3a-2a\delta}{4-2\delta} \leq c < a$，只需要对比 π_{Sa}^{RE} 和 π_{Sb}^{RE}。从 $\pi_{Sa}^{RE} - \pi_{Sb}^{RE}$ 的表达式可得，$\pi_{Sa}^{RE} - \pi_{Sb}^{RE}$ 是关于 c 的凹函数。并且求解 $\pi_{Sa}^{RE} - \pi_{Sb}^{RE} = 0$ 关于 c 的两个根可得，$c = c_2(\delta)$ 和 $c = c_5(\delta)$。其中，$c_2(\delta) > \dfrac{3a-2a\delta}{4-2\delta} > c_5(\delta)$。因此，如果 $\dfrac{3a-2a\delta}{4-2\delta} \leq c < c_2(\delta)$，则 $\pi_{Sa}^{RE} - \pi_{Sb}^{RE} < 0$ 且 $w^{RE} = w_b^{RE}$；如果 $c_2(\delta) \leq c < a$，则 $\pi_{Sa}^{RE} - \pi_{Sb}^{RE} > 0$ 且 $w^{RE} = w_a^{RE}$。

最后，综合上述分析可得供应商的最优批发价格为：

$$w^{RE} = \begin{cases} \dfrac{a(12-2\delta-\delta^2) - c(4+2\delta-\delta^2)}{8(3-\delta)} & \text{if } 0 \leq c < c_1(\delta) \\ \dfrac{a(\delta-1) + c(3-\delta)}{2} & \text{if } c_1(\delta) \leq c < c_2(\delta) \\ \dfrac{a}{2} & \text{if } c_2(\delta) \leq c < a \end{cases} \quad (3.15)$$

将式（3.15）中的最优批发价格反代入，可得零售商的最优订货量和供应商的最优直销数量。进一步地，将最优决策结果（包括批发价格、供应商直销数量和零售商订货量）代入零售商和供应商的利润函数，可得其供应链成员的最优利润；将最优决策结果代入到消费者剩余函数中，可以得到分别供应商不侵入和供应商侵入情形下的消费者剩余。证毕。

定理3.1表明：供应商设定较低的批发价格可以诱导零售商大量订购产品，从而增加供应商的批发收入；但由于市场出清价格较低，较低的批发价格可能会降低供应商的直销零售利润率。这两股相互竞争的力量推动着供应商的批发定价，即供应商通过调整其批发价格来平衡其直销利润和分销利润。

当供应商的销售成本相对较低，即 $0 < c < c_1(\delta)$ 时，供应商的批发价格

可能高于或者低于 w^{RN}（见图 3.1）。特别地，通过对比容易得证：如果 $c < (2a\delta - a\delta^2)/(4 + 2\delta - \delta^2)$，则有 $w^{RE} > w^{RN}$。这意味着，当供应商的销售成本足够低时，供应商将会提高其批发价格来抑制零售商的订货量，从而可以扩大其直接销售的数量。这样一个较高的批发价格对供应商是有益的，这是因为供应商在零售市场上得到的收益可以超过在批发市场上的损失。因此，供应商侵入具有双重目标的零售商时可能会导致一个较高的批发价格，从而加剧双重边际化效应。这与传统的文献（Arya et al., 2007）中关于供应商侵入可以降低批发价格，从而减轻双重边际化效应的发现，形成了鲜明的对比。

当供应商销售成本居中时，供应商依旧设置一个相对无供应商侵入情形（即 w^{RN}）较高或者较低的批发价格（见图 3.1）。然而，随着 δ 的增加，供应商的批发价格亦增加，但零售商的订货量却保持不变（相比传统的纯营利情形）。直观上看来，供应商不仅可以利用其直销渠道作为威胁零售商的一项工具来促使零售商订购更多产品，还可以利用零售商对消费者剩余的关注设定一个相对较高的批发价格的同时不减少零售商的订单数量。

（a）批发价格　　（b）直销和间接销售数量

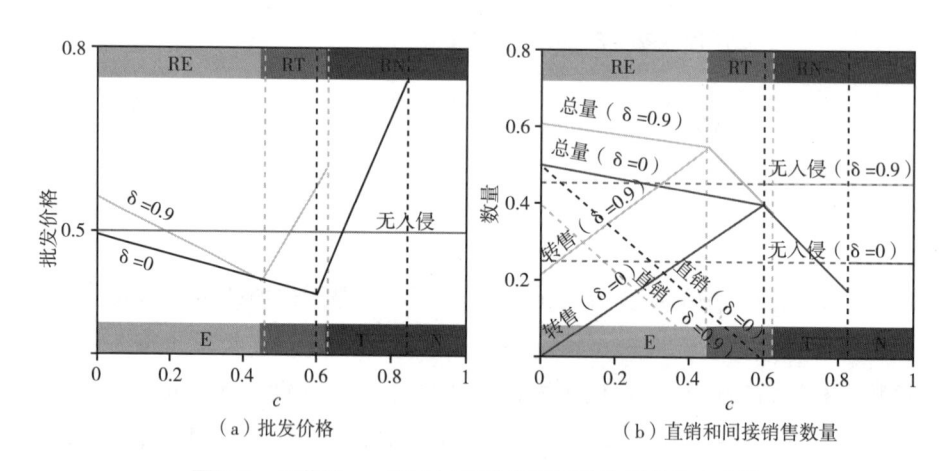

图 3.1　纯营利 vs. 双重目标零售商下的均衡价格和数量

3.3.3　企业双重目标对定价等均衡决策的影响

定理 3.1 的表 3.4 提供了关于均衡批发价格和数量的一些有趣的见解，本节将进一步分析和总结零售商的双重企业目标如何影响供应商的批发价格、供应商直销策略以及数量。

批发价格：相比纯营利基准情形，双重目标零售商可以导致一个较高的供应商批发价格。如图 3.1（a）中所示，供应商的均衡批发价格在零售商具有双重内部企业目标结构时，高于零售商是纯营利企业内部目标结构时。原因是双重目标零售商关注消费者剩余将促使其订购更多数量的产品，因此供应商不需要再降低那么多批发价格来诱使零售商提高订货量。同时，当供应商的直销成本较低时，供应商有动机进一步提升批发价格，从而通过降低零售商的订货量来降低零售市场的竞争。

供应商直销策略：零售商对消费者剩余的关注同样改变了供应商的直销渠道策略（包括直销正数量的产品、利用直销渠道作为威胁和没有侵入威胁）。具体地，与纯营利零售商情形相比，零售商具有双重内部企业目标结构时，供应商将在相对更小的参数区域内销售正数量的产品（或者在相对更小的参数区域内利用其直销渠道作为威胁零售商的工具）。这可以通过对比纯营利和双重目标情形下的有关供应商直销成本的阈值得到，即 $c_1(\delta) < 3a/5$ 和 $c_2(\delta) < 5a/6$。如图 3.1 所示，确定供应商直销渠道策略的截断将向左发生偏转。直观上来讲，零售商对消费者剩余的关注允许其向供应商传达更强的竞争意愿，促使供应商在实施其直销渠道策略方面不再那么咄咄逼人。

直销和间接销售数量：相比纯营利情形，双重目标零售商将订购更多数量的产品。因此，供应商将会降低其直销数量。总体来讲，相比纯营利情形，双重目标零售商情形下整个市场的总销售量将会更高。这种向上的扭曲导致市场价格低（零售利润率低），这可能会损害供应商、零售商和整个供应链的利润。在 3.4 节，将讨论为什么供应商在向双重目标零售商销售产品时，可能会因为具有侵占能力而变得更糟。

3.4　企业双重目标与供应商侵入策略的互动分析

本节首先考察在双重目标零售商情形下，供应商对侵入的偏好；然后分析双重目标零售商对消费者剩余的影响；最后分析零售商对双重内部企业目标结构的偏好及其经济性影响。

3.4.1 供应商侵入策略分析

为了考察双重目标零售商对供应商侵入的影响，本节首先给出没有双重目标企业的基准中供应商侵入的结果。然后，比较双重目标零售商情形下无供应商侵入和供应商侵入时的供应商均衡利润。

推论 3.2 在纯营利基准情形下，拥有侵入的能力永远不会使得供应商利润受损；并且，当 $c < 5a/6$ 时，供应商始终受益于拥有侵入下游市场的能力。

证明：由表 3.2 中的均衡结果可得，当 $0 \leqslant c < \dfrac{3a}{5}$ 时，$\pi_S^E - \pi_S^N = \dfrac{3a^2 - 12ac + 14c^2}{24b} > 0$；当 $\dfrac{3a}{5} \leqslant c < \dfrac{5a}{6}$ 时，$\pi_S^E - \pi_S^N = -\dfrac{5a^2 - 16ac + 12c^2}{8b} > 0$ $\left(\text{或 } \pi_S^T - \pi_S^N = -\dfrac{5a^2 - 16ac + 12c^2}{8b} > 0\right)$；当 $\dfrac{3a}{5} \leqslant c < \dfrac{5a}{6}$ 时，$\pi_S^E = \pi_S^N$。证毕。

推论 3.2 表明：在纯营利情形下，只要供应商的直销劣势不是很突出，供应商始终可以从拥有侵入下游市场的能力中获益。图 3.2（a）展示了上述供应商侵入的效应，包括供应商侵入对供应商零售利润（虚线且标注"~"）、批发利润（虚线且标注"^"）以及整体利润（实线）的影响。

（a）纯营利零售商情形　　　　（b）双重目标零售商情形

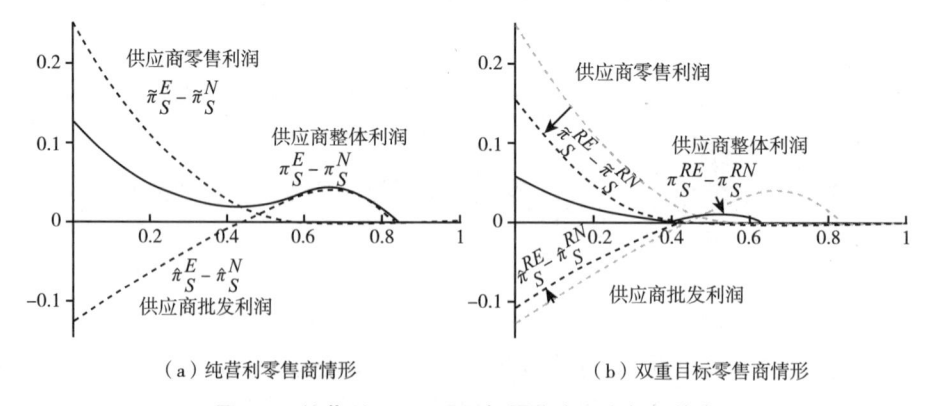

图 3.2　纯营利 vs. 双重目标零售商下净侵入效应

具体地，当 $0 < c < 3a/5$ 时，对于供应商而言，侵入的好处主要包含两方面：可以从直销中获得额外的零售收入和较低的批发价格可以减轻双重边际化

效应。随着 c 的增加,供应商的批发价格和直销数量都将减少;而零售商的订货量增加,导致供应商在直销中获得利润减少。因此,侵入的主要益处将随着 c 的增加,从获得额外的零售收入(直接销售)到减轻双重边际化效应(较低的批发价格)。

当 $3a/5 \leq c < 5a/6$ 时,拥有侵入下游市场的能力对于供应商而言依旧是可取的,这是因为供应商可以利用直销渠道作为威胁来收取一个相对较高的批发价格的同时,不至于过多地减少零售商的订货量。注意已有的研究主要关注的是 $c < 3a/5$ 的情形,而没有讨论供应商直销成本超过 $3a/5$ 这一阈值的情况(Arya et al.,2007)。然而,当 $3a/5 \leq c < 5a/6$ 时,有两个有趣的现象:(1)当 c 相对较小,即 $3a/5 \leq c < 2a/3$ 时,潜在的侵入的好处依旧主要来自减轻双重边际化效应(即 $w^T < w^N$,见图 3.1(a))。正如关旭等(2019)所指出的,这一批发价格降低的情况可以有益于供应商和零售商(Guan et al.,2019)。(2)当 c 相对较大,即 $2a/3 \leq c < 5a/6$ 时,供应商将设置一个相对无供应商侵入时更高的批发价格(即批发价格高于 $a/2$)。从图 3.1(a)中可以发现,这一较高的批发价格将导致供应链效率低下(高价和低需求),并且伤害消费者剩余。这一有趣的结果暗示着,当供应商利用其直销渠道作为威胁提高批发价格时,供应商侵入不总是对消费者有益。

很容易看出,当供应商的直销成本非常高,即 $c > 5a/6$ 时,供应商拥有或者不拥有侵入下游市场的能力时,其结果是一样的。不失一般性,本章假设供应商在此时会选择不侵入下游市场。

已有的研究表明,在纯营利情形下,当供应商拥有侵入下游的能力不需要成本时,拥有这项能力总是能够使得供应商受益(Arya et al.,2007)。然而,这一结果在零售商具有双重内部企业目标的情形下则可能不会成立。具体地,从图 3.2(b)中可以发现,当供应商的直销成本处于中等水平时,即使侵入下游是不需要任何成本的,拥有这项能力依旧可能会损害供应商的利润。这一令人惊讶的结果主要是由于侵入效应和零售商对消费者剩余的关注之间的矛盾造成的(见图 3.3)。需要注意的是,为了区分供应商在零售市场销售正数量的产品这一情形,图 3.3 使用括号来表示供应商仅使用其直销渠道作为威胁的情形。图 3.3 中,+、- 和 N 分别表示正、负和无相关关系。

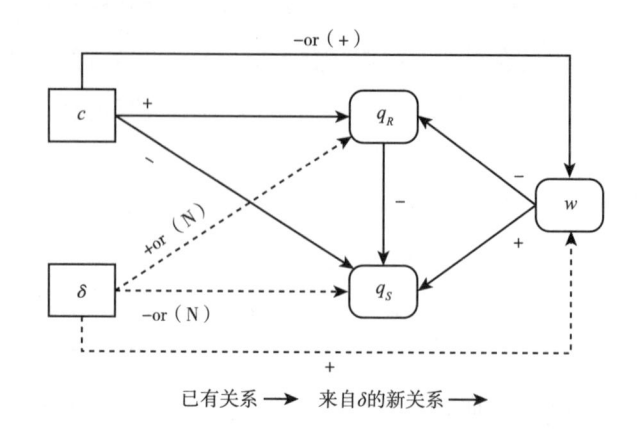

图3.3 供应商侵入效应和双重目标零售商之间的矛盾

如前所述，在纯营利情形下，供应商侵入能够使得供应商获益的原因主要有两个：其能够使供应商获得额外的零售收入和其能够减轻双重边际化效应。然而，零售商关注消费者剩余可以减弱供应商侵入在这两方面的益处。首先，随着 c 的增加，供应商会降低其直销数量；而零售商对消费者剩余的关注强化了这一效应或者关系；所以，双重目标零售商的存在将会减弱供应商在直销渠道的收入效应。其次，随着 c 的增加，供应商会降低其批发价格；而零售商对消费者剩余的关注弱化了这一效应或者关系；所以，供应商将设置一个相对较高的批发价格，导致双重边际化效应加重或者削弱供应商侵入在减轻双重边际化效应之中的作用。结果就是，当供应商的直销成本处于中间水平且零售商在关注消费者剩余方面的权重非常高时，供应商在直销渠道的获得难以补偿在批发利润方面的损失。

命题3.1进一步刻画了双重目标零售商情形下供应商侵入的影响。

命题3.1 零售商具有双重内部企业目标时，在均衡中：

(1) 当 $\delta \in [0, \bar{\delta}_E]$ 时，(a) 如果 $c \in [0, c_2(\delta))$，则拥有侵入能力始终有益于供应商；(b) 如果 $c \in [c_2(\delta), a]$，则是否拥有侵入能力对供应商而言无差异。其中，$(\bar{c}_E, \bar{\delta}_E)$ 是 $c_3(\delta)$ 与 $c_4(\delta)$ 的唯一的交点，且 $\bar{c}_E = (4 - \sqrt{2})a/8$，$\bar{\delta}_E = 2\sqrt{2} - 2$。

(2) 当 $\delta \in (\bar{\delta}_E, 1)$ 时，(a) 如果 $c \in [0, c_3(\delta))$ 或者 $c \in (c_4(\delta), c_1(\delta))$

或者 $c \in (\max\{c_1(\delta), c_5(\delta)\}, c_2(\delta))$，则拥有侵入能力始终有益于供应商；(b) 如果 $c \in (c_3(\delta), \min\{c_1(\delta), c_4(\delta)\})$ 或者 $c \in (c_1(\delta), c_5(\delta))$，则拥有供应商能力对供应商有害；（c）如果 $c \in [c_2(\delta), a)$，则是否拥有侵入能力对供应商而言无差异。

证明：依据表 3.4，比较供应商在无供应商侵入和供应商侵入情形下的利润函数：

(1) 考虑 $0 \leqslant c < c_1(\delta)$。通过求解 $\pi_S^{RE} - \pi_S^{RN}$ 关于 c 的二阶导数易得，$\pi_S^{RE} - \pi_S^{RN}$ 是关于 c 的凸函数，并且求解 $\pi_S^{RE} - \pi_S^{RN} = 0$ 关于 c 的两个根可得，$c_3(\delta) < c_4(\delta)$。这两个根交于点 $(\bar{c}_E, \bar{\delta}_E)$。这一交点同时也是 $\pi_S^{RE} - \pi_S^{RN} = 0$ 的唯一顶点。因此易得，当 $c_3(\delta) < c < c_4(\delta)$ 时，有 $\pi_S^{RE} - \pi_S^{RN} < 0$，这隐含需要 $\delta > \bar{\delta}_E$。否则，当 $\delta < \bar{\delta}_E$ 时，$\pi_S^{RE} - \pi_S^{RN} > 0$。进一步地，令 $c_4(\delta) = c_1(\delta)$ 可得，$c_1(\delta)$ 和 $c_4(\delta)$ 这两条线交于点 (c', δ')，且有当 $\delta < \delta'$ 时，$c_4(\delta) < c_1(\delta)$；当 $\delta > \delta'$ 时，$c_4(\delta) > c_1(\delta)$，其中，$c' = \dfrac{3(2-\sqrt{2})}{4}$，$\delta' = \dfrac{2(9-4\sqrt{2})}{7}$，$\delta' > \bar{\delta}_E$。综上分析，当 $\delta > \bar{\delta}_E$ 时，如果 $0 < c < c_3(\delta)$ 或者 $c_4(\delta) < c < c_1(\delta)$，则有 $\pi_S^{RE} - \pi_S^{RN} > 0$；如果 $c_3(\delta) < c < \min\{c_1(\delta), c_4(\delta)\}$，则有 $\pi_S^{RE} - \pi_S^{RN} < 0$。为便于理解，上述比较可见图 3.4。

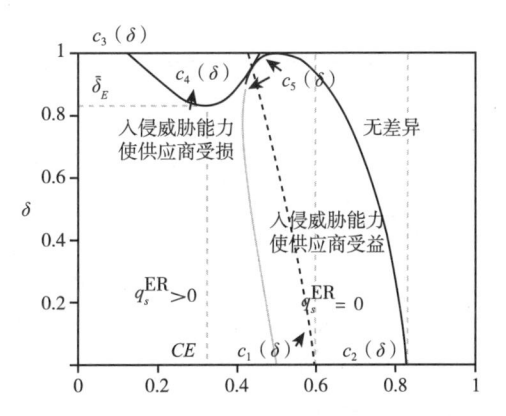

图 3.4 有无供应商侵入下的供应商利润对比

(2) 考虑 $c_1(\delta) \leqslant c < c_2(\delta)$。通过求解 $\pi_S^{RT} - \pi_S^{RN}$ 关于 c 的二阶导数易得，$\pi_S^{RT} - \pi_S^{RN}$ 是关于 c 的凹函数，并且求解 $\pi_S^{RT} - \pi_S^{RN} = 0$ 关于 c 的两个根可得，

$c_5(\delta) < c_2(\delta)$。因此易得，当 $c_5(\delta) < c < c_2(\delta)$ 时，$\pi_S^{RT} - \pi_S^{RN} > 0$。进一步地，令 $c_5(\delta) = c_1(\delta)$，$c_1(\delta)$ 和 $c_5(\delta)$ 交于同一点 (c', δ')，且有如果 $\delta < \delta'$，则 $c_5(\delta) < c_1(\delta)$；如果 $\delta > \delta'$，则 $c_5(\delta) > c_1(\delta)$。综上分析，当 $\delta > \bar{\delta}_E$ 时，如果 $\max\{c_1(\delta), c_5(\delta)\} < c < c_2(\delta)$，则有 $\pi_S^{RT} - \pi_S^{RN} > 0$；如果 $c_1(\delta) < c < c_5(\delta)$，则有 $\pi_S^{RT} - \pi_S^{RN} < 0$。

(3) 考虑 $c_2(\delta) \leq c < a$。通过比较易得 $\pi_S^{RE} - \pi_S^{RN} = 0$。证毕。

命题 3.1 的结果如图 3.5 所示。可见，零售商对消费者剩余的关注显著地改变了供应商侵入的结果。特别地，命题 3.1 中的第（2-b）部分表明，当供应商的销售成本水平居中且零售商关注消费者剩余的程度超过一定阈值时，拥有侵入下游市场的能力可能最终会伤害供应商。命题 3.1 中第（2-b）部分的第一个条件对应的是供应商直接销售正数量产品的情形。

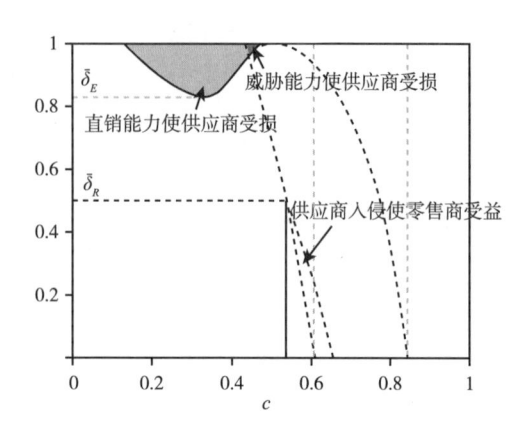

图 3.5 双重目标零售商下供应商侵入的结果

当供应商使用其直销渠道作为威胁时，类似的结果仍会出现。依据定理 3.1 中的表 3.4 可得，当 $c < (2a - a\delta)/(3 - \delta)$ 时，相比无供应商侵入的情形，供应商侵入情形下的批发价格会更低。同时，零售商在有无供应商侵入下的订货量的差额会随着 δ 的增加而减少，即 $d(q_R^{RT} - q_R^{RN})/d\delta < 0$。这意味着，当零售商关注消费者剩余的程度足够高时，供应商可能会难以激励零售商订购足够多的产品来抵消其在批发价格方面的让步。命题 3.1 中，第（2-b）部分的第二个条件对应地刻画了这一情形。

总而言之，对于供应商而言，供应商侵入对供应商利润的影响不再仅单纯地依赖于其直接销售所引发的销售成本,还依赖于零售商关注消费者剩余的程度。供应商侵入具有双重目标的零售商将可能有益于或者伤害其利润。特别地,当零售商对消费者剩余的关注程度足够高时(如图3.5中$\delta > \bar{\delta}_E$),零售商关注消费者剩余这一举措可以帮助抵制供应商直销。

另一个需要特别指出的结果是,随着δ的增加,供应商可以从拥有侵入能力中获益的有关销售成本c的区间将变小。具体地,关于第(2-b)部分中的条件,其下阈值随着δ的增加而增加(即$d[c_3(\delta)]/\delta<0$);而其上阈值则随着δ的增加而减少(即$d[c_4(\delta)]/\delta>0$和$d[c_5(\delta)]/\delta>0$)。直观上来讲,采取一个更加积极的姿态去关注消费者剩余可以削弱供应商从侵入中获得的效益,从而使得零售商可以在有关销售成本的更大范围内抵制供应商侵入。

命题 3.2 零售商具有双重内部企业目标结构时,均衡中:

(1) 当$\delta \in (0, \bar{\delta}_R]$时,(a) 如果$c_6(\delta) < c < c_7(\delta)$,则零售商能从供应商侵入中获益;(b) 如果$0 < c < c_6(\delta)$或者$c_7(\delta) < c < c_2(\delta)$,则供应商侵入伤害零售商,其中$(\bar{c}_R, \bar{\delta}_R)$是$c_6(\delta)$和$c_7(\delta)$的唯一交点,且$\bar{c}_R = 3a/4\sqrt{2}$,$\bar{\delta}_R = (34 - 16\sqrt{2})/23$。

(2) 当$\delta \in (\bar{\delta}_R, 1)$时,供应商侵入始终会伤害零售商。

证明:依据表3.4,比较零售商在有无供应商侵入下的利润:

(1) 考虑$0 \leq c < c_1(\delta)$。通过求$\pi_R^{RE} - \pi_R^{RN}$关于c的二阶导数可得,$\pi_R^{RE} - \pi_R^{RN}$是关于c的凸函数。通过求$\pi_S^{RE} - \pi_S^{RN} = 0$关于$c$的解可得两个根,

$$\frac{a(2-\delta)^2\delta - 2a(6-5\delta+\delta^2)\sqrt{32-40\delta+20\delta^2-11\delta^3+3\delta^4}}{(2-\delta)^2(32-8\delta-4\delta^2+\delta^3)}$$ 和

$$\frac{a(2-\delta)^2\delta + 2a(6-5\delta+\delta^2)\sqrt{32-40\delta+20\delta^2-11\delta^3+3\delta^4}}{(2-\delta)^2(32-8\delta-4\delta^2+\delta^3)}$$ (即$c_6(\delta)$)。通过比较易得,$\frac{a(2-\delta)^2\delta - 2a(6-5\delta+\delta^2)\sqrt{32-40\delta+20\delta^2-11\delta^3+3\delta^4}}{(2-\delta)^2(32-8\delta-4\delta^2+\delta^3)} < 0 < c_6(\delta)$。因此,当$c > c_6(\delta)$时,$\pi_S^{RE} - \pi_S^{RN} > 0$;当$c < c_6(\delta)$时,$\pi_S^{RE} - \pi_S^{RN} < 0$。进一步地,易得$c_6(\delta)$和$c_1(\delta)$相交于唯一点$(\bar{c}_R, \bar{\delta}_R)$,且有如果$\delta \leq \bar{\delta}_R$,则$c_6(\delta) \leq c_1(\delta)$;如果$\delta > \bar{\delta}_R$,则$c_6(\delta) > c_1(\delta)$,其中,$\bar{c}_R = \dfrac{3a}{4\sqrt{2}}$,$\bar{\delta}_R = $

$\frac{34-16\sqrt{2}}{23}$。综上分析，当 $\delta \leqslant \bar{\delta}_R$ 时，如果 $c_6(\delta) < c < c_1(\delta)$，则有 $\pi_S^{RE} - \pi_S^{RN} > 0$；如果 $c < c_6(\delta)$，则有 $\pi_S^{RE} - \pi_S^{RN} < 0$。当 $\delta > \bar{\delta}_R$ 时，如果 $0 \leqslant c < c_1(\delta)$，则有 $\pi_S^{RE} - \pi_S^{RN} < 0$ (见图 3.5)。

(2) 考虑 $c_1(\delta) \leqslant c < c_2(\delta)$。通过求 $\pi_R^{RT} - \pi_R^{RN}$ 关于 c 的二阶导数可得，$\pi_R^{RT} - \pi_R^{RN}$ 是关于 c 的凸函数。通过求 $\pi_R^{RT} - \pi_R^{RN} = 0$ 关于 c 的解可得两个根，$\frac{a(4-2\delta-\sqrt{2})}{4-2\delta}$ (即 $c_7(\delta)$) 和 $\frac{a(4-2\delta+\sqrt{2})}{4-2\delta}$，其中，$c_7(\delta) < a < \frac{a(4-2\delta+\sqrt{2})}{4-2\delta}$。因此，当 $c < c_7(\delta)$ 时，$\pi_R^{RT} - \pi_R^{RN} > 0$；当 $c_7(\delta) < c < a$ 时，$\pi_R^{RT} - \pi_R^{RN} < 0$。进一步地，易得 $c_7(\delta) < c_2(\delta)$，$c_7(\delta)$ 和 $c_1(\delta)$ 也相交于点 $(\bar{c}_R, \bar{\delta}_R)$，且有当 $\delta \geqslant \bar{\delta}_R$ 时，$c_7(\delta) \leqslant c_1(\delta)$；当 $\delta < \bar{\delta}_R$ 时，$c_7(\delta) > c_1(\delta)$。综上分析，当 $\delta \leqslant \bar{\delta}_R$ 时，如果 $c_1(\delta) < c < c_7(\delta)$，则有 $\pi_R^{RT} - \pi_R^{RN} > 0$；如果 $c_7(\delta) < c < c_2(\delta)$，则有 $\pi_R^{RT} - \pi_R^{RN} < 0$。当 $\delta > \bar{\delta}_R$ 时，如果 $c_1(\delta) \leqslant c < c_2(\delta)$，则有 $\pi_R^{RT} - \pi_R^{RN} < 0$ (见图 3.5)。

(3) 考虑 $c_2(\delta) \leqslant c < a$。通过比较易得 $\pi_R^{RE} - \pi_R^{RN} = 0$。证毕。

命题 3.2 表明：相比无供应商侵入，双重目标零售商在供应商侵入下将会获得更高的利润。当供应商通过直销渠道销售正数量产品时，零售商关注消费者剩余的一个有趣的影响是：随着其关注消费者剩余程度 δ 的增加，均衡的批发价格对供应商销售成本反应更加敏感。具体地，$dw^{RE}/dc < 0$ 和 $d[dw^{RE}/dc]/d\delta < 0$。这意味着，双重目标零售商情形下的批发价格最初（当 c 较小时）会高于纯营利情形，随后将随着销售成本的增加而减少，且逐渐收敛到纯营利情形下的批发价格水准（见图 3.1（a））。因此，当供应商销售成本处于中间水平时，零售商依旧可以从供应商侵入带来的较低的批发价格中获益（见图 3.5）。类似的结果也会发生在供应商仅使用其直销渠道作为威胁的情形。

尽管如此，命题 3.2 还表明：供应商侵入会伤害双重目标零售商。特别地，当零售商关注消费者剩余程度相对较高时，供应商侵入始终会对双重目标零售商有害。这是因为双重目标零售商对消费者剩余的关注，将会降低供应商提供较低的批发价格的动机，从而导致零售商遭遇一个相对较高的批发价格或者侵入下由于激烈的市场竞争引起的较低的利润率。

3.4.2 企业双重目标对消费者的影响

本节继续考察双重目标零售商对消费者剩余的影响。由推论 3.1 可知,当不存在供应商侵入时,与纯营利情形相比,零售商对消费者剩余的追逐降低了其自身的利润,但会增加消费者剩余。然而,当存在供应商侵入时,上述结果不一定始终成立。正如命题 3.3 给出的,双重目标零售商对消费者剩余的追逐反而有可能会伤害消费者。

命题 3.3 在供应商侵入时,相比纯营利零售商情形:

(1) 当 $c \in (c_3(\delta), \min\{(3a-3a\delta)/(2-\delta), c_4(\delta)\})$ 时,零售商具有双重目标时的消费者剩余更低;

(2) 当 $c \in (3a/5, c_2(\delta))$ 时,零售商具有双重目标时的消费者剩余保持不变;

(3) 当 c 不在上述区域内时,零售商具有双重目标时的消费者剩余更高。

证明:由命题 3.1 和表 3.4 可得,当零售商具有双重目标时,消费者剩余为:

如果 $\delta \leq \bar{\delta}_E$,则 $cs = \begin{cases} cs^{RE} & \text{for } 0 \leq c < c_1(\delta) \\ cs^{RT} & \text{for } c_1(\delta) \leq c < c_2(\delta) \\ cs^{RN} & \text{for } c_2(\delta) \leq c < a \end{cases}$

如果 $\delta > \bar{\delta}_E$,则:

$$cs = \begin{cases} cs^{RE} & \text{for } 0 \leq c < c_3(\delta) \text{ or } c_4(\delta) \leq c < c_1(\delta) \\ cs^{RT} & \text{for } \max\{c_1(\delta), c_5(\delta)\} < c < c_2(\delta) \\ cs^{RN} & \text{for } c_3(\delta) < c < \min\{c_1(\delta), c_4(\delta)\} \text{ or} \\ & c_1(\delta) \leq c < c_5(\delta) \text{ or } c_2(\delta) \leq c < a \end{cases}$$

命题 3.3 可以通过将上述消费者剩余的值与对应的基准情形下消费者剩余的值对比得到。由表 3.2 可得,基准情形对应的消费者剩余值为:如果 $0 \leq c < \dfrac{3a}{5}$,则 cs^E;如果 $\dfrac{3a}{5} < c < \dfrac{5a}{6}$,则 cs^T;如果 $\dfrac{5a}{6} < c < a$,则 cs^N。

注意，对于 $\delta < 1$，易证有如下大小关系：$c_1(\delta) < \dfrac{3a}{5}$，$c_3(\delta) < \dfrac{3a}{5}$，$c_4(\delta) < \dfrac{3a}{5}$，$c_5(\delta) < \dfrac{3a}{5}$，$c_2(\delta) < \dfrac{5a}{6}$。关于 $c_2(\delta)$ 和 $\dfrac{3a}{5}$，易证这两条线交于唯一点 $\left(\dfrac{3a}{5}, \sqrt{\dfrac{7}{8}}\right)$，并且当 $\delta \leqslant \sqrt{\dfrac{7}{8}}$ 时，$c_2(\delta) \geqslant \dfrac{3a}{5}$；当 $\delta > \sqrt{\dfrac{7}{8}}$ 时，$c_2(\delta) < \dfrac{3a}{5}$，其中 $\bar{\delta}_E < \sqrt{\dfrac{7}{8}}$。如此可得，当 $\delta \leqslant \bar{\delta}_E$ 时，$c_2(\delta) > \dfrac{3a}{5}$。

(1) 区域：$\delta \leqslant \bar{\delta}_E$ 且 $0 \leqslant c < c_1(\delta)$，或者 $\delta \leqslant \bar{\delta}_E$ 且 $0 \leqslant c < c_3(\delta)$，或者 $\delta \leqslant \bar{\delta}_E$ 且 $c_4(\delta) \leqslant c < c_1(\delta)$，比较 cs^{RE} 和 cs^E。由于 $cs^{RE}|_{\delta=0} = cs^E$ 且 $\dfrac{\partial cs^{RE}}{\partial \delta} > 0$，易证 $cs^{RE} - cs^E > 0$ 始终成立。

(2) 区域：$\delta > \bar{\delta}_E$ 且 $\max\{c_1(\delta), c_5(\delta)\} \leqslant c < \min\left\{\dfrac{3a}{5}, c_2(\delta)\right\}$，或者 $\delta \leqslant \bar{\delta}_E$ 且 $c_1(\delta) \leqslant c < \dfrac{3a}{5}$，比较 cs^{RT} 和 cs^E。易得 $cs^{RT} - cs^E = \dfrac{27a^2 - 66ac + 35c^2}{72b}$，且 $cs^{RT} - cs^E$ 是关于 c 的凸函数。通过求 $cs^{RT} - cs^E = 0$ 关于 c 的解可得两个根，$\dfrac{3a}{5}$ 和 $\dfrac{7a}{9}$。如此可得，当 $\dfrac{3a}{5} < c < \dfrac{7a}{9}$ 时，$cs^{RT} - cs^E < 0$；当 $c < \dfrac{3a}{5}$ 或者 $c > \dfrac{7a}{9}$ 时，$cs^{RT} - cs^E > 0$。因此，$cs^{RT} - cs^E > 0$ 始终成立。

(3) 区域：$\delta \leqslant \bar{\delta}_E$ 且 $\dfrac{3a}{5} \leqslant c < c_2(\delta)$，或者 $\delta > \bar{\delta}_E$ 且 $\dfrac{3a}{5} \leqslant c < c_2(\delta)$，比较 cs^{RT} 和 cs^T。易证对于 $\dfrac{3a}{5} \leqslant c < c_2(\delta)$，始终有 $cs^{RT} = cs^T$。

(4) 区域：$\delta > \bar{\delta}_E$ 且 $c_3(\delta) \leqslant c < \min\{c_4(\delta), c_1(\delta)\}$，或者 $\delta > \bar{\delta}_E$ 且 $c_1(\delta) \leqslant c < c_5(\delta)$，或者 $\delta > \bar{\delta}_E$ 且 $c_2(\delta) < c < \dfrac{3a}{5}$，比较 cs^{RN} 和 cs^E。易得 $cs^{RN} - cs^E = \dfrac{72a^2 - 8(3a-c)^2(2-\delta)^2}{576b(2-\delta)^2}$，且 $cs^{RN} - cs^E$ 是关于 c 的凹函数。通过求 $cs^{RN} - cs^E = 0$ 关于 c 的解可得两个根，$\dfrac{3a - 3a\delta}{2-\delta}$ 和 $\dfrac{9a - 3a\delta}{2-\delta}$，其中 $\dfrac{3a - 3a\delta}{2-\delta} < a < \dfrac{9a - 3a\delta}{2-\delta}$。如此可得，当 $c > \dfrac{3a - 3a\delta}{2-\delta}$ 时，$cs^{RN} - cs^E > 0$；当 $c < \dfrac{3a - 3a\delta}{2-\delta}$ 时，

第 3 章　考虑企业双重目标的供应商侵入策略

$cs^{RN} - cs^{E} < 0$。进一步地，易得当 $\delta > \dfrac{9-\sqrt{33}}{4}$ 时，$\dfrac{3a-3a\delta}{2-\delta} < c_1(\delta)$；当 $\delta < \dfrac{9-\sqrt{33}}{4}$ 时，$\dfrac{3a-3a\delta}{2-\delta} < c_1(\delta)$，其中 $\bar{\delta}_E > \dfrac{9-\sqrt{33}}{4}$。如此，当 $\delta > \bar{\delta}_E$ 时，$\dfrac{3a-3a\delta}{2-\delta} < c_1(\delta)$。因此，如果 $\delta > \bar{\delta}_E$ 且 $c_3(\delta) < c < \min\{(3a-3a\delta)/(2-\delta), c_4(\delta)\}$，则 $cs^{RN} - cs^{E} < 0$ $\left[\dfrac{3a-3a\delta}{2-\delta}\text{ 分别与 }c_3(\delta)\text{ 和 }c_4(\delta)\text{ 相交于两点}\right]$。否则，$cs^{RN} - cs^{E} > 0$。

(5) 区域：$\delta \leq \bar{\delta}_E$ 且 $c_2(\delta) \leq c < \dfrac{5a}{6}$，或者 $\delta > \bar{\delta}_E$ 且 $\max\left\{\dfrac{3a}{5}, c_2(\delta)\right\} \leq c < \dfrac{5a}{6}$，比较 cs^{RN} 和 cs^{T}。易证 $cs^{RN} - cs^{T}$ 是关于 c 的凹函数，且求 $cs^{RN} - cs^{T} = 0$ 关于 c 的解可得两个根，$\dfrac{3a-2a\delta}{4-2\delta}$ 和 $\dfrac{5a-2a\delta}{4-2\delta}$，其中，$\dfrac{3a-2a\delta}{4-2\delta} < a < \dfrac{5a-2a\delta}{4-2\delta}$。如此可得，当 $c > \dfrac{3a-2a\delta}{4-2\delta}$ 时，$cs^{RN} - cs^{T} > 0$；当 $c < \dfrac{3a-2a\delta}{4-2\delta}$ 时，$cs^{RN} - cs^{T} < 0$。进一步地，可证得对于 $\delta < 1$，有 $\dfrac{3a-2a\delta}{4-2\delta} < c_2(\delta)$。因此，$cs^{RN} - cs^{T} > 0$ 始终成立。

(6) 区域：$\dfrac{5a}{6} \leq c < a$，比较 cs^{RN} 和 cs^{N}。易证 $cs^{RN}|_{\delta=0} = cs^{N}$ 且 $\dfrac{\partial cs^{RN}}{\partial \delta} > 0$，因此，$cs^{RN} - cs^{N} > 0$ 始终成立。证毕。

命题 3.3 展示了一个非常有趣的结果，即零售商"以牺牲自身利润换取消费者剩余的做法"可能并不会有益于消费者（见图 3.6）。在命题 3.3 中的第 (1) 种情况下，零售商对消费者剩余的追逐实际上降低了消费者剩余。这种情况发生在供应商的销售成本较小但不是特别小，同时零售商对消费者剩余的关注程度较大但不是特别大的情境下。在同等条件下，如果零售商不关注消费者剩余，那么供应商就会侵入下游零售市场；然而，当零售商关注消费者剩余时，供应商会侵入下游市场。因此，零售商关注消费者剩余的程度足可以迫使供应商避免侵入下游市场，但是不足以增加足够多的零售商订货量来弥补因为缺少直销而减少的总销售量。相反的是，在同等条件下，零售商以相对微弱的程度关注消费者剩余却可以有益于消费者。有趣的是，这表明，对于关注消费者剩余采取更积极的态势反而会伤害消费者。

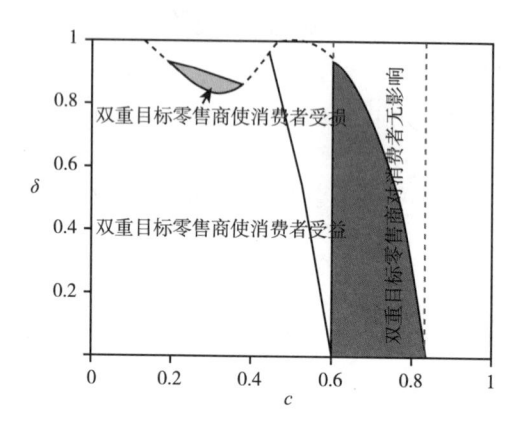

图 3.6 双重目标零售商下对消费者剩余的影响

在命题 3.3 中的第（2）种情况下，零售商对消费者剩余的关注既不能有益于消费者也不会对消费者有害。在这种情况下，不论消费者是否关注消费者剩余，供应商始终采取使用直销渠道作为威胁的策略。因此，如定理 1 中所展示的那样，供应商可以利用零售商对消费者剩余的关注及其直销渠道来提升其批发价格的同时，保证零售商的订货量足够高。

在命题 3.3 中的第（3）种情况下，显然如传统观点所认为的，零售商对消费者剩余的关注会提升消费者剩余。结合整个命题可知，对于相对较低的 δ（即 $\delta<0.5$），零售商关注消费者剩余仅在供应商直销成本足够小或足够高时才会有益于消费者（即 $c<3a/5$ 或者 $c>\max\{3a/5,c_1(\delta)\}$）。

3.4.3 企业双重目标对企业利润的影响

本节研究了双重目标结构对零售商利润的影响。特别是，研究探讨了零售商是否可以通过成为双重目标公司来提高利润。一方面，成为双重目标公司可能导致零售商偏离利润最大化原则，这可能会损害零售商的经营能力。另一方面，零售商对消费者剩余的承诺可能会改变定价和竞争动态，这可能会对零售商的营利性有利，也可能损害零售商的营利性。然而，在某种程度上结果与直觉相反，研究证明了作为一家双重目标公司，零售商可以获得更高的营利能力。下面的命题给出了这些条件。

命题 3.4 对于零售商而言，将自己建立为双重目标企业将获得比建立为纯营利性企业更高的利润。

(1) $c \in (c_3(\delta), \min\{(3a\sqrt{2-2\delta})/(8-4\delta), c_4(\delta)\})$；

或者

(2) $c \in (\max\{a - a\sqrt{2-2\delta}/(4-2\delta), c_2(\delta)\}, 5a/6)$

证明：命题 3.4 的证明类似于命题 3.3，不同的是，本命题需要对比的是在命题 3.3 所指定区域内零售商的利润。因为 $d\pi_R^{RE}/d\delta < 0$，$d\pi_R^{RT}/d\delta < 0$，$d\pi_R^{RN}/d\delta < 0$，易证得 $\pi_R^{RE} - \pi_R^{E} < 0$，$\pi_R^{RT} - \pi_R^{T} < 0$，$\pi_R^{RN} - \pi_R^{N} < 0$ 始终成立。因此，接下来仅需要考虑如下比较。

(1) 区域：$\delta > \bar{\delta}_E$ 且 $\max\{c_1(\delta), c_5(\delta)\} \leq c < \min\{\frac{3a}{5}, c_2(\delta)\}$，或者 $\delta \leq \bar{\delta}_E$ 且 $c_1(\delta) \leq c < \frac{3a}{5}$，比较 π_R^{RT} 和 π_R^{E}。通过求 $\pi_R^{RT} - \pi_R^{E}$ 关于 c 的二阶导数易得：当 $\delta < \frac{5}{9}$ 时，$\pi_R^{RT} - \pi_R^{E}$ 是关于 c 的凸函数；当 $\delta > \frac{5}{9}$ 时，$\pi_R^{RT} - \pi_R^{E}$ 是关于 c 的凹函数。通过求 $\pi_R^{RT} - \pi_R^{E} = 0$ 关于 c 的解可得两个根，$\frac{3a(3\delta - 3 - 2\sqrt{1-\delta})}{9\delta - 5}$ 和 $\frac{3a(3\delta - 3 + 2\sqrt{1-\delta})}{9\delta - 5}$。通过比较可证，当 $\delta < \frac{5}{9}$ 时，$\frac{3a(3\delta - 3 - 2\sqrt{1-\delta})}{9\delta - 5} > a > \frac{3a(3\delta - 3 + 2\sqrt{1-\delta})}{9\delta - 5}$；当 $\delta > \frac{5}{9}$ 时，$\frac{3a(3\delta - 3 - 2\sqrt{1-\delta})}{9\delta - 5} < \frac{3a(3\delta - 3 + 2\sqrt{1-\delta})}{9\delta - 5} < a$。如此可得，当 $c > \frac{3a(3\delta - 3 + 2\sqrt{1-\delta})}{9\delta - 5}$ 时，$\pi_R^{RT} - \pi_R^{E} < 0$。由于 $\frac{3a(3\delta - 3 + 2\sqrt{1-\delta})}{9\delta - 5} < c_2(\delta) < \frac{3a}{5}$，可得 $\pi_R^{RT} - \pi_R^{E} < 0$ 始终成立。

(2) 区域：$\delta > \bar{\delta}_E$ 且 $c_3(\delta) \leq c < \min\{c_4(\delta), c_1(\delta)\}$，或者 $\delta > \bar{\delta}_E$ 且 $c_1(\delta) \leq c < c_5(\delta)$，或者 $\delta > \bar{\delta}_E$ 且 $c_2(\delta) < c < \frac{3a}{5}$，比较 π_R^{RN} 和 π_R^{E}。通过求 $\pi_R^{RN} - \pi_R^{E}$ 关

于 c 的二阶导数可得，$\pi_R^{RN} - \pi_R^E$ 是关于 c 的凹函数。通过求 $\pi_R^{RN} - \pi_R^E = 0$ 关于 c 的解可得两个根，$-\dfrac{3a\sqrt{2-2\delta}}{8-4\delta}$ 和 $\dfrac{3a\sqrt{2-2\delta}}{8-4\delta}$。如此可得，当 $c < \dfrac{3a\sqrt{2-2\delta}}{8-4\delta}$ 时，$\pi_R^{RN} - \pi_R^E > 0$；当 $c > \dfrac{3a\sqrt{2-2\delta}}{8-4\delta}$ 时，$\pi_R^{RN} - \pi_R^E < 0$。进一步易证，$\dfrac{3a\sqrt{2-2\delta}}{8-4\delta} < c_1(\delta)$。因此，当 $\delta > \bar{\delta}_E$ 且 $c_3(\delta) < c < \min\{(3a\sqrt{2-2\delta})/(8-4\delta), c_4(\delta)\}$ $\left[\dfrac{3a\sqrt{2-2\delta}}{8-4\delta} \text{分别与} c_3(\delta) \text{和} c_4(\delta) \text{相交于两点}\right]$ 时，$\pi_R^{RN} - \pi_R^E > 0$；否则 $\pi_R^{RN} - \pi_R^E < 0$。

(3) 区域：$\delta \leq \bar{\delta}_E$ 且 $c_2(\delta) \leq c < \dfrac{5a}{6}$，或者 $\delta > \bar{\delta}_E$ 且 $\max\left\{\dfrac{3a}{5}, c_2(\delta)\right\} \leq c < \dfrac{5a}{6}$，比较 π_R^{RN} 和 π_R^T。易得 $\pi_R^{RN} - \pi_R^T$ 是关于 c 的凹函数。通过求 $\pi_R^{RN} - \pi_R^T = 0$ 关于 c 的解可得两个根，$a - \dfrac{a\sqrt{2-2\delta}}{4-2\delta}$ 和 $a + \dfrac{a\sqrt{2-2\delta}}{4-2\delta}$。如此可得，当 $c > a - \dfrac{a\sqrt{2-2\delta}}{4-2\delta}$ 时，$\pi_R^{RN} - \pi_R^T > 0$；当 $c < a - \dfrac{a\sqrt{2-2\delta}}{4-2\delta}$ 时，$\pi_R^{RN} - \pi_R^T < 0$。进一步易证，$a - \dfrac{a\sqrt{2-2\delta}}{4-2\delta} > \dfrac{3a}{5}$。因此，当 $c \in (\max\{a - a\sqrt{2-2\delta}/(4-2\delta), c_2(\delta)\}, 5a/6)$ 时，$\pi_R^{RN} - \pi_R^T > 0$；否则 $\pi_R^{RN} - \pi_R^T < 0$。证毕。

命题 3.4 刻画了两种情况，在这两种情况下，零售商可以通过采取双重内部企业目标结构的姿态来提高利润。在第（1）种情况下，零售商将自己建立为双重目标企业，组织供应商通过直销渠道销售正数量的产品（见图 3.7 中 H-R-Ⅰ区域）；第（2）种情况对应着阻止供应商使用直销渠道作为威胁（见图 3.7 中 H-R-Ⅱ区域）。因此，虽然零售商对消费者剩余的关注将使其偏离利润最大化的目标，但是其可以有效地抵制供应商侵入下游市场，从而避免更具破坏性的结果——与供应商在零售市场上竞争。这是两者相害取其轻的策略。

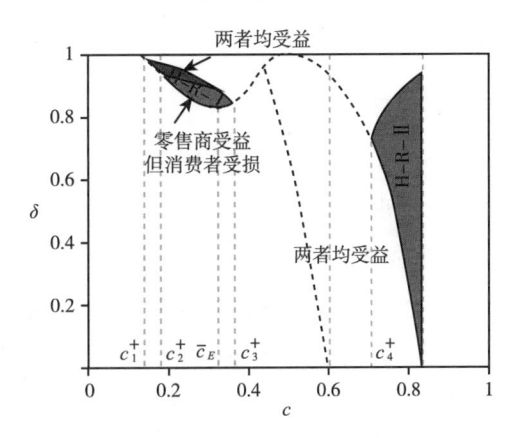

图 3.7 双重目标零售商的营利性和消费者剩余

3.5 价格竞争与吝啬型双重目标

3.5.1 价格竞争

因为供应商和零售商销售的是相同的产品，所以有关供应商侵入的文献主要集中在数量竞争上。在数量竞争中，供应商侵入可以通过缓解双重边际化问题来使供应链受益。而价格竞争可以改变供应商和零售商之间的互动。正如阿里亚等（2007）所指出的，由于零售竞争更加激烈，价格竞争可能会降低制造商侵入的动机（Arya et al.，2007）。在之前的分析中，研究发现零售商对消费者剩余的追求也可以加剧市场竞争并阻止供应商的侵入。因此，在价格竞争下，具有双重目标的零售商在阻止供应商侵入方面的价值可能不那么突出。换言之，价格竞争和零售商的双重目标结构可以成为战略替代品。

本节考虑了价格竞争的情况，其中直销渠道和转售渠道表现出一定程度的差异（Guan et al.，2020）。通过反转数量竞争下的需求函数，可以得到公司 i 的需求表达式：$q_i = \dfrac{(1-k)a - p_i + kp_j}{1-k^2}$，其中，$i,j = S, R$ 且 $i \neq j$。在价格竞争下，均衡的全面表征和利润比较在分析上是棘手的。因此，采用数值研究方法揭示价格竞争对双重目标零售商的影响。在给定产品差异参数 k 的前提下，推导得出了相应的均衡结果。具体而言，本节在 $(0,1)$ 之间选择了 9 个数值并赋值于 k。对于每个给定的 k 值，推导并比较均衡结果。

在价格竞争下，研究发现，供应商侵入与零售商双重目标结构之间的紧张关系变得不那么强烈，同时在双重目标零售商情形下不存在侵入效应（即阻止供应商销售正数量）。这一发现与先前的研究一致，如阿里亚等（2007）。在价格竞争下，虽然供应商侵入仍然导致批发价格的下降，但批发价格的下降幅度较之数量竞争情形更小。此外，供应商将通过其直销渠道在较小的参数空间区域内销售正数量，即使销售成本相对较小，供应商也会通过提高批发价格来获得更大的零售利润（更多地依赖转售）。由前文可知，随着 c 的增加，由于批发价格较低，通过供应商侵入获得的额外利润从直销的收益转变为转售数量的增加（见图 3.2）。这表明，供应商侵入与零售商对消费者剩余关注之间的紧张关系因价格竞争而减弱，同时，该现象在供应商销售成本相对较小的情况下更为凸显。因此，在价格竞争中，双重目标零售商的存在不利于阻止供应商侵入。

3.5.2　吝啬型企业双重目标

至此，本章分析始终假设双重目标零售商关心整个消费市场的福利。该情形反映出了更广泛的零售商创造的消费者剩余，既直接来自零售商销售渠道，又来自零售商对市场价格的间接影响。本节考虑了另一种情况，即双重目标的零售商可能只关心通过其零售渠道所服务的消费者的福利。后文将此零售商称为吝啬型双重目标零售商，而基本模型中的零售商称为慷慨型双重目标零售商。根据辛格和维韦斯的说法，可以从零售商的零售渠道中得出消费者剩余，公式如下：$cs_R = (q_R \cdot cs)/(q_R + q_S)$（Singh & Vives, 1984）。即零售商渠道产生的消费者剩余 cs_R 相对于总消费者剩余 cs 与零售商的销售数量成正比。

与慷慨型双重目标零售商相比，吝啬型双重目标零售商的不同之处在于，当供应商侵入零售领域时，零售商只关心其所服务的消费者的福利。因此，本节只需要重新考察供应商向一个吝啬型双重目标零售商销售产品的子博弈。其中供应商可以选择侵入。从供应商的直接销售数量 q_S 开始，通过逆向归纳法推导均衡结果。通过解决式（3.1）中所述的供应商优化问题，可以得到供应商关于直接销售产品数量的反应函数，如式（3.2）所示。此时，零售商的优化问题如下：

$$\max_{q_R}[a - bq_R - bq_S^{RE}(q_R)]q_R - wq_R + \frac{b\delta}{2}[q_R^2 + q_R q_S^{RE}(q_R)] \quad (3.16)$$

零售商的最优决策如下：

$$q_R^{RE}(w) = \begin{cases} \dfrac{a-w}{b(2-\delta)} & if\ 0 \leqslant w < (a\delta - a + 2c - 2\delta)^+ \\ \dfrac{a-c}{b} & if\ (a\delta - a + 2c - c\delta)^+ \leqslant w \leqslant \dfrac{(3a\delta - 2a + 6c - 3c\delta)^+}{4} \\ \dfrac{2a + 2c - 4w + a\delta - c\delta}{2b(2-\delta)} & if\ \dfrac{(3a\delta - 2a + 6c - 3c\delta)^+}{4} < w < \dfrac{2a + a\delta + 2c - c\delta}{4} \\ 0 & if\ w \geqslant \dfrac{2a + a\delta + 2c - c\delta}{4} \end{cases}$$

$$(3.17)$$

将最优订货数量和直销数量代入式（3.1）供应商利润函数中，可以通过关于批发价格函数表达式 w 得到供应商的利润。然后可以得出供应商的最优批发价格。余下推导过程是常规的，不再赘述。表 3.5 总结了均衡结果。

表 3.5　　吝啬型双重目标零售商情形下供应商侵入的均衡结果

	$DS(0 \leqslant c < c_1(\delta))$	$TD(c_1(\delta) \leqslant c < c_2(\delta))$	$ND(c_2(\delta) \leqslant c < a)$
w^*	$\dfrac{a(6 - 3\delta - \delta^2) - c(2 + \delta - \delta^2)}{12 - 8\delta}$	$\dfrac{3a\delta - 2a + 6c - 3c\delta}{4}$	$\dfrac{a}{2}$
q_R^*	$\dfrac{a\delta + 4c - c\delta}{6b - 4b\delta}$	$\dfrac{a-c}{b}$	$\dfrac{a}{4b - 2b\delta}$
q_S^*	$\dfrac{6a - 10c - 5a\delta + 5c\delta}{12b - 8b\delta}$	0	0
π_S^*	$\dfrac{a^2(12 - 8\delta + \delta^2) - 2ac\kappa_2 + c^2\kappa_3}{16b(3 - 2\delta)}$	$\dfrac{a^2(3\delta - 2) + ac(8 - 6\delta) - c^2(6 - 3\delta)}{4b}$	$\dfrac{a^2}{4b(2 - \delta)}$

85

续表

	$DS(0 \leq c < \bar{c}_1 \delta)$	$TD(\bar{c}_1(\delta) \leq c < \bar{c}_2(\delta))$	$ND(\bar{c}_2(\delta) \leq c < a)$
π_R^*	$\dfrac{a^2(\delta^3-2\delta^2)-2ac\psi_2+c^2\psi_3}{8b(3-2\delta)^2}$	$\dfrac{(a-c)^2(2-3\delta)}{4b}$	$\dfrac{a^2(1-\delta)}{4b(2-\delta)^2}$
cs^*	$\dfrac{[3a(\delta-2)+c(2-3\delta)]^2}{32b(3-2\delta)^2}$	$\dfrac{(a-c)^2}{2b}$	$\dfrac{a^2}{8b(2-\delta)^2}$

注：$\bar{c}_1(\delta)=\dfrac{6a-5a\delta}{10-5\delta}$，$\bar{c}_2(\delta)=\dfrac{5a-3a\delta}{6-3\delta}$，$\kappa_2=12-12\delta+\delta^2$，$\kappa_3=28-16\delta+\delta^2$，$\psi_2=2\delta-2\delta^2+\delta^3$，$\psi_3=16-12\delta-2\delta^2+\delta^3$。

从表3.5可以看出，企业均衡决策仍然呈现出三种不同的模式，供应商将采用三种不同的直接渠道策略（即DS、TD和ND）。可以得出的结论是，与营利性设置相比，决定供应商直接渠道策略的截止点向左移动。然而，由于吝啬型双重目标零售商并不关心直接渠道产生的消费者剩余，它可能会更积极地利用自己在销售过程中的优势，增加自己的订单数量，因此，供应商在更小的参数空间区域内获得正的直销数量。

为了检验吝啬型双重目标结构如何影响定价和数量决策，将表3.5中的均衡决策与纯营利情形的均衡决策进行比较。如图3.8所示，分析表明，相对于纯营利情形，在吝啬型双重目标零售商情形下，转售数量和总数量都更高。这种总量的向上扭曲导致市场价格降低，从而降低直销的营利能力。对于批发价格，研究发现，尽管供应商有动机提高批发价格来限制零售商的订单数量，但当直销成本处于中间水平时，均衡批发价格可能会低于纯营利情形的批发价格。

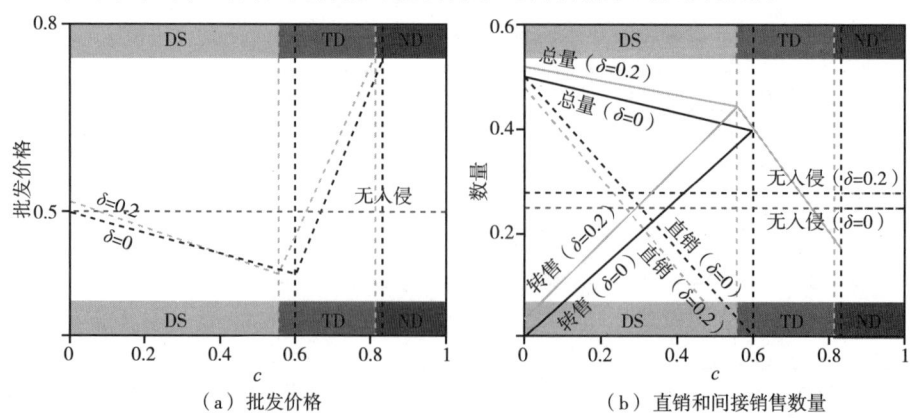

图3.8 纯营利与吝啬型双重目标零售商情形下的均衡价格和数量

在这种消费者福利的替代假设下,可以推导出供应商的均衡直接渠道策略。研究发现,吝啬型双重目标零售商的双重目标性质仍然表现出更强的零售竞争力,并使供应商在实施其直接渠道策略时不那么激进。事实上,吝啬型零售商比慷慨型更能阻止供应商直销正数量的产品。对于吝啬型零售商来说,$\bar{c}_1(\delta) = (6a - 5a\delta)/(10 - 5\alpha)$ 和 $\bar{c}_2(\delta) = (5a - 3a\delta)/(6 - 3\delta)$ 是决定供应商直接渠道策略的两个关键阈值。分析表明,与存在慷慨型双重目标零售商的情形相比,供应商在较小的参数空间区域内具有正的直接销售数量,即当 $\delta > 0$ 时,$\bar{c}_1(\delta) < c_1(\delta)$。这是因为从直接渠道产生的消费者剩余并不是吝啬型双重目标零售商决策目标的一部分,因此零售商更有动力去利用成本优势,扩大其转售数量,从而使得零售渠道创造出更高的消费者剩余。

在此背景下,为了研究供应商侵入对企业利润的影响,研究比较了供应商侵入和供应商不侵入两种情形下的企业利润。命题3.5总结了相关结果。

命题 3.5 在具有吝啬型双重目标零售商的背景下,(1) 供应商总是因为具有侵入能力而处于优势地位;(2) 当 $c \in (\bar{c}_3(\delta), \bar{c}_4(\delta))$ 时,供应商侵入会使零售商受益。

证明:关于供应商利润的比较:

(1) 当 $0 \leq c < \bar{c}_1(\delta)$ 时,

$$\pi_S^{RE} - \pi_S^{RN} = \frac{a^2(12 - 20\delta + 10\delta^2 - \delta^3) - 2ac(24 - 36\delta + 14\delta^2 - \delta^3) + c^2(14 - \delta)(2 - \delta)^2}{16b(2 - \delta)(3 - 2\delta)}$$

是关于 c 的凸函数。同时,$\pi_S^{RE} - \pi_S^{RN}$ 的顶点 $\bar{c}_2(\delta) \leq c < a$ 坐标为 $\left(\frac{a(12 - 12\delta + \delta^2)}{28 - 16\delta + \delta^2}, \frac{a^2(2 + \delta)}{4(2 - \delta)(14 - \delta)} \right)$。易得 $\frac{a^2(2 + \delta)}{4(2 - \delta)(14 - \delta)} > 0$,因此 $\pi_S^{RE} - \pi_S^{RN} > 0$。

(2) 当 $\bar{c}_1(\delta) \leq c < \bar{c}_2(\delta)$ 时,$\pi_S^{RT} - \pi_S^{RN}$ 是关于 c 的凹函数。令 $\pi_S^{RT} - \pi_S^{RN} = 0$,可得 $\frac{a - a\delta}{2 - \delta}$ 和 $\frac{5a - 3a\delta}{6 - 3\delta}$ 两个根。当 $\frac{a - a\delta}{2 - \delta} < \bar{c}_2(\delta)$ 时,$\pi_S^{RT} - \pi_S^{RN} > 0$。

(3) 当 $\bar{c}_2(\delta) \leq c < a$ 时,易证 $\pi_S^{RE} - \pi_S^{RN} = 0$。

关于零售商利润的比较:

(1) 当 $0 \leq c < \bar{c}_1(\delta)$ 时,$\pi_R^{RE} - \pi_R^{RN}$ 是关于 c 的凸函数。令 $\pi_R^{RE} - \pi_R^{RN} = 0$,可以求得用 c 表示的两个根,$\bar{c}_3(\delta) = $

$$\frac{a(2-\delta)^2\delta(2-2\delta+\delta^2) + \sqrt{2}a\sqrt{(6-7\delta+2\delta^2)^2(\delta^4-5\delta^3+18\delta^2-28\delta+16)}}{(2-\delta)^2(16-12\delta-2\delta^2+\delta^3)}$$ 和

$$\frac{a(2-\delta)^2\delta(2-2\delta+\delta^2) - \sqrt{2}a\sqrt{(6-7\delta+2\delta^2)^2(\delta^4-5\delta^3+18\delta^2-28\delta+16)}}{(2-\delta)^2(16-12\delta-2\delta^2+\delta^3)}$$ 。

易证当 $0 \leq \delta \leq 1$ 时，$\frac{a(2-\delta)^2\delta(2-2\delta+\delta^2)-\sqrt{2}a\sqrt{(6-7\delta+2\delta^2)^2(\delta^4-5\delta^3+18\delta^2-28\delta+16)}}{(2-\delta)^2(16-12\delta-2\delta^2+\delta^3)} < 0$。$\bar{c}_3(\delta)$ 和 $\bar{c}_1(\delta)$ 相交于唯一点 $(\bar{c}_R, \bar{\delta}_R)$，且当 $\delta < \bar{\delta}_R$ 时，$\bar{c}_3(\delta) < \bar{c}_1(\delta)$。因此，可以证明，当 $\delta < \bar{\delta}_R$ 时，如果 $\bar{c}_3(\delta) < \bar{c}_1(\delta)$，则 $\pi_R^{RE} - \pi_R^{RN} > 0$。

(2) 如果 $\bar{c}_1(\delta) \leq c < \bar{c}_2(\delta)$，当 $\delta < \frac{2}{3}$ 时，$\pi_S^{RT} - \pi_S^{RN}$ 是关于 c 的凸函数，且当 $\delta > \frac{2}{3}$ 时，$\pi_S^{RT} - \pi_S^{RN}$ 随着 c 递减。易得，当 $\delta = \frac{2}{3}$ 时，$\pi_S^{RT} - \pi_S^{RN} = -\frac{3a^2}{16b} < 0$。此外，当 $\delta > \frac{2}{3}$ 时，$\pi_S^{RT} - \pi_S^{RN}|_{c=0} = \frac{a^2(7-19\delta+14\delta^2-3\delta^3)}{4b(2-\delta)^4} < 0$。因此，当 $\delta \geq \frac{2}{3}$ 时，$\pi_S^{RT} - \pi_S^{RN} < 0$。现在考虑 $\delta < \frac{2}{3}$ 的情况。令 $\pi_S^{RT} - \pi_S^{RN} = 0$ 可得关于 c 的两个根，$a - \frac{a(2-\delta)\sqrt{2-5\delta+3\delta^2}}{(2-\delta)^2(3\delta-2)}$ 和 $\bar{c}_4(\delta) = a + \frac{a(2-\delta)\sqrt{2-5\delta+3\delta^2}}{(2-\delta)^2(3\delta-2)}$。易证，$\bar{c}_1(\delta) < \bar{c}_4(\delta) < a < a - \frac{a(2-\delta)\sqrt{2-5\delta+3\delta^2}}{(2-\delta)^2(3\delta-2)}$，$\bar{c}_1(\delta)$ 和 $\bar{c}_4(\delta)$ 相交于唯一点 $(\bar{c}_R, \bar{\delta}_R)$，且 $\bar{\delta}_R < \frac{2}{3}$。因此，可以证明，当 $\delta < \bar{\delta}_R$ 时，如果 $\bar{c}_1(\delta) < c < \bar{c}_4(\delta)$，则 $\pi_S^{RT} - \pi_S^{RN} > 0$。

(3) 当 $\bar{c}_2(\delta) \leq c < a$ 时，易证 $\pi_R^{RE} - \pi_R^{RN} = 0$。最后，通过对上述分析的重组，可以证明命题 3.5。证毕。

命题 3.5 表明，侵入始终对供应商有益。其原因在于，吝啬型双重目标零售商对消费者剩余的关注可能仍会削弱供应商侵入带来的两种积极影响，但不会削弱到能够阻止供应商侵入的程度。此外，可以发现，当供应商的直销成本处于中间水平时，吝啬型双重目标零售商可以得到比纯营利型零售商更低的批发价格，这与基本模型中的结果形成鲜明对比。因此，当供应商的直销成本处于中间水平时，由于供应商侵入将导致较低的批发价格，此时零售商仍然可以受益。

接下来，探讨吝啬型零售商的双重目标性质如何影响其营利能力和消费者剩余。

命题3.6 （1）对于零售商而言，将自己建立为吝啬型双重目标企业将获得比建立为纯营利性企业更高的利润。

（a） $c \in (\bar{c}_5(\delta), \bar{c}_6(\delta))$

或者

（b） $c \in (\max\{\bar{c}_2(\delta), \bar{c}_7(\delta)\}, 5a/6)$

（2）当 $c \in (3a/5, \bar{c}_2(\delta))$ 时，吝啬型双重目标零售商对消费者剩余没有影响；否则，它总是会增加消费者剩余。

证明：将表3.5所示的零售商利润与纯营利性零售商情形下供应商侵入的均衡结果进行比较，可以证明该命题的第（1）部分。此时，零售商利润的比较基准为：当 $0 \leq c < \frac{3a}{5}$ 时，$\pi_R^E = \frac{2c}{9b}$；当 $\frac{3a}{5} \leq c < \frac{5a}{6}$ 时，$\pi_R^T = \frac{(a-c)^2}{2b}$；当 $\frac{5a}{6} \leq c < a$ 时，$\pi_R^N = \frac{a^2}{16b}$。由于 $d\pi_R^{RT}/d\delta < 0$ 且 $d\pi_R^{RN}/d\delta < 0$，可知 $\pi_R^{RT} - \pi_R^T > 0$ 和 $\pi_R^{RN} - \pi_R^N > 0$ 始终成立。因此，只需要考虑如下比较：

（1）当 $c < \bar{c}_1(\delta)$ 时，π_R^{RE} 与 π_R^E 的比较。$\pi_R^{RE} - \pi_R^E$ 是关于 c 的凸函数。令 $\pi_R^{RE} - \pi_R^E = 0$ 可得关于 c 的两个根，$\frac{3a(6-6\delta+3\delta^2) - 2(3-2\delta)\sqrt{1+4\delta}}{84 - 82\delta + 9\delta^2}$ 和 $\bar{c}_5(\delta) = \frac{3a(6-6\delta+3\delta^2) + 2(3-2\delta)\sqrt{1+4\delta}}{84 - 82\delta + 9\delta^2}$。同时，$\frac{3a(6-6\delta+3\delta^2) - 2(3-2\delta)\sqrt{1+4\delta}}{84 - 82\delta + 9\delta^2} < 0 < \bar{c}_5(\delta)$。易证 $\bar{c}_1(\delta)$ 和 $\bar{c}_5(\delta)$ 相交于唯一一点 $(\bar{c}_P, \bar{\delta}_P) = \left(\frac{6}{11}, \frac{6}{25}\right)$，并且当 $\delta < \bar{\delta}_P$ 时，$\bar{c}_1(\delta) > \bar{c}_5(\delta)$；当 $\delta > \bar{\delta}_P$ 时，$\bar{c}_1(\delta) < \bar{c}_5(\delta)$。因此可得，当 $\delta < \bar{\delta}_P$ 时，如果 $\bar{c}_5(\delta) < c < \bar{c}_1(\delta)$，则 $\pi_R^{RE} - \pi_R^E > 0$。

（2）当 $\bar{c}_1(\delta) \leq c < \frac{3a}{5}$ 时，π_R^{RT} 与 π_R^E 的比较。当 $\delta > \frac{10}{27}$ 时，$\pi_R^{RT} - \pi_R^E$ 是关于 c 的凹函数；当 $\delta < \frac{10}{27}$ 时，$\pi_R^{RT} - \pi_R^E$ 是关于 c 的凸函数。当 $\delta = \frac{10}{27}$ 且 $c < \frac{1}{2}$ 时，易得 $\pi_R^{RT} - \pi_R^E < 0$。令 $\pi_R^{RT} - \pi_R^E = 0$ 可得关于 c 的两个根，$\frac{3a(6-9\delta+2\sqrt{4-6\delta})}{10-27\delta}$

和 $\bar{c}_6(\delta) = \dfrac{3a(6 - 9\delta - 2\sqrt{4-6\delta})}{10 - 27\delta}$。进一步，可以证明，当 $\delta > \dfrac{10}{27}$ 时，$\dfrac{3a(6 - 9\delta + 2\sqrt{4-6\delta})}{10 - 27\delta} < \bar{c}_6(\delta) < 0$。因此，当 $\delta > \dfrac{10}{27}$ 时，$\pi_R^{RT} - \pi_R^E < 0$。接下来考虑 $\delta < \dfrac{10}{27}$ 的情况。易得，$\bar{c}_6(\delta) < \dfrac{3a}{5} < \dfrac{3a(6 - 9\delta + 2\sqrt{4-6\delta})}{10 - 27\delta}$，且 $\bar{c}_6(\delta)$ 和 $\bar{c}_1(\delta)$ 相交于唯一点 $(\bar{c}_P, \bar{\delta}_P) = \left(\dfrac{6}{11}, \dfrac{6}{25}\right)$。通过比较可知，当 $\delta < \bar{\delta}_P$ 时，$\bar{c}_6(\delta) > \bar{c}_1(\delta)$；当 $\delta > \bar{\delta}_P$ 时，$\bar{c}_6(\delta) < \bar{c}_1(\delta)$。因此，可以证明，当 $\delta < \bar{\delta}_P$ 时，如果 $\bar{c}_1(\delta) < c < \bar{c}_6(\delta)$，则 $\pi_R^{RT} - \pi_R^E > 0$。

(3) 当 $\bar{c}_2(\delta) \leq c < \dfrac{5a}{6}$ 时，π_R^{RN} 与 π_R^T 的比较。$\pi_R^{RN} - \pi_R^T$ 是关于 c 的凹函数。令 $\pi_R^{RN} - \pi_R^T = 0$，可得关于 c 的两个根，$\bar{c}_7 = a - \dfrac{a\sqrt{1-\delta}}{\sqrt{2}(2-\delta)}$ 和 $a + \dfrac{a\sqrt{1-\delta}}{\sqrt{2}(2-\delta)}$。易知 $\bar{c}_7(\delta) < a < a + \dfrac{a\sqrt{1-\delta}}{\sqrt{2}(2-\delta)}$，$\bar{c}_7(\delta)$ 和 $\bar{c}_2(\delta)$ 相交于唯一点 $(\bar{c}_D, \bar{\delta}_D) = \left(\dfrac{8}{11}, \dfrac{7}{9}\right)$。进一步，可以证明，当 $\delta < \bar{\delta}_D$ 时，$\bar{c}_7(\delta) < \bar{c}_2(\delta)$；当 $\delta > \bar{\delta}_D$ 时，$\bar{c}_7(\delta) > \bar{c}_2(\delta)$。因此，可证当 $\max\{\bar{c}_2, \bar{c}_7\} < c < \dfrac{5a}{6}$ 时，$\pi_R^{RN} - \pi_R^T > 0$。

将表3.5所示的消费者剩余与纯营利性零售商情形下供应商侵入的均衡结果进行比较，可以证明该命题的第（1）部分。换言之，当 $0 \leq c < \dfrac{3a}{5}$，$\dfrac{3a}{5} \leq c < \dfrac{5a}{6}$ 或 $\dfrac{5a}{6} \leq c < a$ 时，消费者剩余的比较基准分别为 cs^E，cs^T 和 cs^N。推导过程与前面的分析类似，因此在这里略去。证毕。

命题3.6第（1）部分表明，与纯营利性零售商相比，吝啬型双重目标零售商仍可能获得更高的利润。值得强调的是，在慷慨型双重目标零售商情形下，从双重目标结构中获得的额外利润仅源于侵入效应，即阻止供应商直接销售或使用其直接渠道作为威胁。然而在吝啬型零售商情形下，从双重目标结构中获得的额外利润不仅源于侵入效应，即阻止供应商利用其直接渠道作为威胁，还源于当直销成本处于中间水平时，由批发价格降低引起的双重边际效应弱化。

命题3.6第（2）部分表明，当供应商的直接销售成本相对较大时，吝啬型双重目标零售商的存在并不一定能提高消费者剩余，即 $3a/5 < c < \bar{c}_2(\delta)$。在这种情况下，无论零售商的立场是什么，供应商总是利用其直接渠道作为威胁，从而诱使零售商订购足够大的数量，使得供应商在零售市场上的利润率恰好为零。

3.6 本章小结

近些年，企业或组织追逐"超越利润"的议程已经在许多行业变得越来越常见。然而，这些双重目标组织对现代经济（如多渠道供应链管理）的影响还未得到深入的理解。本章研究零售商采取双重目标内部结构和供应商侵入之间的互动作用，专注于了解双重目标零售商在供应链系统中的影响。本章的研究取得了许多有趣的结果，为企业管理者和政策制定者提供了有用的见解。

首先，本章分别分析了纯营利情形下的无供应商侵入和供应商侵入的基准模型，得到了在纯营利情形下供应商和零售商的均衡决策，并分析了供应商侵入情形下供应商的直销渠道策略，包括通过直销渠道直销正数量的产品、利用直销渠道作为威胁和无直销威胁。在纯营利情形下，与已有研究结果类似（Arya et al., 2007；Guan et al., 2019），供应商侵入不仅可以为供应商带来额外的零售利润，还可以通过降低批发价格减轻双重边际化效应。因此，对于供应商而言，供应商侵入始终是一个主导的策略。此外，本章对供应商直销成本相对较高情形下的拓展研究，进一步揭示了一些有趣的结果。

其次，本章分别分析了双重目标零售商情形下的无供应商侵入和供应商侵入模型，得到了双重目标零售商情形下供应商和零售商的均衡策略，并给出了供应商侵入情形下的直销渠道策略。通过对比纯营利情形，研究发现，零售商关注消费者剩余可以显著地改变供应链成员的均衡决策，包括供应商批发价格、零售商订货量以及供应商直销数量。特别地，零售商关注消费者剩余在一定条件下将迫使供应商提高其侵入时的批发价格。如此，与已有研究不同的是，供应商侵入有可能会加剧双重边际化效应（Arya et al.，2007）。

再次，研究发现：即使侵入下游市场是不需要额外成本的，供应商侵入依然可能会损害供应商的利润。这一结果与已有的经典研究形成了鲜明的对比（Arya et al.，2007；Guan et al.，2019）。这一结果提醒企业管理者，虽然零售商对消费者剩余的关注以及供应商侵入本身都有利于提升供应商的利润，但是在电子商务时代，两者之间的相互干扰是供应商进行直销时必须考虑的因素。

另外，还发现尽管双重目标零售商对消费者剩余的关注通常会导致其因偏离利润最大化目标而利润受损，但是关注消费者剩余依旧可以提升零售商的利润。通过关注消费者剩余，双重目标零售商可以策略性地抵制供应商的侵入，从而避免了激烈的市场竞争。这一结果强调了追逐"超越利润"议程的战略价值，并为电子商务时代背景下双重目标企业的兴起提供了一种可能的解释。这一结果意味着零售商采取双重企业目标时拥有战略性思维是非常重要的。

最后，虽然传统观点认为双重目标零售商对消费者剩余的关注会有益于提高消费者剩余，但本章的研究发现，实际上双重目标零售商的存在有可能会伤害消费者。这一研究结果呼应了许多行业分析师对当今流行的企业社会责任的担忧，即企业可能会策略性地利用企业社会责任来提升自身利润，却并不会真的改善消费者和企业的福利（Edgecliffe – Johnson，2019）。这一结果可能会引发有关"超越利润"议程的立法新的争论趋势。政策制定者在引入监管或者为双重目标这类社会型企业提供激励时，应该考虑企业在供应链系统中的互动。

第4章 考虑企业双重目标的分销渠道选择策略

分销渠道设计是每一个企业或组织面临的核心决策。然而，当前基于利润最大化的经典渠道理论难以解释新兴的双重目标企业的分销渠道管理实践。同时，电子商务的发展为企业部署渠道提供了更多选择。在"超越利润"等管理理念与电子商务蓬勃发展的交织下，双重目标企业的分销渠道设计面临新困境。如何将正确的渠道模型与公司的双重使命相匹配是亟须解决的管理科学问题。

4.1 问题描述与模型设置

4.1.1 问题描述

在实践中，双重目标企业（如追求利润和消费者剩余的企业）已经变得越来越普遍。这些企业或组织依靠不同的分销渠道模型实现其双重目标。因此，在设计合适的渠道结构时面临独特的挑战。以视觉春天（Vision Spring）公司为例，作为国际公认的社会型企业，视觉春天在商业上追求双重目标——既要为消费者提供负担得起的眼镜，又要有利可图，以维持其财务可持续性（Zax，2012）。为了实现这样的双重目标，视觉春天的分销渠道模型随着时间推移发生了多次演变（Hassey & Kassaow，2014；Slobig，2017）。当前，视觉春天主要依靠合作伙伴来分销产品，仅在印度市场中保留少数直销渠道（Worsham et al.，2017）。尽管电子商务的发展降低了直销成本，并推动了直销和双渠道销售模式的普及，但视觉春天在2017年的直销额仅占总销售额的2%。同时，出于社会责任的考量，视觉春天会评估在牺牲利润的情况下提升消费者剩余的有效性。这些是专注于利润最大化的分销渠道文献所未曾关注到的问题。

视觉春天公司是众多行业中双重目标企业例子之一。这类双重目标企业在医疗保健和基本用品领域较为常见（Arya et al.，2019；Hu et al.，2021；Huh & Li，2023）。例如，辉瑞公司降低了发展中国家疫苗（如13价沛儿疫苗）的价格（Chu & Wang，2015）。明能达（MPOWERD）提供了可负担得起的创新产品（如Luci太阳能电灯），为低收入国家的15亿人赋能（Leighton & Saguin，2021）。商业非营利组织A to Z提供了经济适用的床网，以帮助贫困人口（El-dar，2017）。这些企业的一个共同特征是，它们既重视消费者剩余，也重视企业利润，这与强调将不同利益相关者的社会利益纳入企业运营的管理学说相呼应（Edgecliffe-Johnson，2019）。在实践中，许多具有社会意识的企业依靠批发商或分销商来实现其双重目标使命（Eldar 2017）。例如，辉瑞公司通过在美国不同地区的独立经销商（A. F. Hauser和Amatheon）交付医药产品。尽管有这些趣闻证据，但关于公司双重目标和渠道结构之间的战略互动，还有很多未知之处。

本书构建了一个融合企业双重目标的分销渠道模型框架。研究的第一个问题是：制造商的双重目标如何影响分销渠道设计？由于追求消费者剩余等同于将企业的部分利润转移到最终消费者手中（Benabou & Tirole，2010），因此，转换效率即制造商放弃的利润，最终流向消费者手中的份额（即增加的消费者剩余与减少的制造商利润之比）这是制造商在制定经营决策时需要考虑的重要指标（Sumida et al.，2021）。众所周知，渠道长度的延长会降低渠道效率（Spengler，1950；Jeuland & Shugan，1983），而垂直整合（如通过直销）可以同时提高渠道效率和消费者剩余（Arya et al.，2007；Yoo & Lee，2011）。这引出了另一个研究问题：在牺牲利润以提高消费者剩余方面，不同渠道的表现如何？

4.1.2 模型设置

考虑上游企业生产一种产品，并可以通过三种不同的渠道结构来分销产品。如图 4.1 所示，这些渠道结构可能涉及下游零售商的参与，也可能不涉及。为了简单起见，后文将上游企业称为制造商，下游企业称为零售商。具体地，在情境 R（Retailing Only，仅零售）中，制造商仅通过零售商进行销售。在情境 D（Direct Selling Only，仅直销）中，制造商建立直销渠道，仅直接销售自己的产品。在情境 H（Hybrid of Direct Selling and Retailing，直销与零售混合）中，制造商具有直接销售的能力，同时通过直销渠道和零售渠道来进行销售。

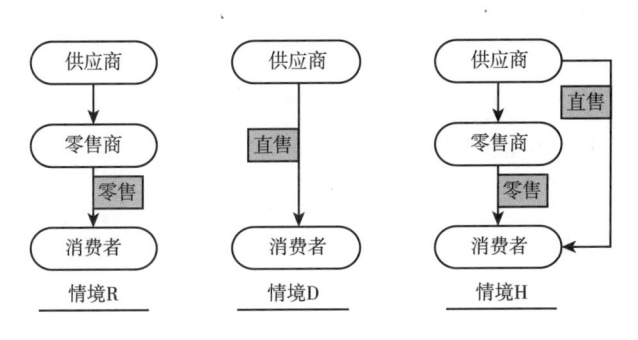

图 4.1　渠道结构

当通过零售渠道销售时，制造商和零售商签订线性批发价格协议，确定批发价格为 w，这在实际生活中普遍存在（Cui et al.，2007；Jerath et al.，2017）。当通过直销渠道销售时，制造商在销售过程中的效率可能会低于零售商，并产生 c 的单位销售成本（Li et al.，2014；Ha et al.，2016）。不失一般性地，将制造商的生产成本和零售商的销售成本标准化为零。上述模型设定建立在已有的多个经典的分销渠道研究基础上，这些研究主要考虑企业是以利润最大化为目标的（McGuire & Staelin，2008；Cai，2010；Li et al.，2015）。

假设消费者是同质的，消费 Q 单位产品的总效用为：$U(Q) = aQ - \dfrac{bQ^2}{2}$，假设其为二次且凹的函数（Dixit & Stiglitz，1977；Singh & Vives，1984）。由此可推出标准的线性逆需求函数，$p = a - bQ$，其中，$a > 0$ 和 $b > 0$ 分别为需求函数的截距和斜率，Q 为市场上销售的总数量。进一步地，消费者剩余可表示为：$cs = U(Q) - pQ = \dfrac{bQ^2}{2}$，表示消费者从消费净支付的价格中获得的总效用。

为了捕捉双重目标，建立了一个利润和消费者剩余的加权和函数。即，假设制造商将最大化一个效用函数，记为 μ_m，它包含了制造商的利润 π_m，以及制造商对消费者剩余的关注 cs。阿里亚等（2019），苏米达等（2021）以及王宁宁和李茁新（2025）使用了类似的双重目标模型（Arya et al., 2019; Sumida et al., 2021; Wang & Li, 2025）。具体函数可以写作：

$$\mu_m = \pi_m + \eta \cdot cs \tag{4.1}$$

其中，η 衡量了制造商对消费者剩余的关注程度。在模型中，制造商对自身利润的权重被标准化为 1，η 描述了相对于自身利润，制造商对消费者剩余的重视程度。根据阿里亚等（2019）的研究，假设 η 是外生的，因为它是企业组织类型（如消费者合作社，经认证的 B 型公司，或商业非营利组织）决定的（Arya et al., 2019; Beaton & Kenned, 2021）。如果 $\eta = 0$，则制造商只追求利润。随着 η 的增加，制造商越来越关注消费者。较低的 η 可能反映了制造商在考虑企业利润的同时，还考虑了消费者剩余的情境（Hu et al., 2021; Sumida et al., 2021）。虽然较高的 η 可能会使制造商以商业非营利组织的形式存在，以帮助特定的客户，但也必须赚取利润，以维持企业的正常运作（Arya et al., 2019; Wang & Li, 2021）。本章关注 $\eta \in [0, 6/7]$ 的情境，因为它可以在保证分析可解性的同时，捕捉到最具代表性的双重目标企业类型。当 $\eta > 6/7$ 时，制造商的利润可能为负，这表明制造商的经营活动在经济意义上不可行。4.4 节讨论了这一情形，并探讨了引入非负的利润约束的情形（见 4.4.2 节）。值得一提的是，在上述拓展情形下，本书基本模型的主要结论依然稳健。接下来，将通过描述三种渠道结构的博弈顺序、企业利润函数与制造商效用函数来展开分析 $\eta \in [0, 6/7]$ 的情境。

在本章的其余部分，除非另有说明，使用上角标 R、D 和 H 分别指代与三个渠道结构相关的结果。

4.2 基准模型：企业追求纯营利目标情境

本节在供应商和零售商都是纯营利性企业假设下，即 $\eta = 0$，概述三种销售渠道下的结果。这些基准有助于确定双重目标组织结构的作用以及制造商渠道选择的影响。

4.2.1 仅直销渠道的模型

制造商选择直销数量 q_m 来解决其最大化问题：

$$\max_{q_m} \mu_m = (a - bq_m)q_m - cq_m \tag{4.2}$$

通过求解上述最大化问题可得，在直销渠道中，制造商的直销数量为 $\dfrac{a-c}{2b}$。表 4.1 描述了这种结构下的均衡结果。

表 4.1　纯营利企业在情境 R、情境 D、情境 H 下均衡结果

	情境 R	情境 D	情境 H
批发价格 w^*	$\dfrac{a}{2}$	—	$\dfrac{3a-c}{6}$
销售数量 q_r^*	$\dfrac{a}{4b}$	—	$\dfrac{2c}{3b}$
直销数量 q_m^*	—	$\dfrac{a-c}{2b}$	$\dfrac{3a-5c}{6b}$
制造商效用 μ_m^*	$\dfrac{a^2}{8b}$	$\dfrac{(a-c)^2}{4b}$	$\dfrac{3a^2-6ac+7c^2}{12b}$
制造商利润 π_m^*	$\dfrac{a^2}{8b}$	$\dfrac{(a-c)^2}{4b}$	$\dfrac{3a^2-6ac+7c^2}{12b}$
零售商利润 π_r^*	$\dfrac{a^2}{16b}$		$\dfrac{c^2(2-\eta)}{9b}$
消费者剩余 cs^*	$\dfrac{a^2}{32b}$	$\dfrac{(a-c)^2}{32b}$	$\dfrac{(3a-c)^2}{72b}$
社会福利 sw^*	$\dfrac{7a^2}{32b}$	$\dfrac{9(a-c)^2}{32b}$	$\dfrac{6(3a^2-6ac+7c^2)+8c^2(2-\eta)+(3a-c)^2}{72b}$

4.2.2 仅零售渠道的模型

零售商在制造商确定批发价格 w 后，选择零售数量 q_r。制造商和零售商的最大化问题分别为：

$$\max_{w} \mu_m = wq_r \tag{4.3}$$

$$\max_{q_r} \pi_r = (a - bq_r)q_r - wq_r \tag{4.4}$$

在企业单纯以营利为目的的情况下,易得均衡批发价格为 $\frac{a}{2}$,均衡零售数量为 $\frac{a}{4b}$。表 4.1 描述了这种结构下的均衡结果。

4.2.3 混合销售渠道的模型

制造商首先给出批发价格 w,然后零售商决定自己的订货量 q_r,接着制造商决定自己的直销量 q_m。最后,市场出清,企业效用/利润实现。

通过逆向归纳法求解该博弈。在给定批发价格和零售商订货量的情况下,制造商通过求解其最优化问题来决定其直销数量 $q_m(w,q_r)$:

$$\max_{q_m} \mu_m = (a - bq_r - bq_m - c)q_m + wq_r \tag{4.5}$$

给定制造商的批发价格和预期到制造商的直销数量,零售商通过求解自己的最优问题来决定自己的订货量 $q_r(w)$:

$$\max_{q_r} \pi_r = [a - bq_r - bq_m(w,q_r)]q_r - wq_r \tag{4.6}$$

制造商在预料到零售商的订货量和自己的直销量的情况下,通过求解最大化问题来决定自己的批发价格 w:

$$\max_{w} \mu_m = [a - bq_r(w) - bq_m(w) - c]q_m(w) + wq_r(w)q_m \tag{4.7}$$

可以得到在混合渠道中,制造商的批发价格和直销数量分别为 $\frac{3a-c}{6}$ 和 $\frac{3a-5c}{6b}$,零售商的零售数量为 $\frac{2c}{3b}$。表 4.1 总结了这种渠道结构下的均衡结果。

4.3 考虑企业双重目标的渠道模型

在介绍研究结果之前,本节提供了一个制造商和零售商作为一个实体进行垂直整合的基准。在这种集中设置中，垂直一体化企业决定销售数量 q 以求解 $\max_{q}(a-bq)q$。用上角标 C 表示与集中整合相关的结果，易得 $q^C = \frac{a}{2b}$ 和 $\pi^C = \frac{a^2}{4b}$。这对产量与利润组合代表了整个渠道可以实现的最优（或称"第一最佳"）结果。

4.3.1 单渠道的模型分析

在仅零售渠道（情境 R）中，制造商通过独立经营的零售商间接实现其双重目标。零售商在制造商确定批发价格 w 后，选择零售数量 q_r。制造商和零售商的最大化问题分别为：

$$\max_{w} \mu_m = wq_r + \frac{b\eta q_r^2}{2} \tag{4.8}$$

$$\max_{q_r} \pi_r = (a-bq_r)q_r - wq_r \tag{4.9}$$

表 4.2 总结了这种结构下的均衡结果。并得到以下结果。

表 4.2　考虑企业双重目标时情境 R、情境 D、情境 H 下的均衡结果

	情境 R	情境 D	情境 H
批发价格 w^*	$\dfrac{(2-\eta)a}{4-\eta}$	—	$\dfrac{3(1-\eta)a-(1-2\eta)c}{3(2-\eta)}$
销售数量 q_r^*	$\dfrac{a}{4b-b\eta}$	—	$\dfrac{(2-\eta)c}{3b}$
直销数量 q_m^*	—	$\dfrac{a-c}{b(2-\eta)}$	$\dfrac{3a-(5-3\eta+\eta^2)c}{3b(2-\eta)}$
制造商效用 μ_m^*	$\dfrac{a^2}{8b-2b\eta}$	$\dfrac{(a-c)^2}{2b(2-\eta)}$	$\dfrac{3a^2-6ac+c^2(7-4\eta+\eta^2)}{6b(2-\eta)}$
制造商利润 π_m^*	$\dfrac{(2-\eta)a^2}{b(4-\eta)^2}$	$\dfrac{(a-c)^2(1-\eta)}{b(2-\eta)^2}$	$\dfrac{9(1-\eta)a^2-3(6-4\eta-\eta^2)ac+c^2(21-23\eta+8\eta^2-2\eta^3)}{9b(2-\eta)^2}$
零售商利润 π_r^*	$\dfrac{a^2}{b(4-\eta)^2}$	—	$\dfrac{c^2(2-\eta)}{9b}$

续表

	情境 R	情境 D	情境 H
消费者剩余 cs^*	$\dfrac{a^2}{2b(4-\eta)^2}$	$\dfrac{(a-c)^2}{2b(2-\eta)^2}$	$\dfrac{(3a-c-c\eta)^2}{18b(2-\eta)^2}$
社会福利 sw^*	$\dfrac{(7-2\eta)a^2}{2b(4-\eta)^2}$	$\dfrac{(a-c)^2(3-2\eta)}{2b(2-\eta)^2}$	$\dfrac{9(3-2\eta)a^2-6(7-3\eta-\eta^2)ac+(59-68\eta+29\eta^2-6\eta^3)c^2}{18b(2-\eta)^2}$

引理 4.1 在情境 R 中，(1) w^R 和 π_m^R 随 η 递减；(2) q_r^R, π_r^R, cs^R 和 sw^R 随 η 递增；(3) $q_r^R < q^C$。

证明：从情境 R 的均衡结果，可以得到：$\dfrac{dw^R}{d\eta} = -\dfrac{2a}{(4-\eta)^2} < 0$，$\dfrac{d\pi_m^R}{d\eta} = -\dfrac{a^2}{b(4-\eta)} < 0$，$\dfrac{dq_r^R}{d\eta} = \dfrac{a}{b(4-\eta)^2} > 0$，$\dfrac{d\pi_r^R}{d\eta} = \dfrac{2a^2}{b(4-\eta)^3} > 0$，$\dfrac{dcs^R}{d\eta} = \dfrac{a^2}{b(4-\eta)^3} > 0$，$\dfrac{dsw^R}{d\eta} = \dfrac{a^2(3-\eta)}{b(4-\eta)^3} > 0$。此外，$q_r^R - q^C = -\dfrac{a(2-\eta)}{2b(4-\eta)} < 0$。证毕。

引理 4.1 表明，制造商在更加重视消费者剩余的情况下，会降低批发价格，从而偏离单纯的利润最大化目标，但这也带来了更高的销售数量。虽然制造商自身利润因此减少，但其对消费者剩余的关注有助于缓解根植于零售渠道的双重边际化效应，进而提升零售商利润、消费者剩余以及社会福利。引理 4.1 还指出，尽管如此，订购数量仍低于垂直整合基准下的最优水平，说明双重边际化效应依然存在，并在一定程度上抑制了由制造商双重目标带来的价格与数量偏离。

在仅直销渠道（情境 D）中，制造商选择直销数量 q_m，并通过调整销售数量直接实现其双重目标。制造商的最大化问题为：

$$\max_{q_m} \mu_m = (a - bq_m)q_m - cq_m + \dfrac{b\eta q_m^2}{2} \tag{4.10}$$

表 4.1 总结了这种结构下的均衡结果，并得到了以下结果。

引理 4.2 在情境 D 中，(1) π_m^D 随 η 递减；(2) q_m^D, cs^D 和 sw^D 随 η 递增；(3) 当 $c < \dfrac{a\eta}{2}$ 时，$q_m^D > q^C$。

证明：从情境 D 的均衡结果，可以得到 $\dfrac{d\pi_m^D}{d\eta} = -\dfrac{(a-c)\eta}{b(2-\eta)^3} < 0$，$\dfrac{dq_m^D}{d\eta} =$
$-\dfrac{a-c}{b(2-\eta)^2} > 0$，$\dfrac{dcs^D}{d\eta} = -\dfrac{(a-c)^2}{b(2-\eta)^3} > 0$，$\dfrac{dsw^D}{d\eta} = -\dfrac{(1-\eta)(a-c)^2}{b(2-\eta)^3} > 0$。此外，令 $\Delta q = q_m^D - q^C = \dfrac{a\eta - 2c}{4b - 2b\eta}$，则有 $\dfrac{d\Delta q}{dc} = -\dfrac{1}{b(2-\eta)} < 0$，解得 $\Delta q = 0$，$c = \dfrac{a\eta}{2}$。证毕。

引理 4.2 表明，随着制造商对消费者剩余的重视程度提高，其销售数量也随之增加，尽管这会降低其自身利润，却带来了更高的消费者剩余和社会福利。引理 4.2 还指出，即使制造商在销售端处于劣势，其销售数量仍可能超过垂直整合基准下的水平，反映出双重目标导向可能导致显著的数量偏离。

我们接下来比较两种单一渠道结构：仅零售渠道与仅直销渠道，并在下列命题中呈现相应的效用比较结果。

命题 4.1 比较情境 R 和情境 D 下的制造商效用，可以得到：

（1）存在一个阈值 $c_1(\eta)$，如果 $c < c_1(\eta)$，则情境 D 下制造商效用更高，其中，$c_1(\eta) = \left(1 - \sqrt{\dfrac{2-\eta}{4-\eta}}\right)a$；

（2）阈值 $c_1(\eta)$ 随 η 递增。

证明：该命题可以通过比较情境 R 和情境 D 下的制造商效用进行验证。对于第（1）部分，$\dfrac{d(\mu_m^R - \mu_m^D)}{dc} = \dfrac{a-c}{b(2-\eta)} > 0$，并且如果 $c = c_1(\eta) = \left(1 - \sqrt{\dfrac{2-\eta}{4-\eta}}\right)a$，则 $\mu_m^R = \mu_m^D$。因此，当 $c < c_1(\eta)$ 时，$\mu_m^R - \mu_m^D < 0$。对于第（2）部分，可以证明 $\dfrac{dc_1(\eta)}{d\eta} = \dfrac{a}{(4-\eta)\sqrt{8 - 6\eta + \eta^2}} > 0$。证毕。

命题 4.1 表明，当直销成本较低时，具有双重目标的制造商更倾向于选择仅直销渠道（情境 D），且对消费者剩余重视程度越高，其选择直销的动机越强。直销能够消除根植于仅零售渠道（情境 R）的双重边际化效应，但会产生直销成本。当直销成本较低时，前一种效应占主导地位，因此直销是最优选择。此外，如前所示，根植于情境 R 的双重边际化效应会抑制因重视消费者剩余而增加的销售量，从而阻碍制造商实现以消费者为中心的目标。因此，当制造商更加重视消费者剩余时，在更广泛的直销成本范围内，其倾向于选择仅直销渠道。然而，这种倾向也可能导致过度偏离利润最大化目标，从而在情境D下造成显著的利润损失。以下引理证实了这一结果。

引理4.3 比较情境R和情境D下的制造商利润，可以得到：

（1）存在一个阈值$c_2(\eta)$，$c_2(\eta) < c_1(\eta)$，使得如果$c < c_2(\eta)$，则在情境D下制造商的利润更高，其中，$c_2(\eta) = \left(1 - \dfrac{(2-\eta)^2}{(4-\eta)\sqrt{(1-\eta)(2-\eta)}}\right)a$；

（2）阈值$c_2(\eta)$随η递减；

（3）假设$c = 0$。那么，如果$\eta > \dfrac{6 - 2\sqrt{3}}{3}$，则在情境R下制造商的利润更高。

证明：对于引理的第（1）部分，可以得到$\dfrac{d(\pi_m^R - \pi_m^D)}{dc} = \dfrac{2(a-c)(1-\eta)}{b(2-\eta)^2} > 0$，并且，如果$c = c_2(\eta) = \left(1 - \dfrac{(2-\eta)^2}{(4-\eta)\sqrt{(1-\eta)(2-\eta)}}\right)a$，则$\pi_m^R - \pi_m^D = 0$。因此，如果$c < c_2(\eta)$，则$\pi_m^R - \pi_m^D < 0$。对于引理的第（2）部分，$\dfrac{dc_1(\eta)}{d\eta} = -\dfrac{3a\eta\sqrt{2 - 3\eta + \eta^2}}{2(1-\eta)^2(4-\eta)^2} < 0$。因此，可得$c_1(\eta) > c_2(\eta)$。证毕。

引理4.3的第（1）部分和第（2）部分表明，即使制造商的直销成本低于其倾向于选择情境D而非情境R的阈值，其在情境D下的利润仍可能更低，且这一现象在制造商对消费者关注程度越高时越明显。特别地，引理4.3的第（3）部分表明，即使制造商与零售商具有同等的销售效率，当其对消费者剩余的关注足够高时，情境D下的利润仍会低于情景R（见图4.2）。潜在的直觉强调了文献中尚未讨论的双重边际化的新效应：去中心化渠道结构（情境R）中的双重边际化效应可以帮助企业减少因强调消费者剩余而造成的过度利润损失，这表明通过直销（情境D），制造商可能会遭受更多的利润损失，以换取更高的消费者剩余。后文将此称为较低的转换效率，并在第4.3.4节中讨论。

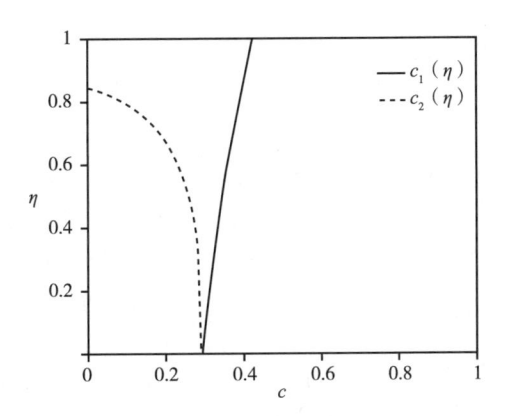

图 4.2 情境 R 和情境 D 下的效用比较

4.3.2 混合渠道的模型分析

本节聚焦混合渠道结构,在该结构中,制造商可以同时采用直接(直销)和间接(批发价格)杠杆来实现其双重目标。通过与单一渠道结构的对比,研究强调了混合渠道结构与双重目标之间有趣的相互作用。

在情境 H 中,制造商首先给出批发价格 w,然后零售商决定订货量 q_r,接着制造商决定直销量 q_m。最后市场出清,企业效用/利润实现。通过逆向归纳法求解该博弈。在给定批发价格和零售商订货量的情况下,制造商通过求解最优化问题来决定其直销量 $q_m(w,q_r)$:

$$\max_{q_m} \mu_m = (a - bq_r - bq_m - c)q_m + wq_r + \frac{b\eta(q_r + q_m)^2}{2} \quad (4.11)$$

给定制造商的批发价格和预期到制造商的直销量,零售商通过求解自己的最大化问题来决定自己的订货量 $q_r(w)$:

$$\max_{q_r} \pi_r = [a - bq_r - bq_m(w,q_r)]q_r - wq_r \quad (4.12)$$

制造商在预期到零售商的订货量和自己的直销量的情况下,通过求解最大化问题来决定自己的批发价格 w:

$$\max_{w} \mu_m = [a - bq_r(w) - bq_m(w) - c]q_m(w) + wq_r(w) + \frac{b\eta[q_r(w) + q_m(w)]^2}{2}$$

(4.13)

求解式（4.11）可得制造商的最优选择 $q_m(q_r,w) = \dfrac{a-c-(1-\eta)bq_r}{b(2-\eta)}$，其随 η 的增加而增加，随 c 的增加而减小。预期到这一点，零售商求解式（4.12）选择 q_r，得到 $q_r(w) = \dfrac{(1-\eta)a+c-(2-\eta)w}{2b}$。相反，$q_r(w)$ 随 η 和 w 的增加而减小，随 c 的增加而增加。最后，制造商设置批发价格 w 来平衡从直销渠道和零售渠道获得的利润及其对消费者剩余的关注。求解式（4.13）可得 $w = \dfrac{3(1-\eta)a-(1-2\eta)c}{3(2-\eta)}$。均衡结果汇总在表 4.2 中。后文将讨论关注消费者剩余和直销成本如何影响均衡决策，并强调它们之间的相互作用所导致的一些有趣的结果。

在均衡状态下，制造商对消费者剩余的兴趣导致她不仅降低了批发价格，还增加了直销，以追求消费者剩余，导致更高的直销数量和更低的零售量。形式上，$\dfrac{dw^H}{d\eta} < 0$，$\dfrac{dq_m^H}{d\eta} > 0$ 且 $\dfrac{dq_r^H}{d\eta} < 0$。同样可以看出，随着 c 的增加，制造商在销售过程中的效率降低并减少其直销量，而零售商则利用其销售优势增加其订货量。形式上，$\dfrac{dq_r^H}{dc} < 0$，$\dfrac{dq_m^H}{dc} > 0$。然而，直销成本对批发价格的影响并不是很直观，正如引理 4.4 所总结的那样。

引理 4.4 在情境 H 中，随着直销劣势的增加，当 $\eta \in \left[\dfrac{1}{2},1\right]$ 时，制造商提高批发价格；否则降低批发价格。

证明：由表 4.1 可知，当 $\eta > \dfrac{1}{2}$ 时，$\dfrac{dw^H}{dc} = -\dfrac{1-2\eta}{3(2-\eta)}$ 且 $\dfrac{dw^H}{dc} > 0$。证毕。

当制造商在销售过程中面临更大的成本劣势时，人们通常预期制造商会通过降低批发价格，更加依赖零售渠道。当消费者关注度较低$\left(\text{即 } \eta < \dfrac{1}{2}\right)$时，情况确实如此。有趣的是，引理 4.4 表明，当消费者关注度较高$\left(\text{即 } \eta > \dfrac{1}{2}\right)$时，情况也可能相反，这与制造商只追求利润的设定（Arya et al., 2007；Ha et al., 2016）的结果相反。图4.3（a）对这一现象进行了可视化展示，并且当 $\eta = 0$ 时，博弈模型将退化为纯利润模型。

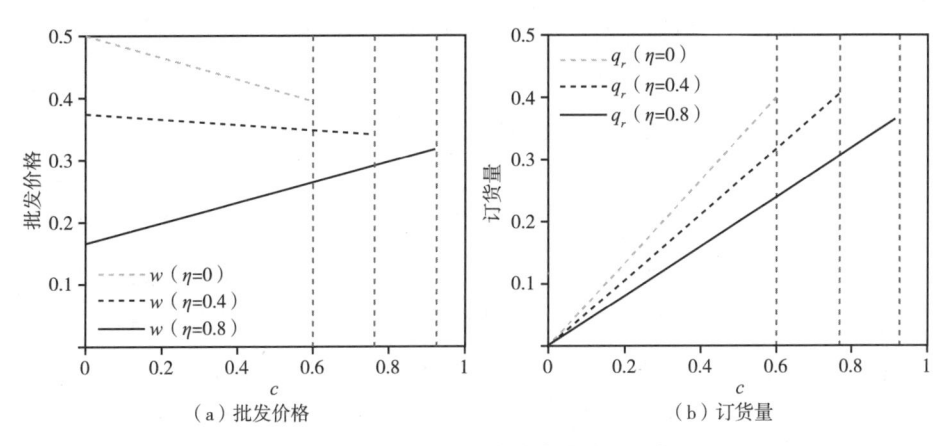

图4.3 情境 H 下的均衡批发价格和订货量

为了理解消费者关注为什么会产生这种影响，展示混合渠道结构中的动态是有帮助的。一方面，从利润角度考虑，较大的直销成本劣势可能会阻碍制造商通过直销渠道销售更多产品。然而，直销渠道由于消除了双重边际化效应，为提高消费者剩余提供了更有效的途径。因此，当制造商更加重视消费者（需求）时，即便面临更高的销售成本，也会产生一种驱动力，促使其提高批发价格并更多地依赖直销。

另一方面，直销能力可能促使制造商降低批发价格，以便平衡零售和直销渠道的利润。这样，制造商可以避免在零售渠道中遭受大量需求损失，而且在零售渠道中获得的利润收益可以补偿在直销渠道中的利润损失。后文称之为渠道平衡效应，这种效应会干扰制造商对消费者的关注。制造商对消费者的关注会导致直销量增加，但批发价格下降，这带来了两个额外的影响。首先，增加的直接销售会加剧上述渠道平衡效应，从而导致批发和零售渠道的批发价格过低、利润率过低。随着 c 的增加，直销渠道的利润率变得更低，特别是在制造商降低批发价格的情况下。其次，零售商知道消费者关注如何扭曲了制造商的定价和数量决策，因此随着 η 的增加，零售商对批发价格的敏感度降低。形式上，$\dfrac{dq_r(w)}{dw} = -\dfrac{2-\eta}{2b} < 0$，$\dfrac{d[dq_r(w)/dw]}{d\eta} = \dfrac{1}{2b} > 0$。

综上所述，随着 c 的增加，提高批发价格可以使对消费者更加关注的制造商不仅可以通过直接渠道有效提高消费者剩余，同时还能避免利润率过低的情况发生，而且不会导致订单（批发）数量过度减少。事实上，随着 c 的增加，即使批发价格上涨，零售商的订单仍然会增加，如图4.3（b）所示。

4.3.3 渠道的均衡策略分析

第一，混合渠道与仅零售渠道。本节将混合渠道结构（情境 H）与仅零售渠道结构（情境 R）进行比较，以分析相比于情境 R，情境 H 是否更受制造商的青睐。正如已有文献所示，与情境 R 相比，情境 H 对制造商的营利能力和消费者都有益处（Arya et al.，2007；Chiang et al.，2003；Huang et al.，2018），这表明对于具有双重目标的制造商而言，情境 H 应是理想选择。然而，双重目标制造商也可能更倾向于情境 R 而非情境 H，具体结论将在命题4.2中给出。

命题4.2 通过比较情境 H 和情境 R 下的制造商效用，可以得到：

（1）当 $\eta \in \left[0, \dfrac{1}{2}\right)$ 时，制造商的效用总是在情境 H 下更高；

（2）当 $\eta \in \left[\dfrac{1}{2}, \dfrac{6}{7}\right]$ 时，存在阈值 $c_3(\eta)$ 和阈值 $c_4(\eta)$，且 $c_3(\eta) < c_4(\eta)$，使得当 $c_3(\eta) < c < c_4(\eta)$ 时，制造商的效用在情境 R 下更高；否则更低。其中，$c_3(\eta) = \dfrac{(12 - 3\eta - \sqrt{3(2\eta^3 - 13\eta^2 + 22\eta - 8)})a}{28 - 23\eta + 8\eta^2 - \eta^3}$，$c_4(\eta) = \dfrac{(12 - 3\eta + \sqrt{3(2\eta^3 - 13\eta^2 + 22\eta - 8)})a}{28 - 23\eta + 8\eta^2 - \eta^3}$。

证明：通过比较情境 H 和情境 R 下的制造商效用，可以得到 $\dfrac{\partial^2(\mu_m^H - \mu_m^R)}{\partial c^2} = \dfrac{7 - 4\eta + \eta^2}{3b(2 - \eta)} > 0$，说明 $\mu_m^H - \mu_m^R$ 是下凸的。求解 $\mu_m^H - \mu_m^R = 0$ 得到两个根 $c_3(\eta)$ 和 $c_4(\eta)$，其中，$c_3(\eta) < c_4(\eta)$，$c_3(\eta) = \dfrac{(12 - 3\eta - \sqrt{3(2\eta^3 - 13\eta^2 + 22\eta - 8)})a}{28 - 23\eta + 8\eta^2 - \eta^3}$，$c_4(\eta) = \dfrac{(12 - 3\eta + \sqrt{3(2\eta^3 - 13\eta^2 + 22\eta - 8)})a}{28 - 23\eta + 8\eta^2 - \eta^3}$。易得 $\mu_m^H - \mu_m^R = 0$ 有唯一顶

点 (c_m, η_m),也是 $c_3(\eta)$ 和 $c_4(\eta)$ 的交点,其中,$\eta_m = \frac{1}{2}$。因此,当 $\eta < \eta_m$ 时,$\mu_m^H - \mu_m^R > 0$,而当 $c_3(\eta) < c < c_4(\eta)$ 时,$\mu_m^H - \mu_m^R < 0$,这隐含地要求了 $\eta > \eta_m$。证毕。

与仅零售渠道结构相比,混合渠道结构通过加剧零售竞争从而使消费者受益,这可以通过比较表 4.2 中消费者剩余来验证。因此,命题 4.2 是由这样一个事实所驱动的,即与零售渠道结构相比,混合渠道结构对制造商的营利能力可能是有利的,也可能是不利的。特别是,利润损失在某些情况下可能大到无法被消费者剩余的增加所抵消。已有文献表明,混合渠道结构通常有利于以营利为目标的制造商提升利润。那么问题在于:为何双重目标会削弱混合渠道结构的营利能力?

要回答这个问题,首先要回顾混合渠道结构中所体现的"渠道平衡效应":该效应会压低批发价格,且在混合渠道结构下的批发价格可能低于仅零售渠道结构中的批发价格(见图 4.4 中 $\eta = 0$ 的情况)。如前所述,制造商对消费者的关注会干扰这一渠道平衡效应。也就是说,直销的增加会加剧渠道平衡效应,从而促使制造商进一步下调批发价格,以刺激零售商的订货数量。通过比较图 4.4 中 $\eta = 0$ 和 $\eta = 0.8$ 两种情形可直观展示这一点。例如,通过设定 $c = 0.4$,研究证明,当 $\eta = 0$ 时,混合渠道结构导致批发价格下降 13.3%;而当 $\eta = 0.8$ 时,混合渠道结构导致批发价格下降 37.8%。批发价格始终低于情境 R 下的批发价格,而总销售数量可能高于垂直整合下的批发价格(即

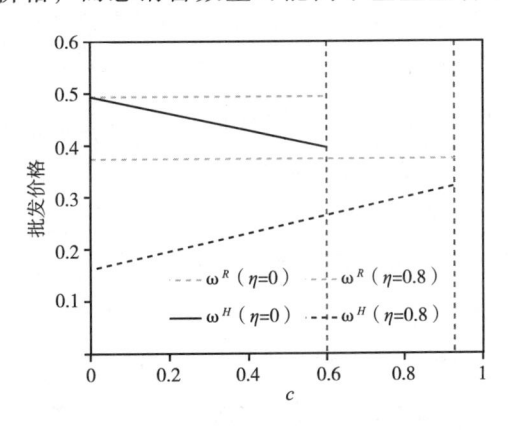

图 4.4 情境 H 与情境 R 下的均衡批发价格

$w^H < w^R$ 和 $q_r^H + q_m^H > q^C$），这将导致制造商在批发和零售两个渠道的利润率同时下降。因此，当消费者关注度较高 $\left(\eta > \dfrac{1}{2}\right)$，制造商在零售市场通过直销获得的收益可能不足以弥补其在零售渠道的收入损失。

在情境 R 下，对消费者剩余的关注只会扭曲批发价格。然而，在情境 H 下，这种关注不仅会影响直销决策，还会通过上下游之间的相互作用进一步加剧对批发价格的扭曲。从这个意义上说，混合渠道结构加剧了消费者关注对制造商利润所带来的负面影响。这些结果凸显了混合渠道结构与双重目标之间的干扰造成的价格和数量扭曲。

命题 4.2 还揭示了当制造商对消费者的关注较高 $\left(即 \eta > \dfrac{1}{2}\right)$ 时，其对混合渠道结构的偏好表现出非单调性（见图 4.5）。直观来看，在销售成本较小的情况下，制造商在混合渠道结构下的效用更高。值得注意的是，当直销成本足够大时，也可能出现类似结果。如前所述，这一现象的直觉解释是，当零售商在销售过程中具有较强优势时，高度关注消费者的制造商会提高批发价格，而这一举措反过来能在一定程度上缓解混合渠道结构与消费者关注之间的相互干扰所导致的价格与数量扭曲，从而降低利润损失。因此，与仅零售渠道结构相比，当零售商的销售优势足够大时，批发价格的下降幅度适中，消费者剩余的收益可以弥补利润的损失。实际上，当直销成本极高时，混合渠道结构导致的利润损失将消失。

情境 R 和情境 H 的比较也揭示了制造商通过直接销售侵入转售渠道的侵入问题（Arya et al.，2007；Huang et al.，2018）。通过比较情境 H 和情境 R 下的零售商利润，可以确定混合渠道结构使零售商受益（受损）的条件。这与命题 4.2 相结合，表明除了制造商和零售商的典型"H-R"和"H-H"结果（即阿里亚等（2007）中相应的"一胜一负"和"双赢"结果），"R-R"和"R-H"也可能在双重目标设置下出现。图 4.5 直观地体现了这些发现（Arya et al.，2007）。

第二，混合渠道与仅直销渠道。将情境 H 与情境 D 进行比较，以探讨制造商在给定情境 D 的情况下增加转售渠道的动机。

命题 4.3 将情境 H 与情境 D 进行比较，可以得出以下结果：

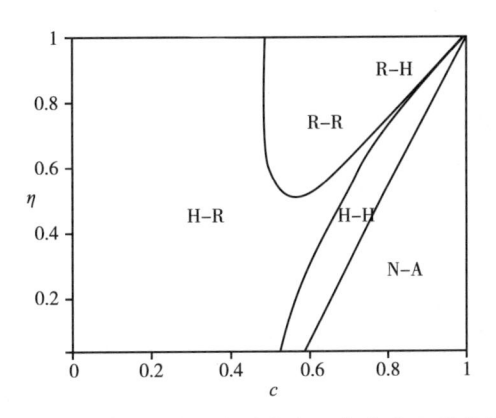

第4章 考虑企业双重目标的分销渠道选择策略

图 4.5 制造商和零售商对方案 H 与方案 R 的偏好

（1）在情境 H 下，制造商的效用总是更高；

（2）在情境 H 下，如果 $c < \dfrac{3a\eta}{2(3-2\eta+\eta^2)}$，则制造商的利润较低；否则较高。

证明：对于第（1）部分，比较情境 H 和情境 D 下的制造商效用，可以得到 $\mu_m^H - \mu_m^D = \dfrac{(2-\eta)c^2}{6b} > 0$。对于第（2）部分，可以比较情境 H 和情境 D 下的制造商利润。推导过程是常规的，如果 $c < \dfrac{3a\eta}{2(3-2\eta+\eta^2)}$，可以得到 $\pi_m^H - \pi_m^D < 0$。该阈值小于制造商通过直销渠道销售正销售量的阈值，即 $\dfrac{3a\eta}{2(3-2\eta+\eta^2)} < \dfrac{3a}{5-3\eta+\eta^2}$。增加条件 $c \leq c_1(\eta)$，在此条件下，情境 D 优于情境 R，并不改变结果。证毕。

命题 4.3 表明，当制造商已开展直销渠道时，其总是倾向于再增加转售渠道，这一点与以营利为导向企业的既有研究结果（Cai，2010）相似。不同之处在于，当直销成本较小时，增加转售渠道可能会损害制造商的营利能力。而随着消费者关注度的提高，直销成本范围的上限会越来越高。这一直觉与命题 4.2 中的直觉类似。也就是说，根植于混合渠道结构的竞合关系会引起意想不到的渠道互动，从而放大强调消费者剩余对制造商营利能力的损害程度。

从效用的角度对制造商的渠道偏好进行排序。

命题 4.4 给定阈值 $c_1(\eta) < c_3(\eta) < c_4(\eta) < \dfrac{3a}{5-3\eta+\eta^2}$ 时，制造商在不同渠道结构下的效用可以按以下方式排序：

(1) 当 $\eta \in \left[0, \dfrac{1}{2}\right)$ 时，对于 $c < c_1(\eta)$，有 $\mu^H > \mu^D > \mu^R$；对于 $c_1(\eta) < c < \dfrac{3a}{5-3\eta+\eta^2}$，有 $\mu^H > \mu^R > \mu^D$。

(2) 当 $\eta \in \left[\dfrac{1}{2}, \dfrac{6}{7}\right]$ 时，对于 $c < c_1(\eta)$，有 $\mu^H > \mu^D > \mu^R$；对于 $c_1(\eta) < c < c_3(\eta)$ 或 $c_4(\eta) < c < \dfrac{3a}{5-3\eta+\eta^2}$，有 $\mu^H > \mu^R > \mu^D$；对于 $c_3(\eta) < c < c_4(\eta)$，有 $\mu^R > \mu^H > \mu^D$。

证明：由命题 4.2 和命题 4.3 结合可得。证毕。

结果如图 4.6 所示。对于具有双重目标的制造商来说，混合结构和仅零售结构将是两种最有利的选择。具体来说，当消费者关注度较低时，或者当消费者关注度较高且直销成本较小或较大时，制造商更倾向于混合渠道结构；当消费者关注度较高且直销成本适中时，制造商更倾向于仅零售结构。

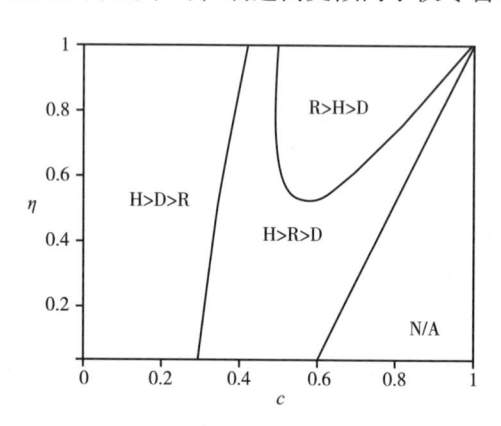

图 4.6 制造商对渠道偏好的排名

4.3.4 Loss-for-Surplus 比率分析

如前所述，追求消费者剩余等同于将企业利润的一部分转移给最终消费者。因此，转换效率，即制造商放弃并最终流向消费者的利润份额，是制造商在执行其双重任务时需要考虑的重要指标（Sumida et al., 2021）。通过分析不同渠道结构在以牺牲制造商利润为代价而提高消费者剩余方面的功效来评估这一指标。后文将盈亏比定义如下：

$$\theta := -\frac{\Delta cs}{\Delta \pi_m} = -\frac{cs(\eta) - cs(0)}{\pi_m(\eta) - \pi_m(0)}$$

其中，分子衡量消费者剩余的变化，分母衡量制造商利润的变化，这是由于制造商重视消费者剩余。因此，比率 θ 衡量了消费者剩余相对于制造商利润的变化，它反映了给定消费者关注水平 η 时制造商利润向消费者剩余的转化率。容易确认的是，在每种情境下，消费者剩余都是随着 η 的增加而增加，制造商的利润都是随着 η 的增加而减少，说明盈亏比越高，以牺牲制造商的利润为代价来提高消费者剩余的效率越高。

命题 4.5 （1）情境 R、情境 D 和情境 H 下的盈亏比分别为：

$$\theta^R = \frac{8-2\eta}{4\eta}, \theta^D = \frac{4-\eta}{2\eta}, \theta^H = \frac{3(a-c)[3a(4-\eta) - c(4+\eta)]}{18a^2\eta + 12ac(4-5\eta) + 2c^2(8-11\eta+8\eta^2)};$$

（2）盈亏比满足 $\theta^R > \theta^D > \theta^H$。

证明：应用盈亏比的定义，首先推导出三种情境下的盈亏比。

在情境 R 中，$\theta^R = -\dfrac{cs^R(\eta) - cs^R(0)}{\pi_m^R(\eta) - \pi_m^R(0)} = -\left[\dfrac{a^2}{2b(4-\eta)^2} - \dfrac{a^2}{32b}\right] \Big/ \left[\dfrac{(2-\eta)a^2}{b(4-\eta)^2} - \dfrac{a^2}{8b}\right] = \dfrac{8-2\eta}{4-\eta}$。

在情境 D 中，$\theta^D = -\dfrac{cs^D(\eta) - cs^D(0)}{\pi_m^D(\eta) - \pi_m^D(0)} = -\left[\dfrac{(1-\eta)(a-c)^2}{b(2-\eta)^2} - \dfrac{(a-c)^2}{4b}\right] \Big/ \left[\dfrac{(a-c)^2}{2b(2-\eta)^2} - \dfrac{(a-c)^2}{8b}\right] = \dfrac{4-\eta}{2\eta}$。

在情境 H 中，$\theta^H = -\dfrac{cs^H(\eta) - cs^H(0)}{\pi_m^H(\eta) - \pi_m^H(0)} = -\left[\dfrac{(3a-c-c\eta)^2}{18b(2-\eta)^2} - \dfrac{(3a-c)^2}{72b}\right] \Big/ \left[\dfrac{9(1-\eta)a^2 + 3ac(6-4\eta-\eta^2) - c^2(21-23\eta+8\eta^2-2\eta^3)}{9b(2-\eta)^2} - \dfrac{3a^2-6ac+7c^2}{12b}\right] = \dfrac{3(a-c)[3a(4-\eta) - c(4+\eta)]}{18a^2\eta + 12ac(4-5\eta) + 2c^2(8-11\eta+8\eta^2)}$。

当 $\eta = 0$ 且 $c > \frac{3a}{5}$ 时，制造商销售为 0，并将直销渠道视为威胁（Guan et al.，2019）。显然，$\frac{3a}{5} \leq \frac{3a}{5-3\eta+\eta^2}$，不等式在 $\eta > 0$ 的范围内严格成立。也就是说，与 $\eta = 0$ 的情境相比，制造商对消费者剩余的关注可以直接改变直接渠道策略以及相应的均衡结果。因此，在应用盈亏比的定义时，研究将注意力限制在制造商通过其直销渠道且销售量为正的情境，并限制 $c \in \left[0, \frac{3a}{5}\right]$。

接下来，比较盈亏平衡比率。可以得到 $\theta^R - \theta^D = \frac{2}{\eta} > 0$。进一步，容易验证 $\frac{\partial(\theta^H - \theta^D)}{\partial c} = -\frac{12a(2-\eta)^2(9a^2 + 6ac(1-\eta) - c^2(7-2\eta))}{(9a^2\eta + 6ac(4-5\eta)) + c^2(8-11\eta+8\eta^2))^2} < 0$ 且 $(\theta^H - \theta^D)|_{c=0} = 0$。因此，得到 $\theta^H - \theta^D < 0$。证毕。

命题 4.5 揭示了两个理论见解。第一个是仅零售渠道结构（情境 R）比仅直销渠道结构（情境 D）在以制造商利润为代价来提高消费者剩余方面更有效。这个结果是有趣的，虽然渠道去中心化（情境 R）导致了较低的渠道效率，但它导致了较高的转换效率。这种直觉与先前讨论的类似，并强调了根植于去中心化渠道的双重边际效应的新优势，这种效应无意中减少了利润的蒸发。

第二个是与情境 R 和情境 D 相比，混合渠道结构（情境 H）在以牺牲制造商利润为代价来提高消费者剩余方面的有效性较低。其基本原理是，与前述相同，混合渠道结构之间的干扰和对消费者剩余的强调可能导致制造商的利润大幅损失，从而导致转换效率降低。这里的管理相关性是，尽管制造商可以通过在混合渠道结构中使用两个杠杆来实现其双重目标，但由于渠道相互作用，它们可能会相互干扰。有时候，"少即是多"，制造商在强调消费者剩余时应考虑渠道动态，尤其是当其目标是在不造成重大利润损失的情况下显著提高消费者剩余时。

4.4 多情境双重目标模型

截至目前，研究已经使用了一个标准化的效用函数对双重目标进行建模，并假设制造商对消费者剩余分配的权重不高于利润的权重。虽然这可以描述双重目标公司的普遍情况，但从纯粹的非营利性公司到纯粹的营利性公司，还存在一系列的公司。为了获得进一步的见解，并检查研究结果的稳健性，可以通过考虑几种情况来完善对双重目标制造商的分析。

4.4.1 极度关注消费者剩余

本节考虑了双重目标制造商可能相对于利润更重视消费者剩余的情况。为了避免琐碎的解决方案，并与财务上可持续的实践保持一致，假设 $1 \leq \eta < 2$。当 $\eta > 2$ 时，很容易表明，在情境 D 中，双重目标制造商会尽可能地增加其销售数量。从数学上讲，双重目标制造商的效用函数随着销售数量增加，制造商会找到最高的销售数量，使得 $p = 0$（即，$q_m = \dfrac{a}{b}$）。在情境 R 中，当 $\eta > 2$ 时，双重目标制造商会尽可能降低批发价格，以追求更多的消费者剩余。从数学上讲，零批发价格将作为一种均衡出现，表明制造商将免费向零售商提供产品。在实践中，这两种情况很少见，大多数企业都对消费者剩余给予了适当的重视。基于上述讨论，后文将分析限制在 $1 \leq \eta < 2$ 的情况下。在这种情况下，可以确认情境 R 和情境 D 下的均衡结果与基本模型一致（见表 4.3）。

现在关注情境 H 的情况，其中，$1 \leq \eta < 2$。求解制造商的最优化问题，得到直销数量的响应函数为 $q_m^H(q_r) = \dfrac{a - c - bq_r(1 - \eta)}{b(2 - \eta)}$。然后，可以得到，只要 $q_r > 0$，$q_m^H(q_r)$ 总是正的。然后零售商通过求解式（4.11）确定它的订货数量来响应函数，如下所示：

$$q_r^H(w) = \begin{cases} \dfrac{a + c - a\eta - w(2 - \eta)}{2b} & if\ 0 \leq w < \dfrac{(a + c - a\eta)^+}{2 - \eta} \\ 0 & if\ w \geq \dfrac{(a + c - a\eta)^+}{2 - \eta} \end{cases} \quad (4.14)$$

了解到这一点，制造商决定 w 来最大化其效用函数。首先，确定式（4.14）中两个范围的均衡批发价格。其次，通过比较得到的效用来确定全局最优制造商的效用。

表 4.3 极端高的消费者关注比重下的均衡结果

	情境 R	情境 D	情境 H $c \in [0, \bar{c}_1(\eta)]$	情境 H $c \in [\bar{c}_1(\eta), \bar{c}_2(\eta)]$	情境 H $c \in [\bar{c}_2(\eta), a]$
w^*	$\dfrac{(2-\eta)a}{4-\eta}$	—	0	0	$\dfrac{3a(\eta-1)+2c\eta-c}{3(2-\eta)}$
q_r^*	$\dfrac{a}{4b-b\eta}$	—	0	$\dfrac{a(1-\eta)+c}{2b}$	$\dfrac{c(2-\eta)}{3b}$
q_m^*	—	$\dfrac{a-c}{b(2-\eta)}$	$\dfrac{a-c}{b(2-\eta)}$	$\dfrac{a(1+2\eta-\eta^2)+c(\eta-3)}{2b(2-\eta)}$	$\dfrac{3a-c(5-3\eta+\eta^2)}{3b(2-\eta)}$
μ_m^*	$\dfrac{a^2}{8b-2b\eta}$	$\dfrac{(a-c)^2}{2b(2-\eta)}$	$\dfrac{(a-c)^2}{2b(2-\eta)}$	$\dfrac{c^2(9-4\eta)-2ac(3+3\eta-2\eta^2)}{8b(2-\eta)}$	$\dfrac{3a^2-6ac+c^2(7-4\eta+\eta^2)}{6b(2-\eta)}$
π_m^*	$\dfrac{(2-\eta)a^2}{b(4-\eta)^2}$	$\dfrac{(a-c)^2(1-\eta)}{b(2-\eta)^2}$	$\dfrac{9a^2(1-\eta)-3ac(6-4\eta-\eta^2)}{9b(2-\eta)^2}$	$\dfrac{(a-c)(a-3c+a\eta)(2-\eta)}{2b(2-\eta)^2} - \dfrac{(a-c)^2}{b(2-\eta)^2}$	$\dfrac{9a^2(1-\eta)-3ac(6-4\eta-\eta^2)}{9b(2-\eta)^2}$
π_r^*	$\dfrac{a^2}{b(4-\eta)^2}$	—	0	$\dfrac{(a+c-a\eta)(a-c-a\eta)}{4b(2-\eta)^2} - \dfrac{2c(1-\eta)(a+c-a\eta)}{4b(2-\eta)^2}$	$\dfrac{c^2(2-\eta)}{9b}$
cs	$\dfrac{a^2}{2b(4-\eta)^2}$	$\dfrac{(a-c)^2}{2b(4-\eta)^2}$	$\dfrac{(a-c)^2}{2b(4-\eta)^2}$	$\dfrac{(c-a(3-\eta))^2}{8b(4-\eta)^2}$	$\dfrac{(3a-c-c\eta)^2}{18b(2-\eta)^2}$
sw^*	$\dfrac{2(2-\eta)a^2+3a^2}{2b(4-\eta)^2}$	$\dfrac{(a-c)^2(3-2\eta)}{2b(4-\eta)^2}$	$\dfrac{2(9a^2(1-\eta)-3ac(6-4\eta-\eta^2))}{18b(2-\eta)^2} + \dfrac{9(a-c)^2}{18b(2-\eta)^2}$	$\dfrac{(a-c)(a-3c+a\eta)(2-\eta)}{2b(2-\eta)^2} + \dfrac{(c-a(3-\eta))^2}{8b(4-\eta)^2} + \dfrac{(a+c-a\eta)(a-3c-a\eta+2c\eta)}{4b(2-\eta)^2}$	$\dfrac{18a^2(1-\eta)-6ac(6-4\eta-\eta^2)}{18b(2-\eta)^2} + \dfrac{(3a-c-c\eta)^2+18c^2(2-\eta)^3}{18b(2-\eta)^2}$

注：$\bar{c}_1(\eta) = a(\eta-1)$，$\bar{c}_2(\eta) = \dfrac{3a(\eta-1)}{2\eta-1}$。

第4章 考虑企业双重目标的分销渠道选择策略

(1) 如果制造商选择 $0 \leq w < \dfrac{(a+c-a\eta)^+}{2-\eta}$ 的批发价,则最优批发价为 $\dfrac{3a(\eta-1)+2c\eta-c}{3(2-\eta)}$,并要求 $\dfrac{3a(\eta-1)}{2\eta-1} < c < a$。否则,当 $0 < c < \dfrac{3a(\eta-1)}{2\eta-1}$ 时,$w=0$。因此,最优批发价格和制造商的效用如下:

$$w_a^H = \begin{cases} 0 & \text{if } 0 \leq c < \dfrac{3a(\eta-1)}{2\eta-1} \\ \dfrac{3a(\eta-1)+2c\eta-c}{3(2-\eta)} & \text{if } \dfrac{3a(\eta-1)}{2\eta-1} \leq c < a \end{cases} \qquad (4.15)$$

$$\mu_{ma}^H = \begin{cases} \dfrac{c^2(9-4\eta)-2ac(3+3\eta-2\eta^2)+a^2(1+6\eta-3\eta^2)}{8b(2-\eta)} & \text{if } 0 \leq c < \dfrac{3a(\eta-1)}{2\eta-1} \\ \dfrac{3a^2-6ac+c^2(7-4\eta+\eta^2)}{6b(2-\eta)} & \text{if } \dfrac{3a(\eta-1)}{2\eta-1} \leq c < a \end{cases}$$

(4.16)

(2) 如果制造商从 $\dfrac{(a+c-a\eta)^+}{2-\eta} \leq w < a$ 的范围内选择批发价格,则制造商的效用与 w 无关。制造商的效用函数如下:

$$\mu_{mb}^H = \dfrac{(a-c)^2}{2b(2-\eta)} \qquad (4.17)$$

下面比较制造商产生的实际效益。首先,当 $0 \leq c < \dfrac{3a(\eta-1)}{2\eta-1}$ 时,如果 $a(\eta-1) < c < \dfrac{3a(\eta-1)}{2\eta-1}$,则有 $\mu_{ma}^H - \mu_{mb}^H > 0$;否则 $\mu_{ma}^H - \mu_{mb}^H < 0$。这意味着如果 $a(\eta-1) < c < \dfrac{3a(\eta-1)}{2\eta-1}$,则 $w^H = 0$。特别注意,当 $c < a(\eta-1)$ 时,$\dfrac{(a+c-a\eta)}{2-\eta} < 0$,式 (4.14) 中的第一种情况变得毫无意义。无论批发价格如何变化,零售商总是选择零售商品。这是因为零售商预计制造商的直销量将如此之高,以至于无法营利。接下来,如果 $\dfrac{3a(\eta-1)}{2\eta-1} \leq c < a$,有 $\mu_{ma}^H - \mu_{mb}^H > 0$ 和 $w^H = \dfrac{3a(\eta-1)+ac\eta-c}{3(2-\eta)}$。表4.3 总结了均衡结果。

进一步研究，当制造商更加强调消费者剩余时，其渠道偏好是如何变化的。首先比较了两个单渠道情境（即情境 R 和情境 D）。可以确认效用比较的结果保持不变。具体来说，确定制造商渠道偏好的临界阈值的表达式保持不变。此处不再赘述。然而，制造商更喜欢情境 D 而不是情境 R 的范围扩大了（见图 4.7 中的 $c_1(\eta)$ 行）。这是因为利润变得不那么重要，制造商倾向于采用直销来获得更多的消费者剩余。接下来，进行利润的比较，并将结果总结为引理 4.5。

引理 4.5 当制造商高度关注消费者时，比较情境 R 和情境 D 下的制造商利润，可以得到制造商的利润在情境 R 下总是更高的。

证明：有 $\pi_m^R = \dfrac{(2-\eta)a^2}{b(4-\eta)^2} > 0$ 和 $\pi_m^D = \dfrac{(1-\eta)(a-c)^2}{b(2-\eta)^2} < 0$。因此，如果 $1 \leqslant \eta < 2$，则 $\pi_m^R > \pi_m^D$。证毕。

引理 4.5 表明，当 $1 \leqslant \eta < 2$ 时，在情境 D 下制造商的利润总是较低。原因是根植于零售渠道的双重边际化效应，可以减轻制造商因强调消费者剩余而造成的利润损失。

接下来，将注意力转向混合渠道分析，从消费者关注和直销成本对均衡决策的影响开始研究。总的来说，与基本模型相比，效果保持不变。具体来说，除了特殊情况外，制造商对消费者剩余的重视导致其增加了直销数量，但降低了批发价格，导致了订单量的减少。制造商的直销数量随直销成本的增加而减少，而零售商的订单数量随直销成本的增加而增加。

情境 H 中，$1 \leqslant \eta < 2$ 的均衡结果也证明了由极高的消费者关注度引起的两种不寻常现象。首先，当销售成本较小（即 $0 < c < a(\eta-1)$）时，零售商在预期市场无利可图的情况下不会出售任何东西。其次，当销售成本为中间成本（即 $\bar{c}_1(\eta) < c < \bar{c}_2(\eta)$）时，制造商会设定零批发价格，以诱导零售商进入市场，并通过直接和间接渠道获取消费者剩余。

当销售成本较大（即 $\bar{c}_2(\eta) < c < a$）时，零售商预期制造商的直销量不会太高，因此更有动力进入市场。制造商预料到这一点，会将批发价格提高到高于零的水平，以从零售商那里获得更多的利润，同时通过其直接渠道获得更多的消费者剩余。这种情况的动机与基本模型相似。进一步研究发现，批发价格仍可能随着销售成本的增加而上涨，如引理 4.6 所总结的那样。

引理 4.6 在情境 H 中，当制造商极度关注消费者时，随着销售成本的增加，当 $c \in [\bar{c}_2(\eta), a]$ 时，制造商会提高批发价格。

证明：从表 4.3 中可得，当 $1 \leq \eta < 2$ 时，$\dfrac{dw^H}{dc} = -\dfrac{1-2\eta}{3(2-\eta)}$。证毕。

引理 4.6 表明制造商的批发价格随着直销成本的增加而增加。直觉上的原因在于，随着直销成本的上升，制造商提高批发价格，不仅避免了利润率过低，同时也不会导致零售商订购量的大幅下降。

通过比较情境 H 和情境 R 下制造商的效用，得到命题 4.6。

命题 4.6 当制造商具有极高的消费者关注度时，通过比较情境 H 和情境 R 下的制造商效用，可以得到：

(1) 当 $c \in [0, \bar{c}_1(\eta)]$ 时，存在阈值 $c_1(\eta)$，使得当 $c_1(\eta) < c < \bar{c}_1(\eta)$ 时，情境 R 下的制造商效用更高；

(2) 当 $c \in [\bar{c}_1(\eta), \bar{c}_2(\eta)]$ 时，存在阈值 $\bar{c}_3(\eta)$，使得当 $\max\{\bar{c}_1(\eta), \bar{c}_3(\eta)\} < c < \bar{c}_2(\eta)$ 时，情境 R 下的制造商效用更高，其中 $\bar{c}_3(\eta) = \dfrac{(3\eta^3 - 18\eta^2 + 27\eta - 4)a}{(3+3\eta-2\eta^2)(4-\eta) + 2\sqrt{(2-\eta)(4-\eta)(\eta^4 - 8\eta^3 + 20\eta^2 - 20\eta + 9)}}$；

(3) 当 $c \in [\bar{c}_2(\eta), a]$ 时，存在阈值 $\bar{c}_3(\eta)$，使得当 $\max\{\bar{c}_3(\eta), \bar{c}_2(\eta)\} < c < a$ 时，情境 R 下的制造商效用更高。

证明：对于第（1）部分，可得 $\dfrac{\partial^2(\mu_m^H - \mu_m^R)}{\partial c^2} = \dfrac{1}{b(2-\eta)} > 0$，这说明 $\mu_m^H - \mu_m^R$ 在 c 中是下凸的。求解 $\mu_m^H - \mu_m^R = 0$ 可得 $c_1(\eta)$，其中，$c_1(\eta) < \bar{c}_1(\eta)$。因此，当 $c_1(\eta) < c < \bar{c}_1(\eta)$ 时，$\mu_m^H - \mu_m^R = 0$。对于第（2）部分，可得 $\mu_m^H - \mu_m^R$ 在 c 中是下凸的。当 $\eta \in \left[\dfrac{32}{25}, 3-\sqrt{2}\right)$ 时，$\bar{c}_1(\eta) < \bar{c}_3(\eta) < \bar{c}_2(\eta)$；当 $\eta \in [3-\sqrt{2}, 2)$ 时，$\bar{c}_3(\eta) < \bar{c}_1(\eta) < \bar{c}_2(\eta)$。因此，如果 $\max\{\bar{c}_1(\eta), \bar{c}_3(\eta)\} < c < \bar{c}_2(\eta)$，则 $\mu_m^H - \mu_m^R < 0$。对于第（3）部分，推导过程与上述类似，此处省略。证毕。

命题 4.6 表明，当制造商更强调消费者剩余时，如果销售成本较大，它仍然偏好于情境 R 而不是情境 H。与基准模型的不同之处在于，当销售成本较大时，情境 H 下制造商的效用始终较低（见图 4.7）。一般来说，当制造商对消费者剩余赋予极高的权重时，其偏好于情境 R 而非情境 H 的区域会扩大。该直觉与基础模型类似,在情境 H 下,对消费者剩余的重视不仅会扭曲直销决策,还会通过渠道平衡效应导致批发价格的扭曲。随着消费者关注度的提高,这种扭曲程度也随之加剧,最终导致显著的利润损失,而这部分损失无法通过消费者剩余的提升来弥补。

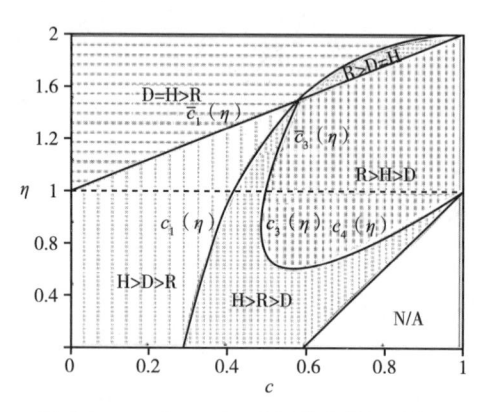

图4.7 $\eta \in [0, 2)$ 时制造商的渠道偏好

通过比较情境 H 和情境 D 下的效用和利润,得到以下命题。

命题 4.7 当制造商具有极高的消费者关注度时,比较情境 H 和情境 D,可以得到:

(a-1) 当 $c \in [0, \bar{c}_1(\eta))$ 时,制造商在情境 H 和情境 D 下的效用相等;

(a-2) 当 $c \in [\bar{c}_1(\eta), a)$ 时,制造商在情境 H 下的效用更高;

(b-1) 当 $c \in [0, \bar{c}_1(\eta))$ 时,制造商在情境 H 和情境 D 下的利润相等;

(b-2) 当 $c \in [\bar{c}_1(\eta), \bar{c}_2(\eta))$ 时,制造商在情境 H 下的利润更低;

(b-3) 当 $c \in [\bar{c}_2(\eta), a)$ 时,如果 $c < \min\left\{\dfrac{3a\eta}{2(3-2\eta+\eta^2)}, a\right\}$,则制造商在情境 H 下的利润更低。

证明:对于第 (a-1) 和第 (a-2) 部分,当 $c \in [0, \bar{c}_1(\eta))$ 时,可得 $\mu_m^H - \mu_m^D = 0$。当 $c \in [\bar{c}_1(\eta), a)$ 时,可得 $\mu_m^H - \mu_m^D > 0$。对于第 (b-1)~第 (b-3) 部分,根据表4.3,将比较过程分为三个部分。当 $c \in [0, \bar{c}_1(\eta))$ 时,可得 $\pi_m^H - \pi_m^D = 0$。当 $c \in [\bar{c}_1(\eta), \bar{c}_2(\eta))$ 时,可得 $\pi_m^H - \pi_m^D = \dfrac{c^2(5-5\eta+2\eta^2) - 2ac(\eta^3 - 3\eta^2 + 4\eta - 1) + a^2(\eta^3 - 3\eta^2 + 5\eta - 3)}{4b(2-\eta)^2} < 0$。当

第4章 考虑企业双重目标的分销渠道选择策略

$c \in [\bar{c}_2(\alpha), a)$ 时，推导过程是常规的，如果 $\bar{c}_2(\eta) < c < \min\left\{\dfrac{3a\eta}{2(3-2\eta+\eta^2)}, a\right\}$，可得 $\pi_m^H - \pi_m^D < 0$。证毕。

命题4.7的第（a-1）和第（a-2）部分表明，即使消费者的关注度非常高，制造商仍然更愿意在直销渠道已经运营的情况下增加转售渠道。命题4.7的第（b-1）部分表明，如前所述，当销售成本较小时，零售商决定不销售产品。因此，情境H和情境D之间的利润是相等的。命题4.7的第（b-2）和第（b-3）部分表明，当销售成本适中~中等偏高时，增加转售渠道将损害制造商的利润。究其原因，混合渠道与双重目标之间的干扰导致了巨大的利润损失。

最后，比较三种情境下的盈亏比。结果总结在以下命题中，并在图4.8中说明。

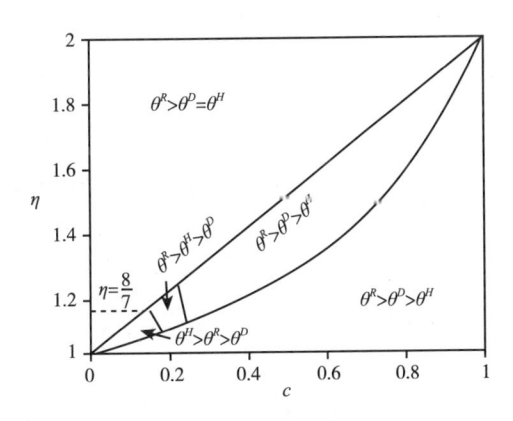

图4.8 盈亏比比较

命题 4.8 （1）当制造商以消费者为中心时，三种情况下的盈亏比如下：

$$\theta^R = \frac{8-2\eta}{4\eta}, \quad \theta^D = \frac{4-\eta}{2\eta}$$

$$\theta^H = \begin{cases} \dfrac{4-\eta}{2\eta} & \text{if } c \in [0, \bar{c}_1(\eta)) \\[2mm] \dfrac{(a-c)[a(12-15\eta)-(4-\eta)]}{2c^2\eta + 4ac(12-15\eta+4\eta^2) - 2a^2(8-13\eta+4\eta^2)} & \text{if } c \in [\bar{c}_1(\eta), \bar{c}_2(\eta)) \\[2mm] \dfrac{3(a-c)[3a(4-\eta)-c(4+\eta)]}{18a^2\eta + 12ac(4-5\eta) + 2c^2(8-11\eta+8\eta^2)} & \text{if } c \in [\bar{c}_2(\eta), a) \end{cases}$$

(2) 当 $c \in [0, \bar{c}_1(\eta))$ 时，盈亏比满足 $\theta^R > \theta^D = \theta^H$；

(3) 当 $c \in [\bar{c}_1(\eta), \bar{c}_2(\eta))$ 时，如果 $\bar{c}_1(\eta) < c < \min\{4\eta^3 - 41\eta^2 + 116\eta - 96 + 2(2-\eta)\sqrt{(8-7\eta+\eta^2)(72-39\eta+4\eta^2)}/\eta^2, \bar{c}_2(\eta)\}$，则 $\theta^H > \theta^R > \theta^D$；如果 $\max\left\{\bar{c}_1(\eta), \dfrac{4\eta^3 - 41\eta^2 + 116\eta - 96 + 2(2-\eta)\sqrt{(8-7\eta+\eta^2)(72-39\eta+4\eta^2)}}{\eta^2}\right\} < c < \min\left\{\dfrac{a(2-\eta)}{2(3-\eta)}, \bar{c}_2(\eta)\right\}$，则 $\theta^R > \theta^H > \theta^D$；如果 $\max\left\{\dfrac{a(2-\eta)}{2(3-\eta)}, \bar{c}_1(\eta)\right\} < c < \bar{c}_2(\eta)$，则 $\theta^R > \theta^D > \theta^H$。

(4) 当 $c \in [\bar{c}_2(\eta), a)$ 时，盈亏比满足 $\theta^R > \theta^D > \theta^H$。

证明：对于情境 R 和情境 D，可以很容易地得到 $\theta^R = \dfrac{8-\eta}{4\eta}$ 和 $\theta^D = \dfrac{4-\eta}{2\eta}$。利用盈亏比的定义，情境 H 的盈亏比可以表征为：

当 $c \in [0, \bar{c}_1(\eta))$ 时，$\theta^H = -\dfrac{cs^H(\eta) - cs^H(0)}{\pi_m^H(\eta) - \pi_m^H(0)} = -\dfrac{\dfrac{(a-c)^2}{2b(2-\eta)^2} - \dfrac{(a-c)^2}{8b}}{\dfrac{(a-c)^2(1-\eta)}{b(2-\eta)^2} - \dfrac{(a-c)^2}{4b}} = \dfrac{4-\eta}{2\eta}$；

当 $c \in [\bar{c}_1(\eta), \bar{c}_2(\eta))$ 时，$\theta^H = -\dfrac{cs^H(\eta) - cs^H(0)}{\pi_m^H(\eta) - \pi_m^H(0)} = -\left[\dfrac{(c-a(3-\eta))^2}{8b(2-\eta)^2} - \dfrac{(3a-c)^2}{32b}\right] \Big/ \left[\dfrac{(a-c(3-\eta)+a\eta(2-\eta))(a(1-\eta)-c(3-2\eta))}{4b(2-\eta)^2} - \dfrac{(a-3c)^2}{16b}\right] = \dfrac{(a-c)[a(12-15\eta)-(4-\eta)]}{2c^2\eta + 4ac(12-15\eta+4\eta^2) - 2a^2(8-13\eta+4\eta^2)}$；

当 $c \in [\bar{c}_2(\eta), a)$ 时，$\theta^H = -\dfrac{cs^H(\eta) - cs^H(0)}{\pi_m^H(\eta) - \pi_m^H(0)} = -\left[\dfrac{(3a-c-c\eta)^2}{18b(2-\eta)^2} - \dfrac{(3a-c)^2}{72b}\right] \Big/ \left[\dfrac{9a^2(1-\eta) - 3ac(6-4\eta-\eta^2) + c^2(21-23\eta+8\eta^2-2\eta^3)}{9b(2-\eta)^2} - \dfrac{3a^2 - 6ac + 7c^2}{12b}\right] = \dfrac{3(a-c)[3a(4-\eta) - c(4+\eta)]}{18a^2\eta + 12ac(4-5\eta) + 2c^2(8-11\eta+8\eta^2)}$。

特别注意，制造商始终通过其直接渠道销售正量的产品。接下来，比较三个销售成本范围中每个范围的盈亏比。

第4章 考虑企业双重目标的分销渠道选择策略

(1) 如果销售成本在 $[0, \bar{c}_1(\eta))$ 的范围内,则很容易确认 $\theta^R > \theta^D = \theta^H$。

(2) 如果销售成本在 $[\bar{c}_1(\eta), \bar{c}_2(\eta))$ 的范围内,可以发现,$\dfrac{d(\theta^H - \theta^R)}{dc} = \dfrac{4a(a+c)(2-\eta)^2(c(3-\eta-a(5-2\eta)))}{(c^2\eta - a^2(8-13\eta+4\eta^2)+2ac(12-15\eta+4\eta^2))^2} < 0$,并且,如果 $c = \dfrac{4\eta^3 - 41\eta^2 + 116\eta - 96 + 2(2-\eta)\sqrt{(8-7\eta+\eta^2)(72-39\eta+4\eta^2)}}{\eta^2}$,则 $\theta^H - \theta^R = 0$。然后,可以得到结论,如果 $\bar{c}_1(\eta) < c < \min\left\{\dfrac{4\eta^3 - 41\eta^2 + 116\eta - 96 + 2(2-\eta)\sqrt{(8-7\eta+\eta^2)(72-39\eta+4\eta^2)}}{\eta^2}, \bar{c}_2(\eta)\right\}$,则 $\theta^H - \theta^R > 0$。这个条件意味着 $\eta \in \left[1, \dfrac{8}{7}\right)$。接下来,比较 θ^H 和 θ^D。显然 $\dfrac{d(\theta^H - \theta^D)}{dc} = \dfrac{4a(a+c)(2-\eta)^2(c(3-\eta-a(5-2\eta)))}{(c^2\eta - a^2(8-13\eta+4\eta^2)+2ac(12-15\eta+4\eta^2))^2} < 0$,且如果 $c = \dfrac{a(2-\eta)}{2(3-\eta)}$,$\theta^H - \theta^D = 0$。因此,如果 $\max\left\{\dfrac{a(2-\eta)}{2(3-\eta)}, \bar{c}_1(\eta)\right\} < c < \bar{c}_2(\eta)$,可得 $\theta^H - \theta^D < 0$。这个条件意味着 $\eta \in \left[\dfrac{19-\sqrt{105}}{8}, 2\right)$。以下总结了上述三种情况:

$$\begin{cases} \theta^H > \theta^R > \theta^D, \\ \quad if\ \bar{c}_1(\eta) < c < \min\left\{\dfrac{4\eta^3 - 41\eta^2 + 116\eta - 96 + 2(2-\eta)\sqrt{(8-7\eta+\eta^2)(72-39\eta+4\eta^2)}}{\eta^2}, \bar{c}_2(\eta)\right\} \\ \theta^R > \theta^H > \theta^D, \\ \quad if\ \max\left\{\bar{c}_1(\eta), \dfrac{4\eta^3 - 41\eta^2 + 116\eta - 96 + 2(2-\eta)\sqrt{(8-7\eta+\eta^2)(72-39\eta+4\eta^2)}}{\eta^2}\right\} < c < \min\left\{\dfrac{a(2-\eta)}{2(3-\eta)}, \bar{c}_2(\eta)\right\} \\ \theta^R > \theta^D > \theta^H, \\ \quad if\ \max\left\{\bar{c}_1(\eta), \dfrac{a(2-\eta)}{2(3-\eta)}\right\} < c < \bar{c}_2(\eta) \end{cases}$$

(3) 如果销售成本在 $[\bar{c}_2(\eta),a)$ 的范围内，则推导过程与基本模型相似，可得 $\theta^R > \theta^D > \theta^H$。证毕。

命题 4.8 表明，在大多数情况下，情境 R 的盈亏比最高；而情境 H 的盈亏比最低。其基本直觉与基本模型相似，因为混合渠道和对消费者剩余的强调之间的干扰会导致巨大的利润损失，从而降低转化效率。当消费者的关注度非常高时，在情境 H 中有两种不寻常的情况，在这种情况下，制造商会将批发价格设置为零。可以发现，在第二种不寻常的情况下（即 $c \in [\bar{c}_1(\eta),\bar{c}_2(\eta))$），当销售成本较小（即

$$\bar{c}_1(\eta) < c < \min\left\{\frac{4\eta^3 - 41\eta^2 + 116\eta - 96 + 2(2-\eta)\sqrt{(8-7\eta+\eta^2)(72-39\eta+4\eta^2)}}{\eta^2},\right.$$

$\left.\bar{c}_2(\eta)\right\}$）时，消费者关注度低（即 $\eta \in \left[1,\frac{8}{7}\right]$）（见图 4.8）。在这种特殊情况下，制造商设定零批发价以诱使零售商进入市场。虽然这可能导致转售渠道的利润为零，但无利可图的转售渠道会产生更多的消费者剩余。同时，由于销售成本低，直销渠道的利润损失较小。因此，在情境 H 下，转换效率可能最高。

4.4.2 利润约束

本节考虑了双重目标制造商在面临非负利润约束的情况下最大化自身效用的情境。也就是说，制造商的优化问题是：

$$\begin{cases} \max \mu_m = \pi_m + \eta \cdot cs \\ \text{s.t. } \pi_m \geq 0 \end{cases} \quad (4.18)$$

在情境 R 中，零售商的优化问题及其反应函数保持不变。给定零售商的反应函数，制造商通过求解如下拉格朗日函数来确定批发价格：

$$L = -wq_r(w) - \frac{b\eta(q_r(w))^2}{2} - \lambda(wq_r(w)) \quad (4.19)$$

取式（4.19）关于 w 的二阶导数，得到 $\frac{\partial^2 L}{\partial w^2} = \frac{4 - \eta + 4\lambda}{4b} > 0$。因此，对应的 KKT 条件为：

第4章 考虑企业双重目标的分销渠道选择策略

$$\begin{cases} \dfrac{\partial L}{\partial w} = 0 \\ \lambda(wq_r(w)) = 0 \\ wq_r(w) \geq 0 \\ \lambda \geq 0 \end{cases} \quad (4.20)$$

当 $\lambda > 0$ 时，通过求解 $wq_r(w) = 0$，得到 $w = 0$ 或 $w = a$。将 $w = 0$ 或 $w = a$ 代入 $\dfrac{\partial L}{\partial w}$，可得 $\dfrac{\partial L}{\partial w} = 0$ 不成立。当 $\lambda = 0$ 时，由 $\dfrac{\partial L}{\partial w} = 0$ 可得 $w = \dfrac{a(2-\eta)}{4-\eta}$。将 $w = \dfrac{a(2-\eta)}{4-\eta}$ 代入 $wq_r(w)$，可以验证 $wq_r(w) > 0$。因此，与基本模型相比，情境 R 下的均衡结果保持不变（见表4.2）。

在情境 D 中，制造商通过求解拉格朗日函数来决定其直销数量：

$$L = -((a-bq_m)q_m - cq_m) - \dfrac{b\eta q_m^2}{2} - \lambda((a-bq_m)q_m - cq_m) \quad (4.21)$$

取式（4.21）关于 w 的二阶导数，得到 $\dfrac{\partial^2 L}{\partial q_m^2} = b(2-\eta+2\lambda) > 0$，则相应的 KKT 条件为：

$$\begin{cases} \dfrac{\partial L}{\partial q_m} = 0 \\ \lambda[(a-bq_m)q_m - cq_m] = 0 \\ (a-bq_m)q_m - cq_m \geq 0 \\ \lambda \geq 0 \end{cases} \quad (4.22)$$

当 $\lambda > 0$ 时，可以从 $\lambda((a-bq_m)q_m - cq_m) = 0$ 中，得到 $q_m = 0$ 或 $q_m = \dfrac{a-c}{b}$。将 $q_m = 0$ 代入 $\dfrac{\partial L}{\partial q_m} = 0$，可得 $\lambda = -1 < 0$。将 $q_m = \dfrac{a-c}{b}$ 代入 $\dfrac{\partial L}{\partial q_m} = 0$，可得 $\lambda = -(1-\eta) < 0$。当 $\lambda = 0$ 时，可以从 $\dfrac{\partial L}{\partial q_m} = 0$ 中，得到 $q_m = \dfrac{a-c}{b(2-\eta)}$。将 $q_m = \dfrac{a-c}{b(2-\eta)}$ 代入 $(a-bq_m)q_m - cq_m$，可以验证 $(a-bq_m)q_m - cq_m \geq 0$ 是有效的。因此，与基本模型相比，情境 D 下的均衡结果保持不变，如表4.2所示。

在情境 H 中，给定批发价格 w 和零售商的订单数量 q_r，求解式（4.11）可得到制造商对直销数量的反应函数，如下所示：

$$q_m^H(q_r) = \begin{cases} \dfrac{a-c-bq_r(1-\eta)}{b(2-\eta)} & if\ q_r \leqslant \dfrac{a-c}{b(1-\eta)} \\ 0 & if\ q_r \geqslant \dfrac{a-c}{b(1-\eta)} \end{cases} \quad (4.23)$$

然后，零售商通过求解式（4.11）来确定其订单数量，并受式（4.23）中指定的两个约束条件的约束。下面区分了两种情况：

（1）如果 $q_r \leqslant \dfrac{a-c}{b(1-\eta)}$，则 $q_m^H = \dfrac{a-c-bq_r(1-\eta)}{b(2-\eta)}$。将 $q_m^H(q_r)$ 代入式（4.12）并使式（4.12）最大化，得到 $q_r^H(w) = \dfrac{a+c-(2-\eta)w-a\eta}{2b}$，且需满足 $\dfrac{c(3-\eta)-a\eta(2-\eta)-a}{2-3\eta+\eta^2} \leqslant w < \dfrac{a+c-a\eta}{2-\eta}$。否则，当 $w \leqslant \dfrac{c(3-\eta)-a\eta(2-\eta)-a}{2-3\eta+\eta^2}$ 时，$q_r^H(w) = \dfrac{a-c}{b(1-\eta)}$；当 $w \geqslant \dfrac{a+c-a\eta}{2-\eta}$ 时，$q_r^H(w) = 0$。

（2）如果 $q_r \geqslant \dfrac{a-c}{b(1-\eta)}$，则 $q_m^H = 0$。将 $q_m^H(q_r)$ 代入式（4.12）并使式（4.12）最大化，得到 $q_r^H(w) = \dfrac{a-w}{2b}$，且需满足 $w < \dfrac{2c-a(1+\eta)}{1-\eta}$。否则，当 $w \geqslant \dfrac{2c-a(1+\eta)}{1-\eta}$ 时，$q_r^H(w) = \dfrac{a-c}{b(1-\eta)}$。

可得 $\dfrac{2c-a(1+\eta)}{1-\eta} < \dfrac{c(3-\eta)-a\eta(2-\eta)-a}{2-3\eta+\eta^2} < \dfrac{a+c-a\eta}{2-\eta}$。结合 q_r 的两种情况，可得零售商订单数量的最优响应函数为：

$$q_r^H(w) = \begin{cases} \dfrac{a-w}{2b} & if\ 0 \leqslant w < \dfrac{2c-a(1+\eta)}{1-\eta} \\ \dfrac{a-c}{b(1-\eta)} & if\ \dfrac{2c-a(1+\eta)}{1-\eta} \leqslant w < \dfrac{c(3-\eta)-a\eta(2-\eta)-a}{2-3\eta+\eta^2} \\ \dfrac{a+c-(2-\eta)w-a\eta}{2b} & if\ \dfrac{c(3-\eta)-a\eta(2-\eta)-a}{2-3\eta+\eta^2} \leqslant w < \dfrac{a+c-a\eta}{2-\eta} \\ 0 & if\ w \geqslant \dfrac{a+c-a\eta}{2-\eta} \end{cases}$$

$$(4.24)$$

将式(4.23)和式(4.24)代入制造商的效用函数中,通过比较制造商效用来进一步推导出全部最优批发价格。可以得到:

$$w^H = \begin{cases} \dfrac{3a(1-\eta)+c(2\eta-1)}{3(2-\eta)} & \begin{array}{l} if\ \eta \in \left[0,\dfrac{6}{7}\right) and\ c \in [0,\bar{c}_1(\eta)) \\ or\ \eta \in \left[\dfrac{6}{7},1\right) and\ c \in [0,\bar{c}_2(\eta)) \\ or\ \eta \in \left[\dfrac{6}{7},1\right) and\ c \in (\bar{c}_3(\eta),\bar{c}_1(\eta)] \end{array} \\ \dfrac{3a(1-\eta)+c(2\eta-1)+(a-c)\eta^2-I}{(3-\eta)(2-\eta)} & if\ \eta \in \left[\dfrac{6}{7},1\right) and\ c \in [\bar{c}_2(\eta),\bar{c}_3(\eta)] \end{cases}$$

(4.25)

其中,$\bar{c}_1(\eta) = \dfrac{a+2a\eta-a\eta^2}{3-\eta}$,$\bar{c}_2(\eta) = \dfrac{3a[6-4\eta-\eta^2-(2-\eta)\sqrt{(2-\eta)(7\eta-6)}]}{2(21-23\eta+8\eta^2-2\eta^3)}$,

$\bar{c}_3(\eta) = \dfrac{3a[6-4\eta-\eta^2+(2-\eta)\sqrt{(2-\eta)(7\eta-6)}]}{2(21-23\eta+8\eta^2-2\eta^3)}$,

$I = \sqrt{(2-\eta)(a^2(6-5\eta)-2ac(6-3\eta-\eta^2)+c^2(14-13\eta+4\eta^2-\eta^3))}$。相应的均衡结果汇总在表4.4中。

在均衡中,研究表明利润约束总是没有约束力的,因此在情境R和情境D下是无关紧要的。在情境H下,当η和c满足$\eta \in \left[0,\dfrac{6}{7}\right)$和$c \in [0,\bar{c}_1(\eta))$或$\eta \in \left[\dfrac{6}{7},1\right)$和$c \in [0,\bar{c}_2(\eta))$,$c \in (\bar{c}_3(\eta),\bar{c}_1(\eta)]$时,利润约束同样也不具有约束力。因此,后文将只关注$\eta \in \left[\dfrac{6}{7},1\right)$和$c \in (\bar{c}_2(\eta),\bar{c}_3(\eta))$的情况,在这些情况下,情境H的均衡结果发生了变化。

在这种情况下,可以注意到,只有当消费者关注度高$\left(即\ \eta > \dfrac{6}{7}\right)$时,利润约束才具有约束力。这是因为在这种情况下,制造商在利润方面遭受的损失更大。同时,与基本模型相比,制造商对消费者的关注以及销售成本对制造商的直销和零售商订单数量的影响保持不变。后文研究了在这种特殊情况下,直销成本如何影响批发价格。

表 4.4　非负利润约束下情境 H 的均衡结果

	情境 H $\left\{\eta \in \left[0, \frac{6}{7}\right)\right.$ 或 $\eta \in \left[\frac{6}{7}, 1\right)$ 以及其他 $c\left.\right\}$	情境 H $\left\{\eta \in \left[\frac{6}{7}, 1\right)\right.$ 以及 $c \in \left(\bar{c}_2(\eta), \bar{c}_3(\eta)\right)\left.\right\}$
w^*	$\dfrac{3(1-\eta)a - (1-2\eta)c}{3(2-\eta)}$	$\dfrac{3a(1-\eta) + c(2\eta-1) + (a-c)\eta^2 - I}{(3-\eta)(2-\eta)}$
q_r^*	$\dfrac{(2-\eta)c}{3b}$	$\dfrac{4c - a\eta - 3c\eta + c\eta^2 + I}{2b(3-\eta)}$
q_m^*	$\dfrac{3a - (5-3\eta+\eta^2)c}{3b(2-\eta)}$	$\dfrac{(2-\eta)(3a - 5c + a\eta + 2c\eta - c\eta^2) - (1-\eta)I}{2b(3-\eta)(2-\eta)}$
μ_m^*	$\dfrac{3a^2 - 6ac + c^2(7 - 4\eta + \eta^2)}{6b(2-\eta)}$	$\dfrac{4(3a^2 - 3ac + 2c^2) - (7a^2 + 5c^2)\eta + 2c\eta^2(2a+c) - c^2\eta^3 + (3a - c(1+\eta))I}{4b(3-\eta)^2(2-\eta)}$
π_m^*	$\dfrac{9(1-\eta)a^2 - 3(6-4\eta-\eta^2)ac + (21 - 23\eta + 8\eta^2 - 2\eta^3)c^2}{9b(2-\eta)^2}$	0
π_r^*	$\dfrac{c^2(2-\eta)}{9b}$	$\dfrac{4c - a\eta - 3c\eta + c\eta^2 + I}{4b(3-\eta)^2(2-\eta)}$
cs^*	$\dfrac{(3a - c - c\eta)^2}{18b(2-\eta)^2}$	$\dfrac{((2-\eta)(3a - c - c\eta) + I)^2}{8b(3-\eta)^2(2-\eta)^3}$
sw^*	$\dfrac{9(1-\eta)a^2 - 3(6-4\eta-\eta^2)ac + (21 - 23\eta + 8\eta^2 - 2\eta^3)c^2}{18b(2-\eta)^2} +$ $\dfrac{2c^2(2-\eta)^3 + (3a-c-c\eta)^3}{18b(2-\eta)^2}$	$\dfrac{2(4c - a\eta - 3c\eta + c\eta^2 + I)(2-\eta) + ((2-\eta)(3a-c-c\eta) + I)^2}{8b(3-\eta)^2(2-\eta)^3}$

第4章 考虑企业双重目标的分销渠道选择策略

引理4.7 在情境 H 下，当 $\eta \in \left[\dfrac{6}{7}, 1\right)$ 和 $c \in (\bar{c}_2(\eta), \bar{c}_3(\eta))$ 时，随着直销劣势的增加，可以得到：

(1) 存在一个阈值 $\bar{c}_4(\eta)$，且 $\bar{c}_2(\eta) < \bar{c}_4(\eta) < \bar{c}_3(\eta)$，使得制造商在 $c \in (\bar{c}_2(\eta), \bar{c}_4(\eta))$ 时提高批发价格，在 $c \in (\bar{c}_4(\eta), \bar{c}_3(\eta))$ 时降低批发价格，其中，

$$\bar{c}_4(\eta) = \frac{(22 - 19\eta + \eta^2(15 - 2\eta(9 - 2\eta)))a}{(3-\eta)(18 - 21\eta + 3\eta^2 + 2\eta^3) + 2\sqrt{(3-\eta)(3-2\eta)(2-\eta)^2(1-\eta)^5}};$$

(2) 阈值 $\bar{c}_4(\eta)$ 随 η 递减。

证明：根据表 4.4，当 $\eta \in \left[\dfrac{6}{7}, 1\right)$ 和 $c \in (\bar{c}_2(\eta), \bar{c}_3(\eta))$ 时，可得

$$\frac{dw^H}{dc} = \frac{(2-\eta)(a(6 - 3\eta - \eta^2) - c(14 - 13\eta + 4\eta^2 - \eta^3)) - (1-\eta)^2 I}{(2-\eta)(3-\eta)I},$$

且当 $c < \bar{c}_4(\eta)$ 时，$\dfrac{dw^H}{dc} > 0$，其中，$\bar{c}_4(\eta) =$

$$\frac{22 - 19\eta + \eta^2(15 - 2\eta(9 - 2\eta))}{(3-\eta)(18 - 21\eta + 3\eta^2 + 2\eta^3) + 2(1-\eta)^2\sqrt{(3-\eta)(3-2\eta)(2-\eta)^2(1-\eta)}} a。$$

证毕。

引理 4.7 表明，当销售成本较小时，c 的增加仍然可以提高批发价格。然而，当销售成本很大（即制造商的销售劣势更为明显）时，情况恰恰相反。直觉是非负利润的约束将限制制造商通过其直接渠道获得更多消费者剩余的动机。当制造商的销售劣势较大时，它会降低批发价格，更多地依赖零售渠道，因为不这样做会诱发更多的利润损失。

现在，比较情境 R 和情境 H 下制造商的效用，以分析利润约束如何影响它的渠道偏好。可以得到以下命题。

命题 4.9 当 $\eta \in \left[\dfrac{6}{7}, 1\right)$ 和 $c \in (\bar{c}_2(\eta), \bar{c}_3(\eta))$ 时，比较情境 H 和情境 R 相关的制造商效用可得：

存在阈值 $\bar{c}_5(\eta)$，且 $\bar{c}_2(\eta) < \bar{c}_5(\eta) < \bar{c}_3(\eta)$，因此在情境 R 下，如果 $c \in (\bar{c}_5(\eta), \bar{c}_3(\eta))$，制造商效用更高；如果 $c \in (\bar{c}_2(\eta), \bar{c}_5(\eta))$，则制造商效用更低，其中，

$$\bar{c}_5(\eta) = \frac{\left((2+\eta-\eta^2)\sqrt{\eta(4-\eta)} - \sqrt{\eta(8-6\eta+\eta^2)[14-5\eta-2\eta^2-2(6-5\eta+\eta^2)\sqrt{\eta(4-\eta)}]}\right)a}{2\eta(1-\eta)(4-\eta)}。$$

证明：当 $\eta \in \left[\frac{6}{7}, 1\right)$ 和 $c \in (\bar{c}_2(\eta), \bar{c}_3(\eta))$ 时，比较制造商在情境 H 和情境 R 下的效用，可以得到 $\frac{\partial^2(\mu_m^H - \mu_m^R)}{\partial c^2} > 0$，表明 $\mu_m^H - \mu_m^R$ 在 c 上是下凸的。求解可得根 $\bar{c}_5(\eta)$，其中，$\bar{c}_2(\eta) < \bar{c}_5(\eta) < \bar{c}_4(\eta) < \bar{c}_3(\eta)$；$\bar{c}_5(\eta) = \frac{(2+\eta-\eta^2)\sqrt{\eta(4-\eta)}}{2\eta(1-\eta)(4-\eta)} - \frac{\sqrt{\eta(8-6\eta+\eta^2)[14-5\eta-2\eta^2-2(6-5\eta+\eta^2)\sqrt{\eta(4-\eta)}]}}{2\eta(1-\eta)(4-\eta)}$。因此，当 $c \in (\bar{c}_5(\eta), \bar{c}_4(\eta))$ 时，制造商在情境 R 下的效用更高。证毕。

命题 4.9 表明，在利润限制下，双重目标制造商更喜欢情境 R 而不是情境 H 的结果仍然保持不变。其原因与基本模型相似，因为双重目标和双渠道之间的干扰导致了巨大的利润损失，这可能超过增加直销渠道造成的消费者剩余增加。此外，可以验证，与基本模型相比，在利润约束下，制造商更偏好情境 R 而不是情境 H 的范围扩大了（见图 4.9，虚线表示基本模型中的阈值）。

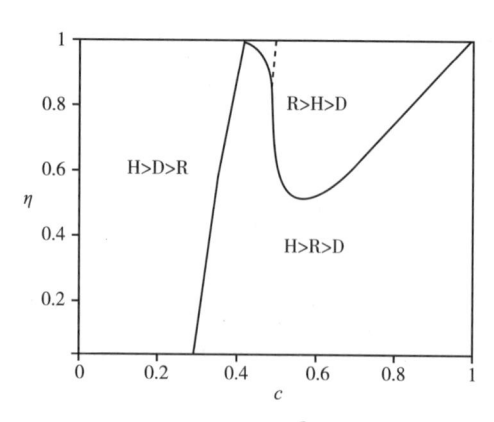

图 4.9 利润约束下制造商的渠道偏好

第4章 考虑企业双重目标的分销渠道选择策略

如前所述,这是因为当销售成本较大时,制造商会降低批发价格,更多地依赖零售渠道。这确实限制了利润的大幅损失,但也导致了消费者剩余的减少。利润损失的减少并不能弥补消费者剩余的损失量,从而诱发了更大的效用损失。因此,制造商在销售成本的小范围内更喜欢情境 H。

然后,探讨在非负利润约束下,给定情境 D,制造商是否仍然愿意增加再销售渠道。命题 4.10 提供了结果。

命题 4.10 当 $\eta \in \left[\frac{6}{7}, 1\right)$ 且 $c \in (\bar{c}_2(\eta), \bar{c}_3(\eta))$ 时,比较情境 H 和情境 D 下制造商的效用,可知情境 H 下制造商的效用始终较高;而情境 H 下制造商的利润始终较低。

证明: 当 $\eta \in \left[\frac{6}{7}, 1\right)$ 和 $c \in (\bar{c}_2(\eta), \bar{c}_3(\eta))$ 时,通过比较情境 H 和情境 D 下的制造商效用,可以得到 $\mu_m^H - \mu_m^D =$

$$\frac{\eta(3a-c(1+\eta))I - a(18(a-c) - 12\eta(2a-3c) + \eta^2(9a-4c-4c\eta)) - c^2(18-20\eta+7\eta^2-2\eta^3+\eta^4)}{4b(3-\eta)^2(2-\eta)} > 0$$

。接着比较制造商在情境 H 和情境 D 下的利润函数。推导过程是常规的,可得 $\pi_m^H - \pi_m^D = -\frac{(a-c)^2(1-\eta)}{b(2-\eta)^2} < 0$。证毕。

命题 4.10 表明,给定情境 D,制造商仍然偏好于增加零售渠道。然而,增加零售渠道会损害制造商的营利能力,这与基本模型类似。

下面通过比较盈亏比来考察非负利润约束下三种情境的转换效率。

命题 4.11 (1) 当 $\eta \in \left[\frac{6}{7}, 1\right)$ 且 $c \in (\bar{c}_2(\eta), \bar{c}_3(\eta))$ 时,情境 R、情境 D 和情境 H 的盈亏比分别为:

$$\theta^R = \frac{8-2\eta}{4\eta}, \quad \theta^D = \frac{4-\eta}{2\eta},$$

$$\theta^H = \frac{9((2-\eta)(3-c-c\eta)+I) - (3a-c)^2(3-\eta)^2(2-\eta^3)}{6(3a^2-6ac+7c^2)(3-\eta)^2(2-\eta)^3}$$

(2) 盈亏比满足 $\theta^R > \theta^D > \theta^H$。

证明: 显然情境 R 和情境 D 下的盈亏比与基础模型中的一致,也就是说,

表达式为 $\theta^R = \dfrac{8-2\eta}{4\eta}$ 和 $\theta^D = \dfrac{4-\eta}{2\eta}$。下面，通过应用盈亏比的定义，可以推导出情境 H 的盈亏比，如下所示：

$$\theta^H = -\dfrac{cs^H(\eta) - cs^H(0)}{\pi_m^H(\eta) - \pi_m^H(0)}$$

$$= -\left[\dfrac{((2-\eta)(3a-c-c\eta)+I)^2}{8b(3-\eta)^2(2-\eta)^3} - \dfrac{(3a-c)^2}{72b}\right] \Big/ \left[0 - \dfrac{3a^2 - 6ac + 7c^2}{12b}\right]$$

$$= \dfrac{9((2-\eta)(3-c-c\eta)+I) - (3a-c)^2(3-\eta)^2(2-\eta^3)}{6(3a^2 - 6ac + 7c^2)(3-\eta)^2(2-\eta)^3}$$

特别注意，研究考虑制造商通过直销渠道的销售量为正的情况。因此，以 $\eta \in \left[\dfrac{6}{7}, 1\right)$ 和 $c \in (\bar{c}_2(\eta), \bar{c}_3(\eta))$ 的区域进行 θ^R、θ^D 和 θ^H 之间的比较。显然，$\theta^R > \theta^D$ 恒成立。

现在，比较情境 D 和情境 H 下的盈亏比。可以验证 $\theta^D - \theta^H =$
$\dfrac{54(2-3\eta)(3a^2-6ac+7c^2)+3(69a^2 138ac+197c^2)\eta^2 - 2(9a^2-24ac+70c^2)\eta^3 + 9\eta(3a-c-3\eta)I}{3\eta(3a^2-6ac+7c^2)(3-\eta)^2(2-\eta)} >$
0。因此，可得 $\theta^D > \theta^H$。证毕。

命题 4.11 表明，虽然非负利润约束限制了制造商的利润损失，但在情境 H 下，比情境 R 下诱发更多利润损失的干扰效应仍然存在。因此，情境 R 下的盈亏比最高，情境 H 下的盈亏比最低（见表 4.5 和表 4.6）。

利润约束对制造商渠道偏好的影响见图 4.10。

4.4.3 一般双重目标函数

本节使用通用双重目标函数而不是加权和函数来对双重目标进行建模，并研究新模型与基础模型之间的等效性。使用通用的双目标函数，制造商的效用可以写为：

$$\mu_m = (1-\alpha)\pi_m + \alpha \cdot cs \tag{4.26}$$

其中，$\alpha \in [0, 1)$ 表示制造商对消费者剩余的权重。

第4章 考虑企业双重目标的分销渠道选择策略

表 4.5 利润约束下情境 R 的均衡结果

	情境 R		情境 D	
	$K<\dfrac{2a^2(1-\eta)}{b(4-\eta)^2}$	$\dfrac{2a^2(1-\eta)}{b(4-\eta)^2}\leq K<\dfrac{a^2}{8b}$	$K<\dfrac{(a-c)^2(1-\eta)}{b(2-\eta)^2}$	$\dfrac{(a-c)^2(1-\eta)}{b(2-\eta)^2}\leq K<\dfrac{(a-c)^2}{4b}$
w^*	$\dfrac{(2-\eta)a}{4-\eta}$	$\dfrac{a-\sqrt{a^2-8bK}}{2}$	—	—
q_r^*	$\dfrac{a}{4b-b\eta}$	$\dfrac{a+\sqrt{a^2-8bK}}{4b}$	—	—
q_m^*	—	—	$\dfrac{a-c}{b(2-\eta)}$	$\dfrac{a-c+\sqrt{(a-c)^2-4bK}}{2b}$
μ_m^*	$\dfrac{a^2}{4b(2-\eta)}$	$\dfrac{4bK(4-\eta)+a\eta(a+\sqrt{a^2-8bK})}{16b}$	$\dfrac{(a-c)^2}{2b(2-\eta)}$	$\dfrac{2bK(2-\eta)+(a-c)(a-c+\sqrt{(a-c)^2-4bK})\eta}{4b}$
π_m^*	$\dfrac{(2-\eta)a^2}{b(4-\eta)^2}$	K	$\dfrac{(a-c)^2(1-\eta)}{b(2-\eta)^2}$	K
π_r^*	$\dfrac{a^2}{b(4-\eta)^2}$	$\dfrac{(a+\sqrt{a^2-8bK})^2}{16b}$	—	—
cs^*	$\dfrac{a^2}{2b(4-\eta)^2}$	$\dfrac{(a+\sqrt{a^2-8bK})(2a+2\sqrt{a^2-8bK}+1)}{32b}$	$\dfrac{(a-c)^2}{2b(2-\eta)^2}$	$\dfrac{(a-c+\sqrt{(a-c)^2-4bK})^2}{8b}$
sw^*	$\dfrac{3a^2}{2b(4-\eta)^2}$	$\dfrac{(a+\sqrt{a^2-8bK})^2}{32b}$	$\dfrac{(a-c)^2(3-2\eta)}{2b(2-\eta)^2}$	$\dfrac{(a-c+\sqrt{(a-c)^2-4bK})^2+8bK}{8b}$

表 4.6 利润约束下情境 H 的均衡结果

	情境 H
	$K < \dfrac{a^2(12-20\eta+7\eta^2)}{4b(21-23\eta+8\eta^2-2\eta^3)}$ 且 $0<c<\dfrac{3a}{5-3\eta+\eta^2}$, 或 $\dfrac{a^2(12-20\eta+7\eta^2)}{4b(21-23\eta+8\eta^2-2\eta^3)} < K <$ $\dfrac{a^2(4-6\eta+4\eta^2-\eta^3)}{b(25-30\eta+19\eta^2-6\eta^3+\eta^4)}$ 且 $0<c<\bar{c}_6(\eta),\ \bar{c}_7(\eta)<c<\dfrac{3a}{5-3\eta+\eta^2}$	$K < \dfrac{a^2(12-20\eta+7\eta^2)}{4b(21-23\eta+8\eta^2-2\eta^3)} < K <$ $\dfrac{a^2(4-6\eta+4\eta^2-\eta^3)}{b(25-30\eta+19\eta^2-6\eta^3+\eta^4)}$ 且 $\bar{c}_6(\eta)<c<\bar{c}_7(\eta)$
w^*	$\dfrac{3(1-\eta)a-(1-2\eta)c}{3(2-\eta)}$	$\dfrac{3a-c-3a\eta+2c\eta+a\eta^2-c\eta^2}{(3-\eta)(2-\eta)} - \dfrac{\bar{B}}{}$
q_m^*	$\dfrac{3a-(5-3\eta+\eta^2)c}{3b(2-\eta)}$	$\dfrac{(2-\eta)(3a-5c+a\eta+2c\eta-c\eta^2)-(1-\eta)\bar{B}}{2b(3-\eta)(2-\eta)}$
μ_m^*	$\dfrac{3a^2-6ac+c^2(7-4\eta+\eta^2)}{6b(2-\eta)}$	$\dfrac{144bK+24a^2\eta-24ac\eta+16c^2\eta-264bK\eta-26a^2\eta^2+12ac\eta^2-18c^2\eta^2+180bK\eta^2}{4b(3-\eta)^2(2-\eta)^2} +$ $\dfrac{7a^2\eta+8ac\eta^3+9a^2\eta^3-54bK\eta^3-4ac\eta^4-4c^2\eta^4+6bK\eta^4+c^2\eta^5}{4b(3-\eta)^2(2-\eta)^2} +$ $\dfrac{(3a-c-c\eta)\eta(2-\eta)\bar{B}}{4b(3-\eta)^2(2-\eta)^2}$
π_m^*	$\dfrac{9(1-\eta)a^2-3(6-4\eta-\eta^2)ac+(21-23\eta+8\eta^2-2\eta^3)c^2}{9b(2-\eta)^2}$	K
π_r^*	$\dfrac{c^2(2-\eta)}{9b}$	$\dfrac{4c-a\eta-3c\eta+c\eta^2+\bar{B}}{4b(3-\eta)^2(2-\eta)^2}$
cs^*	$\dfrac{(3a-c-c\eta)^2}{18b(2-\eta)^2}$	$\dfrac{(2-\eta)(3a-c-c\eta+\bar{B})^2}{8b(3-\eta)^2(2-\eta)^3}$
sw^*	$\dfrac{2c^2(2-\eta)^3+(3a-c-c\eta)^2}{18b(2-\eta)^2}$	$\dfrac{a(2-\eta)+c(7-7\eta+2\eta^2)+3\bar{B}}{8b(3-\eta)^2(2-\eta)^3}$

注: $\bar{B} = \sqrt{(2-\eta)(a^2(6-5\eta)-4bK(6-5\eta+\eta^2)-2ac(6-3\eta-\eta^2)+c^2(14-13\eta+4\eta^2-\eta^3))}$。

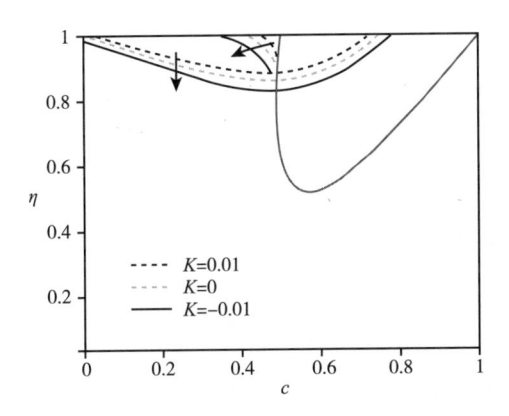

图4.10 利润约束对制造商渠道偏好的影响

利用这个效用函数，通过应用逆向归纳进一步推导出均衡结果。推导过程类似于基础模型，此处省略。相应的均衡结果如表4.7所示。显然，一般双目标模型等效于基础模型，例如，η 的范围 $[0, 1)$ 在数学上等同于 α 的范围 $[0, \frac{1}{2})$，$\eta = \frac{1}{2}$ 对应于 $\alpha = \frac{1}{3}$。与基本模型类似，本节重点介绍 $\alpha \in [0, \frac{1}{2})$ 的情况。也就是说，制造商对消费者剩余的权重低于对利润的权重。然而，在4.4.2节，如果消费者的关注度很高，制造商的利润在情境H下可能会变为负数。在4.4.1节，研究通过考虑极高消费者关注度的情况来补充分析。也就是说，研究关注的是权重 η 不小于1但小于2的情况。特别注意，η 的范围 $[1, 2)$ 在数学上等同于 α 的范围 $[\frac{1}{2}, \frac{2}{3})$。由于分析复杂但常规，此处不再赘述。

在以下部分中，按常规分析制造商的渠道偏好以及一般双重目标模型下的其他关键结果。首先通过比较情境R和情境D来考虑单渠道情况。可以得到以下命题和引理。

命题4.12 在一般双重目标函数下，当 $0 < \alpha < \frac{1}{2}$ 时，比较情境R和情境D下的制造商效用，可以得到：

(1) 存在一个阈值 $\bar{c}_6(\alpha)$，使得当 $c < \bar{c}_6(\alpha)$ 时，情境D下的制造商效用高于情境R下，否则情境D下的制造商效用更低，其中，$\bar{c}_6(\alpha) = \left(1 - \sqrt{\frac{2-3\alpha}{4-5\alpha}}\right)a$；

表 4.7　一般双重目标函数下在情境 R、情境 D 和情境 H 下的均衡结果

	情境 R	情境 D	情境 H
w^*	$\dfrac{a(2-3\alpha)}{4-5\alpha}$	—	$\dfrac{3c\alpha - c + a(3-6\alpha)}{6-9\alpha}$
q_r^*	$\dfrac{a(1-\alpha)}{b(4-5\alpha)}$	—	$\dfrac{2c-3c\alpha}{3b-3b\alpha}$
q_m^*	—	$\dfrac{(a-c)(1-\alpha)}{b(2-3\alpha)}$	$\dfrac{3a(1-\alpha)^2 - c(5-13\alpha+9\alpha^2)}{3b(1-\alpha)(2-3\alpha)}$
μ_m^*	$\dfrac{a^2(1-\alpha)^2}{2b(4-5\alpha)^2}$	$\dfrac{(a-c)^2(1-\alpha)^2}{2b(2-3\alpha)}$	$\dfrac{3a^2(1-\alpha)^2 - 6ac(1-\alpha) + c^2(7-18\alpha+12\alpha^2)}{6b(2-3\alpha)}$
π_m^*	$\dfrac{a^2(1-\alpha)^2(2-3\alpha)}{b(4-5\alpha)^2}$	$\dfrac{(a-c)^2(1-\alpha)^2(1-2\alpha)}{b(2-3\alpha)^2}$	$\dfrac{3(1-\alpha)(3a^2(1-3\alpha+2\alpha^2)+ac(6-16\alpha+9\alpha^2))+c^2(21-86\alpha+117\alpha^2-54\alpha^3)}{9b(2-3\alpha)^2(1-\alpha)}$
π_r^*	$\dfrac{a^2(1-\alpha)^2}{b(4-5\alpha)^2}$	—	$\dfrac{c^2(2-3\alpha)}{9b(1-\alpha)}$
cs^*	$\dfrac{a^2(1-\alpha)^2}{2b(4-5\alpha)^2}$	$\dfrac{(a-c)^2(1-\alpha)^2(3-5\alpha)}{2b(2-3\alpha)^2}$	$\dfrac{(c-3a(1-\alpha))^2}{18b(2-3\alpha)^2}$
sw^*	$\dfrac{a^2(1-\alpha)^2(7-9\alpha)}{2b(4-5\alpha)^2}$	$\dfrac{(a-c)^2(1-\alpha)^2(3-5\alpha)}{2b(2-3\alpha)^2}$	$\dfrac{9a^2(1-\alpha)^2(3-5\alpha) - 6ac(7-24\alpha+26\alpha^2-9\alpha^3) + c^2(59-245\alpha+342\alpha^2-162\alpha^3)}{18b(1-\alpha)(2-3\alpha)^2}$

(2) 阈值 $\bar{c}_6(\alpha)$ 随 α 递增。

证明：比较情境 R 和情境 D 下的结果。对于第（1）部分，$\dfrac{d(\mu_m^R - \mu_m^D)}{dc} = \dfrac{(a-c)(1-\alpha)^2}{b(2-3\alpha)} > 0$，并且，如果 $c = \bar{c}_6(\alpha)$，则 $\mu_m^R = \mu_m^D$。因此，如果 $c < \bar{c}_6(\alpha)$，可以得到 $\mu_m^R < \mu_m^D$。对于第（2）部分，可以得到 $\dfrac{d\bar{c}_6(\alpha)}{d\alpha} = \dfrac{\alpha}{(4-5\alpha)\sqrt{(2-3\alpha)(4-5\alpha)}} > 0$。证毕。

引理 4.8 在一般双重目标函数下，当 $0 < \alpha < \dfrac{1}{2}$ 时，比较与情境 D 和情境 R 相关的制造商利润，可以得到：

（1）存在一个阈值 $\bar{c}_7(\alpha)$，使得如果 $c < \bar{c}_7(\alpha)$，则情境 D 下制造商利润高于情境 R 下，否则，情境 D 下的制造商利润更低，其中，$\bar{c}_7(\alpha) = \left(1 - \dfrac{2-3\alpha}{4-5\alpha}\sqrt{\dfrac{2-3\alpha}{1-2\alpha}}\right)a$；

（2）阈值 $\bar{c}_7(\alpha)$ 随 α 递减；

（3）假设 $c = 0$。如果 $\alpha > \dfrac{14 - 2\sqrt{3}}{23}$，则在情境 R 下制造商产生更高的利润。

证明：对于第（1）部分，有 $\dfrac{d(\pi_m^R - \pi_m^D)}{dc} = \dfrac{2(a-c)(1-\alpha)(1-2\alpha)}{b(2-3\alpha)}$。能够证明，当 $\alpha < \dfrac{1}{2}$ 时，$\dfrac{d(\pi_m^R - \pi_m^D)}{dc} > 0$。求解 $\pi_m^R = \pi_m^D$，可得 $c = \bar{c}_7(\alpha) = \left(1 - \dfrac{2-3\alpha}{4-5\alpha}\sqrt{\dfrac{2-3\alpha}{1-2\alpha}}\right)a$。因此，如果 $c < \bar{c}_7(\alpha)$，则 $\pi_m^R - \pi_m^D < 0$。对于第（2）部分，$\dfrac{d\bar{c}_7(\alpha)}{d\alpha} = -\dfrac{3\alpha a\sqrt{2-3\alpha}}{2(1-2\alpha)(4-5\alpha)\sqrt{1-2\alpha}} < 0$。最后，易得 $\bar{c}_6(\alpha) > \bar{c}_7(\alpha)$。证毕。

命题 4.12 和引理 4.8 表明，在一般双重目标函数下的单渠道对比表现出与基础模型相似的结果。此处不再重复解释。研究发现，当代入 $\eta = \dfrac{\alpha}{1-\alpha}$ 作为制造商对消费者的关注参数时，结果（临界阈值）与基础模型等效。例如，在基础模型中，当 $c < c_1(\eta) = \left(1 - \sqrt{\dfrac{2-\eta}{4-\eta}}\right)a$ 时，制造商更喜欢情境 D 而不是情境 R。当将 $\eta = \dfrac{\alpha}{1-\alpha}$ 代入 $\bar{c}_6(\alpha)$ 时，可以证明 $c_1(\eta) = \bar{c}_6(\alpha)$。

下面进行混合渠道分析，并得到以下引理和命题。

引理 4.9 在一般双重目标函数下，当 $0 < \alpha < \dfrac{1}{2}$ 时，在情境 H 中，如果 $\alpha \in \left[\dfrac{1}{3}, \dfrac{1}{2}\right)$，随着成本劣势的增加，制造商将提高批发价格。

证明：从表 4.7 可得，当 $\alpha > \dfrac{1}{3}$ 时，$\dfrac{dw^H}{dc} = -\dfrac{1-3\alpha}{3(2-3\eta)}$，且 $\dfrac{dw^H}{dc} > 0$。证毕。

命题 4.13 在一般双重目标函数下，当 $0 < \alpha < \dfrac{1}{2}$ 时，比较与情境 H 和情境 R 相关的制造商效用，可以得到：

(1) 当 $\alpha \in \left[0, \dfrac{1}{3}\right)$ 时，制造商的效用在情境 H 下总是较高；

(2) 当 $\alpha \in \left[\dfrac{1}{3}, \dfrac{1}{2}\right)$ 时，存在阈值 $\bar{c}_8(\alpha)$ 和 $\bar{c}_9(\alpha)$，且 $\bar{c}_8(\alpha) < \bar{c}_9(\alpha)$，使得如果 $\bar{c}_8(\alpha) < c < \bar{c}_9(\alpha)$，则制造商的效用在情境 R 下更高，否则更低，其中，$\bar{c}_8(\alpha) = \dfrac{(3(1-\alpha)^2(4-5\alpha) - \sqrt{3(1-\alpha)^3(3\alpha-1)(2-3\alpha)(4-5\alpha)})a}{(7-18\alpha+12\alpha^2)(4-5\alpha)}$，$\bar{c}_9(\alpha) = \dfrac{(3(1-\alpha)^2(4-5\alpha) + \sqrt{3(1-\alpha)^3(3\alpha-1)(2-3\alpha)(4-5\alpha)})a}{(7-18\alpha+12\alpha^2)(4-5\alpha)}$。

证明：通过比较制造商在情境 H 和情境 R 下的效用，可得 $\dfrac{\partial^2(\mu_m^H - \mu_m^R)}{\partial c^2} = \dfrac{7-18\alpha+12\alpha^2}{3b(2-3\alpha)} > 0$，说明 $\mu_m^H - \mu_m^R$ 在 c 中是下凸的。求解 $\mu_m^H - \mu_m^R = 0$ 得到两个根 $\bar{c}_8(\alpha)$ 和 $\bar{c}_9(\alpha)$，其中，$\bar{c}_8(\alpha) < \bar{c}_9(\alpha)$；$\bar{c}_8(\alpha) = \dfrac{(3(1-\alpha)^2(4-5\alpha) - \sqrt{3(1-\alpha)^3(3\alpha-1)(2-3\alpha)(4-5\alpha)})a}{(7-18\alpha+12\alpha^2)(4-5\alpha)}$；$\bar{c}_9(\alpha) = \dfrac{(3(1-\alpha)^2(4-5\alpha) + \sqrt{3(1-\alpha)^3(3\alpha-1)(2-3\alpha)(4-5\alpha)})a}{(7-18\alpha+12\alpha^2)(4-5\alpha)}$。

与基本模型相似,很容易证明 $\mu_m^H - \mu_m^R = 0$ 具有唯一的顶点 (c_e, α_e),这也是 $\bar{c}_8(\alpha)$ 和 $\bar{c}_9(\alpha)$ 的交点,其中,$\alpha_e = \frac{1}{3}$。因此,如果 $\alpha < \alpha_e$,可得 $\mu_m^H - \mu_m^R > 0$;如果 $\bar{c}_8(\alpha) < c < \bar{c}_9(\alpha)$,则 $\mu_m^H - \mu_m^R < 0$,其中隐含的要求 $\alpha > \alpha_e$。证毕。

命题 4.14 在一般双重目标函数下,当 $0 < \alpha < \frac{1}{2}$ 时,比较情境 H 和情境 D,可以得到以下结果:

(1) 制造商的效用在情境 H 下总是更高;

(2) 如果 $c < \frac{3\alpha(1-\alpha)a}{2(3 - 8\alpha + 6\alpha^2)}$,则制造商的利润在情境 H 下更低,否则更高。

证明:在 $\alpha < \frac{1}{2}$ 的范围内,比较情境 H 和情境 D 下的效用和利润。对于第(1)部分,如果 $\alpha < \frac{1}{2}$,可以验证 $\mu_m^H - \mu_m^D = \frac{c^2(2 - 3\alpha)}{6b}$,且 $\mu_m^H - \mu_m^D > 0$。对于第(2)部分,如果 $c < \frac{3\alpha(1-\alpha)a}{2(3 - 8\alpha + 6\alpha^2)}$,则 $\pi_m^H - \pi_m^D < 0$。需注意,如果 $c < \frac{3(1-\alpha)^2 a}{5 - 13\alpha + 9\alpha^2}$,且 $\frac{3\alpha(1-\alpha)a}{2(3 - 8\alpha + 6\alpha^2)} < \frac{3(1-\alpha)^2 a}{5 - 13\alpha + 9\alpha^2}$,则制造商通过直销渠道的销售量为正。证毕。

总的来说,与基础模型相比,在一般双重目标模型下的混合渠道分析也表现出相似的模式。图 4.11 中总结了上述渠道的比较。后文比较了盈亏比,并表明情境 R 的盈亏比最高,而情境 H 最低,这在以下命题中说明。

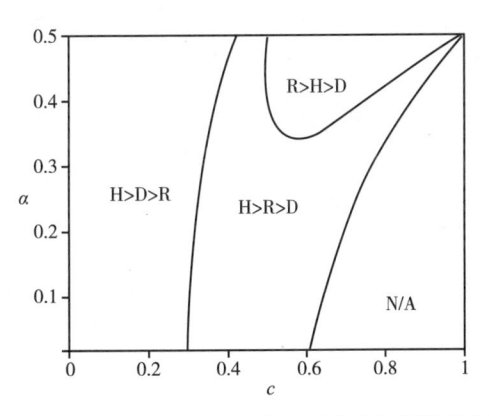

图 4.11 一般双重目标函数下制造商的渠道偏好

命题 4.15 （1）在一般双重目标函数下，当 $0 < \alpha < \frac{1}{2}$ 时，三种情境下的盈亏比为：

$$\theta^R = \frac{8-9\alpha}{4\alpha},\ \theta^D = \frac{4-5\alpha}{2\alpha},$$

$$\theta^H = \frac{3(a-c)(1-\alpha)(c(4-3\alpha)-3\alpha(4-5\alpha))}{2(c^2(27\alpha-8-27\alpha^2)-9a^2(1-\alpha)-6ac(4-13\alpha+9\alpha^2))};$$

（2）盈亏比满足 $\theta^R > \theta^D > \theta^H$。

证明：通过应用盈亏比的定义，首先推导出了三种情境下各自的盈亏比。

在情境 R 下，$\theta^R = -\dfrac{cs^R(\alpha) - cs^R(0)}{\pi_m^R(\alpha) - \pi_m^R(0)} = \left[\dfrac{a^2(1-\alpha)^2}{2b(4-5\alpha)^2} - \dfrac{a^2}{32b}\right] \Big/ \left[\dfrac{a^2(1-\alpha)(2-3\alpha)}{b(4-5\alpha)^2} - \dfrac{2a^2}{16b}\right] = \dfrac{8-9\alpha}{4\alpha}$。

在情境 D 下，$\theta^D = -\dfrac{cs^D(\alpha) - cs^D(0)}{\pi_m^D(\alpha) - \pi_m^D(0)} = \left[\dfrac{(a-c)^2(1-\alpha)^2}{2b(2-3\alpha)} - \dfrac{(a-c)^2}{8b}\right] \Big/ \left[\dfrac{(a-c)^2(1-\alpha)^2}{2b(2-3\alpha)} - \dfrac{(a-c)^2}{4b}\right] = \dfrac{4-5\alpha}{2\alpha}$。

在情境 H 下，$\theta^H = -\dfrac{cs^H(\alpha) - cs^H(0)}{\pi_m^H(\alpha) - \pi_m^H(0)} = \left[\dfrac{(c-3a(1-\alpha))^2}{18b(2-3\alpha)^2} - \dfrac{(c-3a)^2}{72b}\right] \Big/ \left[\dfrac{3(1-\alpha)(3a^2(1-3\alpha+2\alpha^2)+ac(6-16\alpha+9\alpha^2))+c^2(21-86\alpha+117\alpha^2-54\alpha^3)}{9b(2-3\alpha)^2(1-\alpha)} - \dfrac{3a^2-6ac+7c^2}{12b}\right] = \dfrac{3(a-c)(1-\alpha)(c(4-3\alpha)-3\alpha(4-5\alpha))}{2(c^2(27\alpha-8-27\alpha^2)-9a^2(1-\alpha)-6ac(4-13\alpha+9\alpha^2))}$。

然后，在 $\alpha \in \left[0, \dfrac{1}{2}\right)$ 的范围内比较了三种情境下的盈亏比。可以得到 $\theta^R - \theta^D = \dfrac{1}{4} > 0$。此外，容易验证

$$\dfrac{12a^2(2-3\alpha)(1-\alpha)(c^2(7-9\alpha)-9a^2(1-\alpha)-6ac(1-2\alpha))}{(9a^2(1-\alpha)\alpha+c^2(8-27\alpha+27\alpha^2)+6ac(4-13\alpha+9\alpha^2))^2}$$

和 $(\theta^H - \theta^D)\big|_{c=0} = 0$。

因此，得到 $\theta^H - \theta^D < 0$。证毕。

4.5 价格竞争与追求双重目标的零售商

4.5.1 价格竞争

本节探讨了制造商和零售商充当数量接受者并在价格（而不是数量）上竞争的情况。在情境 R 中，需求函数为 $q_r = a - p_r$。零售商在制造商决定批发价 w 后，选择零售价格 p_r。制造商和零售商的最优化问题由式（4.27）和式（4.28）给出：

$$\max_{w} \mu_m = w(a - p_r) + \frac{\eta(a - p_r)^2}{2} \tag{4.27}$$

$$\max_{p_r} \pi_r = p_r(a - p_r) - w(a - p_r) \tag{4.28}$$

在情境 D 中，需求函数为 $q_m = a - p_m$。制造商选择直销价格 p_m 来解决最大化问题，如式（4.29）所示：

$$\max_{p_m} \mu_m = p_m(a - p_m) - c(a - p_m) + \frac{\eta(a - p_m)^2}{2} \tag{4.29}$$

在情境 H 中，需求函数为 $p_i = a - q_i - \phi q_j$，其中，$i, j = m, r$ 和 $i \neq j$。参数 $\phi \in (0,1)$ 表示产品的差异化水平。当 ϕ 更接近于 0 时，两个渠道中的产品差异化程度越大。本节用价格 (p_i, q_j) 表示情境 H 下的需求函数为 $q_i = \frac{(1-\phi)a - p_i + \phi p_j}{1 - \phi^2}$。因此，通过逆向归纳，在给定它的批发价格和零售商转售价格的情况下，制造商通过求解其最大化问题来确定它的直销价格 $p_m(w, p_r)$：

$$\max_{p_m} \mu_m = \frac{(p_m - c)[(1-\phi)a - p_m + \phi p_r]}{1 - \phi^2} + \frac{w[(1-\phi)a - p_r + \phi p_m]}{1 - \phi^2}$$

$$+ \frac{\eta(2a - (p_m + p_r))^2}{2(1 + \phi)^2} \tag{4.30}$$

给定批发价并预期制造商的直销价格，零售商通过求解最大化问题来确定转售价格 $p_r(w)$：

$$\max_{p_r} \pi_r = \frac{p_r[(1-\phi)a - p_r + \phi p_m(p_r, w)]}{1-\phi^2} - \frac{w[(1-\phi)a - p_r + \phi p_m(p_r, w)]}{1-\phi^2}$$

(4.31)

预期零售商的转售价格和制造商自己的直销价格，制造商通过求解最大化问题来确定批发价格 w：

$$\max_{w} \mu_m = \frac{(p_m(w) - c)[(1-\phi)a - p_m(w) + \phi p_r(w)]}{1-\phi^2} + \frac{w[(1-\phi)a - p_r(w) + \phi p_m(w)]}{1-\phi^2} + \frac{\eta(2a - (p_m + p_r))^2}{2(1+\phi)^2}$$

(4.32)

表4.8中总结了均衡结果。接下来，从单渠道分析开始，研究价格竞争对制造商渠道偏好的影响。表4.8表明，与基本模型相比，情境 R 和情境 D 下的均衡结果保持不变。因此，效用和利润的比较结果同基础模型，此处省略。

在情境 H 中，研究结果表明价格竞争改变了均衡结果。然而，在均衡的情况下，显然，制造商对消费者剩余的关注仍然导致其降低批发价格，同时增加直销数量。随着销售劣势的增加，制造商减少了直销数量；而零售商增加了订单数量。此外，批发价格仍可能随着销售成本的增加而增加，如命题 4.16 所总结的那样。

命题 4.16 在价格竞争下的情境 H 中，随着直销劣势的增加，如果 $\eta \in [\hat{\eta}_1, 1)$，制造商将会提高批发价，否则降低批发价格，其中，$\hat{\eta}_1 = \dfrac{4(4 - 3\phi - 2\phi^2 + \phi^3)O + 2\sqrt[3]{4}(1-\phi)^2(8 + 4\phi - 2\phi^2 - 7\phi^3 + 2\phi^4) + 2\sqrt[3]{2}O^2}{12(1-\phi)^2 O}$。

第4章 考虑企业双重目标的分销渠道选择策略

表 4.8 价格竞争下的均衡结果

	情境 R	情境 D	情境 H
w^*	$\dfrac{a(2-\eta)}{4-\eta}$	—	$\dfrac{2(1+\phi)(a(8+\phi^2(\phi-6))-c\phi^3)+\eta(c(\phi(2-\phi)^2+8)-a(\phi(7\phi^2+\phi-36)+4)+40)}{L}$ $+\dfrac{(1-\phi)\eta^2[2c(\phi^2-\phi-4)+a(28+\phi(2-11\phi))-2(3a-c)(1-\phi)\eta]}{L}$
q_r^*	$\dfrac{a}{4-\eta}$	—	$\dfrac{(2a(1-\phi)+c(2\phi-\eta))((2-\eta))^2-\phi^3\eta+2\phi(2-\eta)-\phi^2(2-\eta-\eta^2))}{(1-\phi)L}$
q_m^*	—	$\dfrac{a-c}{2-\eta}$	$\dfrac{a(1-\phi)(16+2\phi(2-5\phi+\phi^3)-(1-\phi)\eta((2-\phi)(8+5\phi)+4(1-\phi)\eta))}{(1-\phi)L}-$ $\dfrac{c(\phi^3(2\phi-7\eta)-\phi^2(2+\eta)(7-7\eta+\eta^2)+(2-\eta)((4-\eta)(2-\eta)+\phi\eta(9-2\eta))}{(1-\phi)L}$
μ_m^*	$\dfrac{a^2}{8-2\eta}$	$\dfrac{(a-c)^2}{2(2-\eta)}$	$\dfrac{M}{2(1-\phi)L}$
π_m^*	$\dfrac{a^2(a-\eta)}{(4-\eta)^2}$	$\dfrac{(a-c)^2(1-\eta)}{(2-\eta^2)}$	$\dfrac{N}{(1-\phi)L}$
π_r^*	$\dfrac{a^2}{(4-\eta)^2}$	—	$\dfrac{(2-(1-\phi)\eta^2)(2-\phi^2-\eta+\phi\eta)(2-\eta+\phi(2+\eta))(2a(1-\phi)-c(2\phi-\eta))^2}{(1-\phi)L^2}$
cs^*	$\dfrac{a^2\eta}{2(4-\eta)^2}$	$\dfrac{(a-c)^2}{2(2-\eta)^2}$	$\dfrac{a(24+2\phi(2-7\phi+\phi^3)-(2-\phi)(1-\phi)(12+7\phi)\eta+6(1-\phi)^2\eta^2}{2L^2}$ $\dfrac{-c(4(2-\eta)^2-2\phi^3(1+\eta)-\phi^3(3+\eta)(2-3\eta)+\phi(2-\eta)(4+7\eta))}{2L^2}$

续表

	情境 R	情境 D	情境 H
sw^*	$\dfrac{a^2(2a-\eta)+2a^2}{2(4-\eta^2)}$	$\dfrac{(a-c)^2[2(1-\eta)(2-\eta)^2+2-\eta^2]}{2(2-\eta)^2(2-\eta^2)}$	$\dfrac{a(24+2\phi(2-7\phi+\phi^3)-(2-\phi)(1-\phi)(12+7\phi)\eta+6(1-\phi)^2\eta^2)}{2L^2}$ $-\dfrac{c(4(2-\eta)^2-2\phi^3(1+\eta)-\phi^3(3+\eta)(2-3\eta)+\phi(2-\eta)(4+7\eta))}{2L^2}+$ $\dfrac{(2-(1-\phi)\eta^2)(2-\phi^2-\eta+\phi\eta)(2-\eta+\phi(2+\eta))(2a(1-\phi)-c(2\phi-1))^2}{(1-\phi)L^2}+\dfrac{N}{(1-\phi)L}$

注：$L = (4\phi^5 + \phi^4(4-12\eta) - \phi^3(20-13\eta) - \phi^2(20-52\eta+13\eta^2 + 6\eta^3) + 4\phi(8-8\eta^2+3\eta^3) + 2(2-\eta)^2(4-3\eta)$；$M = (2ac(1-\phi)(2\phi^4+4(2-\eta)^2-\phi^3(2+5\eta)+\phi(8+12\eta-8\eta^2)+\phi^2(-10+9\eta+4\eta^2))-a^2(1-\phi)(4\phi^4+6(-2+\eta)^2-\phi^3(2+9\eta)+\phi(8+20\eta-12\eta^2)+\phi^2(-18+13\eta+6\eta^2))-$
$c^2(4\phi^4+(4-\eta)(2-\eta)^2-10\phi^3\eta+2\phi\eta(10-7\eta+\eta^3)-\phi^2(18-9\eta-6\eta^2+\eta^3)))$；$N = a^2(-1+\phi)(8\phi^9+\phi^8(4-44\eta)-12(-2+\eta)^4(-2+3\eta)+\phi^6(40-396\eta+147\eta^2+143\eta^3)-$
$3\eta)+16\phi(-2+\eta)^3(-4-3\eta+9\eta^2)+2\phi^7(-40+10\eta+53\eta^3)-4\phi^2(-2+\eta)^2(25-114\eta+27\eta^2+54\eta^3)-\phi^5(40-396\eta+147\eta^2+143\eta^3)+$
$4\phi^5(82-39\eta-184\eta^2+83\eta^3+27\eta^4)+\phi^4(180-1392\eta+1021\eta^2+525\eta^3-348\eta^4-36\eta^5)+2\phi^3(-320+212\eta+864\eta^2-817\eta^3+42\eta^4+72\eta^5)-$
$ac(-1+\phi)(8\phi^9-44\phi^8\eta-16(-2+\eta)^3(-2+3\eta)+\phi^5(400-340\eta-740\eta^2+407\eta^3+115\eta^4)-2\phi^4(-52+788\eta-705\eta^2-240\eta^3+206\eta^4+21\eta^5)+\phi^3(-864+920\eta-$
$1756\eta^2-2006\eta^3+155\eta^4+174\eta^5))+c^2(-8\phi^9+\phi^8(-8+44\eta)+\phi^7(76-102\eta^2)-(-2+\eta)^4(16-24\eta+3\eta^2)+2\phi(-2+\eta)^3(16+24\eta-51\eta^2+6\eta^3)+$
$\phi^6(-380+102\eta^2+133\eta^3)-\phi^2(-2+\eta)^2(-112+332\eta-47\eta^2+18\eta^4)+\phi^5(-276+709\eta^2-264\eta^3+18\eta^4)+\phi^5(-276+709\eta^2-264\eta^3+18\eta^4)+\phi^4(-276+1248\eta-$
$705\eta^2-529\eta^3+299\eta^4+24\eta^5-3\eta^6)+4\phi^3(112-410\eta^2+329\eta^3-15\eta^4-33\eta^5+3\eta^6))$。

证明：由表 4.8，可得

$$\frac{dw}{dc} = \frac{2(2-\eta)^2\eta - 2\phi^4 - \phi^3(2-\eta+2\eta^2) - 2\phi^2\eta(2-2\eta+\eta^2) + 2\phi\eta(2+3\eta-2\eta^2)}{L}$$

当 $\eta > \hat{\eta}_1$ 时，$\frac{dw}{dc} > 0$，其中，

$$\hat{\eta}_1 = \frac{4(4-3\phi-2\phi^2+\phi^3)R + 2\sqrt[3]{4}(1-\phi)^2(8+4\phi-2\phi^2-7\phi^3+2\phi^4) + 2\sqrt[3]{2}O^2}{12(1-\phi)^2 O};$$

$$O = \big[-32+72\phi+12\phi^2-150\phi^3+129\phi^4-48\phi^5+70\phi^6-78\phi^7+21\phi^8+4\phi^9+3\phi(1-\phi)^3\sqrt{3(16\phi^9+23\phi^8+32\phi^7+35\phi^6-60\phi^5-60\phi^4+32\phi^4+144\phi^2+64\phi-64)}\big]^{\frac{1}{3}}。$$

证毕。

命题 4.16 指出，当制造商高度依赖消费者时，制造商会随着直销成本的增加而提高批发价格。需注意，与基本模型相比，在价格竞争下，η 范围的下限变得更小。例如，如果 $\phi = 0.4$，则 $\hat{\eta}_1 = 0.02$；如果 $\phi = 0.9$，则 $\hat{\eta}_1 = 0.31$。在基本模型中，下限为 $\frac{1}{2}$。本书认为，与数量竞争相比，价格竞争带来了更激烈的零售竞争。首先，竞争的加剧会放大直销的劣势，这促使制造商通过提高批发价格来限制订单数量。其次，竞争的加剧使零售商对批发价格不太敏感 $\left(即 \frac{dq_r}{dw} < 0 \text{ 和 } \frac{[dq_r/dw]}{d\phi} > 0\right)$。因此，价格竞争增强了制造商在 c 增加的情况下提高批发价格的动机，并且与基本模型相比，η 的下限变得更小。

上述研究结果还表明，价格竞争可以缓解混合渠道与双重目标之间的干扰导致的批发价格下降。不难发现，适度的批发降价对所有人都有利，因为它可以缓解双重边际化效应。因此，在价格竞争下，混合渠道结构可能会变得更具吸引力。首先通过比较制造商在情境 H 和情境 R 下的效用来确认这一点，如命题 4.17 所总结的那样。

命题 4.17 在价格竞争下，比较与情境 H 和情境 R 相关的制造商效用，发现存在阈值 $\hat{c}_1(\eta)$ 和 $\hat{c}_2(\eta)$，且 $\hat{c}_1(\eta) < \hat{c}_2(\eta)$。因此在情境 R 下，如果 $\hat{c}_1(\eta) < c < \min\{\hat{c}_2(\eta), a\}$，制造商的效用较高，否则制造商的效用较低，其中，$\hat{c}_1(\eta) = (1-\phi)\big[a(2\phi^4 + 4(2-\eta)^2 - \phi^3(2+5\eta) + \phi(8+12\eta-8\eta^2) - \phi(10-9\eta-4\eta^2)) +$

$$bL\sqrt{\frac{a^2\phi(\phi^3\eta+2(2-\eta)\eta-2\phi^2\eta(1+\eta)+\phi(2+3\eta-4\eta^2))}{b^2(-1+\phi)P}}\Big]/(4\phi^4-(-4+\eta)(-2\eta)^2-10\phi^3\eta+2\phi\eta(10-7\eta+\eta^2)-\phi^2(18-9\eta-6\eta^2+\eta^3));\hat{c}_2(\eta)=\frac{a(1-\phi)(2\phi^4+4(2-\eta)^2-5\phi^4\eta+\phi(4+14\eta-8\eta^2)+\phi^2(4\eta^2+7\eta-10))}{2\phi^4+(4-\eta)(2-\eta)^2-7\phi^3\eta+\phi\eta(18-13\eta+2\eta^2)-\phi^2(14-7\eta-5\eta^2+\eta^3)}$$

证明：通过比较制造商在情境 H 和情境 R 下的效用，可得 $\frac{\partial^2(\mu_m^H-\mu_m^R)}{\partial c^2}=\frac{4\phi^4+(4-\eta)(2-\eta)^2-10\phi^3\eta+2\phi\eta(10-7\eta+\eta^2)-\phi^2(18-9\eta-6\eta^2+\eta^3)}{b(1-\phi)L}>0$，说明 $\mu_m^H-\mu_m^R$ 关于 c 是下凸的。求解 $\mu_m^H-\mu_m^R=0$ 得到 $\hat{c}_1(\eta)$，其中，$\hat{c}_1(\eta)=(1-\phi)\Big[a(2\phi^4+4(2-\eta)^2-\phi^3(2+5\eta)+\phi(8+12\eta-8\eta^2)-\phi^2(10-9\eta-4\eta^2))+bL\sqrt{\frac{a^2\phi(\phi^3\eta+2(2-\eta)\eta-2\phi^2\eta(1+\eta)+\phi(2+3\eta-4\eta^2))}{b^2(-1+\phi)P}}\Big]/(4\phi^4-(-4+\eta)(-2\eta)^2-10\phi^3\eta+2\phi\eta(10-7\eta+\eta^2)-\phi^2(18-9\eta-6\eta^2+\eta^3))$；$P=(4\phi^5-(-4+\eta)-2(-2+\eta)^2(16-16\eta+3\eta^2)-4\phi^4(4-13\eta+3\eta^2)+\phi^3(80-20\eta-52\eta^2+13\eta^3)+\phi^2(80-228\eta+104\eta^2+11\eta^3-6\eta^4)+4\phi(-32+8\eta+32\eta^2-20\eta^3+3\eta^4)))$。注意到制造商需要通过直接渠道销售正的产品，即 $c<\hat{c}_2(\eta)=\frac{a(1-\phi)(2\phi^4+4(2-\eta)^2-5\phi^4\eta+\phi(4+14\eta-8\eta^2)+\phi^2(4\eta^2+7\eta-10))}{2\phi^4+(4-\eta)(2-\eta)^2-7\phi^3\eta+\phi\eta(18-13\eta+2\eta^2)-\phi^2(14-7\eta-5\eta^2+\eta^3)}$。因此，当 $\hat{c}_1(\eta)<c<\min\{\hat{c}_2(\eta),a\}$ 时，可以得到 $\mu_m^H-\mu_m^R<0$。证毕。

命题 4.17 显示，当销售成本较高时，制造商可能仍更喜欢情境 R 而不是情境 H。然而，如图 4.12 所示，在价格竞争下，制造商更喜欢情境 R 而不是情境 H 的区域变得更小。特别是，当竞争系数高时，该区域将消失（如图 4.12 中的 $\phi=0.6$）。此外，由于价格竞争与混合渠道和双重目标之间的干扰方向相反，在情境 H 中，制造商可以在提高消费者剩余的同时获利，后文称为"善报"并在注 4.1 中对此进行讨论。

接下来，将情境 H 与情境 D 进行比较，以探讨制造商在与零售商进行价格竞争时，是否有动力在给定情境 D 的情况下增加转售渠道。结果在命题 4.18 中得到确立。

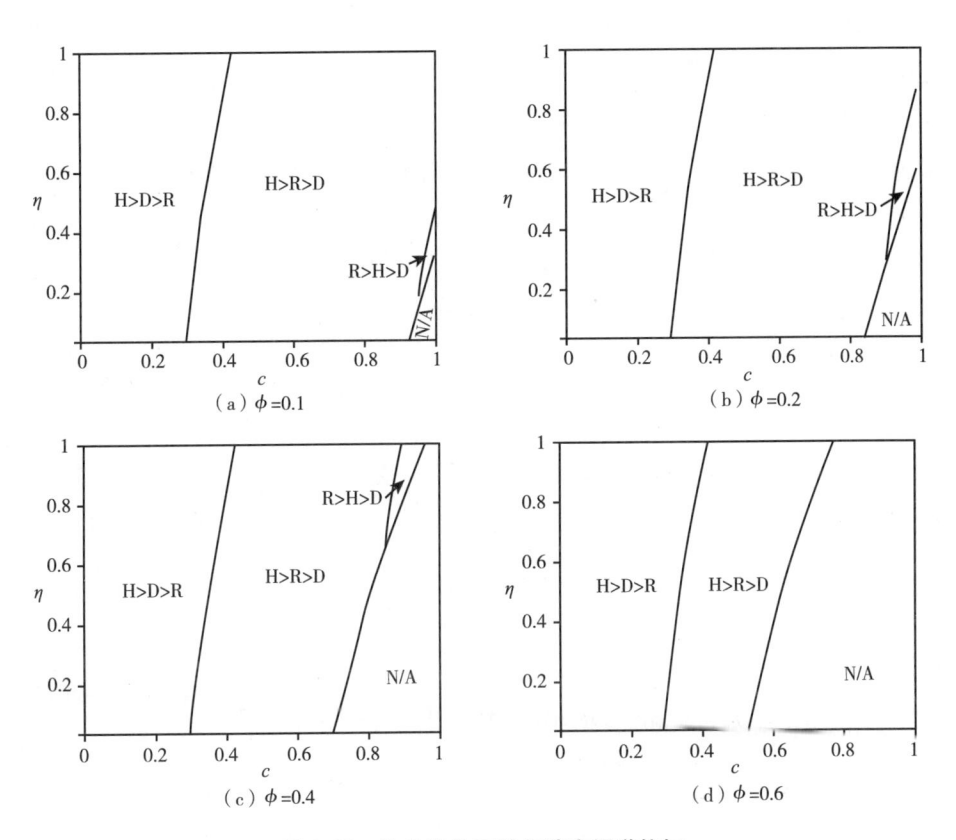

第4章 考虑企业双重目标的分销渠道选择策略

图 4.12 价格竞争下的制造商渠道偏好

命题 4.18 在价格竞争下,将情境 H 与情境 D 进行比较,可以得到以下结果:

(1) 在情境 H 下,制造商效用更高;

(2) 如果 $c < \hat{c}_3(\eta)$,情境 H 下的制造商利润更低,否则情境 H 下的制造商利润更高,其中,$\hat{c}_3(\eta)$ 是 $\pi_m^H - \pi_m^D = 0$ 的唯一解。

证明:对于第 (1) 部分,可得 $\mu_m^H - \mu_m^D =$
$$\frac{(2-\phi^2-\eta+\phi\eta)^2[2a(1-\phi)+c(2\phi-\eta)]^2}{2b(1-\phi)(2-\eta)L} > 0$$
。对于第 (2) 部分,研究比较了情境 H 和情境 D 下制造商利润。推导过程是常规的。对于 (0, 1) 中的每一个 η 值,如果 $c < \hat{c}_3(\eta)$,可以验证 $\pi_m^H - \pi_m^D < 0$。证毕。

命题 4.18 显示,在价格竞争下,制造商仍然始终倾向于情境 H 而不是情境 D,图 4.12 也说明了这一点。价格竞争可以减轻由双重目标和混合渠道结构之间的干扰造成的价格和数量扭曲。因此,在情境 H 下,制造商仍然可以获得更多的利润,特别注意,这里的利润比较在计算上是棘手的。但是,可以使用数值分析来验证阈值的存在。具体来说,研究比较了每个给定 ϕ 值的均衡利润。后文通过从范围 $(0,1)$ 中取 9 个 ϕ 值来检查此结果。例如,令 $\phi = 0.4$,如果 $c < \hat{c}_3(\eta) = -(3.37(37.47 - 63.17\eta + 38.84\eta^2 - 10.31\eta^3 + \eta^4)^2(-105.21a(2-\eta)^2 + 248.22a(2-\eta)^2\eta - 203.53a(2-\eta)^2\eta^2 + 77.57a(2-\eta)^2\eta^3 - 14.14a(2-\eta)^2\eta^4 + a(2-\eta)^2\eta^5 + 1.39ab(18.73 - 22.22\eta + 8.31\eta^2 - \eta^3)^2 - 1.39ab\eta(18.73 - 22.22\eta + 8.31\eta^2 - \eta^3)^2 - 0.69b(37.47 - 63.17\eta + 38.84\eta^2 - 10.31\eta^3 + \eta^4)^2 \sqrt{R}))/((80.93 - 136.44\eta + 83.89\eta^2 - 22.27\eta^3 + 2.16\eta^4)^2(382.25 - 1299.97\eta + 1834.93\eta^2 - 1418.76\eta^3 + 661.67\eta^4 - 191.51\eta^5 + 33.71\eta^6 - 3.31\eta^7 + 0.14\eta^8 + b(-350.93 + 1183.28\eta - 1637.31\eta^2 + 1211.70\eta^3 - 520.26\eta^4 + 130.13\eta^5 - 17.62\eta^6 + \eta^7))$,可得 $\pi_m^H - \pi_m^D < 0$,其中,$R = [a^2(-274773.73 + 1.86 \times 10^6\eta - 5.79 \times 10^6\eta^2 + 1.20 \times 10^7\eta^3 - 1.43 \times 10^7\eta^4 + 1.34 \times 10^7\eta^5 - 9.47 \times 10^6\eta^6 + 5.10 \times 10^6\eta^7 - 2.12 \times 10^6\eta^8 + 676967.89\eta^9 - 165651.57\eta^{10} + 30461.84\eta^{11} - 4076.52\eta^{12} + 374.92\eta^{13} - 21.20\eta^{14} + 0.56\eta^{15} + b^2(5.82 \times 10^{-11} + 1.86 \times 10^{-9}\eta^2 + 3.73 \times 10^{-9}\eta^5 + 4.66 \times 10^{-10}\eta^8 + 1.16 \times 10^{-10}\eta^9 + 3.64 \times 10^{-12}\eta^{11} - 4.55 \times 10^{-13}\eta^{12}) + b(274773.73 - 1.86 \times 10^6\eta + 5.80 \times 10^6\eta^2 - 1.10 \times 10^7\eta^3 + 1.43 \times 10^7\eta^4 - 1.35 \times 10^7\eta^5 + 9.55 \times 10^6\eta^6 - 5.15 \times 10^6\eta^7 + 2.14 \times 10^6\eta^8 - 683656.40\eta^9 + 167165.02\eta^{10} - 30703.80\eta^{11} + 4102.47\eta^{12} - 376.60\eta^{13} + 21.25\eta^{14} - 0.56\eta^{15}))]/[b^2(37.47 - 63.17\eta + 38.84\eta^2 - 10.31\eta^3 + \eta^4)^4]$。

最后,通过应用盈亏比的定义,分析了三种情境的转换效率。

命题 4.19 (1) 情境 R、情境 D 和情境 H 下的盈亏比如下:

$$\theta^R = \frac{8-\eta}{2\eta}, \theta^D = \frac{4-\eta}{2\eta} \text{ 和 } \theta^H = \frac{S}{T};$$

(2) 如果 $c < \hat{c}_4(\eta)$,则盈亏比满足 $\theta^H > \theta^R > \theta^D$,如果 $\hat{c}_4(\eta) < c < \min\{\hat{c}_5(\eta), \hat{c}_2(\eta), a\}$,则 $\theta^R > \theta^H > \theta^D$,否则 $\theta^R > \theta^D > \theta^H$,其中,$\hat{c}_4(\eta)$ 是 $\theta^H = \theta^R$ 的唯一解,$\hat{c}_5(\eta)$ 是 $\theta^H = \theta^D$ 的唯一解。

证明:应用盈亏比的定义,可以得到三种情境下的盈亏比。

第4章 考虑企业双重目标的分销渠道选择策略

在情境 R 中，$\theta^R = -\dfrac{cs^R(\eta) - cs^R(0)}{\pi_m^R(\eta) - \pi_m^R(0)} = -\left[\dfrac{a^2}{2(4-\eta)^2} - \dfrac{a^2}{32}\right] \Big/ \left[\dfrac{(2-\eta)a^2}{(4-\eta)^2} - \dfrac{a^2}{8}\right] = \dfrac{8-\eta}{4\eta}$。

在情境 D 中，$\theta^D = -\dfrac{cs^D(\eta) - cs^D(0)}{\pi_m^D(\eta) - \pi_m^D(0)} = -\left[\dfrac{(1-\eta)(a-c)^2}{(2-\eta)^2} - \dfrac{(a-c)^2}{4}\right] \Big/ \left[\dfrac{(a-c)^2}{2(2-\eta)^2} - \dfrac{(a-c)^2}{8}\right] = \dfrac{4-\eta}{2\eta}$。

在情境 H 中，$\theta^H = -\dfrac{cs^H(\eta) - cs^H(0)}{\pi_m^H(\eta) - \pi_m^H(0)} =$

$-\left[\dfrac{-c(4(2-\eta)^2 - 2\phi^3(1+\eta) - \phi^3(3+\eta)(2-3\eta) + \phi(2-\eta)(4+7\eta))}{2L^2} - \dfrac{[a(12+2\phi-7\phi^2+\phi^4) - c(8+4\phi-3\phi^2-\phi^3)]^2}{8b(8+8\phi-5\phi^2-5\phi^3+\phi^4+\phi^5)^2}\right] \Big/ \left[\dfrac{N}{(1-\phi)L} - \dfrac{c^2(8-9\phi^2-2\phi^4) + 2ac(8-4\phi-9\phi^2+4\phi^3+2\phi^4-\phi^5) + a^2(12-8\phi-13\phi^2+8\phi^3+3\phi^4-2\phi^5)}{4b(8-13\phi^2+6\phi^4-\phi^6)}\right] = \dfrac{S}{T}$，

其中，$S = c^2(-16\phi^{16}(2+\eta) + 768(-2+\eta)^4(-8+3\eta) + 16\phi^{15}(-9+8\eta+3\eta^2) - 256\phi(-2+\eta)^3(-104-30\eta+27\eta^2) + 4\phi^{14}(68+177\eta-46\eta^2-9\eta^3) + 8\phi^{13}(250-115\eta-142\eta^2+12\eta^{13}) + 128\phi^2(-2+\eta)^2(56-894\eta+282\eta^2+27\eta^3) + \phi^{12}(848-7348\eta+912\eta^2+681\eta^3) - 4\phi^{11}(2468+1004\eta-2394\eta^2-25\eta^3+39\eta^4) + 4\phi^4(37248+86288\eta-165792\eta^2+58360\eta^3+2496\eta^4-2007\eta^5) + \phi^8(81552-50492\eta-97344\eta^2+33817\eta^3+5208\eta^4-612\eta^5) + 2\phi^{10}(-8776+15814\eta+4668\eta^2-3025\eta^3-324\eta^4+18\eta^5) + 4\phi^9(3708+15882\eta-10224\eta^2-2785\eta^3+642\eta^4+18\eta^5) + 4\phi^7(-11032+68920\eta-24246\eta^2-17558\eta^3+4659\eta^4+108\eta^5) - 8\phi^5(27616-72928\eta+15640\eta^2+22972\eta^3-7668\eta^4+207\eta^5) + 32\phi^3(11072-19280\eta+2352\eta^2+6952\eta^3-2832\eta^4+243\eta^5) + 4\phi^6(-43280-14532\eta+89980\eta^2-29221\eta^3-4017\eta^4+999\eta^5)) - 2ac(16\phi^{17} + \phi^{16}(16-80\eta) + 1152(-2+\eta)^4(-8+3\eta) + 4\phi^{15}(-68-9\eta+33\eta^2) - 256\phi(-2+\eta)^3(-130-66\eta+45\eta^2) + \phi^{13}(1568+1396\eta-1360\eta^2-145\eta^3) - 4\phi^{14}(96-277\eta-14\eta^2+$

147

$18\eta^3) + 16\phi^2(-2+\eta)^2(2432 - 11108\eta + 2772\eta^2 + 531\eta^3) + \phi^{12}(4064 - 4748\eta - 3032\eta^2 + 455\eta^3 + 156\eta^4) + \phi^8(69264 + 109452\eta - 208840\eta^2 + 12779\eta^3 + 20724\eta^4 - 1116\eta^5) - 4\phi^{11}(280 + 4369\eta - 890\eta^2 - 1112\eta^3 + 9\eta^5) + 2\phi^{10}(-11360 - 1962\eta + 18668\eta^2 - 615\eta^3 - 1518\eta^4 + 18\eta^5) + 4\phi^5(-99184 + 164104\eta + 46788\eta^2 - 104326\eta^3 + 23682\eta^4 + 243\eta^5) + \phi^9(-29552 + 105244\eta + 9568\eta^2 - 42433\eta^3 + 2184\eta^4 + 612\eta^5) + 8\phi^3(62592 - 81648\eta - 26528\eta^2 + 58360\eta^3 - 18864\eta^4 + 1305\eta^5) - 2\phi^7(-80440 + 174692\eta + 38598\eta^2 - 93021\eta^3 + 12360\eta^4 + 1389\eta^5) + 4\phi^6(-25552 - 109916\eta + 157156\eta^2 - 21611\eta^3 - 14625\eta^4 + 1935\eta^5) - 4\phi^4(-3264 - 215856\eta + 263616\eta^2 - 61960\eta^3 - 14964\eta^4 + 4077\eta^5))) + a^2(16\phi^{17} + 1728(-2+\eta)^4(-8+3\eta) - 4\phi^{16}(4+11\eta) - 8\phi^{15}(24-14\eta+3\eta^2) - 192\phi(-2+\eta)^3(-208 - 174\eta + 99\eta^2) + \phi^{14}(256 - 96\eta - 72\eta^2 + 169\eta^3) + 16\phi^2(-2+\eta)^2(5840 - 16676\eta + 3000\eta^2 + 1143\eta^3) - 2\phi^{13}(-48 + 464\eta - 1180\eta^2 + 169\eta^3 + 78\eta^4) + \phi^{10}(8000 - 87408\eta + 44504\eta^2 + 2938\eta^3 - 8172\eta^4 - 288\eta^5) - 4\phi^{11}(-2512 + 400\eta + 7614\eta^2 - 2368\eta^3 - 525\eta^4 + 36\eta^5) + \phi^{12}(-1760 + 9272\eta - 2552\eta^2 - 3941\eta^3 + 468\eta^4 + 36\eta^5) + 6\phi^9(-12648 + 7376\eta + 28588\eta^2 - 14223\eta^3 - 1198\eta^4 + 336\eta^5) + 16\phi^5(-35512 + 28580\eta + 55670\eta^2 - 49613\eta^3 + 7764\eta^4 + 558\eta^5) + 16\phi^3(40320 - 31088\eta - 51104\eta^2 + 54984\eta^3 - 14880\eta^4 + 765\eta^5) - \phi^8(32400 - 400340\eta + 275112\eta^2 - 91419\eta^3 - 51756\eta^4 + 936\eta^5) - 4\phi^7(-68928 + 51884\eta + 130020\eta^2 - 90295\eta^3 + 3441\eta^4 + 2160\eta^5) + 4\phi^6(28304 - 265004\eta + 216836\eta^2 + 21939\eta^3 - 36153\eta^4 + 3204\eta^5) - 4\phi^4(68160 - 416016\eta + 374720\eta^2 - 36600\eta^3 - 41604\eta^4 + 7623\eta^5)))$; $T = 2(8 + 8\phi - 5\phi^2 - 5\phi^3 + \phi^4 + \phi^5)(c^2(16\phi^{12} + \phi^{11}(32 - 88\phi) + 192(-2+\eta)^4\eta - 96\phi(-2+\eta)^3\eta(4+\eta) + 4\phi^{10}(-56 - 22\eta + 47\eta^2) + 8\phi^2(-2+\eta)^2(64 - 216\eta + 304\eta^2 + 75\eta^3) - 2\phi^9(240 - 558\eta + 4\eta^2 + 117\eta^3 + 4\eta^4) + \phi^7(2368 - 5044\eta + 56\eta^2 + 2401\eta^3 - 264\eta^4 - 96\eta^5) + 2\phi^8(472 + 550\eta - 1116\eta^2 + 107\eta^3 + 100\eta^4 + 6\eta^5) + 4\phi^5(-1280 + 2584\eta - 12\eta^2 - 2012\eta^3 + 592\eta^4 + 63\eta^5) + 4\phi^3(1024 - 2336\eta - 88\eta^2 + 2772\eta^3 - 1322\eta^4 + 93\eta^5) + \phi^6(-1376 - 4916\eta + 9564\eta^2 - 2137\eta^3 - 1380\eta^4 + 156\eta^5) - 4\phi^4(128 - 2492\eta + 4680\eta^2 - 1731\eta^3 - 557\eta^4 + 204\eta^5)) + 2ac(8\phi^{13} - 36\phi^{12}\eta - 288(-2+\eta)^4\eta) + 2\phi^{11}(-52 + 26\eta + 35\eta^2) + 16\phi(-2+\eta)^3(-8 + 36\eta + 63\eta^2) - 4\phi^2(-2+\eta)^2\eta(-556 +$

第 4 章 考虑企业双重目标的分销渠道选择策略

$828\eta + 243\eta^2) + \phi^{10}(64 + 420\eta - 196\eta^2 - 83\eta^3) + \phi^9(648 - 800\eta - 624\eta^2 + 345\eta^3 + 72\eta^2) + \phi^6(1152 + 5692\eta - 10572\eta^2 + 819\eta^3 + 2388\eta^4 - 180\eta^5) - 2\phi^8(244 + 1046\eta - 1192\eta^2 - 209\eta^3 + 180\eta^4 + 18\eta^5) - 4\phi^3(960 - 3128\eta - 116\eta^2 + 3882\eta^3 - 1779\eta^4 + 99\eta^5) + \phi^7(-2232 + 4244\eta + 1870\eta^2 - 3393\eta^3 + 180\eta^5) - 2\phi^5(-2120 + 5252\eta + 1002\eta^2 - 5585\eta^3 + 1314\eta^4 + 252\eta^5) + 4\phi^4(-256 - 2292\eta + 5480\eta^2 - 1773\eta^3 - 999\eta^4 + 297\eta^5)) + a^2(-16\phi^{13} + 72\phi^{12}\eta + 432(-2+\eta)^4\eta - 4\phi^{11}(-52 + 21\eta + 37\eta^2) - 16\phi(-2+\eta)^3(-16 + 42\eta + 99\eta^2) + 2\phi^{10}(-32 - 418\eta + 162\eta^2 + 97\eta^3) + 4\phi^2(-2+\eta)^2(-64 - 908\eta + 1116\eta^2 + 423\eta^3) + \phi^9(-1168 + 1160\eta + 1408\eta^2 - 605\eta^3 - 168\eta^4) + \phi^7(3568 - 5924\eta - 4804\eta^2 + 5693\eta^3 + 336\eta^4 - 324\eta^5) + \phi^8(512 + 3952\eta - 3688\eta^2 - 1261\eta^3 + 660\eta^4 + 72\eta^5) + 4\phi^3(1408 - 4336\eta - 1392\eta^2 + 6464\eta^3 - 2628\eta^4 + 99\eta^5) + 4\phi^5(-1544 + 3628\eta + 1814\eta^2 - 4609\eta^3 + 834\eta^4 + 234\eta^5) + \phi^6(-1600 - 9892\eta + 15716\eta^2 + 995\eta^3 - 4296\eta^4 + 252\eta^5) - 4\phi^4(-544 - 3644\eta + 7968\eta^3 - 1893\eta^4 + 468\eta^5)))$。

值得注意的是，当 $\eta = 0$ 时，制造商通过直销渠道销售量为正的阈值为 $c < \dfrac{a(8 - 6\phi - 7\phi^2 + 5\phi^3 + \phi^4 - \phi^5)}{8 - 7\phi^2 + \phi^4}$；当 $\eta > 0$ 时，$c < \hat{c}_2(\eta)$。因此，应用盈亏比的定义时，后文将注意力限制在制造商通过其直销渠道销售量为正的情况下，并限制 $c \in \left[0, \dfrac{a(8 - 6\phi - 7\phi^2 + 5\phi^3 + \phi^4 - \phi^5)}{8 - 7\phi^2 + \phi^4}\right]$。

接下来，比较盈亏比。很容易得到 $\theta^R - \theta^D = \dfrac{1}{4} > 0$。有趣的是，当 $\eta < \hat{\eta}$ 时，$\pi_m^H(\eta) - \pi_m^H(0) > 0$；否则 $\pi_m^H(\eta) - \pi_m^H(0) < 0$。也就是说，当 $\eta < \hat{\eta}$ 时，情境 H 的盈亏比总是最高的。因此，仅将关注点限制在 $\eta > \hat{\eta}$ 的情况。显然，当 $c < \min\{\hat{c}_5(\eta), \hat{c}_2(\eta), a\}$ 时，$\theta^H - \theta^D > 0$。证毕。

命题 4.19 展示了三个关键结果，如图 4.13 所示。首先，情境 R 下的转换效率始终高于情境 D 下的转换效率。这是因为根植于零售渠道的双重边际化效应，可以缓解因关注消费者剩余而造成的利润损失。其次，当消费者关注度高时，情境 H 下的转化效率可能仍然最低，因为在这种情况下，关注消费者剩余会过度降低（提高）批发价格（直销），这放大了情境 H 下制造商的利润损失。最后，可以得出的一个有趣的结果是，一方面，当消费者关注度较低时，情境 H 下的转化效率可能最高。其原因与前述相似，价格竞争削弱了干扰效应，缓解了批发价格的下跌。另一方面，价格竞争为情境 H 带来了更多的消费者剩余。同样，可以通过给定竞争系数的值来验证上述结果（阈值）。例如，令 $\phi = 0.4$，可得 $\hat{c}_4(\eta) = [a\eta \times 10^{102}(4.50\eta^6 - 59.7\eta^5 + 296\eta^4 - 645\eta^3 + 485\eta^2 + 135\eta - 114) - 7.14 \times 10^{96}a\sqrt{\eta U}]/[3.99 \times 10^{102}\eta^7 - 5.70 \times 10^{103}\eta^6 + 3.18 \times 10^{104}\eta^5 - 8.67 \times 10^{104}\eta^4 + 1.19 \times 10^{105}\eta^3 - 8.21 \times 10^{104}\eta^2 + 3.30 \times 10^{104}\eta - 1.70 \times 10^{90}]$，$\hat{c}_5(\eta) = [a\eta \times 10^{102}(1.27\eta^6 - 16.7\eta^5 + 81.8\eta^4 - 167\eta^3 + 78\eta^2 + 150\eta - 115) + 1.43 \times 10^{97}a\sqrt{\eta V}]/[10^{90}(2\times 10^{17}\eta^7 - 3.05 \times 10^{13}\eta^6 + 1.87 \times 10^{14}\eta^5 - 5.86 \times 10^{14}\eta^4 + 9.87 \times 10^{14}\eta^3 - 8.63 \times 10^{14}\eta^2 + 3.3 \times 10^{14}\eta - 1.7)]$，其中，$U = -3.42 \times 10^{10}\eta^{13} + 1.16 \times 10^{12}\eta^{12} - 1.70 \times 10^{13}\eta^{11} + 1.43 \times 10^{14}\eta^{10} - 7.66 \times 10^{14}\eta^9 + 2.66 \times 10^{15}\eta^8 - 5.86 \times 10^{15}\eta^7 + 7.01 \times 10^{15}\eta^6 - 4.82 \times 10^{14}\eta^5 - 1.22 \times 10^{16}\eta^4 + 1.83 \times 10^{16}\eta^3 - 1.17 \times 10^{16}\eta^2 + 2.84 \times 10^{15}\eta - 13.2$，$V = -2.23 \times 10^9\eta^{13} + 5.52 \times 10^{12}\eta^{12} - 5.28 \times 10^{11}\eta^{11} + 1.79 \times 10^{12}\eta^{10} + 8.61 \times 10^{12}\eta^9 - 1.26 \times 10^{14}\eta^8 + 6.78 \times 10^{14}\eta^7 - 2.20 \times 10^{15}\eta^6 + 4.69 \times 10^{15}\eta^5 - 6.62 \times 10^{15}\eta^4 + 5.98 \times 10^{15}\eta^3 - 3.11 \times 10^{15}\eta^2 + 7.10 \times 10^{14}\eta - 3.31$。

可以得出的另一个显著结果是，当消费者的关注度足够低（例如，当 $\phi = 0.4$ 时，$\eta = 0.1$，见图 4.13）时，在情境 H 下，双重目标制造商可以比纯营利性制造商获得更高的利润。后文在以下注释中对此进行了总结。

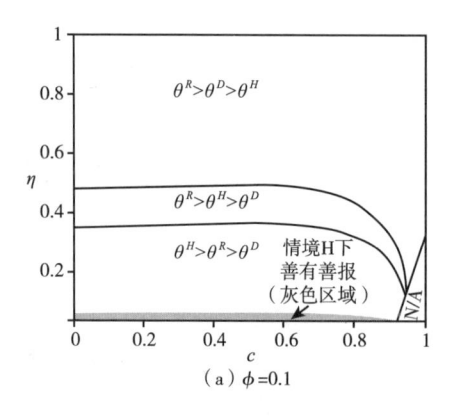

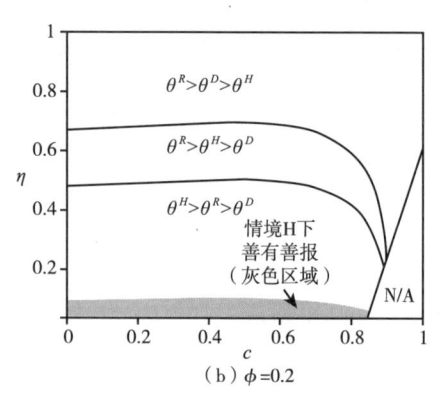

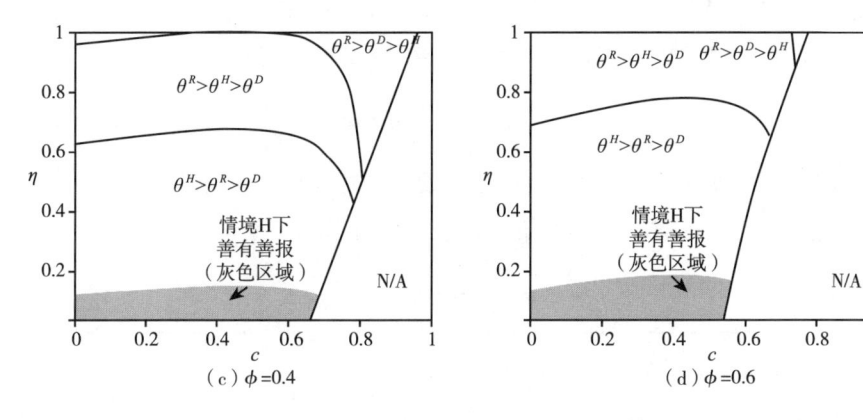

图 4.13 价格竞争下的盈亏比的比较

注 4.1 在价格竞争下的情境 H 中，存在一个阈值 $\hat{\eta}$，即当 $\eta < \hat{\eta}$ 时，双重目标制造商可能比纯营利性制造商获得更高的利润，其中，$\hat{\eta}$ 是 $\pi_m^H(\eta) - \pi_m^H(0) = 0$ 的唯一解。

注 4.1 的结果如图 4.13（灰色区域）所示。当消费者的关注度足够低时，就会出现"善有善报"的趋势。在这种情况下，价格竞争可以抵消由消费者关注引起的干扰效应，从而产生适度的批发价格。正如前文提到的，适度的批发价格对各方都是互惠互利的，因为它可以减轻双重边际化效应，同时避免严重的价格和数量扭曲。

4.5.2　追求双重目标的零售商

在实践中，除了利润最大化外，下游零售商还可能考虑以客户为中心的目标（Sumida et al.，2021）。本节研究双重目标制造商在面对双重目标零售商时如何决定其渠道策略。考虑了两种情况：一种是制造商面对双重目标的零售商，另一种是制造商面对混合零售商（一种是纯营利性零售商，另一种是双重目标的零售商）。为简单起见，假设零售商的目标也是利润和消费者剩余的加权总和，并且零售商与制造商具有相同的消费者关注度。

面对一个双重目标零售商。本部分旨在探讨双重目标制造商在面对双重目标零售商而非纯营利性零售商时的渠道策略。类似于基本模型，假设零售商的目标是利润和消费者剩余的加权和。为了简单起见，假设零售商与制造商具有相同的消费者关注程度。双重目标零售商的优化问题可以写为：

$$\max \mu_r = \pi_r + \eta \cdot cs \tag{4.33}$$

利用该模型设定，通过逆向归纳法求解三种情境下的优化问题。推导过程是常规的，因此在此省略。均衡结果如表4.9所示。

表4.9　存在双重目标零售商时的均衡结果

	情境R	情境D	情境H
w^*	$\dfrac{2a(1-\eta)}{4-3\eta}$	—	$\dfrac{(1-\eta)(a(12-14\eta+5\eta)-c(4-6\eta+3\eta^2))}{(2-\eta)^2(6-5\eta)}$
q_r^*	$\dfrac{a}{b(4-3\eta)}$	—	$\dfrac{a\eta+c(4-5\eta+\eta^2)}{b(6-5\eta)}$
q_m^*	—	$\dfrac{a-c}{b(2-\eta)}$	$\dfrac{a(6-6\eta+\eta^2)-c(10-14\eta+6\eta^2-\eta^3)}{b(2-\eta)(6-5\eta)}$
μ_m^*	$\dfrac{a^2}{2b(4-3\eta)}$	$\dfrac{(a-c)^2}{2b(2-\eta)}$	$\dfrac{2a^2(6-8\eta+3\eta^2)+2ac(-12+20\eta-10^2+\eta^3)}{2b(2-\eta)^2(6-5\eta)}+$ $\dfrac{c^2(28-56\eta+38\eta^2-10\eta^3+\eta^4)}{2b(2-\eta)^2(6-5\eta)}$
μ_r^*	$\dfrac{a^2(2-\eta)}{2b(4-3\eta)^2}$	$\dfrac{(a-c)^2\eta}{2b(2-\eta)^2}$	$\dfrac{2a^2\eta(18-28\eta+11\eta^2)-2ac\eta(20-28\eta+6\eta^2+3\eta^3)}{2b(6-5\eta)^2(2-\eta)^2}+$ $\dfrac{c^2(64-172\eta+192\eta^2-114\eta^3+34\eta^4-3\eta^5)}{2b(6-5\eta)^2(2-\eta)^2}$
π_m^*	$\dfrac{2a^2(1-\eta)}{b(4-3\eta)^2}$	$\dfrac{(a-c)^2(1-\eta)}{b(2-\eta)^2}$	$\dfrac{a^2(36-96\eta+82\eta^2-23\eta^3)-ac(72-192\eta+168\eta^2-50\eta^3+\eta^4)}{b(6-5\eta)^2(2-\eta)^2}+$ $\dfrac{c^2(84-240\eta+254\eta^2-123\eta^3+28\eta^4-3\eta^5)}{b(6-5\eta)^2(2-\eta)^2}$
π_r^*	$\dfrac{a^2(2-\eta)}{b(4-3\eta)^2}$	—	$\dfrac{(a\eta+c(4-5\eta+\eta^2))(c(8-12\eta+7\eta^2-2\eta^3)-a(4-3\eta)\eta)}{b(6-5\eta)^2(2-\eta)^2}$
cs^*	$\dfrac{a^2}{2b(4-3\eta)^2}$	$\dfrac{(a-c)^2}{2b(2-\eta)^2}$	$\dfrac{(a(6-4\eta)-c(2-\eta^2))^2}{2b(6-5\eta)^2(2-\eta)^2}$
sw^*	$\dfrac{3a^2(3-2\eta)}{2b(4-3\eta)^2}$	$\dfrac{(a-c)^2(3-2\eta)}{2b(2-\eta)^2}$	$\dfrac{a^2(36-96\eta+82\eta^2-23\eta^3)-ac(72-192\eta+168\eta^2-50\eta^3+\eta^4)}{b(6-5\eta)^2(2-\eta)^2}+$ $\dfrac{c^2(84-240\eta+254\eta^2-123\eta^3+28\eta^4-3\eta^5)+(a(6-4\eta)-c(2-\eta^2))^2}{b(6-5\eta)^2(2-\eta)^2}$ $+\dfrac{(a\eta+c(4-5\eta+\eta^2))(c(8-12\eta+7\eta^2-2\eta^3)-a(4-3\eta)\eta)}{b(6-5\eta)^2(2-\eta)^2}$

第4章 考虑企业双重目标的分销渠道选择策略

首先关注两个单渠道情境。在情境 R 中，与基础模型相比，可知消费者关注对企业决策、零售商利润和消费者剩余的影响保持不变。在基本模型中，制造商的利润总是关于 η 递减，因为强调消费者剩余使得制造商偏离利润最大化目标。然而，由表 4.9 可知，当消费者关注度不太高$\left(\text{即 } \eta < \frac{2}{3}\right)$时，制造商的利润可能会随着 η 的增加而增加。形式上，当 $\eta < \frac{2}{3}$ 时，$\frac{d\pi_m^R}{d\eta} > 0$。原因在于，双重目标零售商对批发价格变得更加敏感，批发价格的降低可以诱导能够补偿的订货量大幅增加。

比较两种单渠道结构（情境 R 与情境 D）的制造商效用，得到以下结果。

命题 4.20 当面对一个双重目标零售商时，通过比较情境 R 和情境 D 下的制造商效用，可以得到：

（1）存在一个阈值 $\check{c}_1(\eta)$，使得当 $c < \check{c}_1(\eta)$ 时，制造商在情境 D 下的效用更高，其中 $\check{c}_1(\eta) = \left(1 - \sqrt{\frac{2-\eta}{4-3\eta}}\right)a$；

（2）阈值 $\check{c}_1(\eta)$ 关于 η 递减。

证明：对于第（1）部分，通过比较情境 R 和情境 D 下制造商的效用，可以得到 $\frac{d(\mu_m^R - \mu_m^D)}{dc} = \frac{a-c}{b(2-\eta)} > 0$，且当 $c = \check{c}_1(\eta) = \left(1 - \sqrt{\frac{2-\eta}{4-3\eta}}\right)a$ 时，$\mu_m^R - \mu_m^D = 0$。因此，当 $c < \check{c}_1(\eta)$ 时，$\mu_m^R - \mu_m^D < 0$。对于第（2）部分，可以验证 $\frac{d\check{c}_1(\eta)}{d\eta} = -\frac{a}{(4-3\eta)\sqrt{(2-\eta)(4-3\eta)}} < 0$。证毕。

命题 4.20 表明，当销售成本较小时，制造商仍然偏好情境 D。在基准模型中，阈值 $\check{c}_1(\eta)$ 在 η 中增加，这表明随着消费者关注度的提高，情景 D 所带来的效用优势区间不断扩大。也就是说，随着消费者关注度的增加，制造商有更大的动力选择情境 D。然而，当面对双重目标零售商时，情况正好相反。此时，直销成本的阈值 $\check{c}_1(\eta)$ 是关于 η 递增的。形式上，$\frac{\partial \check{c}_1(\eta)}{\partial \eta} < 0$。原因在于零售商对消费者剩余的重视进一步缓解了双重边际化效应，从而增加了转售渠道在提高消费者剩余方面的效率。直观上，这使得制造商可以通过降低批发

价格来换取情境 R 下更高的批发利润。因此，制造商在情境 R 下的利润仍可能高于情境 D 下的利润，如引理 4.10 所总结的那样。

引理 4.10 当面对一个双重目标零售商时，比较制造商在情境 R 和情境 D 下的利润，可得：

(1) 存在一个阈值 $\check{c}_2(\eta)$，且 $\check{c}_2(\eta) < \check{c}_1(\eta)$，使得当 $c < \check{c}_2(\eta)$ 时，制造商的利润在情境 D 下更高，否则更低，其中，$\check{c}_2(\eta) = \left(1 - \dfrac{\sqrt{2}(2-\eta)}{4-3\eta}\right)a$；

(2) 阈值 $\check{c}_2(\eta)$ 在 η 上递减；

(3) 假设 $c = 0$，那么当 $\eta > \dfrac{8-2\sqrt{2}}{7}$ 时，制造商在情境 R 下的利润更高。

证明：对于第 (1) 部分，有 $\dfrac{d(\pi_m^R - \pi_m^D)}{dc} = \dfrac{2(a-c)(1-\eta)}{b(2-\eta)^2} > 0$，且当 $c = \check{c}_2(\eta) = \left(1 - \dfrac{\sqrt{2}(2-\eta)}{4-3\eta}\right)a$ 时，$\pi_m^R - \pi_m^D = 0$。因此，当 $c < \check{c}_2(\eta)$ 时，$\pi_m^R - \pi_m^D < 0$。对于第 (2) 部分，可以验证 $\dfrac{d\check{c}_2(\eta)}{d\eta} = -\dfrac{2\sqrt{2}a}{(4-3\eta)^2} < 0$，以及 $\check{c}_1(\eta) > \check{c}_2(\eta)$。证毕。

引理 4.10 也表明，与基础模型相比，情境 D 下制造商利润更高的阈值（关于 c）变得更小。进一步地，即便供应链中的参与方在销售效率上相同，情境 R 下制造商的利润仍可能更高，此时使得制造商在情景 D 下利润更高的消费者关注度阈值（关于 η）也会相应降低。

在情境 H 中，首先观察到消费者关注和直销成本对制造商均衡决策的影响大部分保持不变。不同的是，关注消费者剩余也会诱导零售商增加其订货量（即 $\dfrac{dq_r^H}{d\eta} > 0$）。这可以缓解渠道平衡效应，增强零售渠道在提高消费者剩余方面的效率。值得注意的是，双重目标零售商对批发价格变得更加敏感。以 $c = 0.4$ 为例，当 η 从 $\eta = 0$ 变化到 $\eta = 0.8$ 时，研究结果证实了在基础模型中，消费者关注的增加导致批发价格降低 46.4% 和订货量降低 40%。然而，当制造商面对双重目标零售商时，消费者关注度的增加导致批发价格降低 43.1%，订货量增加 98%。这也意味着双重目标零售商对批发价格变得更加敏感。因

第 4 章 考虑企业双重目标的分销渠道选择策略

此，与基本模型相反，当直销渠道的销售劣势变大时，制造商总是会降低其批发价格。

然后，分析当面对一个双重目标零售商时，制造商是否仍然更倾向于情境 R 而不是情境 H。命题 4.21 总结了结果。

命题 4.21 当面对一个双重目标零售商时，对比情境 H 和情境 R 下制造商的效用，可以得到：

(1) 当 $\eta \in [0, 2-\sqrt{2})$ 时，情境 H 下制造商的效用始终较高；

(2) 当 $\eta \in [2-\sqrt{2}, 1)$ 时，存在阈值 $\check{c}_3(\eta)$ 和 $\check{c}_4(\eta)$，且 $\check{c}_3(\eta) < \check{c}_4(\eta)$，使得当 $\check{c}_3(\eta) < c < \check{c}_4(\eta)$ 时，制造商在情境 R 下的效用更高，反之则更低，其中，

$$\check{c}_3(\eta) = \frac{(24-56\eta+46\eta^2-13\eta^3)a}{(4-3\eta)(12-20\eta+10\eta^2-\eta^3)+(1-\eta)(2-\eta)\sqrt{2(4-3\eta)(6-5\eta)(4\eta-\eta^2-2)}},$$

$$\check{c}_4(\eta) = \frac{(24-56\eta+46\eta^2-13\eta^3)a}{(4-3\eta)(12-20\eta+10\eta^2-\eta^3)-(1-\eta)(2-\eta)\sqrt{2(4-3\eta)(6-5\eta)(4\eta-\eta^2-2)}}.$$

证明：这个命题可以通过比较情境 H 和情境 R 下的结果来验证。易得 $\frac{\partial^2(\mu_m^H - \mu_m^R)}{\partial c^2} = \frac{28-56\eta+38\eta^2-10\eta^3+\eta^4}{b(2-\eta)^2(6-5\eta)} > 0$，这代表 $\mu_m^H - \mu_m^R$ 是关于 c 的下凸函数，求解 $\mu_m^H - \mu_m^R = 0$ 得到 $\check{c}_3(\eta)$ 和 $\check{c}_4(\eta)$ 两根，其中，$\check{c}_3(\eta) < \check{c}_4(\eta)$；

$$\check{c}_3(\eta) = \frac{(24-56\eta+46\eta^2-13\eta^3)a}{(4-3\eta)(12-20\eta+10\eta^2-\eta^3)-(1-\eta)(2-\eta)\sqrt{2(4-3\eta)(6-5\eta)(4\eta-\eta^2-2)}};$$

$$\check{c}_4(\eta) = \frac{(24-56\eta+46\eta^2-13\eta^3)a}{(4-3\eta)(12-20\eta+10\eta^2-\eta^3)-(1-\eta)(2-\eta)\sqrt{2(4-3\eta)(6-5\eta)(4\eta-\eta^2-2)}}.$$

很容易得出 $\mu_m^H - \mu_m^R = 0$ 有唯一的顶点 (c_w, η_w)，它也是 $\check{c}_3(\eta)$ 和 $\check{c}_4(\eta)$ 的交点，其中，$\eta_w = 2-\sqrt{2}$。因此，可以得到，当 $\eta < \eta_w$ 时，$\mu_m^H - \mu_m^R > 0$；当 $\eta > \eta_w$ 时，如果 $\check{c}_3(\eta) < \check{c}_4(\eta)$，则 $\mu_m^H - \mu_m^R < 0$。证毕。

命题 4.21 在图 4.14 中给出。该命题表明，制造商可能仍然偏好情境 R 而不是情境 H。然而，偏好情境 R 的区域缩小了。直觉是，如前所述，双重目标零售商的存在不仅可以增加订货量，而且可以减轻由于混合渠道和双重目标之间的干扰而导致的批发价格扭曲。

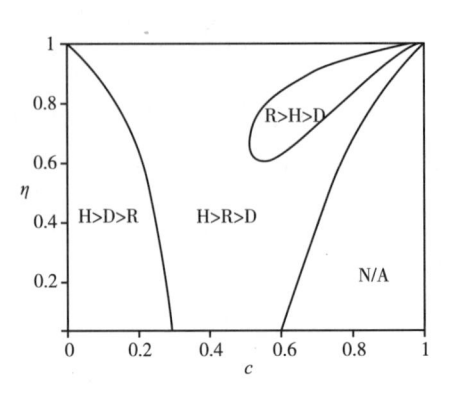

图 4.14 当面对一个双目标零售商时制造商的渠道偏好

现在比较情境 H 和情境 D 下制造商的效用和利润，并分析在情境 D 下制造商是否有动机增加转售渠道。命题 4.22 将进行详细说明。

命题 4.22 当面对一个双重目标零售商时，对比情境 H 和情境 D，可得以下结果：

（1）制造商在情境 H 下的效用总是更高；

（2）如果 $c < \dfrac{(72 - 212\eta + 198\eta^2 - 56\eta^3 - 3\eta^4)a}{8 - 20\eta - 22\eta^2 + 64\eta^3 - 34\eta^4 + 3\eta^5} - \dfrac{((6 - 5\eta)(2 - \eta)^2 \sqrt{(4 - 3\eta)(2 - 3\eta)})a}{8 - 20\eta - 22\eta^2 + 64\eta^3 - 34\eta^4 + 3\eta^5}$，在情境 H 下，制造商的利润较低，否则较高。

证明：对于第（1）部分，通过比较情境 H 和情境 D 下制造商的效用函数，可以证实 $\mu_m^H - \mu_m^D = \dfrac{(a\eta + c(4 - 5\eta + \eta^2))^2}{2b(2 - \eta)^2(6 - 5\eta)} > 0$。对于第（2）部分，可得当 $c < \dfrac{(72 - 212\eta + 198\eta^2 - 56\eta^3 - 3\eta^4)a}{8 - 20\eta - 22\eta^2 + 64\eta^3 - 34\eta^4 + 3\eta^5} - \dfrac{((6 - 5\eta)(2 - \eta)^2 \sqrt{(4 - 3\eta)(2 - 3\eta)})a}{8 - 20\eta - 22\eta^2 + 64\eta^3 - 34\eta^4 + 3\eta^5}$ 时，$\pi_m^H - \pi_m^D < 0$，特别注意，制造商通过直接渠道销售正数量的产品，即 $c < \dfrac{a(6 - 6\eta + \eta^2)}{10 - 14\eta + 6\eta^2 - \eta^3}$，并且 $\dfrac{(72 - 212\eta + 198\eta^2 - 56\eta^3 - 3\eta^4)a}{8 - 20\eta - 22\eta^2 + 64\eta^3 - 34\eta^4 + 3\eta^5} - \dfrac{((6 - 5\eta)(2 - \eta)^2 \sqrt{(4 - 3\eta)(2 - 3\eta)})a}{8 - 20\eta - 22\eta^2 + 64\eta^3 - 34\eta^4 + 3\eta^5} < \dfrac{a(6 - 6\eta + \eta^2)}{10 - 14\eta + 6\eta^2 - \eta^3}$。证毕。

命题 4.22 揭示了当制造商面对一个双重目标零售商时，它仍然愿意在直销渠道中增加一个零售渠道。由于干扰效应仍然存在，在情境 H 下，制造商仍可能获得较低的利润。研究证实，与基本模型相比，情境 D 下有利于制造商获利的区域缩小了，这是因为零售商对消费者剩余的重视在一定程度上缓解了制造商因自身重视消费者剩余而导致的利润受损程度。

最后，通过应用盈亏比的定义，比较转换效率，并在图 4.15 中可视化结果。

命题 4.23 （1）三种情境下的盈亏比分别为：

$$\theta^R = \frac{3(8-3\eta)}{4(8-9\eta)}, \theta^D = \frac{4-\eta}{2\eta} \text{ 和 } \theta^H =$$

$$\frac{c^2(384-520\eta+160\eta^2+11\eta^3)-6ac(288-488\eta+208\eta^2-25\eta^3)+9a^2(192-312\eta+160\eta^2-25\eta^3)}{6[c^2(192-416\eta+356\eta^2-161\eta^3+36\eta^4)-6ac\eta(40-60\eta+23\eta^2)+3a^2\eta(48-68\eta+25\eta^2)]};$$

（2）若 $c < \dfrac{3[48\eta-98\eta^2+62\eta^3-11\eta^4+\eta(12-16\eta+5\eta^2)\sqrt{24-30\eta+7\eta^2}]a}{576-1488\eta+1510\eta^2-790\eta^3+226\eta^4-27\eta^5}$,

则盈亏比满足 $\theta^R > \theta^H > \theta^D$，否则 $\theta^R > \theta^D > \theta^H$。

证明：利用盈亏比的定义，可以得到以下三种情况下的盈亏比：

$$\theta^R = -\frac{cs^R(\eta)-cs^R(0)}{\pi_m^R(\eta)-\pi_m^R(0)} = -\left[\frac{a^2}{2b(4-3\eta)^2}-\frac{a^2}{32b}\right]\bigg/\left[\frac{2a^2(1-\eta)}{b(4-3\eta)^2}-\frac{2a^2}{16b}\right] = \frac{3(8-3\eta)}{4(8-9\eta)};$$

$$\theta^D = -\frac{cs^D(\eta)-cs^D(0)}{\pi_m^D(\eta)-\pi_m^D(0)} = -\left[\frac{(a-c)^2}{2b(2-\eta)^2}-\frac{(a-c)^2}{2b}\right]\bigg/\left[\frac{(a-c)^2(1-\eta)}{b(2-\eta)^2}-\frac{(a-c)^2}{4b}\right] = \frac{4-\eta}{2\eta};$$

$$\theta^H = -\frac{cs^H(\eta)-cs^H(0)}{\pi_m^H(\eta)-\pi_m^H(0)} = -\left[\frac{(a(6-4\eta)-c(2-\eta^2))^2}{2b(6-5\eta)^2-(2-\eta)^2}-\frac{(3a-c)^2}{72b}\right]\bigg/$$

$$\left[\frac{a^2(36-96\eta+82\eta^2-23\eta^3)-ac(72-192\eta+168\eta^2-50\eta^3+\eta^4)+c^2(84-240\eta+254\eta^2-123\eta^3+28\eta^4-3\eta^5)}{b(6-5\eta)^2(2-\eta)^2}-\right.$$

$$\left.\frac{3a^2-6ac+7c^2}{126}\right] = \frac{c^2(384-520\eta+160\eta^2+11\eta^3)-6ac(288-488\eta+208\eta^2-25\eta^3)+9a^2(192-312\eta+160\eta^2-25\eta^3)}{6[c^2(192-416\eta+356\eta^2-161\eta^3+36\eta^4)-6ac\eta(40-60\eta+23\eta^2)+3a^2\eta(48-68\eta+25\eta^2)]}。$$

需注意，研究考虑制造商通过直接渠道销售正数量产品的情况，当 $\eta = 0$ 时，临界值 $c < \dfrac{3a}{5}$；当 $\eta > 0$ 时，$c < \dfrac{a(6-6\eta+\eta^2)}{10-14\eta+6\eta^2-\eta^3}$，其中，$\dfrac{3a}{5} <$

$\dfrac{a(6-6\eta+\eta^2)}{10-14\eta+6\eta^2-\eta^3}$，因此，后文关注 $c \in \left[0, \dfrac{3a}{5}\right)$ 的情况。

通过比较情境 D 和情境 H 下的盈亏比可知，当

$$c < \frac{3[48\eta - 98\eta^2 + 62\eta^3 - 11\eta^4 + \eta(12 - 16\eta + 5\eta^2)\sqrt{24 - 30\eta + 7\eta^2}]a}{576 - 1488\eta + 1510\eta^2 - 790\eta^3 + 226\eta^4 - 27\eta^5}$$

时，$\theta^D - \theta^H < 0$；，反之 $\theta^D - \theta^H > 0$。此外，通过计算可以得到 $\theta^R - \theta^H =$

$$\frac{c^2(19968 - 50368\eta + 48784\eta^2 - 23908\eta^3 + 6741\eta^4 - 972\eta^5) - 6ac(4608 - 9472\eta + 5992\eta^2 - 868\eta^3 - 171\eta^4)}{12(8-9\eta) + c^2(192 - 416\eta + 356\eta^2 - 161\eta^3 + 36\eta^4) - 6ac\eta(40 - 60\eta + 23\eta^2)} +$$

$$\frac{9a^2(3072 - 7296\eta + 6112\eta^2 - 2068\eta^3 + 225\eta^4)}{12(8-9\eta) + c^2(192 - 416\eta + 356\eta^2 - 161\eta^3 + 36\eta^4) - 6ac\eta(40 - 60\eta + 23\eta^2)} > 0,$$

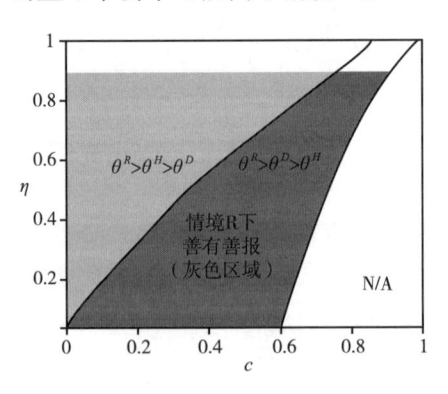

以及 $\theta^R - \theta^D = \dfrac{64 - 64\eta + 9\eta^2}{4\eta(9\eta - 8)}$。最后，可以验证，当 $\eta < \dfrac{8}{9}$ 时，$\pi_m^R(\eta) - \pi_m^R(0) > 0$；反之 $\pi_m^R(\eta) - \pi_m^R(0) < 0$。因此，在情境 R 中，出现一个"善有善报"的区域。证毕。

命题 4.23 揭示了两个有趣的结果。首先值得注意的是，在情境 R 中，当 $\eta < \dfrac{8}{9}$（见注 4.2 和图 4.15 中的灰色区域）时，双重目标制造商比纯营利性制造商更有利可图。零售商对消费者剩余的兴趣促使零售订货量的增加，这可以缓解甚至抵销（当 $\eta < \dfrac{8}{9}$ 时）关注消费者剩余在利润损失中的减少。第二个是当直销成本较小时，混合渠道结构比直销渠道结构更有效。其原因与前文类似，零售商的双重目标不仅增加了订货量，而且缓解了干扰效应带来的利润损失。因此，情境 H 下的盈亏平衡率可能高于情境 D。

图 4.15 当面对一个混合零售商时制造商的渠道偏好

第4章 考虑企业双重目标的分销渠道选择策略

注4.2 在情境 R 中，(1) 当制造商面对双重目标零售商时，存在一个 η 的阈值，使得当 $\eta < \frac{8}{9}$ 时，双重目标制造商可能获得比纯营利性制造商更高的利润。

(2) 面对混合零售商。本部分考虑了由一个双重目标制造商和两个不同目标（混合）零售商（一个是纯营利性零售商，记为 r1；另一个是双重目标零售商，记为 r2）组成的供应链。为了简单起见，假设双重目标零售商与双重目标制造商对消费者有相同的关注度。

在情境 R 中，零售商 r1 和零售商 r2 在制造商确定批发价格 w 后，分别选择零售数量 q_{r1} 和 q_{r2}。制造商和零售商的优化问题为：

$$\max_{w} \mu_m = w(q_{r1} + q_{r2}) + \frac{b\eta(q_{r1} + q_{r2})^2}{2} \tag{4.34}$$

$$\max_{q_{r1}} \pi_{r1} = (a - bq_{r1} - bq_{r2})q_{r1} - wq_{r1} \tag{4.35}$$

$$\max_{q_{r2}} \mu_{r2} = (a - bq_{r1} - bq_{r2})q_{r2} - wq_{r2} + \frac{b\eta(q_{r1} + q_{r2})^2}{2} \tag{4.36}$$

在情境 D 中，制造商通过直销渠道直接向消费者销售产品。因此，制造商的最大化问题为：

$$\max_{w} \mu_m = (a - bq_m - c)q_m + \frac{b\eta q_m^2}{2} \tag{4.37}$$

在情境 H 中，给定批发价格和零售商的订货量，制造商通过求解最大化问题确定其直销量 $q_m(q_{r1}, q_{r2}, w)$：

$$\max_{q_m} \mu_m = [a - b(q_m + q_{r1} + q_{r2} - c)]q_m + w(q_{r1} + q_{r2}) + \frac{b\eta[q_m + q_{r1} + q_{r2}]^2}{2} \tag{4.38}$$

然后，给定批发价格和预期直销量，零售商 r1 和零售商 r2 分别通过求解下面的最大化问题来决定它们的零售订货量：

$$\max_{q_{r1}} \pi_{r1} = (1 - bq_{r1} - bq_{r2} - bq_m(q_{r1}, q_{r2}, w))q_{r1} - wq_{r1} \tag{4.39}$$

$$\max_{q_{r2}} \mu_{r2} = (a - bq_{r1} - bq_{r2} - bq_m(q_{r1}, q_{r2}, w))q_{r2} - wq_{r2} + \frac{b\eta(q_m(q_{r1}, q_{r2}, w) + q_{r1} + q_{r2})^2}{2}$$
(4.40)

制造商在预期零售商的响应函数和自身直销量的情况下，通过求解最大化问题来决定批发价格：

$$\max_{w} \mu_m = [a - b(q_m(w) + q_{r1}(w) + q_{r2}(w)) - c]q_m(w) + w(q_{r1}(w) + q_{r2}(w)) + \frac{b\eta[q_m(w) + q_{r1}(w) + q_{r2}(w)]^2}{2}$$
(4.41)

表 4.10 总结了这三种情境的均衡结果。首先，考察在情境 R 下，当制造商面对混合零售商时，均衡特征如何变化。结果总结在引理 4.11 中。

引理 4.11 当制造商面对混合零售商时，在情境 R 中，

(1) 如果 $\eta \in \left(0, \frac{1}{2}\right)$，$w$ 在 η 上递减，而 π_m^R 在 η 上递增，反之递减；

(2) q_{r1}^R，π_{r1}^R 在 η 上递减；

(3) q_{r2}^R，π_{r2}^R 在 η 递增。

证明：基于情境 R 下的均衡结果，对于第（1）部分，当 $\eta < \frac{1}{2}$ 时，可得 $\frac{dw^R}{d\eta} = -\frac{3a}{2(3-2\eta)^2} < 0$，$\frac{d\pi_m^R}{d\eta} = \frac{3a^2(1-2\eta)}{2b(3-2\eta)^3}$ 和 $\frac{d\pi_m^R}{d\eta} > 0$；当 $\eta > \frac{1}{2}$ 时，$\frac{d\pi_m^R}{d\eta} < 0$。对于第（2）部分，可推导出 $\frac{dq_{r1}^R}{d\eta} = -\frac{a}{2b(3-2\eta)^2} < 0$ 和 $\frac{d\pi_{r1}^R}{d\eta} = -\frac{a^2(1-\eta)}{2b(3-2\eta)^3} < 0$。对于第（3）部分，可得 $\frac{dq_{r2}^R}{d\eta} = \frac{5a}{2b(3-2\eta)^3} > 0$，$\frac{d\mu_m^R}{d\eta} = \frac{a^2(5-\eta)}{2b(3-2\eta)^3} > 0$。证毕。

引理 4.11 的第（1）部分表明，强调消费者关注会促使制造商降低批发价格，其中有两大驱动因素。首先，制造商降低批发价格以产生更多的消费者剩余。其次，零售商的订货量对批发价格变得更加敏感。有趣的是，虽然重视消费者剩余会导致批发价格偏离利润最大化目标，但当消费者关注度较低 $\left(即 \eta < \frac{1}{2}\right)$ 时，这种偏离反而可能带来更高的制造商利润。直觉认为，订货

第 4 章　考虑企业双重目标的分销渠道选择策略

表 4.10　存在混合零售商时的均衡结果

	情境 R	情境 D	情境 H
w^*	$\dfrac{3a(1-\eta)}{6-4\eta}$	—	$\dfrac{(1-\eta)\left[a(16-19\eta+6\eta)-c(8-11\eta+4\eta^2)\right]}{2(2-\eta)^2(4-3\eta)}$
q_{r1}^*	$\dfrac{a-a\eta}{2b(3-2\eta)}$	—	$\dfrac{a\eta(2\eta-3)+c(8-13\eta+8\eta^2-2\eta^3)}{2b(4-3\eta)^2(2-\eta)}$
q_{r2}^*	$\dfrac{a+a\eta}{2b(3-2\eta)}$	—	$\dfrac{a\eta(5-3\eta)+c(8-13\eta+5\eta^2)}{2b(8-10\eta+3\eta^2)}$
q_m^*	—	$\dfrac{a-c}{b(2-\eta)}$	$\dfrac{a(8-7\eta+\eta^2)-c(16-23\eta+11\eta^2-2\eta^3)}{2b(2-\eta)^2(4-3\eta)}$
μ_m^*	$\dfrac{a^2}{2b(3-2\eta)}$	$\dfrac{(a-c)^2}{2b(2-\eta)}$	$\dfrac{a^2(32-40\eta+13\eta^2)-2ac(32+48\eta+21\eta^2-2\eta^3)}{8b(2-\eta)^2(4-3\eta)}+\dfrac{c^2(96-184\eta+125\eta^2-36\eta^3+4\eta^4)}{8b(2-\eta)^2(4-3\eta)}$
μ_{r2}^*	$\dfrac{a^2(1+2\eta-\eta^2)}{4b(3-2\eta)^2}$	—	$\dfrac{a^2\eta(128-254\eta+168\eta^2-37\eta^3)+2ac\eta(16-82\eta+124\eta^2-75\eta^3+16\eta^4)}{8b(4-3\eta)^2(2-\eta)^3}+\dfrac{c^2(128-416\eta+546\eta^2-352\eta^3+99\eta^4-4\eta^6)}{8b(4-3\eta)^2(2-\eta)^3}$
π_m^*	$\dfrac{3a^2(1-\eta)}{2b(3-2\eta)^2}$	$\dfrac{(a-c)^2(1-\eta)}{b(2-\eta)^2}$	$\dfrac{a^2(32-80\eta+63\eta^2-16\eta^3)-2ac(32-72\eta+51\eta^2-10\eta^3-\eta^4)}{2b(4-3\eta)^2(2-\eta)^2}+\dfrac{c^2(96-256\eta+263\eta^2-132\eta^3+34\eta^4-4\eta^5)}{2b(4-3\eta)^2(2-\eta)^2}$

续表

	情境 R	情境 D	情境 H
π_{r1}^*	$\dfrac{a^2(1-\eta)^2}{4b(3-2\eta)^2}$	—	$\dfrac{(a(3-2\eta)\eta - c(8-13\eta+8\eta^2-2\eta^3))^2}{4b(4-3\eta)^2(2-\eta)^3}$
π_{r2}^*	$\dfrac{a^2(1-\eta)(1+\eta)}{4b(3-2\eta)^2}$	—	$\dfrac{(a(5-3\eta)\eta + c(8-13\eta+5\eta^2))(a(2\eta-3)\eta + c(8-13\eta+8\eta^2-2\eta^3))}{4b(4-3\eta)^2(2-\eta)^3}$
cs^*	$\dfrac{a^2(1+\eta)^2}{2b(3-2\eta)^2}$	$\dfrac{(a-c)^2}{2b(2-\eta)^2}$	$\dfrac{(c(3-2\eta)\eta - a(8-5\eta))^2}{8b(8-10\eta+3\eta^2)^2}$
sw^*	$\dfrac{a^2(3+2\eta+3\eta^2)}{2b(3-2\eta)^2}$	$\dfrac{(a-c)^2}{2b(2-\eta)^2}$	$\dfrac{a^2(128-244\eta+148\eta^2-49\eta^3+8\eta^4) - 2ac\eta(96-196\eta+151\eta^2-54\eta^3+8\eta^4)}{8b(4-3\eta)^2(2-\eta)^3}$ $+ \dfrac{c^2(128-416\eta+612\eta^2-513\eta^3+252\eta^4-68\eta^5+8\eta^6)}{8b(4-3\eta)^2(2-\eta)^3}$

量的增加足以弥补批发价格偏离带来的利润损失。引理 4.11 的第（2）部分表明，随着消费者关注的增加，纯营利性零售商减少其订货量并获得更少的利润，因为双重目标零售商在数量竞争中表现得更激进。与之相反，引理 4.11 的第（3）部分表明，当消费者关注增加时，双重目标零售商的订货量会增加，并获得更多的效用。可以发现，批发价格的降低相对于基本模型更加显著，这意味着根植于零售渠道的双重边际化效应可以得到进一步的缓解。因此，情境 R 对制造商来说可能会变得更可取。首先通过两个单渠道情境的对比来证实，并有以下结果。

命题 4.24 当制造商面对混合零售商时，通过比较情境 R 和情境 D 下的制造商效用，可以得到：

（1）存在一个阈值 $\stackrel{\vee}{c}_5(\eta)$，使得当 $c < \stackrel{\vee}{c}_5(\eta)$ 时，在情境 D 下制造商效用更高，其中 $\stackrel{\vee}{c}_5(\eta) = \left(1 - \sqrt{\dfrac{2-\eta}{3-2\eta}}\right)a$；

（2）阈值 $\stackrel{\vee}{c}_5(\eta)$ 在 η 上递减。

证明：可以通过比较制造商在情境 R 和情境 D 下的效用来验证结果。对于第（1）部分，容易得到 $\dfrac{d(\mu_m^R - \mu_m^D)}{dc} = \dfrac{a-c}{b(2-\eta)} > 0$，且当 $c = \stackrel{\vee}{c}_5(\eta) = \left(1 - \sqrt{\dfrac{2-\eta}{3-2\eta}}\right)a$ 时，$\dfrac{d(\mu_m^R - \mu_m^D)}{dc} = 0$。因此，当 $c < \stackrel{\vee}{c}_5(\eta)$ 时，可以得到 $\mu_m^R - \mu_m^D < 0$。对于第（2）部分，可以确认 $\dfrac{d\stackrel{\vee}{c}_5(\eta)}{d\eta} = \dfrac{1}{2(3-2\eta)\sqrt{(2-\eta)(3-2\eta)}} > 0$。证毕。

命题 4.24 表明，当销售成本较小时，制造商可能更倾向于选择情境 D，而非情境 R。然而，与基准模型相比，支持情境 D 的区域缩小了。此外，制造商偏好情景 D 而非情景 R 的阈值会随着消费者关注度的提高而降低。正如预期的那样，当面临混合零售商时，制造商在情景 R 下的利润损失会较小，具体结论将在引理 4.12 中给出。

引理 4.12 当制造商面对混合零售商时，通过比较情境 R 和情境 D 下的制造商利润，可以得到：

（1）存在一个阈值 $\stackrel{\vee}{c}_6(\eta)$，使得 $\stackrel{\vee}{c}_6(\eta) < \stackrel{\vee}{c}_5(\eta)$，使得当 $c < \stackrel{\vee}{c}_6(\eta)$ 时，情

境 D 下制造商利润更高，其中，$\check{c}_6(\eta) = \left(1 - \frac{\sqrt{6}(2-\eta)}{2(3-2\eta)}\right)a$；

(2) 阈值 $\check{c}_6(\eta)$ 在 η 中递减；

(3) 假设 $c = 0$。则当 $\eta > \frac{6-\sqrt{6}}{5}$ 时，在情境 R 下制造商利润更高。

证明：对于第（1）部分，可以得到 $\frac{d(\pi_m^R - \pi_m^D)}{dc} = \frac{2(a-c)(1-\eta)}{b(2-\eta)^2} > 0$，且如果 $c = \check{c}_6(\eta) = \left(1 - \frac{\sqrt{6}(2-\eta)}{2(3-2\eta)}\right)a$，则 $\pi_m^R - \pi_m^D = 0$。因此，当 $c < \check{c}_6(\eta)$ 时，$\pi_m^R - \pi_m^D < 0$。对于第（2）部分，可以验证 $\frac{d\check{c}_6(\eta)}{dc} = -\frac{\sqrt{3}a}{(3-2\eta)^2\sqrt{2}} < 0$。最后，可以确定 $\check{c}_5(\eta) > \check{c}_6(\eta)$。证毕。

通过引理 4.12，可以证实阈值 $\check{c}_6(\eta)$ 随着消费者关注的增加而减小，这表明情境 R 比情境 D 有更大的利润空间。此外，当制造商和零售商具有相同的销售效率时，与基本模型相比，情境 D 下制造商利润高于情境 R 的阈值变得更低。

接下来，我们按常规检查情境 H 的动态变化，首先从消费者关注度的影响入手。直观来看，随着消费者关注度的提高，制造商的批发价格会下降，而直销数量则会上升。双重目标零售商对消费者剩余的重视促使其增加订购量，从而导致纯营利型零售商的订购量相应减少。形式上，$\frac{dw^H}{d\eta} < 0$，$\frac{dq_m^H}{d\eta} > 0$，$\frac{dq_{r2}^H}{d\eta} > 0$，$\frac{dq_{r1}^H}{d\eta} < 0$。关于销售成本的影响，可以发现制造商的直销量在 c 上是递减的，而零售商的订货量在 c 上是递增的。形式上，$\frac{dq_m^H}{dc} < 0$，$\frac{dq_{r1}^H}{dc} > 0$ 且 $\frac{dq_{r2}^H}{dc} > 0$。与前述提到的双重目标零售商的情境类似，制造商的批发价格总是在 c 上下降（即 $\frac{dw^H}{dc} < 0$），这意味着当制造商在销售过程中变得更低效时，制造商总是会降低批发价格以更多地依赖转售渠道。这是因为转售渠道变得更加有效，双重目标零售商对批发价格更加敏感。

鉴于这些重要的见解，可以得出结论：在情境 H 中，双重目标零售商的存在可以缓解干扰带来的价格和数量扭曲。接着，比较在情境 R 和情境 H 下制造商的效用，并在命题 4.25 中进行总结。

命题 4.25 当制造商面对混合零售商时，比较情境 H 和情境 R 下制造商的效用，可以得到存在阈值 $\overset{\vee}{c}_7(\eta)$ 和 $\overset{\vee}{c}_8(\eta)$，且 $\overset{\vee}{c}_7(\eta) < \overset{\vee}{c}_8(\eta)$，使得当 $\overset{\vee}{c}_7(\eta) < c < \overset{\vee}{c}_8(\eta)$ 时，情境 R 下制造商的效用更高，反之则更低，其中，

$$\overset{\vee}{c}_7(\eta) = \frac{(32 - 48\eta + 21\eta^2 - 2\eta^3 - 2(2-\eta)\sqrt{\eta(4-3\eta)(8-9\eta+2\eta^2)})a}{96 - 184\eta + 125\eta^2 - 36\eta^3 + 4\eta^4};$$

$$\overset{\vee}{c}_8(\eta) = \frac{(32 - 48\eta + 21\eta^2 - 2\eta^3 + 2(2-\eta)\sqrt{\eta(4-3\eta)(8-9\eta+2\eta^2)})a}{96 - 184\eta + 125\eta^2 - 36\eta^3 + 4\eta^4}。$$

证明：对于第（1）部分，有 $\dfrac{\partial^2(\mu_m^H - \mu_m^R)}{\partial c^2} = \dfrac{96 - 184\eta + 125\eta^2 - 36\eta^3 + 4\eta^4}{4b(2-\eta)^2(4-3\eta)} > 0$，表明 $\mu_m^H - \mu_m^R$ 在 c 上是凸的。求解 $\mu_m^H - \mu_m^R = 0$，得到两个根 $\overset{\vee}{c}_7(\eta)$ 和 $\overset{\vee}{c}_8(\eta)$，其中，

$\overset{\vee}{c}_7(\eta) < \overset{\vee}{c}_8(\eta)$；$\overset{\vee}{c}_7(\eta) = \dfrac{(32 - 48\eta + 21\eta^2 - 2\eta^3 - 2(2-\eta)\sqrt{\eta(4-3\eta)(8-9\eta+2\eta^2)})a}{96 - 184\eta + 125\eta^2 - 36\eta^3 + 4\eta^4}$；

$\overset{\vee}{c}_8(\eta) = \dfrac{(32 - 48\eta + 21\eta^2 - 2\eta^3 + 2(2-\eta)\sqrt{\eta(4-3\eta)(8-9\eta+2\eta^2)})a}{96 - 184\eta + 125\eta^2 - 36\eta^3 + 4\eta^4}$。

因此，当 $\overset{\vee}{c}_7(\eta) < c < \overset{\vee}{c}_8(\eta)$ 时，$\mu_m^H - \mu_m^R < 0$。证毕。

命题 4.25 表明，制造商可能仍然偏好情境 R 而非情境 H。与基准模型不同，命题 4.25 还揭示了偏好情境 H 的区域缩小了（见图 4.16）。原因在于混合零售商的激烈竞争减少了直销，制造商不得不过度降低批发价格以平衡更多的零售渠道。这导致在更大的 $c-\eta$ 空间范围内存在显著的利润损失，消费者剩余的收益不能弥补利润损失。

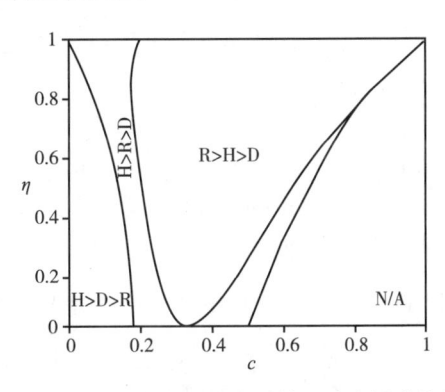

图 4.16 存在混合零售商时的制造商渠道偏好

然后，比较在情境 H 和情境 D 下制造商的效用和利润，命题 4.26 给出了结果。

命题 4.26 当制造商面对混合零售商时，对比情境 H 和情境 D，可以得到以下结果：

(1) 在情境 H 下，制造商的效用总是更高；

(2) 当 $c < \dfrac{\eta(3-2\eta)a}{8-13\eta+8\eta^2-2\eta^3}$ 时，情境 H 下的制造商利润更低，否则更高。

证明：对于第（1）部分，可得 $\mu_m^H - \mu_m^D = \dfrac{(a\eta + c(8-9\eta+2\eta^2))^2}{8b(2-\eta)^2(4-3\eta)} > 0$。对于第（2）部分，通过比较制造商在情境 H 和情境 D 下的利润可以验证该结果。推导过程与上面类似，并且当 $c < \dfrac{\eta(3-2\eta)a}{8-13\eta+8\eta^2-2\eta^3}$ 时，有 $\pi_m^H - \pi_m^D < 0$。显然，这个阈值降低了制造商通过直接渠道销售正数量的阈值，即 $\dfrac{\eta(3-2\eta)a}{8-13\eta+8\eta^2-2\eta^3} < \dfrac{(8-7\eta+\eta^2)a}{16-23\eta+11\eta^2-2\eta^3}$。证毕。

命题 4.26 表明，在直销渠道已经建立的情况下，制造商仍然偏好引入零售渠道。类似于基本模型，如果直销成本较小，增加一个零售渠道可能会损害制造商的利润。究其原因，如前所述，来自混合零售商的竞争和根植于混合渠道的竞合关系导致了利润的显著下降和意想不到的损失。

最后，比较三种情境下的盈亏比，结果如下。

命题 4.27 (1) 三种情境下的盈亏比如下：

$\theta^R = \dfrac{5(6+\eta)}{3(4\eta-3)}$，$\theta^D = \dfrac{4-\eta}{2\eta}$ 和 $\theta^H =$

$\dfrac{c^2(3-2\eta)^2\eta + 2ac(24-31\eta+10\eta^2) + a^2(80-123\eta+60\eta^2-9\eta^3)}{2a^2\eta(22-28\eta+9\eta^2) + 4ac(16-46\eta+40\eta^2-\eta^3) + 2c^2(32-82\eta+84\eta^2-41\eta^3+8\eta^4)}$；

(2) 盈亏比满足 $\theta^R > \theta^D > \theta^H$。

证明：利用盈亏比的定义，可以推导出三种情境下的盈亏比。

在情境 R 下，$\theta^R = -\dfrac{cs^R(\eta) - cs^R(0)}{\pi_m^R(\eta) - \pi_m^R(0)} = -\left[\dfrac{2b(a+a\eta)^2}{(6b-4b\eta)^2} - \dfrac{a^2}{18b}\right]\Big/$

第4章 考虑企业双重目标的分销渠道选择策略

$$\left[\frac{3a^2(1-\eta)}{2b(3-2\eta)^2} - \frac{a^2}{6b}\right] = \frac{5(6+\eta)}{3(4\eta-3)}。$$

在情境 D 下，$\theta^D = -\dfrac{cs^D(\eta) - cs^D(0)}{\pi_m^D(\eta) - \pi_m^D(0)} = -\left[\dfrac{(1-\eta)(a-c)^2}{b(2-\eta)^2} - \dfrac{(a-c)^2}{4b}\right]/$

$$\left[\frac{(a-c)^2}{2b(2-\eta)^2} - \frac{(a-c)^2}{8b}\right] = \frac{4-\eta}{2\eta}。$$

在情境 H 下，$\theta^H = -\dfrac{cs^H(\eta) - cs^H(0)}{\pi_m^H(\eta) - \pi_m^H(0)} = -\left[\dfrac{(c(3-2\eta)\eta - a(8-5\eta))^2}{8b(8-10\eta+3\eta^2)^2} - \dfrac{a^2}{8b}\right]/$

$$\left[\frac{a^2(32-80\eta+63\eta^2-16\eta^3) - 2ac(32-72\eta+51\eta^2-10\eta^3-\eta^4) + c^2(96-256\eta+263\eta^2-132\eta^3+34\eta^4-4\eta^5)}{2b(4-3\eta)^2(2-\eta)^2} - \right.$$

$$\left.\frac{a^2-2ac+3c^2}{4b}\right] = \frac{c^2(3-2\eta)^2\eta - 2ac(24-31\eta+10\eta^2) + a^2(80-123\eta+60\eta^2-9\eta^3)}{2a^2\eta(22-28\eta+9\eta^2) + 4ac(16-46\eta+40\eta^2-\eta^3) + 2c^2(32-82\eta+84\eta^2-41\eta^3+8\eta^4)}。$$

考虑制造商通过直销渠道销售量为正数的情境，当 $\eta > 0$ 时，阈值为 $c < \dfrac{(8-7\eta+\eta^2)a}{16-23\eta+11\eta^2-2\eta^3}$；当 $\eta = 0$ 时，$c < \dfrac{a}{2}$，其中，$\dfrac{a}{2} < \dfrac{(8-7\eta+\eta^2)a}{16-23\eta+11\eta^2-2\eta^3}$。因此，在比较盈亏平衡时，研究关注 $c \in \left[0, \dfrac{a}{2}\right)$ 的情境。可以确认 $\theta^D - \theta^H = [a^2\eta(8-11\eta+4\eta^2) + 2ac(64-176\eta+175\eta^2-74\eta^3+11\eta^4) + c^2(128-360\eta+409\eta^2-236\eta^3+69\eta^4-8\eta^5)]/[2\eta(a^2\eta(22-28\eta+9\eta^2) + 2ac(16-46\eta+40\eta^2-11\eta^3) + c^2(32-82\eta+84\eta^2-41\eta^3+8\eta^4))] > 0$；$\theta^R - \theta^D = \dfrac{36+3\eta+22\eta^2}{6\eta(4\eta-3)} > 0$；以及 $\theta^D - \theta^H = [a^2(720-747\eta+556\eta^2-514\eta^3+198\eta^4) + 2ac(744-2033\eta+1478\eta^2-140\eta^3-110\eta^4) + c^2(1920-4519\eta+4004\eta^2-1440\eta^3+22\eta^4+80\eta^5)]/[6(4\eta-3)(a^2\eta(22-28\eta+9\eta^2) + 2ac(16-46\eta+40\eta^2-11\eta^3) + c^2(32-82\eta+84\eta^2-41\eta^3+8\eta^4))] > 0$。因此，可得 $\theta^R > \theta^D > \theta^H$。可以进一步确认，当 $\eta < \dfrac{3}{4}$ 时，$\pi_m^R(\eta) - \pi_m^R(0) > 0$；否则 $\pi_m^R(\eta) - \pi_m^R(0) < 0$。证毕。

命题 4.27 表明，仅零售渠道结构的转换效率最高，而混合渠道将利润转化为消费者剩余的效率最低，这与基础模型类似，也是自身零售商竞争的延伸。不同的是，在这一情境中，当 $\eta < \dfrac{3}{4}$（见注 4.3，图 4.17 中的灰色区域）

时，在情境 R 下存在一个"善有善报"区域。在有一个双重目标零售商的情境中，当 $\eta < \frac{8}{9}$ 时，在情境 R 中出现了一个"善有善报"的区域。这表明，在情境 R 中，竞争可以限制双重目标制造商的营利能力。

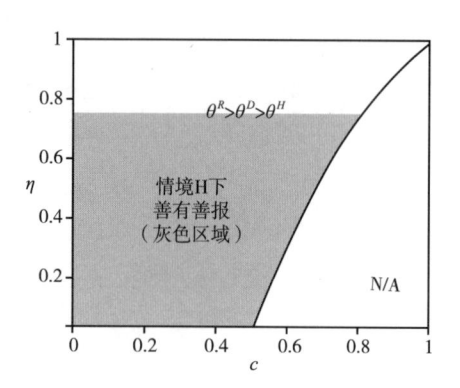

图 4.17 混合零售商下盈亏比的比较

注 4.3 在情境 R 中，当制造商面对混合零售商时，存在一个关于 η 的阈值，使得当 $\eta < \frac{3}{4}$ 时，双重目标制造商可能获得比纯营利性制造商更高的利润。

4.6 本章小结

社会企业的兴起促使人们更好地理解公司的社会使命对其商业决策的影响。将正确的商业模式与公司的社会使命相匹配，对于这些公司实现大规模的社会影响至关重要。本章主要探讨了企业的双重目标与不同渠道结构之间的相互作用，以及这种相互作用如何影响不同渠道结构的有效性和效率，以支持企业的社会使命。

4.3 节在制造商追求双重目标设定下，首先分析并对比了单渠道情境；其次分析了混合渠道情境；最后，通过对比得到均衡渠道选择策略，进一步分析了不同渠道通过牺牲利润换取消费者剩余的转换效率。研究发现：当制造商对消费者的关注度较高时，尽管制造商在直销方面面临更多的成本劣势，它依旧会提高批发价格，以更多地依赖直销渠道。尽管混合渠道结构确实提高了消费者剩余，但它可能对制造商的利润产生正面或负面影响。在混合渠道结构下，制造商的效用可能更高或更低，这取决于对消费者关注度的重视程度和直销成本（劣势）的大小。与两种单一渠道结构相比，在混合渠道下，转换效率是最低的。也就是说，因为混合渠道结构加剧了消费者关注对利润的负面影响程度。

4.4 节和 4.5 节检验了制造商追求双重目标的基础分析在其他情境中的稳健性。结果表明，当消费者关注度较高且直销劣势为中等到较高时，仅零售渠道的结构可能是更优的选择。当消费者关注度较低，或者消费者关注度较高且销售成本很小或很大时，混合渠道可能是更优选择。在制造商通过双重目标零售商进行销售的情况下，更有可能出现这种情况。研究还为混合渠道的管理提供了管理意义。消费者关注度高的制造商应该提高批发价格，更多地依赖直销渠道，即使销售劣势变得很大。而当制造商通过双重目标零售商进行销售时，情况正好相反。

第 5 章　零售竞争环境下考虑企业双重目标的分销渠道选择策略

第 4 章研究了同时关注利润和消费者剩余的双重目标企业的渠道选择策略，并分析了不同渠道在以牺牲利润为代价提高消费者剩余的效率方面的表现。而在现实生活中，第一，上游企业（制造商）往往不会仅通过一家零售商销售产品，例如，随着网络零售的普及，制造商为吸引具有不同平台偏好的消费者，会向多个平台（零售商）出售产品。借鉴已有研究，本书将这种制造商通过几个零售商同时销售产品的情况称作自有零售竞争（Liu et al.，2021）。第二，当制造商通过下游零售商销售产品时，其在市场上可能面临着其他几个现有竞争者额外的零售竞争。借鉴已有研究，本书将这种情况称作额外零售竞争（Arya et al.，2007）。

本书将自有零售竞争与额外零售竞争统称为零售竞争。那么，当考虑零售竞争环境时，双重目标企业的分销渠道选择策略如何呢？不同渠道在以牺牲利润为代价提高消费者剩余的效率表现又如何呢？这是本章的核心科学问题。

5.1　问题描述与模型设置

5.1.1　问题描述

上游企业生产一种产品，可以通过三种不同的渠道来分销产品。为方便起见，后文如同第 4 章，将上游企业称作制造商；下游企业称为零售商。自有零

第5章　零售竞争环境下考虑企业双重目标的分销渠道选择策略

售商间竞争情境下（见图5.1），在情境R中，制造商同时通过n个零售商销售产品；在情境D中，制造商建立直销渠道销售自己的产品；在情境H中，制造商同时通过直销渠道和n个零售渠道进行销售。

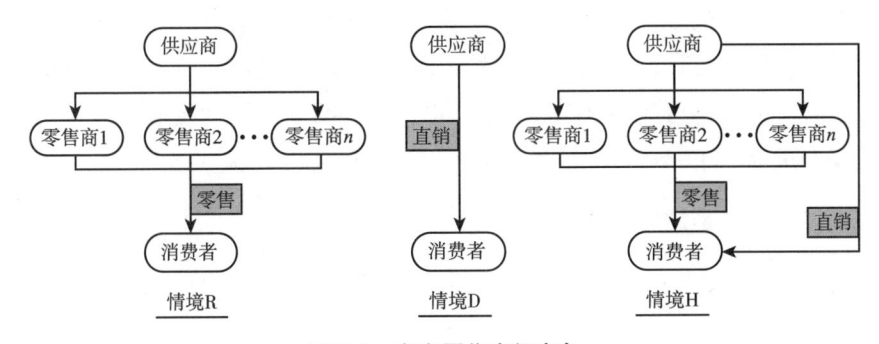

图 5.1　自有零售商间竞争

额外零售竞争情境下（见图5.2），在情境R中，制造商仅通过零售商销售；在情境D中，制造商建立直销渠道销售自己的产品；在情境H中，制造商通过直销渠道和零售渠道进行销售。三种情境下制造商均要面对其他竞争者的额外零售竞争。

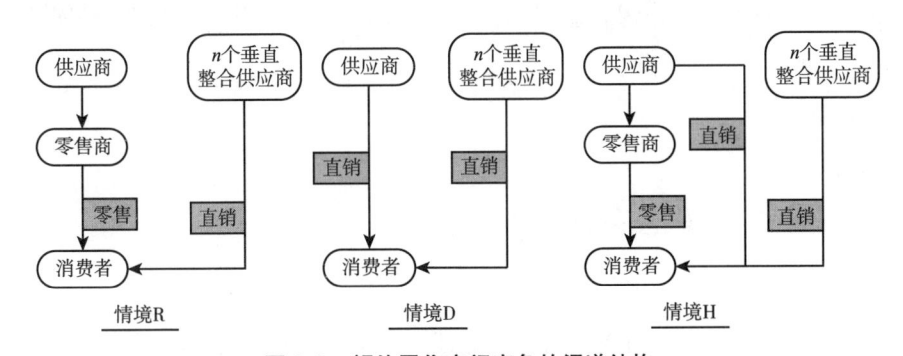

图 5.2　额外零售商间竞争的渠道结构

需要注意的是，与第4章类似，在零售竞争情境下，当关注消费者剩余程度较高时，依然会出现制造商利润为负的情况。为简便起见，本章仅探讨制造商利润为正的情形。另外，增加利润非负的约束不会改变本章的核心结论。当然，利润非负约束会增加分析的复杂度，并带来一些额外见解，比如，非负约束将加剧混合渠道中价格等决策的扭曲。更详细的分析可参见文献（Wang & Li, 2025）。

5.1.2 模型设置

与第 4 章中的基本设置相同,当通过零售渠道销售时,制造商和零售商签订线性批发价格协议,确定批发价格为 w;当通过直销渠道销售时,制造商在销售过程中的效率可能会低于零售商,并产生 c 的单位销售成本,不失一般性地,将制造商的生产成本和零售商的销售成本标准化为零。

假设消费者是同质的,消费 Q 单位产品的总效用为 $U(Q) = aQ - \dfrac{bQ^2}{2}$,假设为二次凹函数,自有零售商间竞争情境下的逆需求函数为:

$$p = a - b\left(\sum_{i=1}^{n} q_{r_i} + q_m\right)$$

额外零售竞争情境下的逆需求函数为:

$$p = a - b\left(q_r + \sum_{i=1}^{n} q_{R_i} + q_m\right)$$

其中,$a > 0$ 和 $b > 0$ 分别为需求函数的截距和斜率;q_{r_i}、q_m、q_r、q_{R_i} 分别表示自有零售商 i、制造商、零售商和现有竞争对手 R_i 的销售数量。进一步地,消费者剩余为 $cs = U(Q) - pQ = \dfrac{bQ^2}{2}$,表示消费者从消费净支付的价格中获得的总效用。

5.2 自有零售商间竞争情境

本节考虑这样一个情境,制造商通过 n 个零售商来销售它的产品。由于在情境 D 中,制造商完全依赖直销渠道,因此情境 D 下的最大化问题与第 4 章相同,现只分析单渠道模型——情境 R 和混合渠道模型——情境 H 的均衡结果。假设零售商是对称的。

5.2.1 单渠道的模型分析

情境 R 下的需求逆函数为:

第 5 章 零售竞争环境下考虑企业双重目标的分销渠道选择策略

$$p = a - b\sum_{i=1}^{n} q_{r_i}$$

q_{r_i} 表示零售商 $i(i=1, 2, \cdots, n)$ 的销售量。

在情境 R 中,零售商 r_i 和制造商的最大化问题分别为:

$$\max_{q_{r_i}} \pi_{r_i} = \left(a - b\sum_{i=1}^{n} q_{r_i}\right) q_{r_i} - w q_{r_i} \tag{5.1}$$

$$\max_{w} \mu_m = w\sum_{i=1}^{n} q_{r_i} + \frac{b\eta \left(\sum_{i=1}^{n} q_{r_i}\right)^2}{2} \tag{5.2}$$

通过逆向归纳法,首先得到零售商对订单数量的最佳响应是 $q_{r_i}(w) = \dfrac{a-w}{b(n+1)}$,预期到这一点,制造商设置其最优批发价格 $w = \dfrac{a(1+n(1-\eta))}{2+2(n-\eta)}$。相应的均衡结果如表 5.1 所示。

通过表 5.1,首先探讨了自有零售商间的竞争如何影响情境 R 的均衡结果。可以直观地看出,制造商对消费者剩余的重视对均衡决策的影响保持不变。研究表明,随着零售商数 n 的增加,每一位零售商 i 都由于激烈的竞争减少了订单数量。因此,制造商降低了批发价格。数学形式上,$\dfrac{dq_{r_i}^R}{dn} < 0, \dfrac{dw^R}{dn} < 0$。不难发现,与基本模型相比,总订单数量变得更高,批发价格变得更低。这说明自有零售商的竞争进一步缓解了双重边际化效应。

下面将研究自有零售商竞争如何影响单渠道比较。通过比较情境 R 和情境 D,可以得到命题 5.1。

命题 5.1 在自有零售商竞争下,比较情境 R 和情境 D 的制造商效用,可以得到:

(1) 存在一个临界值 $\tilde{c}_1(\eta)$,当 $c < \tilde{c}_1(\eta)$ 时,制造商在情境 D 下获得更高的效用,其中,$\tilde{c}_1(\eta) = \left(1 - \sqrt{\dfrac{n(2-\eta)}{2+n(2-\eta)}}\right) a$。

(2) 临界值 $\tilde{c}_1(\eta)$ 随着 η 的增大而增大,随着 n 的增大而减小。

表 5.1 自有零售商竞争下的均衡结果

	情境 R	情境 D	情境 H
w^*	$\dfrac{a(1+n(1-\eta))}{2+n(2-\eta)}$	—	$\dfrac{(a-c)(1-\eta)n+2a(1-\eta)+c\eta}{(2+n)(2-\eta)}$
$q_{r_i}^*$	$\dfrac{a}{b(2+n(2-\eta))}$	—	$\dfrac{c(2-\eta)}{b(2+n)}$
q_m^*	—	$\dfrac{a-c}{b(2-\eta)}$	$\dfrac{(a-c)(2+n)-cn(3-3\eta+\eta^2)}{b(2+n)(2-\eta)}$
μ_m^*	$\dfrac{a^2 n}{2b(2+2n-n\eta)}$	$\dfrac{(a-c)^2}{2b(2-\eta)}$	$\dfrac{(a-c^2)(2+n)+c^2(2-\eta)^2}{2b(2+n)(2-\eta)}$
π_m^*	$\dfrac{a^2 n(1+n(1-\eta))}{b(2+n(2-\eta))^2}$	$\dfrac{(a-c)^2(1-\eta)}{b(2-\eta)}$	$\dfrac{(2(a-c)+an)^2(1-\eta)+c^2 n[n(5-7\eta+4\eta^2-\eta^3)+(12-12\eta+4\eta^2-\eta^3)]}{b(2+n)^2(2-\eta)^2}$
$\pi_{r_i}^*$	$\dfrac{a^2}{b(2+n(2-\eta))^2}$	—	$\dfrac{c^2(2-\eta)}{b(2+n)^2}$
cs^*	$\dfrac{a^2 n^2}{2b(2+n(2-\eta))^2}$	$\dfrac{(a-c)^2}{2b(2-\eta)^2}$	$\dfrac{\eta(a(2+n)+c(2-n+n\eta))^2}{2b(2+n)^2(2-\eta)^2}$
sw^*	$\dfrac{a^2 n(1+n(3-\eta))}{b(2+n(2-\eta))^2}+\dfrac{a^2}{b(2+n(2-\eta))}$	$\dfrac{2(a-c)^2(1-\eta)(2-\eta)+(a-c)^2}{2b(2-\eta)^2}$	$\dfrac{(2(a-c)+an)^2(1-\eta)+c^2\eta[n(5-7\eta+4\eta^2-\eta^3)+(12-12\eta+4\eta^2-\eta^3)]}{b(2+n)^2(2-\eta)^2}+\dfrac{c^2(2-\eta)}{b(2+n)^2}+\dfrac{\eta[a(2+n)+c(2-n+n\eta)]^2}{2b(2+n)^2(2-\eta)^2}$

第 5 章 零售竞争环境下考虑企业双重目标的分销渠道选择策略

证明：对于第（1）部分，可以得到 $\dfrac{d(\mu_m^R - \mu_m^D)}{dc} = \dfrac{a-c}{b(2-\eta)} > 0$，且当 $c = \tilde{c}_1(\eta) = \left(1 - \sqrt{\dfrac{n(2-\eta)}{2+n(2-\eta)}}\right)a$ 时，$\mu_m^R = \mu_m^D$。因此，当 $c < \tilde{c}_1(\eta)$ 时，$\mu_m^R < \mu_m^D$。对于第（2）部分，可以得到：$\dfrac{d\tilde{c}_1(\eta)}{d\eta} = \dfrac{a\sqrt{n}}{(2-\eta)(2+n(2-\eta))^3} > 0$ 且 $\dfrac{d\tilde{c}_1(\eta)}{dn} = -\dfrac{a\sqrt{2-\eta}}{\sqrt{n}(2+n(2-\eta))} < 0$。证毕。

命题 5.1 表示，与基准模型相比，制造商仍然在销售成本较小时选择情境 D，潜在的原因与基准模型相似。在情境 R 中，自有零售商竞争可以缓解双重边际化效应。因此，随着 n 的增加，制造商更不愿意选择直销。此外，随着 n 的增加，情境 R 下制造商利润高于情境 D 的范围会扩大，这可以通过引理 5.1 得到证实。

引理 5.1 在自有零售商竞争下，比较情境 R 和情境 D 下制造商的利润，可以得到：

（1）存在一个临界值 $\tilde{c}_2(\eta)$，且 $\tilde{c}_2(\eta) < \tilde{c}_1(\eta)$，当 $c < \tilde{c}_2(\eta)$ 时，制造商在情境 D 下获得更高的利润，其中，$\tilde{c}_2(\eta) = \left(1 - \dfrac{(2-\eta)\sqrt{n(1+n(1-\eta))(1-\eta)}}{(1-\eta)(2+n(2-\eta))}\right)a$。

（2）阈值 $\tilde{c}_2(\eta)$ 随着 η 的增大而减小，随着 n 的增大而减小。

（3）假设 $c=0$，当 $\eta > \dfrac{2(1+2n) - 2\sqrt{1+n+n^2}}{3n}$ 时，在情境 R 下将产生更高的利润。

证明：对于第（1）部分，可以推导出 $\dfrac{d(\pi_m^R - \pi_m^D)}{dc} = \dfrac{2(a-c)(1-\eta)}{b(2-\eta)^2} > 0$，且当 $c = \tilde{c}_2(\eta) = \left(1 - \dfrac{(2-\eta)\sqrt{n(1+n(1-\eta))(1-\eta)}}{(1-\eta)(2+n(2-\eta))}\right)a$ 时，$\pi_m^R - \pi_m^D = 0$，因此，当 $c < \tilde{c}_2(\eta)$ 时，$\pi_m^R - \pi_m^D < 0$。对于第（2）部分，可以验证：$\dfrac{d\tilde{c}_1(\eta)}{\eta} = -\dfrac{n(2+n(4-3\eta))a\eta}{2(1-\eta)(2+n(2-\eta))^2\sqrt{n(1-\eta)(1+n(1-\eta))}} < 0$ 以及

$$\frac{d\tilde{c}_1(\eta)}{dn} = -\frac{(2-\eta)(2+n(2-3\eta))}{2(2+n(2-\eta))^2 \sqrt{n(1-\eta)(1+n(1-\eta))}}$$

。最后，可以很容易证明出：$\tilde{c}_2(\eta) < \tilde{c}_1(\eta)$。证毕。

引理 5.1 表明，在自有零售竞争的情况下，与基本模型相比，使得制造商在情境 D 下利润较高的阈值向左移动。特别地，研究证明了即使制造商与零售商具有相同的销售效率，当制造商对消费者剩余关注度增高时，情境 R 下制造商的利润也会更高。

5.2.2 混合渠道的模型分析

混合渠道模型—情境 H 下的需求逆函数为：

$$p = a - b\left(\sum_{i=1}^{n} q_{r_i} + q_m\right)$$

其中，q_{r_i} 和 q_m 分别表示零售商 $i(i=1, 2, \cdots, n)$ 和制造商的销售量。

在情境 H 中，使用与单渠道模型中相同的方法，给定零售商的订单数量 q_{r_i}，制造商通过设置 q_m 最大化其效用，即：

$$\max_{q_m} \mu_m = \left[a - b\left(\sum_{i=1}^{n} q_{r_i} + q_m\right) - c\right]q_m + w\sum_{i=1}^{n} q_{r_i} + \frac{b\eta\left(\sum_{i=1}^{n} q_{r_i}\right)^2}{2} \quad (5.3)$$

求解式（5.3）得到 $q_m(q_{r_i}) = \dfrac{a - c - b(1-\eta)\sum_{i=1}^{n} q_{r_i}}{b(2-\eta)}$，预期到这一点，零售商 i 选择 q_{r_i} 最大化其效用，即：

$$\max_{q_{r_i}} \pi_{r_i} = \left[a - b\left(\sum_{i=1}^{n} q_{r_i} + q_m\right)\right]q_{r_i} + wq_{r_i} \quad (5.4)$$

求解式（5.4）得 $q_{r_i}(w) = \dfrac{w(2-\eta) + a\eta - a - c}{b(n+1)}$。需注意，与前文相同，研究只考虑制造商通过直销渠道销售正数量的情况。基于此，制造商决定批发价格以使式（5.3）中所示的效用最大化。均衡结果如表 5.1 所示。

接着，检验自有零售商的竞争如何影响混合渠道结构的均衡结果（即情境 H)。均衡结果表明自有零售商的竞争减少了直销数量和每个零售商 i 的订单数量,从而降低了批发价格。然而,总订单量随着零售商数量的增加而增多。形式上,$\dfrac{dw^H}{dn}<0$,$\dfrac{dq_m^H}{dn}<0$,$\dfrac{dq_{r_i}^H}{dn}<0$,$\dfrac{d\sum_{i=1}^{n}q_{r_i}^H}{dn}>0$。那么,下游自有零售商的增加是否会改变基本模型中,批发价格随销售成本上升的现象呢?

引理 5.2 在自有零售竞争下的情境 H 中,如果 $\eta \in \left[\dfrac{n}{n+1},1\right)$,随着销售成本的增加,制造商的批发价格会增加;否则会减少。

证明:根据表 5.1,可以得到 $\dfrac{dw^H}{dc}=\dfrac{(1+n)\eta-n}{(2+n)(2-\eta)}$,且当 $\eta>\dfrac{n}{n+1}$ 时,$\dfrac{dw^H}{dc}>0$。证毕。

引理 5.2 表明,与基本模型相比,当制造商对消费者关注度较高时,批发价格仍然随着直销成本的增加而增加。且此范围的下界随着 n 的增大而增大。造成以上结果的直觉是,制造商不再需要通过直销来大幅提升消费者剩余,因为零售商之间的竞争已经能带来更多的消费者剩余。此外,消费者关注度对于零售商对批发价格敏感性的影响也被零售商自身之间的竞争所削弱。形式上,$\dfrac{d(q_{r_i}^H(w))}{dw}=\dfrac{-(2-\eta)}{b(1+n)}<0$,$\dfrac{d[dq_{r_i}^H/dw]}{d\eta}=\dfrac{b}{1+n}>0$,$\dfrac{d[d(dq_{r_i}^H/dw)/d\eta]}{dn}=\dfrac{-1}{b(1+n)^2}<0$,如图 5.3 所示。

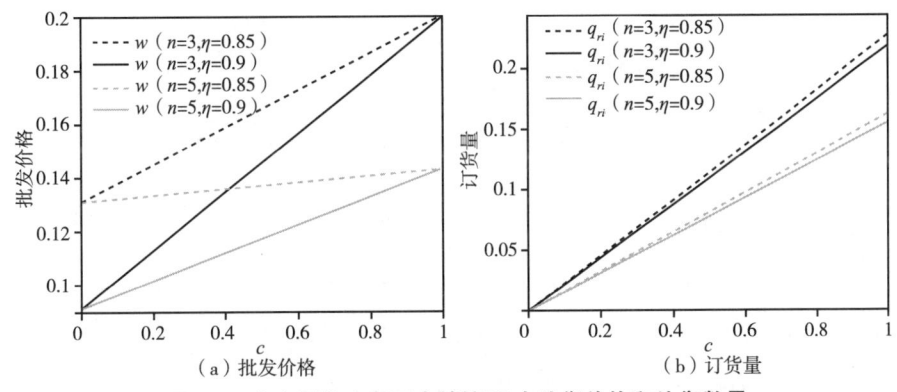

图 5.3 自有零售竞争下在情境 H 中均衡价格和均衡数量

5.2.3 渠道的均衡策略分析

对自有零售竞争情境下的单渠道模型和混合渠道模型分析完成之后，下面继续分析关于渠道的均衡选择策略，并通过对三种渠道下的制造商效用进行两两比较来解决这一问题。

首先，考察自有零售商的竞争如何影响制造商在情境 R 和情境 H 之间的渠道偏好，如命题 5.2 所示。

命题 5.2 通过比较自有零售竞争情境下情境 H 和情境 R 的制造商效用，可得存在临界值 $\tilde{c}_3(\eta)$、$\tilde{c}_4(\eta)$、$\tilde{c}_5(\eta)$，且 $\tilde{c}_3(\eta) < \min\{\tilde{c}_4(\eta), \tilde{c}_5(\eta)\}$，使得当 $\tilde{c}_3(\eta) < c < \min\{\tilde{c}_4(\eta), \tilde{c}_5(\eta)\}$ 时，情境 R 下的制造商效用更高，否则在情境 H 下更高。其中：

$$\tilde{c}_3(\eta) = \frac{2(2+n)a}{(2+n(2-\eta))(2+n) - \sqrt{n(2+n)(2-\eta)(2n+2-n\eta)(n-2+2\eta)}};$$

$$\tilde{c}_4(\eta) = \frac{2(2+n)a}{(2+n(2-\eta))(2+n) + \sqrt{n(2+n)(2-\eta)(2n+2-n\eta)(n-2+2\eta)}};$$

$$\tilde{c}_5(\eta) = \frac{(2+n)a}{2+3n-3n\eta+n\eta^2}。$$

证明：通过比较情境 H 和情境 R 下制造商的效用，可以得到：
$$\frac{\partial^2(\mu_m^H - \mu_m^R)}{\partial c^2} = \frac{2+n(5-4\eta+\eta^2)}{b(2+n)(2-\eta)} > 0，即 \mu_m^H - \mu_m^R 是关于 c 的凸函数，求解$$
$\mu_m^H - \mu_m^R = 0$ 得到 $\tilde{c}_3(\eta)$、$\tilde{c}_4(\eta)$ 两个解，其中，$\tilde{c}_3(\eta) < \tilde{c}_4(\eta)$；$\tilde{c}_3(\eta) =$
$$\frac{2(2+n)a}{(2+n(2-\eta))(2+n) - \sqrt{n(2+n)(2-\eta)(2n+2-n\eta)(n-2+2\eta)}};$$

$$\tilde{c}_4(\eta) = \frac{2(2+n)a}{(2+n(2-\eta))(2+n) + \sqrt{n(2+n)(2-\eta)(2n+2-n\eta)(n-2+2\eta)}}。$$

可以很容易地证明 $\mu_m^H - \mu_m^R$ 有唯一的顶点 (c_v, η_v)，当 $n = 2$ 时，$\eta_v = 0$；当 $n \geq 3$ 时，$\eta_v < 0$。因此，可以得到，当 $\tilde{c}_3(\eta) < c < \tilde{c}_4(\eta)$ 时，$\mu_m^H < \mu_m^R$。为了保证直销渠道的销售数量为正（$q_m^H > 0$），可以得出，当 $c < \tilde{c}_5(\eta)$ 时，$q_m^H > 0$，其

第5章 零售竞争环境下考虑企业双重目标的分销渠道选择策略

中，$\tilde{c}_5(\eta) = \dfrac{a(2+n)}{2+3n-3n\eta+n\eta^2}$。很容易验证出 $\tilde{c}_3(\eta) < \tilde{c}_5(\eta)$，但比较 $\tilde{c}_4(\eta)$ 和 $\tilde{c}_5(\eta)$ 较为复杂。通过比较，可得，当 $n \geq 5$ 且 $\eta < \dfrac{4-n}{4} + \dfrac{1}{4}\sqrt{\dfrac{n^3-16n-32}{n}}$ 时，$\tilde{c}_4(\eta) < \tilde{c}_5(\eta)$；反之，$\tilde{c}_4(\eta) > \tilde{c}_5(\eta)$。综上所述，可以得到：当 $\tilde{c}_3(\eta) < c < \min\{\tilde{c}_4(\eta), \tilde{c}_5(\eta)\}$ 时，$\mu_m^H < \mu_m^R$。证毕。

命题 5.2 表明，当直销成本处于中间水平时，制造商仍然倾向于情境 R 而不是情境 H。需注意，当 $n = 1$ 时，结果退化到 4.3 节所讨论的基础模型。随着 n 的增加，直销成本的范围越来越大（见图 5.4）。形式上，$\dfrac{d(\min\{\tilde{c}_4, \tilde{c}_5\} - \tilde{c}_3)}{dn} > 0$。造成以上结果的根本原因是：一方面，直销数量的减少无意中减轻了渠道平衡效应；另一方面，随着 n 的增加，制造商需在更多的批发渠道之间进行平衡。后者将主导前者，从而导致制造商在利润方面遭受更大的损失。这一结果也补充了已有文献（Liu et al., 2021）关于下游竞争如何影响供应商侵入的研究。需注意，即使 $n < 3$，双目标制造商仍然可能因为拥有侵入选项而使整体情况变得更糟。

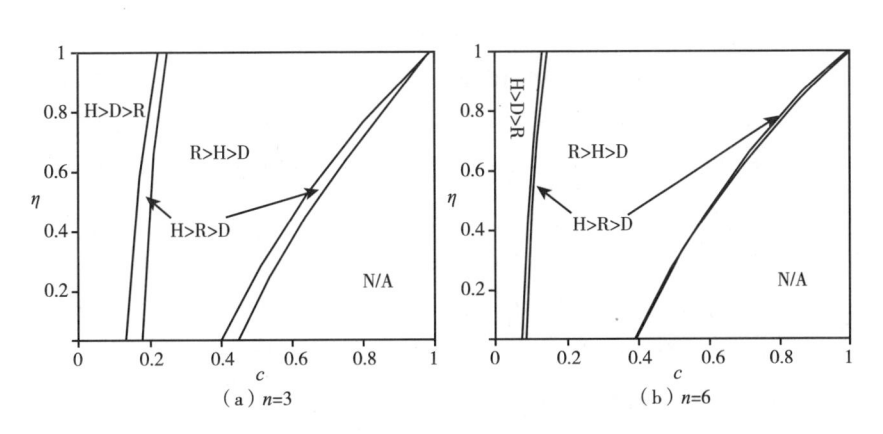

图 5.4 自有零售商竞争下制造商渠道偏好分析

接下来，比较情境 H 和情境 D 下制造商的效用和利润。命题 5.3 总结了相关结果。

命题 5.3 通过比较自有零售商竞争下的情境 H 和情境 D，有如下结果：

(1) 情境 H 下的制造商效用总是更高；

(2) 当 $c < \dfrac{a(2+n)\eta}{4-2\eta+\eta^2+n(2-2\eta+\eta^2)}$ 时，情境 H 下的制造商利润更低，反之则更高。

证明：对于第（1）部分，比较情境 H 和情境 D 下制造商的效用，可以证实 $\mu_m^H - \mu_m^D = \dfrac{c^2 n(2-\eta)}{2b(2+n)} > 0$。对于第（2）部分，比较情境 H 和情境 D 下制造商的利润，采用相似的推导过程，可以得到，当 $c < \dfrac{\eta(2+n)a}{4-2\eta+\eta^2+n(2-2\eta+\eta^2)}$ 时，$\pi_m^H - \pi_m^D < 0$，该临界值低于制造商通过直销渠道销售数量为正时的临界值，即：$\dfrac{\eta(2+n)a}{4-2\eta+\eta^2+n(2-2\eta+\eta^2)} < \dfrac{a(2+n)}{2+3n-3n\eta+n\eta}$。证毕。

命题 5.3 表明，当面临更激烈的竞争时，制造商仍然选择在直销渠道的基础上增加转售渠道。如前所述，自有零售竞争加剧了存在于混合渠道结构的合作竞争干扰双重目标的影响，从而放大了关注消费者剩余导致的损害制造商营利能力的程度。因此，在情境 H 下，当直销成本较小时，制造商的利润会较低，并且随着 n 的增加，范围会缩小。

5.2.4 Loss-for-Surplus 比率分析

命题 5.4 (1) 在自有零售竞争的情况下，三种情境下的盈亏比如下：

$$\theta^R = \dfrac{4+4n-n\eta}{2\eta(1+n)}; \quad \theta^D = \dfrac{4-\eta}{2\eta}$$

$$\theta^H = \dfrac{(a-c)(2+n)(a(2+n)(4-\eta)) + c((4-3\eta)n+2\eta-8)}{2(a(2+n)-c)^2 \eta + 4acn(2+n)(4-3\eta) - 2c^2(4n(1-\eta)+n^2(8+\eta)(11-4\eta))}$$

(2) 盈亏比满足 $\theta^R > \theta^D > \theta^H$。

证明：根据盈亏比的定义，情形 R 和情形 H 的盈亏比分别为：

$$\theta^R = -\dfrac{cs^R(\eta) - cs^R(0)}{\pi_m^R(\eta) - \pi_m^R(0)} = -\dfrac{\dfrac{a^2 n^2}{2b(2+n(2-\eta))^2} - \dfrac{a^2 n^2}{8b(1+n)^2}}{\dfrac{a^2 n(1+n(1-\eta))}{b(2+n(2-\eta))^2} - \dfrac{a^2 n}{4b(1+n)}} = \dfrac{4+4n-n\eta}{2\eta(1+n)}$$

$$\theta^H = -\frac{cs^H(\eta) - cs^H(0)}{\pi_m^H(\eta) - \pi_m^H(0)} =$$

$$-\frac{\frac{\eta(a(2+n)+c(2-n+n\eta))^2}{2b(2+n)^2(2-\eta)^2} - \frac{(a(2+n)-c(2-n))^2}{8b(2+n)^2}}{\frac{(2(a-c)+an)^2(1-\eta)+c^2(n^2(5-7\eta+4\eta^2-\eta^3)+n(12-12\eta+4\eta^2-\eta^3))}{b(2+n)^2(2-\eta)^2} - \frac{a^2(2-n)-2ac(2+n)+c^2(2+5n)}{4b(2+n)}} =$$

$$\frac{(a-c)(2+n)(a(2+n)(4-\eta)+c(n(4-3\eta)+2\eta-8))}{2a^2(n+2)^2-4ac(2+n)(2\eta+n(3\eta-4)+2c^2(4\eta))}$$

情境 D 下的盈亏比为 $\frac{4-\eta}{2\eta}$，需注意，当 $\eta=0$ 时，制造商通过直接渠道销售数量为正的临界值为 $\frac{a(2+n)}{2+3n}$；当 $\eta>0$ 时，临界值变为 $\frac{a(2+n)}{2+3n-3n\eta+n\eta^2}$。$\frac{a(2+n)}{2+3n} < \frac{a(2+n)}{2+3n-3n\eta+\eta\eta^2}$，因此，与基本模型类似，将范围限制为 $c \in \left[0, \frac{a(2+n)}{2+3n}\right)$。可以注意到 $\frac{a(2+n)}{2+3n} < \frac{3a}{5}$，由此可得 $\theta^R - \theta^D = \frac{1}{2(1+n)} > 0$。此外，可以证实 $\frac{\partial(\theta^H - \theta^D)}{\partial c} < 0$，以及 $(\theta^H - \theta^D)|_{c=0} = 0$。由此，可以得到 $\theta^H - \theta^D < 0$。证毕。

命题 5.4 表明，情境 R 仍然是效率最高的，情境 H 仍然是效率最低的。与 4.3 节相比，在自有零售竞争下，情境 H 和情境 R 的盈亏比变得更低。直觉与之前类似，当制造商更加追求消费者剩余时，零售商之间的竞争会导致其在情境 H 和情境 R 下承受更大的利润损失。

5.3 额外零售竞争情境

下面考虑下游零售商在市场中面临额外零售竞争的情况。根据先前的文献，假设零售商面临 $n>0$ 个现有竞争对手，这些竞争对手都是垂直整合的生产商，单位成本为 c。

5.3.1 单渠道的模型分析

用 q_{R_i} 表示现有竞争对手 R_i 的销售量（$i=1,2,\cdots,n$）。情境 R 中的需求逆函数为：$p = a - b\left(q_r + \sum_{i=1}^{n} q_{R_i}\right)$。制造商、零售商和现有竞争对手的最大化问题分别为：

$$\max_{w} \mu_m = wq_r + \frac{b\eta\left(q_r + \sum_{i=1}^{n} q_{R_i}\right)^2}{2} \qquad (5.5)$$

$$\max_{q_r} \pi_r = \left[a - b\left(q_r + \sum_{i=1}^{n} q_{R_i}\right)\right]q_r - wq_r \qquad (5.6)$$

$$\max_{q_{R_i}} \pi_{R_i} = \left[a - b\left(q_r + \sum_{i=1}^{n} q_{R_i}\right)\right]q_{R_i} - cq_{R_i} \qquad (5.7)$$

在情境 D 中，制造商直接销售，并与 n 家现有零售商竞争。需求逆函数可以表示为 $p = a - b\left(q_m + \sum_{i=1}^{n} q_{R_i}\right)$。制造商和现有竞争对手的最大化问题为：

$$\max_{q_m} \mu_m = \left[a - b\left(q_m + \sum_{i=1}^{n} q_{R_i}\right) - c\right]q_m + \frac{b\eta\left(q_m + \sum_{i=1}^{n} q_{R_i}\right)^2}{2} \qquad (5.8)$$

$$\max_{q_{R_i}} \pi_{R_i} = \left[a - b\left(q_m + \sum_{i=1}^{n} q_{R_i}\right)\right]q_{R_i} - cq_{R_i} \qquad (5.9)$$

引理 5.3 在额外零售竞争下，情境 R 中，(1) w^R、π_M^R 和 $q_{R_i}^R$ 随着 n 的增大而减小。

(2) $q_{R_i}^R$ 随着 c 的增大而减小，q_r^R 随着 c 的增大而增大。

(3) 当 $c < \dfrac{(2(1+n)^2 + (2n^2 + \eta - 3)\eta)a}{4(1+n)^2 + (2n^2 + \eta - 2n - 5)\eta}$ 时，q_r^R 随着 n 的增大而减小，反之则增大。

引理 5.3 的第（1）部分表明，在情境 R 中，随着来自现有对手的竞争越来越激烈，制造商降低了批发价格，现有竞争对手降低了销售量。很明显，在这种情况下，制造商将赚取较少的利润。引理 5.3 的第（2）部分表明，随着直销成本的增加，现有竞争对手减少销售数量，而零售商增加订单数量。引理 5.3 的第（3）部分表明，随着 n 的增加，当直销成本较大时，零售商可能会选择增加订单数量。这是因为销售优势使零售商能够在零售市场上表现得咄咄逼人，从而限制来自现有竞争对手的销售数量。

在情境 D 中，可以发现制造商和现有竞争对手在面临更多来自现有竞争对手的竞争时减少了自己的销售量，从而降低了它们的利润。形式上，$\frac{dq_m^D}{dn}<0$，$\frac{dq_{R_i}^D}{dn}<0$，$\frac{d\pi_m^D}{dn}<0$，$\frac{d\pi_{R_i}^D}{dn}<0$。此外，直销成本的增加导致制造商和现有竞争对手的销售数量下降。形式上，$\frac{dq_m^D}{dc}<0$，$\frac{dq_{R_i}^D}{dc}<0$。

5.3.2 混合渠道的模型分析

在情境 H 中，需求逆函数为 $p = a - b\left(q_r + \sum_{i=1}^{n} q_{R_i} + q_m\right)$。给定批发价格和零售数量，首先确定制造商的直销数量 $q_m(q_r, q_{R_i}, w)$。然后，给定批发价格和预期的直销数量，零售商和现有竞争对手通过求解以下最大化问题，同时确定 q_r 和 q_{R_i} 的零售数量：

$$\max_{q_r} \pi_r = \left[a - b\left(q_r + q_m(q_r, q_{R_i}, w) + \sum_{i=1}^{n} q_{R_i}\right)\right] q_r - w q_r \quad (5.10)$$

$$\max_{q_{R_i}} \pi_{R_i} = \left[a - b\left(q_r + q_m(q_r, q_{R_i}, w) + \sum_{i=1}^{n} q_{R_i}\right)\right] q_{R_i} - c q_{R_i} \quad (5.11)$$

制造商根据零售商的最佳响应，通过求解以下最大化问题来决定批发价格：

$$\max_{w} \mu_m = \left[a - b\left(q_r(w) + q_m(w) + \sum_{i=1}^{n} q_{R_i}(w)\right) - c\right] q_m(w)$$
$$+ \frac{b\eta \left(q_r(w) + q_m(w) + \sum_{i=1}^{n} q_{R_i}(w)\right)^2}{2} \quad (5.12)$$

详细的推导过程类似，因此在这里省略。有兴趣的读者可向作者索取详细资料。表 5.2 总结了这三种情境的结果。后文将探讨额外的零售竞争如何影响均衡结果。此外，可以注意到，消费者关注对均衡决策的影响保持不变。

其中，$A = c((n+1)(2n+1)\eta^2 - (4n+5)(1+n\eta) + 3\eta) + a(3+2n^2(2-\eta)\eta + n(2+8\eta-4\eta^2))$；$B = a^2(6n(2-\eta)\eta) + 2acn(2-15\eta+7\eta^2) + c^2(4(1-\eta) + (n^2+1)\eta^2 + 2n(2+5\eta-3\eta^2)) + (a-c)^2(3+2n^2(2-\eta)\eta)$；$C = (3+2n^2\eta(2-\eta))(a-c)^2 + a^2(6n\eta(2-\eta)) + 2acn(2-15\eta+7\eta^2) + c^2[(1+n^2)\eta^2 + 2n(2+5\eta-3\eta^2) + 4(1-\eta)]$；$D = c(1+n(8-3\eta)+2n^2(2-\eta)+\eta) - a(3+2n^2(2-\eta)+2n(5-2\eta))$。

5.3.3 渠道的均衡策略分析

首先，比较情境 R 和情境 D 下制造商的效用，得到命题 5.5。

命题 5.5 当市场上存在额外的零售竞争时，比较情景 R 和情景 D 下制造商的效用，可以得到：

(1) 存在一个临界值 $\tilde{c}_6(\eta)$，当 $c < \tilde{c}_6(\eta)$ 时，制造商在情景 D 下产生更高的效用。其中，

$$\tilde{c}_6(\eta) = \left(1 - \frac{(1+n)^2(n(1+n-\eta)(2-\eta) - \sqrt{(2-\eta)(1+2n\eta(2-\eta))(2n^2+6n-\eta+4)})}{4-\eta-n^3(5\eta^2-9\eta-2)+n^2(\eta^3-14\eta^2+22\eta+6)+n(2\eta^2-11\eta^2+13\eta+8)}\right)a$$

(2) 临界值 $\tilde{c}_6(\eta)$ 随着 η 的增大而增大，随着 n 的增大而减小。

证明：对于第 (1) 部分，已知 $\dfrac{d(\mu_m^R - \mu_m^D)}{dc} = \dfrac{(a-c)(1+2n(2-\eta)\eta+n^2(2-\eta)\eta)}{(1+n)^2(2-\eta)b} + \dfrac{n(cn(1+2\eta)+a(1-\eta-2n\eta))}{(4+6n+2n^2-\eta)b} > 0$，且当 $c = \tilde{c}_6(\eta) = 1 - \dfrac{(1+n)^2\left(n(1+n-\eta)(2-\eta) - \sqrt{(2-\eta)(1+2n\eta(2-\eta))(2n^2+6n-\eta+4)}\right)a}{4-\eta-n^3(5\eta^2-9\eta-2)+n^2(\eta^3-14\eta^2+22\eta+6)+n(2\eta^2-11\eta^2+13\eta+8)a}$

时，$\mu_m^H < \mu_m^R$。因此，当 $c < \tilde{c}_6(\eta)$ 时，$\mu_m^R < \mu_m^D$。对于第 (2) 部分，可以证实，$\dfrac{d\tilde{c}_6(\eta)}{d\eta} > 0$ 且 $\dfrac{d\tilde{c}_6(\eta)}{dn} < 0$。证毕。

第 5 章　零售竞争环境下考虑企业双重目标的分销渠道选择策略

表 5.2　额外零售竞争下的均衡结果

	情境 R	情境 D	情境 H
w^*	$\dfrac{cn(2+n+\eta)+a(2+n-\eta-n\eta)}{4+6n+2n^2-\eta}$	—	$\dfrac{a(3+n)(1-\eta)+c(n+1)^2(2-\eta)-3(1-\eta)+n}{(3+6n+2n^2)(2-\eta)}$
q_r^*	$\dfrac{cn(1+n-\eta)+a(1+n\eta)}{b(4+6n+2n^2-\eta)}$	—	$\dfrac{an(1-\eta)+c(2+n(3-\eta)+n^2(2-\eta)+n}{b(3+6n+2n^2)}$
$q_{R_i}^*$	$\dfrac{a(3+2n-\eta)-c(4+3n-\eta)}{b(4+6n+2n^2-\eta)}$	$\dfrac{(a-c)(1-\eta)}{b(n+1)}$	$\dfrac{a(3+2n)(1-\eta)+c(5-4\eta+n(4-3\eta)}{b(3+6n+2n^2)}$
q_m^*	—	$\dfrac{(a-c)(1+n(2-\eta)\eta}{b(1+n)^2(2-\eta)}$	$\dfrac{A}{b(3+6n+2n^2)(2-\eta)}$
μ_m^*	$\dfrac{(cn+a)^2+2an\eta(a-c)(n(a-c)+a)}{2b(4+6b+2n^2-\eta)}$	$\dfrac{(c-c)^2(1+(2+n))(2-\eta)\eta}{2b(1+n)^2(2-\eta)}$	$\dfrac{B}{2b(3+6n+2n^2)(2-\eta)}$
π_m^*	$\dfrac{[cn(2+n+\eta)+a(2+n-\eta-n\eta)][cn(1+n-\eta)+a(1+n+n\eta)]}{b(4+6b+2n^2-\eta)^2}$	$\dfrac{(c-c)^2(1-\eta)(1+n(2-\eta)\eta}{b(1+n)^2(2-\eta)^2}$	$\dfrac{C}{2b(3+6n+2n^2)^2(2-\eta)}$
π_r^*	$\dfrac{(cn(1+n-\eta)+a(1+n+n\eta))^2}{b(4+6n+2n^2-\eta)^2}$	—	$\dfrac{(an(1-n)+c(2+n(3-\eta)+n^2(2-\eta)-\eta))^2}{b(3+6n+2n^2)^2(2-\eta)^2}$
$\pi_{R_i}^*$	$\dfrac{(a(3+2n-\eta)-c(4+3n-\eta))^2}{b(4+6n+2n^2-\eta)^2}$	$\dfrac{(a-c)^2(1-\eta)^2}{b(2-\eta)(1+\eta)}$	$\dfrac{(c(n(3\eta-4)+4\eta-5)+a(3+2n)(1-\eta))^2}{b(3+6n+2n^2)^2(2-\eta)^2}$

续表

	情境 R	情境 D	情境 H
cs^*	$\dfrac{(cn(3+2n)-a(1+4n+2n^2))^2}{2b(4+6n+2n^2-\eta)^2}$	$\dfrac{(a-c)^2(1+n(2-\eta))^2}{2b(1+\eta)^2(2-\eta)^2}$	$\dfrac{D^2}{2b(3+6n+2n^2)^2(2-\eta)^2}$
sw^*	$\dfrac{[a(3+2\eta-\eta)-c(4+3\eta-\eta)]^2}{b(4+6n+2n^2-\eta)^2}+$ $\dfrac{[cn(2+n+\eta)+a(2+n-\eta-mn)][cn(1+n-\eta)+a(1+n+mn)]}{b(4+6n+2n^2-\eta)^2}+$ $\dfrac{[cn(3+2n)-a(1+4n+2n^2)]^2}{2b(4+6n+2n^2-\eta)^2}$	$\dfrac{(a-c)^2(1+n(2-\eta)\eta)^2}{b(1+\eta)^2(2-\eta)^2}+$ $\dfrac{(a-c)^2(1+n(2-\eta))^2}{2b(1+\eta)^2(2-\eta)^2}+$ $\dfrac{(a-c)^2(1-\eta)^2}{b(2-\eta)(1+\eta)^2}$	$\dfrac{[an(1-\eta)+c(2+n(3-\eta)+n^2(2-\eta)-\eta)]^2}{b(3+6n+2n^2)^2(2-\eta)}+$ $\dfrac{[c(n(3\eta-4)+4\eta-5)+a(3+2n)(1-\eta)]^2}{b(3+6n+2n^2)^2(2-\eta)}+$ $\dfrac{C(2-\eta)+D^2}{2b(3+6n+2n^2)^2(2-\eta)^2}$

命题 5.5 表明,当直销成本较小时,制造商仍然倾向于直销渠道。不同之处在于,与基本模型相比,阈值 $\tilde{c}_6(\eta)$ 变低了。原因类似于前文中自有零售商竞争的情况。也就是说,零售竞争导致的批发价格大幅降低,减轻了双重边际化效应,使得直销劣势更加明显。

值得注意的是,相较于零售商自身竞争,额外的零售竞争对批发价格的影响更为显著。然而,在额外零售竞争的情形下,批发价格的下降并未转化为更高的订购量。为说明这一点,设定 $c=0.4$,并计算当 n 从 $n=3$ 到 $n=6$ 变化时批发价格和订货量的变化量。结果表明,零售商自身竞争使批发价格下降了 5.4%,而总订购量增加了 18.1%;而额外零售竞争虽然使批发价格下降了 8.1%,但总订购量反而减少了 6.5%。因此,在额外零售竞争下,制造商在情景 R 中可能面临更大的利润损失。

引理 5.4 当市场上存在额外零售竞争时,比较情境 R 和情境 D 下制造商的利润,可以得到:

(1) 存在一个阈值 $\tilde{c}_7(\eta)$,$\tilde{c}_7(\eta) < \tilde{c}_6(\eta)$,使得当 $c < \tilde{c}_7(\eta)$ 时,制造商在情境 D 下得到更高的利润。其中,

$$\tilde{c}_7(\eta) = \left(1 - \frac{E+(2-\eta)(4+2n(3+n)-\eta)(1+n^2)\sqrt{4(1+n(2+n)-4(3+2n)(1-n-n^2)\eta+4(1-n(8+n(8+3n)))\eta^2+4n(5+n(2+n))\eta^3-(4-n)n\eta^4)}}{2(4(1+n)((2+3n+n^2)(2+n(1-n-n^2))+(6+n(1-n(2+n)(7+n(4+n))))\eta)+F}\right)a$$

(2) 假设 $c=0$,当 $\eta > \tilde{\eta}(n)$ 时,制造商在情境 R 下得到更高的利润,其中 $\tilde{\eta}(n)$ 是式 $\pi_m^R - \pi_m^D = 0$ 关于 η 的较大数值解,$\tilde{\eta}(n)$ 随着 n 的增大而增大。

证明: 对于第 (1) 部分,可以得到:当 $c = \tilde{c}_7(\eta) = \left(1 - \right.$

$\left. \frac{E+(2-\eta)(4+2n(3+n)-\eta)(1+n)^2\sqrt{(4(1+n)(2+n)-4(3+2n)(1-n-n^2)\eta+4(1-n(8+n(8+3n)))\eta^2+4n(5+n(2+n))\eta^3-(4-n)n\eta^4)}}{2(4(1+n)((2+3n+n^2)(2+n(1-n-n^2))+(6+n(1-n(2+n)(7+n(4+n))))\eta)+F}\right)a$ 时,

$$\frac{d(\pi_m^R - \pi_m^D)}{dc} = \frac{2(a-c)(1-\eta)(1+n(2-\eta)\eta)}{(1+n)^2(2-\eta)^2} +$$

$$\frac{n(1+n-\eta)(cn(2+n+\eta)+a(1+n-\eta-n\eta))+n(2+n+\eta)(cn(1+n-\eta)+a(1+n+n\eta))}{(2n^2+6n+4-\eta)^2} > 0,$$

且 $\pi_m^R - \pi_m^D = 0$。

其中，$E = 2n(1+n)^2[4\eta(1+n) - 4(2+n) + \eta^2(8 + 9n + 4n^2 + n^3)] - n\eta^3[36 + 67n + 48n^2 + 19n^3 + 4n^4 - (10 + 9n + n^2 - n^3)\eta - \eta^2] - \eta^3$；$F = (n(52 + n(166 + n(171 + n(81 + n(17 + n)))))) - 9\eta^2 - (n(42 + n(81 + n(58 + n(21 + 4n)))) - 1)\eta^3 + n(11 + n(11 + (2 - n)n))\eta^4 - n\eta^5$。因此，当 $c < \tilde{c}_7(\eta)$ 时，$\pi_m^R - R_m^D < 0$。对于第（2）部分，可以证明 $\frac{d\tilde{c}_7(\eta)}{\eta} = 0$ 有唯一的顶点 (c_t, y_t)，因此，当 $\eta < \eta_t$ 时，$\frac{d\tilde{c}_7(\eta)}{\eta} > 0$；当 $\eta > \eta_t$ 时，$\frac{d\tilde{c}_7(\eta)}{\eta} < 0$。可以验证，$\frac{d\tilde{c}_7(\eta)}{\eta} < 0$，同样可以很容易得到 $\tilde{c}_7(\eta) < \tilde{c}_6(\eta)$。证毕。

引理 5.4 表明，在情境 D 下，即使制造商的直销成本小于其在情境 D 下的效用、高于情境 R 下的临界值，制造商的利润仍然可能较低。研究结果表明，即使直销成本为零，当对消费者关注度较高时，制造商的利润在情境 R 下可能更高。

接下来，考察混合渠道结构（即情境 H）。首先探讨了额外的零售竞争如何影响情境 H 的均衡结果。从表 5.2 中，可以发现下游竞争导致制造商不仅降低批发价格，而且减少直销数量。此外，直销成本的增加也会导致直销量和总销量的减少。因此，可以证明，在额外零售竞争的情境 H 中，随着 c 的增加，批发价格随之增加的现象总是成立的，该结论将在引理 5.5 中进行总结。

引理 5.5 当市场上存在额外的零售竞争时，在情境 H 下，随着销售成本的增加，制造商总是提高批发价格。

证明：根据表 5.2，可以得到：$\frac{dw^H}{dc} = \frac{n^2(2-\eta) + 2\eta + n(5-2\eta) - 1}{(2-\eta)(3 + 6n + 2n^2)} > 0$。证毕。

这一结果背后的潜在直觉是，制造商有更大的需求通过直销来提高消费者剩余，因为直销数量和现有竞争对手的销售量都降低了销售成本和零售竞争。

现在，比较情境 H 和情境 R 下制造商的效用，得到命题 5.6。

命题 5.6 当市场上存在额外的零售竞争时，通过比较情境 H 和情境 R 下制造商的效用，发现存在临界值 $\tilde{c}_8(\eta)$，$\tilde{c}_9(\eta)$ 且 $\tilde{c}_8(\eta) < \tilde{c}_9(\eta)$，使得当

第 5 章 零售竞争环境下考虑企业双重目标的分销渠道选择策略

$\tilde{c}_8(\eta) < c < \tilde{c}_9(\eta)$ 时，情境 R 下制造商的效用更高；反之情境 R 下制造商的效用将更低。其中：

$$\tilde{c}_8(\eta) = \frac{(3(4-\eta) + 12n^3(2-\eta)\eta + 2n^2(3+38\eta - 21\eta^2 + \eta^3) + n(16+53\eta - 40\eta^2 + 7\eta^3))a}{28 - 23\eta + 8\eta^2 - \eta^3 + n^3(20+2\eta - 6\eta^2) + 2n^4(2-3\eta + \eta^2) + n^2(48+39\eta - 32\eta^2 - \eta^3) + 2n(29+6\eta - 14\eta^2 - 3\eta^3)}$$

$$\tilde{c}_9(\eta) = \frac{(3(4-\eta) + 12n^3(2-\eta)\eta + 2n^2(3+38\eta - 21\eta^2 + \eta^3) + n(16+53\eta - 40\eta^2 + 7\eta^3))a}{28 - 23\eta + 8\eta^2 - \eta^3 + n^3(20+2\eta - 6\eta^2) + 2n^4(2-3\eta + \eta^2) + n^2(48+39\eta - 32\eta^2 + \eta^3) + 2n(29+6\eta - 14\eta^2 + 3\eta^3)} +$$

$$\frac{\sqrt{(2\eta - 1 - 4n^3\eta(2-3\eta + \eta^2) - n^2(1+18\eta - 38\eta^2 + 16\eta^3 - \eta^4) - 2n(1+4\eta - 13\eta^2 + 7\eta^3 - \eta^4))(3+6n+2n^2)(4+6n+2n^2-\eta)(2-\eta)a}}{(28-23\eta + 8\eta^2 - \eta^3 + n^3(20+2\eta - 6\eta^2) + 2n^4(2-3\eta + \eta^2) + n^2(48+39\eta - 32\eta^2 + \eta^3) + 2n(29+6\eta - 14\eta^2 + 3\eta^3)}$$

证明：通过比较情境 H 和情境 R 下制造商的效用，可以得到：$\frac{\partial^2(\mu_m^H - \mu_m^R)}{\partial c^2} =$

$\frac{n^2(4-\eta^2) + n(4+10\eta - 6\eta^2) + \eta^2 - 4\eta + 7}{b(2n^2 + 6n + 3)(2-\eta)} - \frac{n^2(1+2\eta)}{b(4+6n+2n^2-\eta)} > 0$ 表明 $\mu_m^H -$

μ_m^R 是关于 c 的凸函数。求解 $\mu_m^H - \mu_m^R = 0$ 得到 $\tilde{c}_8$、$\tilde{c}_9$ 两个解，其中，$\tilde{c}_8 < \tilde{c}_9$，

$$\tilde{c}_8(\eta) = \frac{(3(4-\eta) + 12n^3(2-\eta)\eta + 2n^2(3+38\eta - 21\eta^2 + \eta^3) + n(16+53\eta - 40\eta^2 + 7\eta^3))a}{(28 - 23\eta + 8\eta^2 - \eta^3 + n^3(20+2\eta - 6\eta^2) + 2n^4(2-3\eta + \eta^2) + n^2(48+39\eta - 32\eta^2 + \eta^3) + 2n(29+6\eta - 14\eta^2 + 3\eta^3))} -$$

$$\frac{\sqrt{(2\eta - 1 - 4n^3\eta(2-3\eta + \eta^2) - n^2(1+18\eta - 38\eta^2 + 16\eta^3 - \eta^4) - 2n(1+4\eta - 13\eta^2 + 7\eta^3 - \eta^4))(3+6n+2n^2)(4+6n+2n^2-\eta)(2-\eta)a}}{(28-23\eta + 8\eta^2 - \eta^3 + n^3(20+2\eta - 6\eta^2) + 2n^4(2-3\eta + \eta^2) + n^2(48+39\eta - 32\eta^2 + \eta^3) + 2n(29+6\eta - 14\eta^2 + 3\eta^3))}$$

$$\tilde{c}_9(\eta) = \frac{(3(4-\eta) + 12n^3(2-\eta)\eta + 2n^2(3+38\eta - 21\eta^2 + \eta^3) + n(16+53\eta - 40\eta^2 + 7\eta^3))a}{28 - 23\eta + 8\eta^2 - \eta^3 + n^3(20+2\eta - 6\eta^2) + 2n^4(2-3\eta + \eta^2) + n^2(48+39\eta - 32\eta^2 + \eta^3) + 2n(29+6\eta - 14\eta^2 + 3\eta^3)} +$$

$$\frac{\sqrt{(2\eta - 1 - 4n^3\eta(2-3\eta + \eta^2) - n^2(1+18\eta - 38\eta^2 + 16\eta^3 - \eta^4) - 2n(1+4\eta - 13\eta^2 + 7\eta^3 - \eta^4))(3+6n+2n^2)(4+6n+2n^2-\eta)(2-\eta)a}}{28-23\eta + 8\eta^2 - \eta^3 + n^3(20+2\eta - 6\eta^2) + 2n^4(2-3\eta + \eta^2) + n^2(48+39\eta - 32\eta^2 + \eta^3) + 2n(29+6\eta - 14\eta^2 + 3\eta^3)}。$$

很容易证明 $\mu_m^H - \mu_m^R$ 有唯一的一个顶点 (c_v, η_v)，可以证实当 $\eta < \eta_v$ 时，$\mu_m^H - \mu_m^R > 0$；当 $\tilde{c}_8 < c < \tilde{c}_9$ 时，$\mu_m^H - \mu_m^R < 0$。由于考虑到混合渠道中 $q_m^H > 0$ 的情况，并得到了当 $c < \frac{a(1-\eta)(2n+3)}{5+4n-4\eta-3n\eta}$ 时，$q_m^H > 0$，接着比较三个临界值的大小，得到 $\tilde{c}_8 < \tilde{c}_9 < \frac{a(1-\eta)(2n+3)}{5+4n-4\eta-3n\eta}$。证毕。

命题 5.6 表明，当消费者关注度高且直销成本中等时，制造商仍然倾向于情境 R。然而，与 4.3 节相比，制造商偏向于情境 H 的范围扩大了（见图 5.5）。以上结果的直觉是，额外的零售竞争将减少直销数量，从而缓解渠道平衡效应导致批发价格下降的负面影响。换句话说，额外的零售竞争可以缓解双重目标与双渠道结构之间的相互干扰，从而减少由此带来的利润损失。

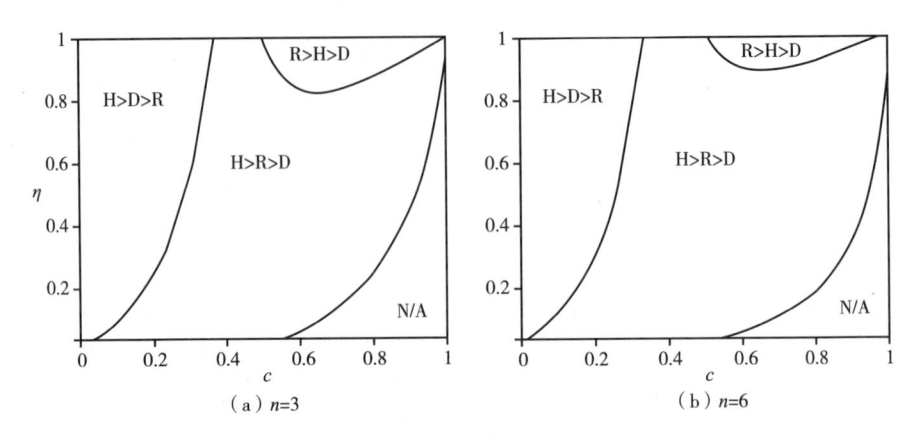

图5.5 额外零售竞争下制造商渠道偏好

(a) $n=3$

(b) $n=6$

接下来,考察在已经运营直销渠道的前提下,制造商是否仍然倾向于增加转售渠道。命题5.7总结了相关结果。

命题5.7 当市场上存在额外的零售竞争时,对比情境 H 和情境 D,可以得到:

(1) 情境 H 下的制造商效用总是更高。

(2) 当 $c < \dfrac{a[3\eta + n^3(7\eta - 2 - 3\eta^2) + n(17\eta - 3 - 5\eta^2) + n^2(23\eta - 6 - 9\eta^2)]}{n^4(2-\eta)^2 + 4n^2(7-3\eta) + 2(3-2\eta+\eta^2) + n^3(18-13\eta+2\eta^2) + n(21-9\eta+2\eta^2)}$ 时,情境 H 下的制造商利润更低,反之则更高。

证明:对于第(1)部分,比较情境 H 和情境 D 下制造商的效用函数,可以证实 $\mu_m^H - \mu_m^D = \dfrac{(an(1-\eta) + c(2 + n(3-\eta) + n^2(2-\eta) - \eta))^2}{2b(1+n)^2(3 + 6n + 2n^2)(2-\eta)} > 0$。对于第(2)部分,比较情境 H 和情境 D 下制造商的利润函数,推导过程与前文相似,当 $c < \dfrac{\eta(2+n)a}{4 - 2\eta + \eta^2 + n(2 - 2\eta + \eta^2)}$ 时,$\pi_m^H - \pi_m^D < 0$,该临界值低于制造商通过直销渠道销售数量为正时的临界值,即 $\dfrac{\eta(2+n)a}{4 - 2\eta + \eta^2 + n(2 - 2\eta + \eta^2)} < \dfrac{a(1-\eta)(2n+3)}{5 + 4n - 4\eta - 3n\eta}$。证毕。

命题5.7表明,在额外的零售竞争下,制造商仍然选择在情境 D 下增加转售渠道,与基本模型相比,区别在于增加转售渠道可以在较小的销售成本范围内损害制造商的利润。其原因是,额外的零售竞争可以削弱双重目标与双渠道结构之间的干扰所造成的价格和数量扭曲。

5.3.4 Loss-for-Surplus 比率分析

最后，比较额外零售竞争下的盈亏比。结果如图5.6所示，并在下面的命题5.8中进行了总结。

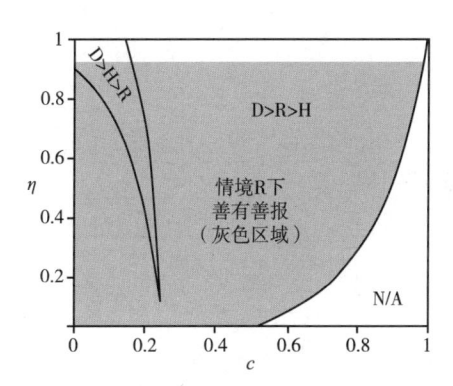

图5.6 额外零售竞争下的盈亏比（$n=3$）

命题5.8 （1）三种情境下的盈亏比如下：

$$\theta^R = \frac{8+12n+4n^2-\eta}{4\eta+6n\eta+2n^2\eta}, \quad \theta^D = \frac{4+4n(2-\eta)+\eta}{2\eta+8n(3\eta-\eta^2-2)}$$

$$\theta^H = \frac{(a-c)(3+2n)(c(4+n(32-14\eta)+8n^2(2-\eta)+\eta)-a(3(4-\eta)+8n^2(2-\eta)+2n(20-9\eta)))}{2(a^2(-9\eta+16n^3(2-3\eta+\eta^2)+6n(10-19\eta+6\eta^2)+2n^2(50-79\eta+26\eta^2)))+G}$$

（2）当 $\tilde{c}_{10}(\eta) < c < \tilde{c}_{11}(\eta)$ 时，盈亏比满足 $\theta^D > \theta^H > \theta^R$；否则 $\theta^D > \theta^R > \theta^H$。其中，$\tilde{c}_{10}(\eta)$、$\tilde{c}_{11}(\eta)$ 分别为式子 $\theta^H - \theta^R = 0$ 关于 c 的解。

证明：根据盈亏比的定义，可以得到情境 R、情境 D 以及情境 H 三个情境的盈亏比，具体如下：

$$\theta^R = \frac{cs^R(\eta) - cs^R(0)}{\pi_m^R(\eta) - \pi_m^R(0)} =$$

$$-\frac{\dfrac{(cn(3+2n)-a(1+4n+2n^2))^2}{2b(4+6n+2n^2-\eta)^2} - \dfrac{(cn(3+2n)-a(1+4n+2n^2))^2}{8b(2+3n+n^2)^2}}{\dfrac{(cn(2+n+\eta)+a(2+n-\eta-n\eta))(cn(1+n-\eta)+a(1+n+n\eta))}{b(4+6n+2n^2-\eta)^2} - \dfrac{(a+cn)^2}{4b(2+3n+n^2)}} =$$

191

$$\frac{8+12n+4n^2-\eta}{4\eta+6n\eta+2n^2\eta};$$

$$\theta^D = \frac{cs^D(\eta)-cs^D(0)}{\pi_m^D(\eta)-\pi_m^D(0)} = -\frac{\dfrac{(a-c)^2(1+n(2-\eta))^2}{2b(1+n)^2(2-\eta)^2}-\dfrac{(a-c)^2(1+2n)^2}{8b(1+n)^2}}{\dfrac{(a-c)^2(1-\eta)(1+n(2-\eta)\eta)}{b(1+n)^2(2-\eta)^2}-\dfrac{(a-c)^2}{4b(1+n)^2}} =$$

$$\frac{4+4n(2-\eta)+\eta}{2\eta+8n(3\eta-\eta^2-2)};$$

$$\theta^H = -\frac{cs^H(\eta)-cs^H(0)}{\pi_m^H(\eta)-\pi_m^H(0)} =$$

$$-\frac{\dfrac{(a(3+2n^2(2-\eta)+2n(5-2\eta))-c(1+n(8-3\eta)+2n^2(2-\eta)+\eta))^2}{2b(3+6n+2n^2)^2(2-\eta)^2}-\dfrac{(c+(1+8n+4n^2)-a(3+10n+4n^2))^2}{8b(3+6n+2n^2)^2}}{\dfrac{C}{b(3+6n+2n^2)^2(2-\eta)^2}-\dfrac{3a^2-2ac(3-2n)+c^2(7+4n+4n^2)}{4b(3+6n+2n^2)}} =$$

$$\frac{(a-c)(3+2n)(c(4+n(32-14\eta)+8n^2(2-\eta)+\eta)-a(3(4-\eta)+8n^2(2-\eta)+2n(20-9\eta)))}{2(a^2(-9\eta+16n^3(2-3\eta+\eta^2)+6n(10-19\eta+6\eta^2)+2n^2(50-79\eta+26\eta^2)))+G}$$

其中，$G = c^2(-8-4n^4(2-\eta)^2+11\eta-8\eta^2+4n^3(4-8\eta+3\eta^2)+2n(50-67\eta+18\eta^2)+2n^2(82-107\eta+32\eta^2))-2ac(12-15\eta+8n^3(8-10\eta+3\eta^2)+2n(68-90\eta+25\eta^2)+n^2(204-258\eta+76\eta^2))$。本节依旧研究考虑制造商通过直销渠道销售数量为正的情况，当 $\eta > 0$ 时，临界值 $c < \dfrac{3a+2an(1+4\eta+2\eta^2)+2an^2\eta(2-\eta)}{5+4n-3\eta+n\eta(5+4n)+\eta^2(1-3n-2n^2)}$；当 $\eta = 0$ 时，临界值 $c < \dfrac{a(3+2n)}{5+4n}$，其中 $\dfrac{a(3+2n)}{5+4n} < \dfrac{3a+2an(1+4\eta+2\eta^2)+2an^2\eta(2-\eta)}{5+4n-3\eta+n\eta(5+4n)+\eta^2(1-3n-2n^2)}$。因此，和前文相同，当比较 θ^R、θ^D、θ^H 时，后续研究将取值范围限定在 $c \in \left[0, \dfrac{a(3+2n)}{5+4n}\right)$。

首先，比较了情境 R 和情境 H 下的盈亏比，可以注意到 $\theta^R - \theta^H$ 是关于 c 的凸函数，且 $\theta^R - \theta^H = 0$ 有两根 $\tilde{c}_{10}(\eta)$ 和 $\tilde{c}_{11}(\eta)$，其中 $\tilde{c}_{10}(\eta) < \tilde{c}_{11}(\eta) < \dfrac{a(3+2n)}{5+4n}$。因此，可得当 $\tilde{c}_{10}(\eta) < c < \tilde{c}_{11}(\eta)$ 时，$\theta^R - \theta^H < 0$；否则 $\theta^R - \theta^H > 0$。

接着，比较情境 D 和情境 H，以及情境 D 和情境 R。有趣的是，通过比较

第5章 零售竞争环境下考虑企业双重目标的分销渠道选择策略

$\pi_m^D(\eta)$ 和 $\pi_m^D(0)$，可以验证，当

$$\eta < \frac{a^2 - 2ac + c^2 + 12a^2n - 24acn + 12c^2n - (a-c)^2\sqrt{1+24n+16n^2}}{2(4a^2n - 8acn + 4c^2n)}$$ 时，

$\pi_m^D(\eta) - \pi_m^D(0) > 0$，否则 $\pi_m^D(\eta) - \pi_m^D(0) < 0$，即当

$$\eta < \frac{a^2 - 2ac + c^2 + 12a^2n - 24acn + 12c^2n - (a-c)^2\sqrt{1+24n+16n^2}}{2(4a^2n - 8acn + 4c^2n)}$$ 时，

情境 D 下的盈亏比总是最高的。因此，只关注

$$\eta > \frac{a^2 - 2ac + c^2 + 12a^2n - 24acn + 12c^2n - (a-c)^2\sqrt{1+24n+16n^2}}{2(4a^2n - 8acn + 4c^2n)}$$ 的情况。在此条件下，进一步得到了当

$$\eta > \frac{a^2 - 2ac + c^2 + 12a^2n - 24acn + 12c^2n - (a-c)^2\sqrt{1+24n+16n^2}}{2(4a^2n - 8acn + 4c^2n)}$$ 时，

$$\theta^D - \theta^R = \frac{3\eta^2 + 4n^3(8-10\eta+3\eta^2) + n^2(96-120\eta+37\eta^2) + n(64-88\eta+39\eta^2-4\eta^3)}{2(2+3n+n^2)\eta(-\eta+4n(2-3\eta+\eta^2))} > 0$$

以及 $\theta^D - \theta^H = (c^2(16 - 6n^4(-4+\eta)(-2+\eta)^2 - 8n^5(-2+\eta)^3 - 24\eta + 9\eta^2 + 4\eta^3 + n^2(-312 + 242\eta + 41\eta^2 - 40\eta^3) + n(-120 + 46\eta + 75\eta^2 - 28\eta^3) + 2n^3(-120 + 172\eta - 74\eta^2 + 9\eta^3)) + a^2(9\eta^2 + n^2(136 - 326\eta + 281\eta^2 - 74\eta^3) - 4n^3(-12 + 28\eta - 23\eta^2 + 6\eta^3) - 3n(-8 + 30\eta - 41\eta^2 + 12\eta^3)) - 2ac(16n^4(-2+\eta)^3 + 3(-8+4\eta+3\eta^2) + n(-224 - 158\eta + 51\eta^2 - 31\eta^3) + 4n^3(-116 + 152\eta - 61\eta^2 + 7\eta^3) - n^2(456 - 402\eta + 7\eta^2 + 38\eta^3))) / ((-\eta + 4n(2 - 3\eta + \eta^2)(-a^2(-9\eta + 16n^3(2 - 3\eta + \eta^2) + 6n(10 - 19\eta + 6\eta^2) + 2n^2(50 - 79\eta + 26\eta^2)) + c^2(8 + 4n^4(-2+\eta)^2 - 11\eta + 8\eta^2 - 4n^3(4 - 8\eta + 3\eta^2) - 2n(50 - 67\eta + 18\eta^2) - 2n^2(82 - 107\eta + 32\eta^2))2ac(12 - 15\eta + 8n^3(9 - 10\eta + 3\eta^2) + 2\eta(68 - 90\eta + 25\eta^2) + n^2(204 - 258\eta + 76\eta^2)))) > 0$。综上所述，得到了 $\theta^D > \theta^R$ 以及 $\theta^D > \theta^H$。证毕。

命题 5.8 展示了两个有趣的结果，它们不同于 4.3 节，也不同于自有零售竞争的情况。首先，在情境 D 下，盈亏比总是最高的。注意，在情境 D 下，当 $\eta \leq \dfrac{1+12n-\sqrt{1+24n+16n^2}}{8n}$ 时，具有双重目标的制造商的利润可能高于纯营利制造商（见注 5.1 和图 5.6 中的灰色区域）。关注消费者剩

余的制造商可靠地传达一种积极的零售立场,这将压缩现有竞争对手的销售数量,有利于制造商的营利能力,同时也可以减轻甚至控制$\left(\right.$当$\eta \leqslant \frac{1 + 12n - \sqrt{1 + 24n + 16n^2}}{8n}$时$\left.\right)$关注消费者剩余造成的偏离利润最大化的不利影响。

注5.1 在具有额外零售竞争的情境 D 中,存在一个 η 阈值,当 $\eta \leqslant \frac{1 + 12n - \sqrt{1 + 24n + 16n^2}}{8n}$ 时,双重目标制造商可能比纯营利性制造商获得更高的利润。

其次,当销售成本整体较低时,情境 H 下的盈亏比可能高于情境 R。与之前的直觉类似,额外的零售竞争不仅会压缩直销数量,还会削弱渠道平衡效应在降低批发价格中的作用。这样,双重目标与双渠道之间的干扰所造成的利润损失就减少了,并且情境 H 下的盈亏比可能高于情境 R(见图5.6中的 $D > H > R$ 的区域)。

5.4 本章小结

本章探求了零售竞争环境下考虑企业双重目标的分销渠道选择策略,具体研究两大零售竞争情况:(1)制造商面临来自自身零售商的零售竞争;(2)制造商的自身零售商面临现有零售商的竞争。通过推导在零售竞争环境中,双重目标企业在不同渠道结构下的最优解,并比较不同渠道结构带来的制造商效用大小,本章总结分析了制造商的分销渠道选择策略。

结果表明:(1)在自有零售商间竞争下,当制造商对消费者关注度较高时,批发价格仍然会随着销售成本的增加而增加。随着 n 的增大,这一范围的下限也会变得更高。

(2)在自有零售商间竞争下,当直销成本处于中等水平时,制造商倾向于选择仅零售渠道而非混合渠道,随着 n 的增加,制造商选择仅零售渠道的销售成本的范围也会变大。

第 5 章　零售竞争环境下考虑企业双重目标的分销渠道选择策略

（3）在自有零售商间竞争下，仅零售渠道的转换效率最高，而混合渠道的转换效率最低。

（4）在额外零售竞争下，随着直销成本的增加，制造商总是会提高批发价格。

（5）在额外零售竞争下，当消费者关注度较高且直销成本处于中等水平时，制造商倾向于选择仅零售渠道。然而，与 4.3 节相比，制造商倾向于选择混合渠道的范围扩大了。

（6）在额外零售竞争下，情境 D 下的盈亏比在三种情境中总是最高的。并且一个具有双重目标的制造商可能比一个纯粹追求利润的制造商获得更高的利润，实现"善有善报"。

（7）在额外零售竞争下，当直销成本处于总体较低的范围时，混合渠道下的转换效率可能会高于仅零售渠道下的转换效率。

第6章 单渠道供应链下考虑企业双重目标的战略库存策略

第5章在传统的单周期情形下，探讨了双重目标制造商在零售竞争环境下的分销渠道选择策略。本章将关注多周期的供应链互动决策情境。在实践中，即便导致囤积库存的供需波动等传统原因不存在，企业也可能出于策略层面的考量持有库存，这种现象通常被称为战略库存（Anand et al.，2008）。已有学者通过实验验证了企业的这一战略库存行为（Hartwig et al.，2015）。同时，已有文献研究表明，当库存持有成本相对较小时，持有战略库存可以缓解双重边际化，从而使零售商受益（Desai et al.，2010；Guan et al.，2019）。具体地说，零售商在某一时期策略性地持有库存可以减少供应商在随后时期的垄断供应力量，从而获得较低的批发价格。然而，一方面，已有研究均基于利润最大化假设；另一方面，许多具有社会责任的企业采取有限库存甚至无库存策略。本章考虑由一个上游供应商和一个下游零售商组成的两周期供应链模型，重点研究战略库存和零售商采取双重目标结构（追求利润和消费者剩余）之间的相互影响这一科学问题。

6.1 问题描述与模型设置

6.1.1 问题描述

库存管理技术的发展（如高效且具成本效益的仓储设计与库存追踪技术）

第6章 单渠道供应链下考虑企业双重目标的战略库存策略

使得企业能够降低库存持有成本,这支持了战略性库存有助于提升零售商营利能力和整个供应链绩效的观点。然而,许多企业(如 Warby Parker)在实体门店中采取限制库存的做法,而准时制库存模式(Just in Time,JIT)运营在实际中也相当普遍(MacMillan, 2014;Arya & Mittendorf, 2013)。本章对此现象提出了一种可能的解释:通过偏离传统的利润最大化目标,研究在同时追求利润与消费者剩余的双重目标下的战略性库存行为。

近年来,关注不同利益相关者的利益(如消费者、员工和股东)在实践和研究中都获得了认可(Bian et al., 2021)。具有社会责任的企业往往追求利润和社会使命的融合,如消费者福利和社会利益(Arya et al., 2019; Zhou & Hong, 2022)。例如,认证 B 企业 Warby Parker 通过其商业计划阐明其对消费者善行的关注,以及作为消费者合作社成立的 PCC Natural Markets 同时追求利润和社区成员的福利(Wang & Li, 2021)。除了这些社会责任导向的案例之外,值得注意的是,即使是以营收最大化为目标的企业,在面向未来、与消费者长期互动的背景下,也应重视以消费者为中心的目标(Sumida et al., 2021; Huh & Li, 2023)。

现实中,越来越多的商业非营利组织或营利性企业采用"超越利润"的管理准则。"超越利润"的价值主张逐渐渗透到公司的运营管理中,如产品分类和库存管理(Deman Caster, 2014;Sumida et al., 2021)。然而,有关这类企业在垂直供应链环境下的影响知之甚少。尤其是,零售商采取双重目标结构对战略库存策略的影响尚未得到深入的理解,而且两者之间的策略性互动及其经济影响也值得深入研究。因此,本章基于经典的战略库存研究框架(Anand et al., 2008),研究如下问题:

当零售商采取双重企业目标时,动态契约和承诺契约下的均衡策略(包括批发价格、订货量、战略库存数量和销售数量)是什么?相比纯营利情形,战略库存行为会发生什么样的变化?其他均衡策略又将发生什么改变?如果均衡决策发生了变化,那么企业利润又将发生什么样的变化?相应地,上述结果如何影响供应商、零售商以及供应链对动态契约和承诺契约的偏好?

在经典的单周期供应链中,供应链中的非合作行为是造成效率低下的一个主要原因。因为供应链各方的动机通常是不一致的,这会导致双重边际化效应

(Hartwig et al., 2015）。已有传统观点指出，战略库存是零售商的一项战略性工具，零售商可以通过囤积战略库存以抵消供应商的垄断地位（Anand et al., 2008）。零售商关注消费者剩余时，结果会发生什么改变？反过来，在经典的单周期供应链中，零售商关注消费者剩余虽然会减轻双重边际化效应，但其会因为偏离利润最大化目标而遭受损失。那么，在一个两周期模型中，战略库存行为对上述传统结果将有何影响？

6.1.2 模型设置

本章在一个由上游供应商和下游零售商组成的供应链中建立了一个两周期模型。在每一期，供应商以简单的线性批发价格机制向零售商提供产品，零售商将该产品销售给最终消费者。消费者在第 t 期的需求函数为 $p_t = a - bq_t$，其中，p_t 为第 t 期的市场销售价格（$t=1,2$），a、b 为市场需求参数且 $a>0$，$b>0$。在每一期，给定供应商的批发价格 w_t，零售商需要同时决策其销售数量 q_t 和订货数量 Q_t。零售商可以从第一期开始有策略地囤积库存 I，以满足未来的部分需求。因此，零售商在第一期的战略库存数量是其第一期订货数量和第一期销售数量的差额，即 $I = Q_1 - q_1$。零售商持有库存会产生 h 单位的单周期单位产品库存成本。正如已有研究所假设的那样（Anand et al., 2008；Arya et al., 2015），这里假设库存持有成本满足 $h<a/4$。实际上，这一假设可以满足绝大部分的现实情境。供应商面临的边际化生产成本和零售商面临的销售成本归一化为零。

鉴于已有实践分析和相关研究指出更接近消费者的零售商更有动机关注消费者剩余（Meyer，2017；Li & Wu，2020），假设零售商要么具有纯营利的内部目标结构，要么具有双重的内部目标结构。在纯营利情形下，零售商以最大化自身利润为目标。在双重企业目标情形下，零售商不仅关注自身利润还关心消费者剩余。换句话说，零售商是一个具有双重企业目标的社会关注型企业。具体地，假设 $\delta \in [0,1)$，表示零售商对消费者剩余的关注程度。供应商以最大化自身利润为目标，因此，供应商和零售商的目标函数分别可表示为 $v_S = \pi_S$ 和 $v_R = \pi_R + \delta \cdot cs$。其中，$\pi_S$ 和 π_R 分别为供应商和零售商的利润函数，cs

表示消费者剩余。依据已有研究（Singh & Vives，1984），每一期的消费者剩余可以表示为 $cs_t = bq_t^2/2$。本章首先考虑零售商在期初承诺一个不变的消费者关注程度的情形，随后将拓展研究零售商在两期关注消费者程度不同时的结果。

博弈顺序为：在第一期，供应商首先决策其批发价格，然后零售商决策其销售量和战略囤积库存量（订货量为两者之和）；在第二期，供应商首先决策其批发价格，然后零售商决策其销售量（订货量为销售量减去战略库存）。

6.2 基准模型：企业追求纯营利目标情形

本节将给出纯营利情形下的基准模型，包括静态模型和两期动态模型。其中，两期动态模型分析中，将分别研究动态契约和承诺契约。在此基础上，给出了纯营利情形下的战略库存策略分析。

6.2.1 静态基准模型：无战略库存情形

在传统的静态博弈中，供应商和零售商的目标是最大化各自的利润。供应商首先确定其批发价格，然后零售商确定其订货数量。

通过逆序求解，对于给定的供应商批发价格，零售商的最大化问题为 $\max_q[(a-bq)q]$。通过求解，易得零售商的最优反应函数为 $q(w) = (a-w)/2$。供应商得知零售商最优反应函数，通过求解 $\max_w[wq(w)]$ 来确定其最优批发价格。由此可得，供应商的最优批发价格为 $w^{SF} = a/2$，零售商的最优订货量为 $q^{SF} = a/4b$，市场销售价格为 $p^{SF} = 3a/4$。相应地，供应商的利润为 $\pi_S^{SR} = a^2/8b$，零售商的利润为 $\pi_B^{SF} = a^2/16b$，供应链的利润为 $\pi_C^{SF} = 3a^2/16b$，消费者剩余为 $cs^{SF} = a^2/32b$。这里，使用上角标 SF 表示纯营利企业下静态模型的均衡结果。第一个字母 S 代表静态情形，第二个字母 F 表示零售商为纯营利企业的情形。

进一步地，如果供应链由一个企业控制（即在集中决策模式下），最优的决策结果为 $q^C = a/2b$。相应地，零售价格和供应链利润分别为 $p^C = a/2$ 和

$\pi_C^C = a^2/4b$。显然,如果供应商和零售商分别最大化自身利润,那么供应链会出现不协调,即出现双重边际化效应。

6.2.2 两期动态基准模型:动态契约和承诺契约

本节主要用于回顾两个动态基准模型,即纯营利情形下的动态契约模型和承诺契约模型(Anand et al.,2008)。为便于理解,本章将使用上角标 DF 和 CF 分别表示动态契约基准模型和承诺契约基准模型的均衡结果。用下角标 S 和 R 分别表述供应商和零售商。

在动态契约下,供应商并不会事前提供一个承诺的价格,而是在每期开始时决定其批发价格。零售商则在每期根据供应商提供的批发价格决定其销售量。具体的决策顺序与前文给出的决策顺序相同。在承诺契约下,供应商事前会针对两期,承诺一个价格序列(w_1, w_2)。零售商依据这个价格序列分别在第一期和第二期对其销售量和库存持有量等进行决策。在两种契约下,供应商第一期和第二期的利润函数分别如下所示:

$$\pi_{S1}(w_1) = w_1(q_1 + I) \tag{6.1}$$

$$\pi_{S2}(w_2) = w_2(q_2 - I) \tag{6.2}$$

相应地,零售商第一期和第二期的利润函数分别如下所示:

$$\pi_{R1}(q_1, I) = (a - bq_1)q_1 - w_1(q_1 + I) - hI \tag{6.3}$$

$$\pi_{R2}(q_2) = (a - bq_2)q_2 - w_2(q_2 - I) \tag{6.4}$$

通过逆序求解,可以分别得出动态契约和承诺契约下的均衡结果,如表 6.1 所示。具体的求解分析过程与阿南德等(2008)的研究类似(Anand et al.,2008)。这里不再赘述。

表 6.1　　纯营利情形下的动态契约和承诺契约

	动态契约 DF	承诺契约 CF
批发价格 $\{w_1^*, w_2^*\}$	$\left\{\dfrac{9a-2h}{17}, \dfrac{6a+10h}{17}\right\}$	$\left\{\dfrac{a}{2}, \dfrac{a}{2}\right\}$

第 6 章　单渠道供应链下考虑企业双重目标的战略库存策略

续表

	动态契约 DF	承诺契约 CF
销售数量 $\{q_1^*, q_2^*\}$	$\left\{\dfrac{4a+h}{17b}, \dfrac{11a-10h}{34b}\right\}$	$\left\{\dfrac{a}{4b}, \dfrac{a}{4b}\right\}$
订货数量 $\{Q_1^*, Q_2^*\}$	$\left\{\dfrac{13a-18h}{34b}, \dfrac{3a+5h}{17b}\right\}$	$\left\{\dfrac{a}{4b}, \dfrac{a}{4b}\right\}$
市场价格 $\{p_1^*, p_2^*\}$	$\left\{\dfrac{13a-h}{17}, \dfrac{23a+10h}{34}\right\}$	$\left\{\dfrac{3a}{4}, \dfrac{3a}{4}\right\}$
战略库存 I^*	$\dfrac{5(a-4h)}{34b}$	0
供应商利润 π_S^*	$\dfrac{9a^2-4ah+8h^2}{34b}$	$\dfrac{a^2}{4b}$
零售商利润 π_R^*	$\dfrac{155a^2-118ah+304h^2}{1156b}$	$\dfrac{a^2}{8b}$
消费者剩余 cs^*	$\dfrac{185a^2-188ah+104h^2}{2312b}$	$\dfrac{a^2}{16b}$

表6.1以及6.2.1节分别给出了不同基准模型下的均衡结果。6.2.3节将对上述均衡结果进行分析，给出纯营利情境下的战略库存策略及其影响。

6.2.3　纯营利情境下战略库存管理

通过上述均衡结果可以看出，在动态契约下，零售商会在第一期战略性地囤积库存，即 $I>0$。通过战略性地在第一期囤积库存，零售商可以在第二期限制供应商在供给侧的垄断权力。供应商预期到零售商的战略库存行为，可以通过调整（提高）第一期的批发价格来减弱零售商的战略库存动机。然而，过高地提高第一期批发价格会导致销售利润的降低。所以，对于供应商来讲，这是一个通过调整批发价格来进行权衡的过程。

由此，通过对比均衡结果可知，供应商的批发价格和零售商的销售数量满足如下关系：（1）$w_1^{DF} > w^{SF} > w_2^{DF}$；（2）$q_1^{DF} < q^{SF} < q_2^{DF}$。即，供应商第一期的批发价格高于第二期，而第一期的销售数量要低于第二期。

在动态契约下，虽然供应商提高了第一期的批发价格，但是正如阿南德等

(2018）所研究的，当库存持有成本 $h<a/4$ 时，零售商依旧战略性地在第一期持有库存（Anand et al.，2008）。显然，当 $h<a/4$ 时，这种战略性库存在第二期给零售商带来的益处能够抵消库存持有成本和较高的批发价格带来的弊端。在承诺契约下，每个周期的均衡结果与静态基准模型相同，且供应商可以有效地抑制零售商的战略库存行为。

即便如此，已有研究发现：（1）供应商始终会倾向于选择动态契约，这是因为战略库存无意中还促使供应商降低两期的平均批发价格，从而减轻了供应链的双重边际化效应（Anand et al.，2008）。（2）对于零售商而言，虽然其也可以从战略库存减轻双重边际化效应中获益，但是过多的持有库存会导致库存成本的增加。因此，当库存持有成本相对较小，即 $h<21a/152$ 时，零售商倾向于选择动态契约；否则，当库存持有成本相对较大，即 $h>21a/152$ 时，零售商倾向于选择承诺契约。（3）对于整个供应链而言，当库存持有成本 $h<55a/288$ 时，动态契约要优于承诺契约；否则，当 $h>55a/288$ 时，承诺契约要优于动态契约。（4）对于消费者而言，动态契约下的消费者剩余始终高于承诺契约。

6.3 考虑企业双重目标的战略库存策略

6.2 节分析了纯营利零售商情形下的静态和动态基准模型，本节将进一步分析零售商具有双重目标时的静态模型和动态模型。

6.3.1 静态模型：无战略库存情形

与纯营利情形不同的是，双重目标零售商将以最大化自身利润和消费者剩余的线性组合为目标。决策顺序则与纯营利情形相同。具体地，零售商决策最优订货数量，其最优化问题为：

$$\max_{q}[(a-bq)q+\delta q^2/2] \tag{6.5}$$

通过求解式（6.5），可得零售商的最优反应函数为 $q(w)=(a-w)/(2b-$

$b\delta$)。了解到零售商的最优反应函数,供应商通过求解问题 $\max_w[wq(w)]$ 来决策其最优批发价格。易得,供应商的最优批发价格为 $w^{SR}=a/2$;零售商的最优订货量为 $q^{SR}=a/(4b-2b\delta)$;市场销售价格为 $p^{SR}=a(3-2\delta)/(4-2\delta)$。相应地,供应商的利润为 $\pi_S^{SR}=a^2/(8b-4b\delta)$;零售商的利润为 $\pi_R^{SR}=a^2(1-\delta)/[4b(2-\delta)^2]$;供应链的利润为 $\pi_C^{SR}=a^2(3-2\delta)/[4b(2-\delta)^2]$;消费者剩余为 $cs^{SR}=a^2/[8b(2-\delta)^2]$。这里,使用上角标 SR 表示双重企业目标下静态模型的均衡结果。第一个字母 S 代表静态情形;第二个字母 R 表示零售商为双重目标企业的情形。

观察 6.1 在一个单周期静态博弈中,从利润最大化的角度来讲,零售商没有动机采取双重目标。

观察 6.1 可以通过对比上述静态情形下纯营利零售商的利润和双重目标零售商的利润得出。可以看出,不管零售商是否关注消费者剩余,供应商保持其批发价格不变。然而,零售商关注消费者剩余将促使其增加订货量。因此,供应商始终从零售商关注消费者剩余中获益,而零售商却由于偏离了最大化利润的目标而导致利润受损。此外,由于零售商关注消费者剩余导致市场总体的销售量增加,因此消费者剩余也会随之增加。同时,双重目标零售商决策的偏离在一定程度上减轻了双重边际化效应。总之,可以看出在静态情形或者承诺契约下(即不存在战略库存时),零售商始终没有利润方面的动机去关注消费者剩余。下节将进一步讨论两期动态情形下(可能出现战略库存时)的结果。

6.3.2 两期动态模型:动态契约和承诺契约

在动态契约模型下,供应商依旧在每期期初以利润最大化的准则决策其批发价格;然而零售商在第一期和第二期分别以最大其效用(即自身利润和消费者剩余的线性组合)和利润为目标决策其销售量和订货量。具体决策顺序与 6.1.2 节中所描述的相同。供应商每期的利润函数依旧如式(6.1)和式(6.2)所示。零售商在两期的效用函数分别如式(6.6)和式(6.7)所示:

$$v_{R1}(q_1,I) = (a-bq_1)q_1 - w_1(q_1+I) - hI + b\delta q_1^2/2 \quad (6.6)$$

$$v_{R2}(q_2) = (a-bq_2)q_2 - w_2(q_2-I) + b\delta q_2^2/2 \quad (6.7)$$

在承诺契约模型下，供应商依旧在第一期开始前以利润最大化的准则承诺一个批发价格序列；然后，零售商在第一期和第二期以最大化其效用为目标决策其销售量和订货量。供应链成员具体的利润和效用函数保持不变。通过逆序求解，可以得到两种契约下的均衡结果。

定理6.1 当零售商具有双重目标时，动态契约和承诺契约下存在唯一均衡解，均衡结果如表6.2所示。

表6.2 　　　　双重目标零售商情形下的动态契约和承诺契约

	动态契约 DR	承诺契约 CR
批发价格 $\{w_1^*, w_2^*\}$	$\left\{\dfrac{9a-2h}{17}, \dfrac{6a+10h}{17}\right\}$	$\left\{\dfrac{a}{2}, \dfrac{a}{2}\right\}$
销售数量 $\{q_1^*, q_2^*\}$	$\left\{\dfrac{8a+2h}{34b-17b\delta}, \dfrac{11a-10h}{34b-17b\delta}\right\}$	$\left\{\dfrac{a}{4b-2b\delta}, \dfrac{a}{4b-2b\delta}\right\}$
订货数量 $\{Q_1^*, Q_2^*\}$	$\left\{\dfrac{13a-18h}{34b-17b\delta}, \dfrac{6a+10h}{34b-17b\delta}\right\}$	$\left\{\dfrac{a}{4b-2b\delta}, \dfrac{a}{4b-2b\delta}\right\}$
市场价格 $\{p_1^*, p_2^*\}$	$\left\{\dfrac{(26-17\delta)a-2h}{34-17\delta}, \dfrac{(23-17\delta)a+10h}{34-17\delta}\right\}$	$\left\{\dfrac{(3-2\delta)a}{4-2\delta}, \dfrac{(3-2\delta)a}{4-2\delta}\right\}$
战略库存 I^*	$\dfrac{5(a-4h)}{34b-17b\delta}$	0
供应商利润 π_S^*	$\dfrac{9a^2-4ah+8h^2}{34b-17b\delta}$	$\dfrac{a^2}{4b-2b\delta}$
零售商利润 π_B^*	$\dfrac{5(31-34\delta)a^2-(118-153\delta)ah+4(76-51\delta)h^2}{289b(2-\delta)^2}$	$\dfrac{(1-\delta)a^2}{2b(2-\delta)^2}$
消费者剩余 cs^*	$\dfrac{185a^2-188ah+104h^2}{578b(2-\delta)^2}$	$\dfrac{a^2}{b(4-2\delta)^2}$

证明：在动态契约下，第二期结束时，零售商最优化问题为：

$$\max_{q_2}(a-bq_2)q_2 - w_2(q_2-I) + b\delta q_2^2/2 \tag{6.8}$$

通过求解式（6.8）可得，零售商的最优反应函数为 $q_2(w_2) = \dfrac{a-w_2}{2b-b\delta}$。需要注意的是，在求解式（6.8）时需要约束第二期订货数量为正数，即第二期订货量为 $\max\{q_2-I, 0\}$。但是这一约束并不影响最终结果，这里不再赘述具体

第6章 单渠道供应链下考虑企业双重目标的战略库存策略

过程。考虑到零售商的最优反应函数,供应商在第二期期初的最优化问题为:

$$\max_{w_2} w_2(q_2 - I) \tag{6.9}$$

求解式 (6.9) 可得,供应商第二期的最优批发价格为 $w_2(I) = \dfrac{a - 2bI + b I \delta}{2}$。将上述第二期最优结果反代入,可以得到第二期企业的相应效用函数和利润函数 $v_{R2}(I)$ 和 $\pi_{S2}(I)$。在第一期期末,零售商的最优化问题为:

$$\max_{q_1, I}(a - bq_1)q_1 - w_1(q_1 + I) + b\delta q_1^2/2 + v_{R2}(I) \tag{6.10}$$

求解式 (6.10) 可得,零售商的最优反应函数为 $q_1(w_1) = \dfrac{a - w_1}{2b - b\delta}$ 和 $I(w_1) = \dfrac{3a - 4b - 4w_1}{6b - 3b\delta}$。考虑到零售商的最优反应函数,供应商在第一期期初的最优化问题为:

$$\max_{w_1} w_1[q_1(w_1) + I(w_1)] + \pi_{S2}(I(w_1)) \tag{6.11}$$

进一步地,通过求解式 (6.11) 可得,供应商第一期的最优批发价格为 $w_1 = \dfrac{9a - 2h}{17}$。将该最优批发价格逐步逆序代入,可以得到动态契约下的最优均衡结果,具体结果如表 6.2 所示。

同理,在承诺契约下,给定供应商的批发价格序列,零售商决策销售量和战略库存数量,其最优化问题为:

$$\max_{q_1, q_2, I}(a - bq_1)q_1 - w_1(q_1 + I) + b\delta q_1^2/2 + (a - bq_2)q_2 - w_2(q_2 - I) + b\delta q_2^2/2 \tag{6.12}$$

求解式 (6.12) 可得,$I(w_1, w_2) = 0$,$q_1(w_1, w_2) = \dfrac{a - w_1}{b(2 - \delta)}$ 以及 $q_2(w_1, w_2) = \dfrac{a - w_2}{b(2 - \delta)}$。考虑到零售商的最优反应函数,供应商期初的最优化问题为:

$$\max_{w_1, w_2} w_1[q_1(w_1, w_2) + I(w_1, w_2)] + w_2[q_2(w_1, w_2) - I(w_1, w_2)] \tag{6.13}$$

求解式 (6.13) 易得,供应商在第一期期初设定的最优批发价格序列为

$(w_1, w_2) = (a/2, a/2)$。进一步地，将上述最优批发价格进行反代入，可得承诺契约下的均衡结果（见表6.2）。证毕。

表6.2以及6.3.1节分别给出了不同情形下的均衡结果。6.3.3节将对上述均衡结果进行分析，给出零售商具有双重目标时的战略库存策略及其影响。

6.3.3 企业双重目标对均衡策略的影响

在给出双重企业目标对均衡策略的影响分析之前，首先通过分析上述均衡结果，可以得到如下推论。

推论6.1 当零售商具有双重目标时：

(1) 动态契约下，（i）$w_1^{DR} > a/2 > w_2^{DR}$；（ii）$I^{DR} > 0$；（iii）$Q_1^{DR} > Q_2^{DR}$；（iv）$q_1^{DR} < q_2^{DR}$。

(2) 承诺契约下，（i）$w_1^{CR} = w_2^{CR} = a/2$；（ii）$I^{CR} = 0$；（iii）$Q_1^{CR} = Q_2^{CR}$；（iv）$q_1^{CR} = q_2^{CR}$。

证明：由表6.2可得，动态契约下：显然，战略库存$I^{DR} > 0$；关于批发价格，$w_1^{DR} - w_2^{DR} = \frac{3(a-4h)}{17} > 0$，$w_1^{DR} - \frac{a}{2} = \frac{a-4h}{34} > 0$，$w_2^{DR} - \frac{a}{2} = -\frac{5(a-4h)}{34} < 0$；关于订货量，$Q_1^{DR} - Q_2^{DR} = \frac{5(a-4h)}{17b(2-\delta)} > 0$；关于销售量，$q_1^{DR} - q_2^{DR} = -\frac{3(a-4h)}{17b(2-\delta)} < 0$。同理，易得承诺契约下两期均衡结果的大小关系。证毕。

推论6.1表明，正如前面纯营利情形中所分析的，在动态契约下，零售商有动机在第一期囤积库存。为此，供应商将通过提高第一期的批发价格来限制零售商的这一行为，导致第一期的批发价格高于$a/2$。即便如此，零售商仍然会在库存持有成本不是特别大（$h < a/4$）时持有库存。因此，零售商可以在第二期获得较低的批发价格，导致第二期的批发价格低于$a/2$。

显然，零售商第一期的订货量会高于第二期。这由两方面因素导致，一方面是零售商在第一期关注消费者剩余，促使其提高订货量；另一方面是零售商在第一期会战略性囤积一部分订货用于第二期。这与纯营利情形下相同。在承诺契约下，供应商依旧可以有效地消除零售商的战略库存行为。而且由于零售商在第一期关注消费者剩余，所以零售商第一期的订货量和销售

第6章 单渠道供应链下考虑企业双重目标的战略库存策略

量始终高于第二期。

即便如此，零售商采取双重目标仍旧改变了纯营利情形下的均衡策略。接下来，通过对比，分析双重企业目标对均衡策略的影响。

推论 6.2 （1）战略库存：(i) $I^{DR} > I^{DF}$；(ii) $\partial I^{DR}/\partial \delta > 0$。

（2）批发价格：(i) $w_1^{DR} = w_1^{DF}$；(ii) $w_2^{DR} = w_2^{DF}$。

（3）订货量：(i) $Q_1^{DR} > Q_1^{DF}$；(ii) $Q_2^{DR} > Q_2^{DF}$。

证明：由表 6.1 和表 6.2 易得，动态契约下有 $I^{DR} - I^{DF} = \dfrac{5(a-4h)\delta}{34b(2-\delta)} > 0$，$\dfrac{\partial I^{DR}}{\partial \delta} = \dfrac{5(a-4h)}{17(2-\delta)^2} > 0$。对于批发价格显然有，$w_1^{DR} = w_1^{DF}$，$w_2^{DR} = w_2^{DF}$。对于订货量，$Q_1^{DR} - Q_1^{DF} = \dfrac{13a\delta - 18h\delta}{34b(2-\delta)} > 0$，$Q_2^{DR} - Q_2^{DF} = \dfrac{3a\delta + 5h\delta}{34b - 17b\delta} > 0$。证毕。

推论 6.2 表明：（1）相比纯营利情形，具有双重目标的零售商将在第一期战略性地囤积更多库存，并且战略库存数量随着零售商对消费者剩余关注程度的增加而增加。直观上来讲，零售商关注消费者剩余促使其有动机在第一期囤积更多库存，以在第二期获得优惠的批发价格，从而达到提升消费者剩余目的。

（2）即便零售商有动机囤积更多战略库存，有趣的是，供应商却保持其纯营利情形下的批发价格不变。这是因为虽然更多的战略库存本可以让零售商在第二期获得更优惠的批发价格，但是供应商会利用零售商在第二期对消费者剩余的关注来提升批发价格，如此在第二阶段的批发价格保持不变。同样，第一期供应商虽然有动机提升批发价格来限制零售商激进的战略库存行为，但是双重目标零售商对批发价格更加敏感，导致供应商保持批发价格不变。

（3）显然，相比纯营利情形，零售商对消费者剩余的关注促使其在供应商处订购了更多数量的产品。承诺契约下，双重目标零售商对均衡策略的影响主要体现在订货量上，即提升了订货量，这里不再赘述。

接下来，遵循已有研究（Anand et al.，2008；Arya & Mittendorf，2013），进一步对比分析纯营利和双重目标情形下的加权平均价格以及两期批发价格的差异。其中加权平均批发价格的权重为每期的订货量与两期订货量之和的比。

推论 6.3 （1）加权平均批发价格：$w_{avg}^{DR} = w_{avg}^{DF}$。

(2) 跨期批发价格差异：$w_1^{DR} - w_2^{DR} = w_1^{DF} - w_2^{DF}$。

(3) 跨期零售价格差异：$p_1^{DR} - p_2^{DR} > p_1^{DF} - p_2^{DF}$。

证明：由表 6.1 和表 6.2 可得，纯营利情形下，$w_{avg}^{DF} = \frac{9a^2 - 4ah + 8h^2}{19a - 8h}$；双重目标零售商情形下，$w_{avg}^{DR} = \frac{9a^2 - 4ah + 8h^2}{19a - 8h}$，即 $w_{avg}^{DR} = w_{avg}^{DF}$。对于跨期批发价格，显然 $w_1^{DR} - w_2^{DR} = w_1^{DF} - w_2^{DF}$。对于跨期零售价格，$p_1^{DR} - p_2^{DR} = \frac{3(a - 4h)}{17(2 - \delta)}$，$p_1^{DF} - p_2^{DF} = \frac{3(a - 4h)}{34}$；进一步地，$(p_1^{DR} - p_2^{DR}) - (p_1^{DF} - p_2^{DF}) = \frac{3\delta(a - 4h)}{34(2 - \delta)} > 0$。证毕。

推论 6.3 表明，虽然订货量发生了改变，但是双重目标零售商情形下的加权平均批发价格与纯营利情形下相同。这是因为虽然订货量提升，但是两期有关订货量的权重并未发生改变。

虽然加权平均批发价格和跨期批发价格差异保持不变，但是双重目标零售商下的跨期零售价格差异增大。这是因为，战略库存降低了第二期的批发价格，增加了零售商第二期的总销售量。由于利润是关于零售价格的凹函数，正如已有研究（Arya & Mittendorf, 2013）所发现，这种价格的跨期波动意味着一种无效率，从而有可能改变契约偏好等结果。这将在下一节展开讨论。

6.4 企业双重目标与契约偏好

本节首先考察零售商双重目标如何影响供应链成员以及供应链的契约偏好；然后分析战略库存对追求双重目标的企业利润的影响；最后分析双重目标对供应商、供应链和消费者的影响。

6.4.1 企业双重目标对契约偏好的影响

本节将进一步考察零售商采取双重目标结构对供应商、零售商以及整个供应链的契约偏好的影响。

命题 6.1 当零售商具有双重目标时：

第6章 单渠道供应链下考虑企业双重目标的战略库存策略

(1) 当且仅当 $h < h_R$ 时,动态契约下的零售商利润高于承诺契约;否则,零售商利润在承诺契约下更高,其中,$h_R = \dfrac{3(7a - 17a\delta)}{2(76 - 51\delta)}$。

(2) 当且仅当 $h < h_C$ 时,动态契约下的整个供应链利润高于承诺契约;否则,整个供应链利润在承诺契约下更高,其中,$h_C = \dfrac{55a - 68a\delta}{2(144 - 85\delta)}$。

(3) 动态契约下的供应商利润始终高于承诺契约。

证明:由表6.2可知,动态契约和承诺契约下零售商的利润分别为 π_R^{DR} 和 π_R^{CR}。令 $\Delta \pi_R = \pi_R^{DR} - \pi_R^{CR}$,则易证 $\dfrac{\partial^2 \Delta \pi_R}{\partial h^2} = \dfrac{8(76 - 51\delta)}{289b(2-\delta)^2} > 0$。可见,$\pi_R^{DR} - \pi_R^{CR}$ 是关于 h 的严格凸函数。通过求解 $\Delta \pi_R = 0$ 可得,$h = \dfrac{a}{4}$ 和 $h = h_R$ 是函数的两个根,且有 $h_R < \dfrac{a}{4}$。由此可得,当 $h < h_R$ 或 $h > \dfrac{a}{4}$ 时,$\pi_R^{DR} - \pi_R^{CR} > 0$;当 $h_R < h < \dfrac{a}{4}$ 时,$\pi_R^{DR} - \pi_R^{CR} < 0$。

对于整个供应链,动态契约和承诺契约下整个供应链的利润分别为 $\pi_C^{DR} = \pi_R^{DR} + \pi_S^{DR}$ 和 $\pi_C^{CR} = \pi_R^{CR} + \pi_S^{CR}$。令 $\Delta \pi_C = \pi_C^{DR} - \pi_C^{CR}$,则易证,$\dfrac{\partial^2 \Delta \pi_C}{\partial h^2} = \dfrac{8(144 - 85\delta)}{289b(2-\delta)^2} > 0$。可见,$\pi_C^{DR} - \pi_C^{CR}$ 是关于 h 的严格凸函数。通过求解 $\Delta \pi_R = 0$ 可得,$h = \dfrac{a}{4}$ 和 $h = h_C$ 是函数的两个根,且有 $h_C < \dfrac{a}{4}$。由此可得,当 $h < h_C$ 或 $h > \dfrac{a}{4}$ 时,$\pi_C^{DR} - \pi_C^{CR} > 0$;当 $h_C < h < \dfrac{a}{4}$ 时,$\pi_C^{DR} - \pi_C^{CR} < 0$。

对于供应商而言,动态契约和承诺契约下供应商的利润分别为 π_S^{DR} 和 π_S^{CR}。易证 $\pi_S^{DR} - \pi_S^{CR} = \dfrac{(a - 4h)^2}{34b(2-\delta)} > 0$。证毕。

命题6.1表明相比纯营利情形,零售商在更加有限的参数范围内偏好动态契约。特别地,当零售商关注消费者剩余的程度较大($\delta > 0.4$)时,零售商将始终偏好承诺契约。类似地,整个供应链在动态契约和承诺契约下的绩效表现也呈相同的趋势。正如前文所解释的那样,随着零售商关注消费者剩余程度的增加,零售商将失误性地在第一期囤积更多库存，进而导致其进一步偏离利润最大化的目标。换句话说，过多的战略性存储库存不仅没有改变供应商的批发价格策略和加权平均批发价格（易证，$w_1^{DR}=w_1^{CF}$，$w_2^{DR}=w_2^{CF}$，$w_{avg}^{DR}=w_{avg}^{CF}$），反而促使零售商在第二期过度降低其销售价格，从而因加剧跨期零售价格的波动而导致供应链更加无效率（易证，$\partial(p_1^{DR}-p_2^{DR})/\partial\delta>0$）。因此，与已有研究结果不同的是，当零售商过多地关注消费者剩余时，即便零售商的单位库存持有成本较小，不能消除战略库存行为的动态契约对于双重目标零售商而言，并非最优选择。

传统观点认为，零售商的战略库存行为有益于零售商本身（见6.2.3节）。这是因为零售商可以利用第一期的战略库存在第二期从供应商那里获取较低批发价格。然而，当零售商具有双重目标结构时，战略库存对零售商而言也可能是一种危险的举措。正如前文所分析的那样，零售商关注消费者剩余会导致其无节制地囤积库存，从而加剧其因偏离利润最大化目标而带来的损失。

推论 6.4 （1）$\partial h_R/\partial\delta<0$；（2）$\partial h_C/\partial\delta<0$。

证明：易证，$\dfrac{\partial h_R}{\partial\delta}=-\dfrac{2085a}{2(76-51\delta)^2}<0$，$\dfrac{\partial h_C}{\partial\delta}=-\dfrac{5117a}{2(144-85\delta)^2}<0$。证毕。

推论 6.4 表明随着零售商对消费者剩余关注的程度增加，零售商和供应链对承诺契约的偏好会变得更加强烈。如图 6.1 所示（$\delta=0$ 对应于纯营利情形，图中虚线）。特殊地，当零售商对消费者剩余关注的程度足够大（δ 趋近于 0.8）时，零售商和供应链将始终偏好于承诺契约。这与已有纯营利情形下的研究结果形成了一定的反差，下节将对上述结果做进一步解释说明。

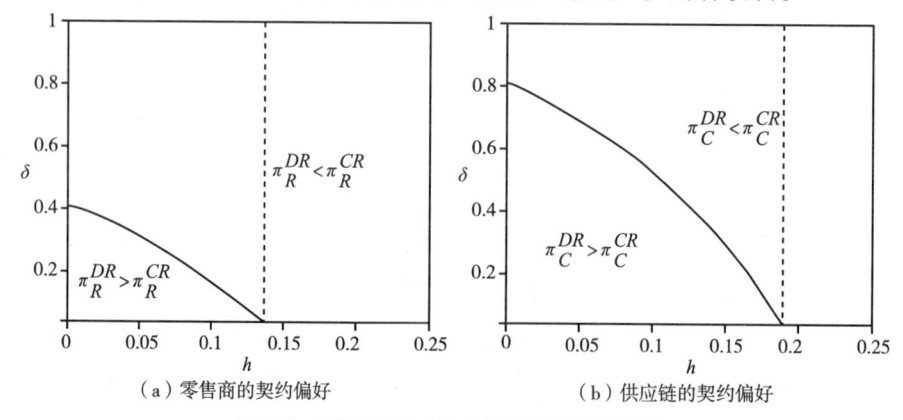

图 6.1 双重目标零售商情形下的契约偏好

6.4.2 战略库存对追求双重目标的企业利润的影响

传统观点认为,零售商关注消费者剩余会导致其因偏离利润最大化目标而遭受利润方面的损失。因此,零售商在利润方面没有动机采取双重目标结构。那么,战略库存这一零售商的有益的战略性工具如何影响这一结果?命题6.2给出了结果。

命题6.2 当零售商具有双重目标时,相比纯营利情形,零售商在第一期战略性地囤积库存将进一步恶化其利润。

证明:在承诺契约下,不存在零售商战略库存。此时零售商采取双重目标时,相比纯营利情形时的利润差额为 $\pi_R^{CR} - \pi_R^{CF} = -\dfrac{a^2\delta^2}{8b(2-\delta)^2}$。而存在战略库存的动态契约下,这一利润差额为

$$\pi_R^{DR} - \pi_R^{DF} = -\dfrac{\delta[5a^2(12+31\delta) - 2ah(70+59\delta) - 16h^2(25-19\delta)]}{1156b(2-\delta)^2}。$$

显然,$(\pi_R^{CR} - \pi_R^{CF}) - (\pi_R^{DR} - \pi_R^{DF}) = \dfrac{(a-4h)\delta[8h(25-19\delta) + 3a(40+7\delta)]}{2312b(2-\delta)^2} > 0$。证毕。

命题6.2表明,零售商依旧没有利润方面的动机采取双重目标结构,并且战略库存的存在促使零售商在采取双重目标结构时将遭受更多的利润损失。这是因为零售商关注消费者剩余导致其在第一期更多地囤积战略库存,从而导致:(1)零售商进一步偏离了利润最大化的目标;(2)两期价格差异增大。正如已有研究所指出的,由于企业的利润函数是价格的凹函数,这种价格差异的增大意味着无效率的增加(Arya & Mittendorf, 2013)。因此,战略库存加剧了采取双重目标结构带来的利润损失。

6.4.3 双重目标对供应商、供应链和消费者的影响

前文分析表明,零售商采取双重内部目标结构将损害零售商自身的利润。接下来,本节将分析零售商采取双重目标结构对供应商、整个供应链绩效和消

费者剩余的影响。

命题6.3 零售商采取双重目标结构始终有益于供应商、整个供应链和消费者。

证明：无论零售商是否具有双重内部企业目标结构，供应商始终偏好动态契约。因此，命题6.3可以通过比较π_S^{DR}和π_S^{DF}，π_C^{DR}和π_C^{DF}，以及cs^{DR}和cs^{DF}得到。即，$\pi_s^{DR} - \pi_s^{DF} = \dfrac{9a^2 - 4ah\delta + 8\delta h^2}{68b - 34b\delta} > 0$，$\pi_C^{DR} - \pi_C^{DF} = \dfrac{\delta[a^2(552 - 461\delta) - 2ah(66 - 127\delta) + 16h^2(59 - 36\delta)]}{1156b(2-\delta)^2} > 0$，$cs^{DR} - cs^{DF} = \dfrac{\delta(4-\delta)(185a^2 - 188ah + 104h^2)}{2312b(2-\delta)^2}$。证毕。

命题6.3表明，零售商采取双重目标结构将始终对供应商、供应链以及消费者有益。这与无战略库存情形下的结果类似。这是因为，零售商关注消费者剩余进一步降低了市场零售价格，从而进一步减轻了供应链双重边际化效应。这对供应商、供应链以及消费者都是有益的。但是对零售商而言，正如前文所分析的那样，关注消费者剩余会带来损失。

6.5　本章小结

本章在由单个供应商和单个零售商构成的两期供应链中，研究了战略库存和零售商采取双重目标结构之间的相互影响。虽然双重目标企业在实践中兴起和发展，但是其在供应链层面的影响尚未得到广泛的关注。本章正是填补了这一研究空缺，将已有的有关供应链战略库存的研究拓展到了零售商具有双重目标结构的情形，即零售商既关注自身利润又关注消费者剩余的情形。

具体地，本章首先给出了单周期的基准模型，并指出单周期（即无战略库存情形）下零售商没有利润方面的动机去主动关注消费者剩余。随后，本章给出了零售商纯营利情形下的两周期基准模型，并讨论了战略库存的影响以及供应链成员、整个供应链以及消费者对动态契约和承诺契约的偏好。

其次，本章继续分析了零售商具有双重企业目标时的两周期模型，并分别

第6章 单渠道供应链下考虑企业双重目标的战略库存策略

给出了动态契约和承诺契约下的均衡结果。通过分析均衡结果，给出了在零售商采取双重目标结构时的战略库存策略和供应链各成员对契约（动态契约和承诺契约）的偏好。进一步地，继续分析了零售商关注消费者剩余对战略库存策略以及契约偏好的影响，并得到了一些有趣的见解。

通过分析发现，当零售商在两期关注消费者剩余的程度相同时，与已有研究不同的是，即便战略库存可以使得零售商在第二期从供应商那里获得优惠的批发价格，但是其可能会伤害双重目标零售商的利润。进一步地，战略库存行为的存在将会进一步使得双重目标零售商偏离利润最大化的目标，从而导致零售商为采取双重内部企业目标付出更多利润损失的代价。

第7章 双渠道供应链下考虑企业双重目标的战略库存策略

随着电子商务的迅猛发展，双渠道营销模式已广泛存在于各个产业，比如，服装、电子产品、家用电器、航空和酒店服务行业等。本章基于双渠道营销环境，研究考虑双重企业目标的战略库存策略。具体的科学问题是：考察基于双渠道分销的零售商战略库存策略，并进一步分析双重企业目标的影响。

7.1 问题描述与模型设置

7.1.1 问题描述

本章的研究主要有以下两个动机。第一个动机是双渠道销售的盛行。电子商务的发展在很大程度上使消费者能够直接从供应商那里购买产品，供应商也可以通过独立零售商间接销售产品。例如，星巴克通过自己的渠道和沃尔玛等传统零售商销售速溶咖啡。类似的例子存在于许多行业，包括服装、电子和家用电器等。然而，以往关于双渠道供应链的研究一般集中在单周期（静态）环境下的渠道交互作用，而忽略了双周期（动态）环境下战略库存对双渠道供应链的全系统影响。鉴于双渠道的流行以及战略库存在传统单渠道结构中的深远影响，本节将战略库存纳入考虑范围，在两个阶段的背景下研究了双重分销渠道的定价和数量决策。

第二个动机是企业社会责任（CSR）在现代商业中得到越来越多的关注

第7章 双渠道供应链下考虑企业双重目标的战略库存策略

(Bian et al., 2021)。第6章分析了 CSR 对单渠道供应链战略库存的影响。然而，CSR 对动态双重分销供应链的运营决策的影响仍不清楚。特别是，在双渠道结构下，CSR 如何影响动态环境下的战略库存尚不清楚。因此，本章旨在通过附加战略库存的开创性模型将企业社会责任包含在双重分销供应链中，以弥补这一研究空白。

鉴于上述两个研究动机，本章旨在解决以下问题：（1）当供应商与零售商在下游零售市场存在竞争时，零售商是否持有战略库存；如果是战略库存如何影响双渠道供应链的互动？（2）双渠道结构如何影响战略库存的使用，进而改变契约结果（均衡决策、零售商、供应商、供应链利润和消费者剩余）？（3）如果渠道成员也推行 CSR 计划，会产生什么结果？CSR 如何影响战略库存的使用，进而影响双渠道供应链中的定价和契约偏好（动态契约与承诺契约）？

7.1.2 模型设置

考虑由一个供应商和一个零售商组成的两期双渠道供应链。在每一期，供应商不仅通过零售商间接销售产品（间接渠道），还通过直销渠道销售产品（直销渠道）。在间接渠道，零售商以批发价格向供应商购买产品，然后将产品销售到消费者市场。消费者在第 t 期的需求函数为 $p_t = a - q_t$，其中，$t = 1$，2，$q_t = q_{Rt} + q_{St}$，q_{Rt} 和 q_{St} 分别表示零售商和供应商在第 t 期的销售量。需注意，在单渠道背景下，$q = q_R$。在两期情境下，零售商可以在第一期囤积部分产品到第二期。

遵循已有研究，供应商每直销一单位产品将产生单位直销成本 s（Arya et al., 2007; Anand et al., 2008）；零售商每期每囤积一单位产品将产生单位库存持有成本 h。这里，假设供应商单位直销成本满足 $s < a/2$，正如下文分析将指出的那样，这可以保证供应商始终通过其直销渠道销售正数量的产品。同时，这一条件符合大多数现实情境。尤其是在电子商务迅猛发展和直销经验日益丰富的今天，供应商直销的劣势变得越来越不明显。类似地，假设零售商单位库存持有成本满足 $h < a/4$，这一假设同样符合大多数现实情境。不失一般

215

性，供应商面临的边际化生产成本和零售商面临的销售成本在这里都归一化为零。

正如阿南德等（2008）的研究，本章依旧考虑两种类型的契约，即动态契约和承诺契约（Anand et al., 2008）。在动态契约下，(1)第一期，首先供应商决策其批发价格 w_1，然后零售商同时决策其销售数量 q_{R1} 和订货数量 Q_1，零售商在第一期的战略库存数量是其第一期订货数量和第二期销售数量的差额，即 $I = Q_1 - q_{R1}$，最后供应商决定其直销数量 q_{S1}。(2)第二期，首先供应商决策其批发价格 w_2；然后零售商决策其销售量 q_{R2}，零售商在第二期的订货量为 $Q_2 = q_{R2} - I$，最后供应商决策其直销数量 q_{S2}。在承诺契约下，供应商在期初承诺一个批发价格序列；然后零售商在每一期分别决策其订货量；最后供应商在每一期分别决策其直销数量。

以上是假设零售商是纯营利的，当零售商具有双重内部企业目标时，如第6章所述，零售商不仅关注自身利润还关心消费者剩余。假设 $\delta(\delta \in [0, 1))$ 表示零售商对消费者剩余的关注程度。供应商以最大化自身利润为目标，因此，供应商和零售商的目标函数可分别表示为 $v_S = \pi_S$ 和 $v_R = \pi_R + \delta \cdot cs$。其中，$\pi_S$ 和 π_R 分别为供应商和零售商的利润函数，cs 表示消费者剩余。依据已有研究（例如，Singh & Vives, 1984），每一期的消费者剩余可以表示为 $cs_t = bq_t^2/2$。

为便于后文理解，本节对本章出现的一些常用符号做出简要的说明，并对本章出现的决策变量予以标示（见表7.1）。

表7.1　　　　　　　　　　符号说明

符号	含义及说明
h	零售商单周期单位库存持有成本
s	供应商单位直销成本
a	市场需求参数，$a > 0$
δ	零售商对消费者剩余的关注程度，$\delta \in [0, 1)$
p_t	第 t 期的市场销售价格，$t = 1, 2$
q_t	第 t 期的总销售量，$t = 1, 2$；$q_t = q_{Rt} + q_{St}$
π_i	渠道成员及供应链的利润，$i \in \{S, R, C\}$ 分别表示供应商、零售商和供应链

第 7 章　双渠道供应链下考虑企业双重目标的战略库存策略

续表

符号	含义及说明
v_j	渠道成员的目标函数，$j \in \{S, R\}$ 分别表示供应商和零售商
cs	消费者剩余
决策变量	含义及说明
w_t	第 t 期的供应商批发价格，$t = 1, 2$
Q_t	第 t 期的零售商订货量，$t = 1, 2$
I	零售商的战略库存数量
q_{St}	供应商第 t 期的直销数量，$t = 1, 2$
q_{Rt}	零售商第 t 期的市场销售量，$t = 1, 2$

需要说明的是，表 7.1 中的符号是本章常用的一些符号。其他未出现在表 7.1 中的相关符号或者标示将在出现时做具体说明，此处不再赘述。

7.1.3　基准模型：单渠道供应链战略库存

在单渠道供应链背景下，供应商仅通过零售商间接销售其产品。阿南德等（2008）对这一传统供应链下的战略库存策略进行了详细的分析（Anand et al.，2008）。6.2 节中的基准模型部分也对这一情形下的结果做了简要的分析和总结。这里，限于篇幅，简要重复了重要的结果，其余结果和具体分析过程等可参见 6.2 节内容或阿南德等（2008）的研究（Anand et al.，2008）。

在单渠道供应链背景下，当库存持有成本 $h < h_H \equiv a/4$ 时，零售商战略性地在第一期持有库存，供应商第一期的批发价格往往高于无战略库存情形下的批发价格，而第二期的批发价格往往低于无战略库存情形下的批发价格。承诺契约可以消除战略库存。供应链成员和供应链对动态契约和承诺契约的偏好取决于库存持有成本的大小。当 $h < h_R \equiv 21a/152$ 时，零售商倾向于选择动态契约；当 $h < h_C \equiv 55a/288$ 时，供应链偏好动态契约；对于供应商而言，动态契约始终优于承诺契约。

7.2 双渠道供应链下考虑企业纯营利目标的战略库存策略

本节将在纯营利供应商和纯营利零售商假设下，分析基于双渠道供应链的战略库存策略。首先分析单期静态双渠道基准模型，然后分析动态契约和承诺契约模型，最后通过对比上述结果给出双渠道营销对战略库存策略的影响。

7.2.1 静态双渠道供应链基准模型

在单期静态情境下，供应商首先决策其批发价格，然后零售商确定其订货量，最后供应商确定其直销数量。这里，使用上角标 SF 表示当前的均衡结果。第一个字母 S 代表静态情形；第二个字母 F 表示供应商和零售商均为纯营利性企业的情形。

通过逆序求解，给定供应商批发价格和零售商的订货量，供应商确定其直销数量，供应商的最大化问题为：

$$\max_{q_S}(a - q_R - q_S)q_S + wq_R - sq_S \tag{7.1}$$

通过求解易得，供应商的最优反应函数为 $q_S^{SF}(q_R) = \dfrac{a - q_R - s}{2}$。了解到供应商有关直销数量的最优反应函数，零售商决策订货量，其最大化问题为：

$$\max_{q_R}(a - q_R - q_S^{SF}(q_R))q_R - wq_R \tag{7.2}$$

通过求解可得，零售商的最优订货量为 $q_R^{SF}(w) = \dfrac{a + s - 2w}{2}$。将上述有关直销数量和订货量的最优反应函数代入式（7.1）中可得，供应商仅关于批发价格的利润函数。通过求解该函数，可得供应商的最优批发价格 $w^{SF} = \dfrac{3a - s}{6}$。通过将最优批发价格逆序回代入各式子中，可得其余均衡策略和利润，具体地，零售

商的最优订货量为 $q_R^{SF} = \dfrac{2s}{3}$；供应商的最优直销数量为 $q_S^{SF} = \dfrac{3a-5s}{6}$；市场销售价格为 $p^{SF} = \dfrac{3a+s}{6}$。相应地，供应商的利润为 $\pi_S^{SF} = \dfrac{3a^2-6as+7s^2}{12}$；零售商的利润为 $\pi_R^{SF} = \dfrac{2s^2}{9}$；供应链的利润为 $\pi_C^{SF} = \dfrac{9a^2-18as+29s^2}{36}$；消费者剩余为 $cs^{SF} = \dfrac{(3a-s)^2}{72}$。对于上述分析，更加具体的过程可参见阿里亚的研究（Arya et al., 2007）。

7.2.2　纯营利情形下动态契约模型和承诺契约模型

本节考察双渠道营销背景下的动态契约和承诺契约模型。为便于理解，本章将使用上角标 *DF* 和 *CF* 分别表示动态契约和承诺契约的均衡结果。其中，第一个字母代表契约类型；第二个字母代表纯营利情形。

在动态契约下，供应商在每期期初给定一个批发价格，然后零售商和供应商依次进行决策。在承诺契约下，供应商在第一期期初承诺一个价格序列 (w_1, w_2)，然后，零售商和供应商依次进行决策。具体的博弈顺序见 7.1.2 节。在两种契约下，供应商第一期和第二期的利润函数分别如下所示：

$$\pi_{S1}(w_1, q_{S1}) = (a - q_{R1} - q_{S1})q_{S1} + w_1(q_{R1} + I) - sq_{S1} \quad (7.3)$$

$$\pi_{S2}(w_2, q_{S2}) = (a - q_{R2} - q_{S2})q_{S2} + w_2(q_{R2} - I) - sq_{S2} \quad (7.4)$$

相应地，零售商第一期和第二期的利润函数分别如下所示：

$$\pi_{R1}(q_{R1}, I) = (a - q_{R1} - q_{S1})q_{R1} - w_1(q_{R1} + I) - hI \quad (7.5)$$

$$\pi_{R2}(q_{R2}) = (a - q_{R2} - q_{S2})q_{R2} - w_2(q_{R2} - I) \quad (7.6)$$

通过逆序求解，可以分别得出动态契约和承诺契约下的均衡结果。

定理 7.1　在双渠道供应链中，动态契约和承诺契约下存在唯一均衡解，均衡结果如表 7.2 所示。

证明：为得到均衡策略，使用逆序推导。动态契约下，在第二期期末，给定批发价格、战略库存和订货量，供应商决策直销数量，其最大化问题为：

$$\max_{q_{S2}}(a - q_{R2} - q_{S2})q_{S2} + w_2(q_{R2} - I) - sq_{S2} \tag{7.7}$$

通过求解式（7.7），可得供应商关于直销数量的最优反应函数为：

$$q_{S2}^{DF}(q_{R2}) = \frac{a - q_{R2} - s}{2} \tag{7.8}$$

需要说明的是，从技术上来讲，式（7.8）未包含供应商直销数量大于零的约束。然而，即便如此，只要单位直销成本满足 $s < \frac{a}{2}$，求解式（7.8）依旧可以在均衡状态下得到正的直销数量。换句话说，增加直销数量大于零的约束将不会改变最终的均衡结果。类似带有直销数量为正的约束的最优问题的求解过程可参见关（Guan et al., 2019）的研究，这里不再赘述。

了解到供应商的最优反应函数，零售商的最优化问题为：

$$\max_{q_{R2}}[a - q_{R2} - q_{S2}^{DF}(q_{R2})]q_{R2} - w_2(q_{R2} - I) \tag{7.9}$$

通过求解式（7.9）可得零售商有关销售量的最优反应函数为：

$$q_{R2}^{DF}(w_2) = \frac{a + s - 2w_2}{2} \tag{7.10}$$

类似地，式（7.9）中未包含零售商销售量大于零的约束，增加这一约束并不影响最终的均衡结果。将式（7.10）结果逆序代入式（7.8）中，可得 $q_{S2}^{DF}(w_2) = \frac{a - 3s + 2w_2}{4}$。此时，供应商在第二期的最优化定价问题为：

$$\max_{w_2}[a - q_{R2}^{DF}(w_2) - q_{S2}^{DF}(w_2)]q_{S2}^{DF}(w_2) + w_2[q_{R2}^{DF}(w_2) - I] - sq_{S2}^{DF}(w_2)$$
$$\tag{7.11}$$

通过求解式（7.11）可得，供应商第二期的批发价格为：

$$w_2(I) = \frac{3a - 4I - s}{6} \tag{7.12}$$

第7章 双渠道供应链下考虑企业双重目标的战略库存策略

将式（7.12）的结果逆序回代，可以分别得到零售商和供应商在第二期的利润函数，即 $\pi_{R2}^{DF}(I) = \dfrac{9aI - 8I^2 + 5Is + 4s^2}{18}$ 和 $\pi_{S2}^{DF}(I) = \dfrac{3a^2 + 4I^2 + 2Is + 7s^2 - 6a(I+s)}{12}$。在第一期期末，供应商决策直销数量，其最优化问题为：

$$\max_{q_{S1}} (a - q_{R1} - q_{S1})q_{S1} + w_1(q_{R1} + I) - sq_{S1} + \pi_{S2}^{DF}(I) \quad (7.13)$$

通过求解式（7.13），可以得到供应商关于直销数量的最优反应函数为：

$$q_{S1}^{DF}(q_{R1}) = \frac{a - q_{R1} - s}{2} \quad (7.14)$$

类似地，添加额外的供应商直销数量大于零的约束条件并不会改变最终的均衡结果。了解到供应商的最优反应函数，零售商的最优化问题为：

$$\max_{q_{R1}, I} [a - q_{R1} - q_{S1}^{DF}(q_{R1})] q_{R1} - w_1(q_{R1} + I) - hI + \pi_{R2}^{DF}(I) \quad (7.15)$$

通过求解式（7.15）可得，零售商在第一期的最优反应函数分别为：

$$q_{R1}^{DF}(w_1) = \frac{a + s - 2w_1}{2} \quad (7.16)$$

$$I^{DF}(w_1) = \frac{9a - 18h + 5s - 18w_1}{16} \quad (7.17)$$

将式（7.16）回代入式（7.14）中，可得供应商的直销数量 $q_{S1}^{DF}(w_1) = \dfrac{a - 3s + 2w_1}{4}$。类似地，通过将式（7.17）回代，可以得到供应商在第二期的仅关于第一期批发价格的利润函数 $\pi_{S2}^{DF}(w_1)$。因此，供应商在第一期的最优化问题为：

$$\max_{w_1} [a - q_{R1}^{DF}(w_1) - q_{S1}^{DF}(w_1) - s] q_{S1}^{DF}(w_1) + w_1 [q_{R1}^{DF}(w_1) + I^{DF}(w_1)] + \pi_{S2}^{DF}(w_1)$$

$$(7.18)$$

通过求解式（7.18），可得供应商在第一期的批发价格为 $w_1 = \dfrac{93a - 18h - 23s}{186}$。通过依次回代可以得到动态契约下的均衡结果，如表 7.2 所示。

表 7.2　　　　　　　纯营利情形下的动态契约和承诺契约

	动态契约 DF	承诺契约 CF
$\{w_1^*, w_2^*\}$	$\left\{\dfrac{93a - 18h - 23s}{186}, \dfrac{31a + 42h - 29s}{62}\right\}$	$\left\{\dfrac{3a - s}{6}, \dfrac{3a - s}{6}\right\}$
$\{Q_1^*, Q_2^*\}$	$\left\{\dfrac{200s - 171h}{186}, \dfrac{21h + 32s}{62}\right\}$	$\left\{\dfrac{2s}{3}, \dfrac{2s}{3}\right\}$
I	$\dfrac{28s - 63h}{62}$	0
$\{q_{R1}^*, q_{R2}^*\}$	$\left\{\dfrac{9h + 58s}{93}, \dfrac{30s - 21h}{31}\right\}$	$\left\{\dfrac{2s}{3}, \dfrac{2s}{3}\right\}$
$\{q_{S1}^*, q_{S2}^*\}$	$\left\{\dfrac{93a - 9h - 151s}{186}, \dfrac{31a + 21h - 61s}{62}\right\}$	$\left\{\dfrac{3a - 5s}{6}, \dfrac{3a - 5s}{6}\right\}$
$\{p_1^*, p_2^*\}$	$\left\{\dfrac{93a - 9h + 35s}{186}, \dfrac{31a + 21h + s}{62}\right\}$	$\left\{\dfrac{3a + s}{6}, \dfrac{3a + s}{6}\right\}$
π_R^*	$\dfrac{8019h^2 - 6012hs + 8776s^2}{17298}$	$\dfrac{4s^2}{9}$
π_S^*	$\dfrac{93a^2 + 81h^2 - 186as - 72hs + 233s^2}{186}$	$\dfrac{3a^2 - 6as + 7s^2}{6}$
cs^*	$\dfrac{8649a^2 + 2025h^2 - 126hs + 617s^2 - 186a(27h + 19s)}{34596}$	$\dfrac{(3a - s)^2}{36}$

在承诺契约下,给定供应商的批发价格序列,第二期期末,供应商决策直销数量。供应商的最优化问题和最优反应函数同式（7.7）和式（7.8）。零售商的最优化问题和最优反应函数同式（7.9）和式（7.10）。通过回代,可以得到第二期零售商和供应商利润函数分别为

$$\pi_{R2}^{CF}(w_2, I) = \frac{a^2 + s^2 + 2a(s - 2w_2) - 4sw_2 + 4w_2(2I + w_2)}{8}$$ 和 $\pi_{S2}^{CF}(w_2, I) =$

$$\frac{a^2 + 9s^2 - 6a(s - 2w_2) - 4sw_2 - 4w_2(4I + 3w_2)}{16}$$。供应商在第一期的最优化问题为:

$$\max_{q_{S1}} (a - q_{R1} - q_{S1})q_{S1} + w_1(q_{R1} + I) - sq_{S1} + \pi_{S2}^{CF}(w_2, I) \quad (7.19)$$

通过求解式（7.19），易得供应商的最优反应函数为 $q_{S1}^{CF}(q_{R1}) = \dfrac{a - q_{R1} - s}{2}$。了解到供应商的最优反应函数，零售商的最优化问题为：

$$\max_{q_{R2}, I} [a - q_{R1} - q_{S1}^{CF}(q_{R1})] q_{R1} - w_1(q_{R1} + I) - hI + \pi_{R2}^{CF}(w_2, I) \quad (7.20)$$

显然式（7.20）关于 I 单调递减，因此 $I^{CF} = 0$。进一步地，求解式（7.21）可得，零售商有关销售量的最优反应函数为 $q_{R1}^{CF}(w_1) = \dfrac{a + s - 2w_1}{2}$。通过回代可得到供应商直销数量 $q_{S1}^{CF}(w_1)$ 和供应商第二期仅关于批发价格的利润函数 $\pi_{S2}^{CF}(w_2)$。因此，供应商第一期期初的最优化问题为：

$$\max_{w_1, w_2} [a - q_{R1}^{CF}(w_1) - q_{S1}^{CF}(w_1) - s] q_{S1}^{CF}(w_1) + w_1 [q_{R1}^{CF}(w_1) + 0] + \pi_{S2}^{CF}(w_2)$$

(7.21)

通过求解式（7.21）可得，供应商的最优批发价格序列为 $(w_1, w_2) = \left(\dfrac{3a - s}{6}, \dfrac{3a - s}{6}\right)$。通过回代可以得到承诺契约下的均衡结果。证毕。

基于上述均衡结果，以下将进一步分析并给出纯营利情境下的战略库存策略及其影响。

7.2.3 纯营利情形下双渠道供应链的战略库存管理

首先，分析动态契约和承诺契约下零售商是否在第一期持有战略库存。如果持有，将在什么条件下持有。通过分析发现，在动态契约下，零售商是否持有战略库存取决于供应商的直销劣势水平 s 和零售商的库存持有成本 h。

命题 7.1 在纯营利的双渠道供应链均衡中：

（1）动态契约下，当且仅当 $h < \bar{h}_H$ 时，零售商持有战略库存；否则，零售商不持有战略库存；其中，$\bar{h}_H = 4s/9$。

（2）承诺契约下，零售商始终不持有战略库存。

证明：由表 7.2 中的均衡结果可得，动态契约下，如果 $h < 4s/9$，则战略库存 $I^{DF} > 0$；承诺契约下，战略库存 $I^{CF} = 0$。证毕。

命题 7.1 的结果如图 7.1 所示。命题 7.1 表明：在动态契约下，当零售商库存持有成本较小时，其将会在第一期战略性地囤积库存。这与已有研究（Anand et al., 2008）类似，即当库存持有成本过大时，战略库存在第二期带来的批发价格优势难以抵消持有成本的劣势。

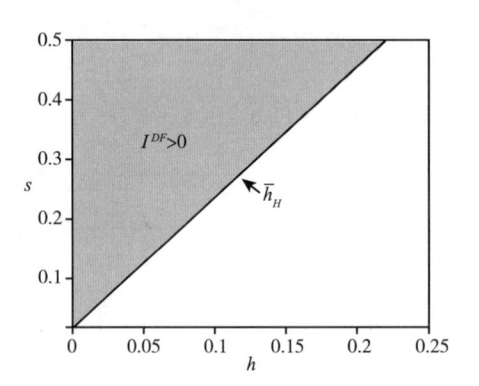

图 7.1 纯营利零售商下均衡战略库存

与已有研究结果不同的是：(1) 在单渠道供应链中（已有研究），当 $h < h_H$ 时，零售商始终战略性持有库存；然而在双渠道供应链中，当 $\bar{h}_H < h < h_H$ 时，零售商不会持有战略库存。(2) 在双渠道供应链中，是否持有战略库存还受供应商直销成本的影响。具体而言，随着供应商直销劣势的减少，零售商战略性持有库存的动机减弱。如图 7.1 所示，战略库存仅在阴影区域下存在。

显然，供应商直销增加了零售市场的竞争，因此减弱了零售商战略性囤积库存用于第二期销售的动机，主要表现在零售商在更小的库存持有成本下才会持有战略库存。这表明，供应商通过直销和提高直销销售的渠道效率可以有效地限制甚至排除零售商的战略库存行为。

推论 7.1 在纯营利的双渠道供应链均衡中：

(1) 动态契约下，当零售商持有战略库存时，(i) $w_1^{DF} > w_2^{DF}$；(ii) $Q_1^{DF} > Q_2^{DF}$；(iii) $q_{R1}^{DF} < q_{R2}^{DF}$；(iv) $q_{S1}^{DF} > q_{S2}^{DF}$；(v) $p_1^{DF} > p_2^{DF}$。

(2) 承诺契约下，每期的均衡结果与静态情形下相同。

证明：由表 7.2 中可得：动态契约下，批发价格 $w_1^{DF} - w_2^{DF} = \dfrac{8(4s-9h)}{93} > 0$；订货量 $Q_1^{DF} - Q_2^{DF} = \dfrac{13(4s-9h)}{93} > 0$；销售量 $q_{R1}^{DF} - q_{R2}^{DF} = \dfrac{8(9h-4s)}{93} < 0$ 和

第7章 双渠道供应链下考虑企业双重目标的战略库存策略

$q_{S1}^{DF} - q_{S2}^{DF} = \dfrac{4(4s-9h)}{93} > 0$；零售价格 $p_1^{DF} - p_2^{DF} = \dfrac{4(4s-9h)}{93} > 0$。承诺契约下结果显而易见。证毕。

推论 7.1 表明：供应商将提高第一期的批发价格以限制零售商的战略库存行为，零售商在第一期战略性囤积库存用于第二期可以使其在第二期从供应商那里获得较低的批发价格。如此导致第一期批发价格高于静态双渠道供应链下的均衡批发价格（即 $w_1^{DF} > \dfrac{3a-s}{6}$），而第二期的批发价格低于静态双渠道供应链下的均衡批发价格（即 $w_2^{DF} < \dfrac{3a-s}{6}$）。

由于战略库存的存在，即便第一期的供应商批发价格较高，零售商在第一期的订货量依旧高于第二期。而零售商第一期的销售量低于第二期，如此导致供应商第一期的直销数量高于第二期的直销数量。总体而言，第一期的市场零售价格始终高于第二期，也就是说第一期的市场总销售量低于第二期，这主要是由于供应商第一期批发价格高于第二期导致的。

接下来，遵循已有研究（Anand et al.，2008），进一步对比分析纯营利情形下基于双渠道供应链的加权平均价格。其中，加权平均批发价格的权重为每期的订货量与两期订货量之和的比，加权平均零售价格的权重为每期的销售量与两期总销售量之和的比。

推论 7.2 在纯营利的双渠道供应链均衡中：

(1) 关于加权平均批发价格：(i) 当零售商战略性地持有库存时，$w_{avg}^{DF} = \dfrac{93a(27h-74s) - 1737hs + 3238s^2 - 2754h^2}{186(27h-74s)}$；(ii) $w_{avg}^{CF} = \dfrac{3a-s}{6}$；(iii) 如果 $h < 4s/9$，则 $w_{avg}^{DF} < w_{avg}^{CF}$。

(2) 关于加权平均零售价格：(i) 当零售商战略性地持有库存时，$p_{avg}^{DF} = \dfrac{8649a^2 - 2025h^2 + 126hs - 617s^2}{186(93a - 27h - 19s)}$；(ii) $p_{avg}^{CF} = \dfrac{a+3s}{6}$；(iii) 如果 $h < 4s/9$，则 $p_{avg}^{DF} < p_{avg}^{CF}$。

证明：依据表 7.2 易得：$w_{avg}^{DF} = \dfrac{w_1^{DF} Q_1^{DF}}{Q_1^{DF} + Q_2^{DF}} + \dfrac{w_2^{DF} Q_2^{DF}}{Q_1^{DF} + Q_2^{DF}} =$

$$\frac{93a(27h-74s)-1737hs+3238s^2-2754h^2}{186(27h-74s)}, w_{avg}^{CF}=\frac{w_1^{CF}Q_1^{CF}}{Q_1^{CF}+Q_2^{CF}}+\frac{w_2^{CF}Q_2^{CF}}{Q_1^{CF}+Q_2^{CF}}=$$

$\frac{3a-s}{6}$。进一步地,通过比较 w_{avg}^{DF} 和 w_{avg}^{CF},易证,当 $h<\frac{4s}{9}$ 时,$w_{avg}^{DF}-w_{avg}^{CF}=$

$\frac{472s^2-450hs-1377h^2}{93(27h-74s)}<0$。

类似地,$p_{avg}^{DF}=\frac{p_1^{DF}(q_{R1}^{DF}+q_{S1}^{DF})}{(q_{R1}^{DF}+q_{S1}^{DF})+(q_{R2}^{DF}+q_{S2}^{DF})}+\frac{p_2^{DF}(q_{R2}^{DF}+q_{S2}^{DF})}{(q_{R1}^{DF}+q_{S1}^{DF})+(q_{R2}^{DF}+q_{S2}^{DF})}=$

$\frac{8649a^2-2025h^2+126hs-617s^2}{186(93a-27h-19s)}$,$w_{avg}^{CF}=\frac{p_1^{CF}(q_{R1}^{CF}+q_{S1}^{CF})}{(q_{R1}^{CF}+q_{S1}^{CF})+(q_{R2}^{CF}+q_{S2}^{CF})}+\frac{p_2^{CF}(q_{R2}^{CF}+q_{S2}^{CF})}{(q_{R1}^{CF}+q_{S1}^{CF})+(q_{R2}^{CF}+q_{S2}^{CF})}=$

$\frac{3a-s}{6}$。进一步地,易证,当 $h<\frac{4s}{9}$ 时,$p_{avg}^{DF}-p_{avg}^{CF}=\frac{(9h-4s)(279a-225h+7s)}{186(93a-27h-19s)}<$

0。证毕。

推论 7.2 表明:在纯营利的双渠道供应链中,当零售商在第一期战略性地持有库存时,虽然供应商提高了第一期的批发价格,但是从两期来看,战略库存导致供应商降低了批发价格。与此同时,较低的批发价格带来了较低的零售价格。这意味着零售商的战略库存有效地减轻了供应链双重边际化效应。这里,需要说明的是,在动态契约下,当零售商库存持有成本相对较大时,即当 $h>4s/9$ 时,零售商不再战略性地持有库存,并且均衡结果与承诺契约下相同。

7.2.4 纯营利情形下基于双渠道供应链的契约偏好分析

本节分析供应商、零售商和供应链对动态契约和承诺契约的偏好。这一分析等同于考察零售商的战略库存行为如何影响供应链成员和整个供应链的利润。

命题 7.2 在纯营利情形下的双渠道供应链均衡中:

(1) 当 $h<\bar{h}_R$ 时,动态契约下的零售商利润高于承诺契约;否则,当 $\bar{h}_R<h<\bar{h}_H$ 时,零售商利润在承诺契约下更高,其中,$\bar{h}_R=\frac{272s}{891}$。

(2) 当 $h<\bar{h}_C$ 时,动态契约下的供应链利润高于承诺契约;否则,当 $\bar{h}_C<h<\bar{h}_H$ 时,供应链利润在承诺契约下更高,其中,$\bar{h}_C=\frac{161s}{432}$。

第7章 双渠道供应链下考虑企业双重目标的战略库存策略

（3）动态契约下的供应商利润始终高于承诺契约。

证明：由表7.2可知，动态契约和承诺契约下零售商的利润分别为 π_R^{DF} 和 π_R^{CF}。令 $\Delta\pi_R = \pi_R^{DF} - \pi_R^{CF}$，则易证 $\frac{\partial^2 \Delta\pi_R}{\partial h^2} = \frac{891}{961} > 0$。可见，$\pi_R^{DF} - \pi_R^{CF}$ 是关于 h 的严格凸函数。通过求解 $\Delta\pi_R = 0$ 可得，$h = \frac{4s}{9}$ 和 $h = \bar{h}_R$ 是函数的两个根。由此可得，当 $h < \bar{h}_R$ 或 $h > \frac{4s}{9}$ 时，$\pi_R^{DF} - \pi_R^{CF} > 0$；当 $\bar{h}_R < h < \frac{4s}{9}$ 时，$\pi_R^{DF} - \pi_R^{CF} < 0$。需要说明的是，当 $h > \frac{4s}{9}$ 时，动态契约下的均衡结果与承诺契约下相同。即由于库存持有成本过大，零售商放弃战略性地囤积库存。供应商也因此保持其静态情形下的批发价格不变。这里，仅讨论战略库存存在 $\left(\text{即 } h < \frac{4s}{9}\right)$ 的情况。

对于整个供应链，动态契约和承诺契约下整个供应链的利润分别为 $\pi_C^{DF} = \pi_R^{DF} + \pi_S^{DF}$ 和 $\pi_C^{CF} = \pi_R^{CF} + \pi_S^{CF}$。易证 $\Delta\pi_C = \pi_C^{DF} - \pi_C^{CF} = \frac{2(3888h^2 - 3177hs + 644s^2)}{8649}$，且 $\frac{\partial^2 \Delta\pi_C}{\partial h^2} = \frac{1728}{961} > 0$。即 $\pi_C^{DF} - \pi_C^{CF}$ 是关于 h 的严格凸函数。通过求解 $\pi_C^{DF} - \pi_C^{CF} = 0$ 可得，$h = \frac{4s}{9}$ 和 $h = \bar{h}_C$ 是函数的两个根。由此可得，当 $h < \bar{h}_C$ 或 $h > \frac{4s}{9}$ 时，$\pi_C^{DF} - \pi_C^{CF} > 0$；当 $\bar{h}_C < h < \frac{4s}{9}$ 时，$\pi_C^{DF} - \pi_C^{CF} < 0$。

对于供应商而言，动态契约和承诺契约下供应商的利润分别为 π_S^{DF} 和 π_S^{CF}。易证 $\pi_S^{DF} - \pi_S^{CF} = \frac{(9h - 4s)^2}{186} > 0$。证毕。

命题7.2表明：对于零售商（供应链），当零售商战略性地囤积库存且零售商库存持有成本较小，即当 $h < \bar{h}_R$（$h < \bar{h}_C$）时，零售商（供应链）偏好动态契约；而供应商始终偏好动态契约。显然，随着库存持有成本的增加，零售商和整个供应链都将因囤积库存而遭受更大的损失。而正如推论7.2分析的那样，战略库存可以有效减轻双重边际化效应。因此，零售商战略库存始终有益于供应商；对于零售商和供应链而言，当库存持有成本较大时，战略库存带

来的优势（减轻供应链双重边际化）将难以抵消库存成本的劣势，导致零售商在无战略库存的承诺契约下其利润更高；对于整个供应链，结果类似（见图7.2）。

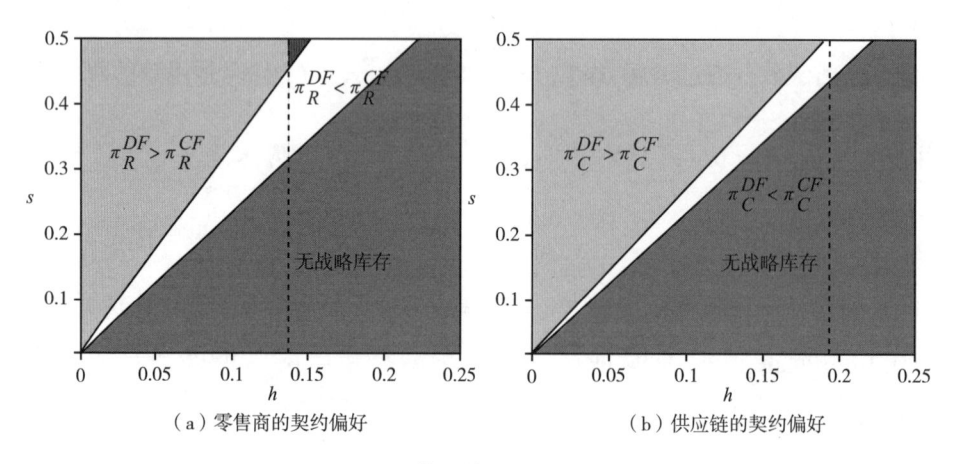

图7.2 纯营利情形下的契约偏好
（a）零售商的契约偏好
（b）供应链的契约偏好

相比单渠道供应链下的已有研究（Anand et al.，2008），双渠道供应链下的结果主要有以下三方面的不同：（1）对于零售商而言，在单渠道供应链下，当库存持有成本大于 h_R（约 $0.14a$）时，战略库存将不利于零售商利润；在双渠道供应链下，即使库存持有成本超过 h_R，零售商依旧可能会得益于战略库存（见图7.2阴影区域）。（2）对于零售商而言，在双渠道供应链下，即使库存持有成本低于 h_R，零售商依旧可能会因战略库存而利润受损（见图7.2中虚线左侧白色区域）。（3）对于整个供应链而言，在单渠道供应链下，只有当库存持有成本小于 h_C（约 $0.19a$）时，战略库存才有益于整个供应链；在双渠道供应链下，即使库存持有成本低于 h_C，供应链依旧可能会因战略库存而利润受损。显然，结果（1）中的不同出现在供应商直销成本或者劣势较大时，这意味着即使零售商战略性持有库存，供应商迫于直销劣势不会过度提高批发价格。因此，相比之下战略库存所带来的优势将更大，从而可以抵消库存成本的劣势。相反，结果（2）和结果（3）中的不同则出现在供应商直销成本或者劣势较小时，这意味着，供应商倾向于提高批发价格来限制零售商战略性地囤积库存，从而降低战略库存在减轻双重边际化效应方面的能力。

下面，进一步分析零售商战略库存行为对消费者的影响。

命题7.3 在纯营利情形下的双渠道供应链均衡中，如果 $h < 4s/9$，则 $cs^{DF} > cs^{CF}$。

证明：依据表7.2，易证 $cs^{DF} - cs^{CF} = \dfrac{(558a - 225h - 86s)(4s - 9h)}{34596}$。显然，当 $h < 4s/9$ 时，有 $cs^{DF} - cs^{CF} > 0$。证毕。

命题7.3表明：零售商在第一期战略性地囤积库存的行为始终有益于提升消费者剩余。直观上来讲，由推论7.2可知，战略库存有效地降低了供应商批发价格和市场零售价格，进而有益于消费者。

7.3 考虑零售商追求双重目标的战略库存策略

7.2节分析了纯营利情形下基于双渠道供应链的战略库存策略，本节将拓展分析零售商具有双重目标时基于双渠道供应链的战略库存策略。

7.3.1 静态双渠道供应链模型

与纯营利情形不同的是，双重目标零售商将以最大化自身利润和消费者剩余的线性组合为目标。具体地，供应商和零售商的目标函数分别为：

$$v_S = (a - q_R - q_S)q_S + wq_R - sq_S \tag{7.22}$$

$$v_R = (a - q_R - q_S)q_R - wq_R + \frac{\delta}{2}[q_R^2 + 2q_Rq_S + q_S^2] \tag{7.23}$$

具体的决策顺序则与纯营利情形相同。通过逆序推导可以得到均衡结果。这里，使用上角标 SR 表示当前的均衡结果。第一个字母 S 代表静态情形；第二个字母 R 表示零售商为双重目标企业的情形。

定理7.2 在双重目标零售商情形下，静态双渠道供应链存在均衡解，具体均衡批发价格、订货量和直销数量分别为：

$$w^{SR} = \frac{a(12 - 2\delta - \delta^2) - s(4 + 2\delta - \delta^2)}{8(3 - \delta)}, q_R^{SR} = \frac{a\delta + s(4 - \delta)}{6 - 2\delta},$$

$$q_S^{SR} = \frac{3a(2 - \delta) - s(10 - 3\delta)}{4(3 - \delta)}$$

零售商、供应商以及供应链的均衡利润分别为：

$$\pi_R^{SR} = \frac{a^2(\delta^3 - 4\delta^2) - ac(8\delta - 8\delta^2 + 2\delta^3) + c^2(32 - 8\delta - 4\delta^2 + \delta^3)}{16(3 - \delta)^2},$$

$$\pi_S^{SR} = \frac{a^2(12 - 4\delta + \delta^2) - 2ac(12 - 8\delta + \delta^2) + c^2(28 - 12\delta + \delta^2)}{16(3 - \delta)},$$

$$\pi_C^{SR} = \frac{3a^2(12 - 8\delta + \delta^2) - 2as(36 - 32\delta + 7\delta^2) + s^2(116 - 72\delta + 11\delta^2)}{16(3 - \delta)^2},$$

$$cs^{SR} = \frac{[a(\delta - 6) + c(2 - \delta)]^2}{32b(3 - \delta)^2}$$

证明：通过逆序推导，首先供应商确定其最优直销数量，最优化问题如式（7.1）所示，且供应商的最优反应函数为 $q_S^{SR}(q_R) = \frac{a - q_R - s}{2}$。了解到供应商的最优反应函数，零售商确定其最优订货量，零售商的最优化问题为：

$$\max_{q_R}[a - q_R - q_S^{SR}(q_R)]q_R - wq_R + \frac{\delta}{2}[q_R + q_S^{SR}(q_R)]^2 \quad (7.24)$$

通过求解式（7.22），可得零售商的最优反应函数为：

$$q_R^{SR}(w) = \frac{2a + 2s - 4w + a\delta - s\delta}{4 - \delta} \quad (7.25)$$

通过回代可得，供应商关于直销数量的最优反应函数为 $q_S^{SR}(w) = \frac{a + 2w - s(3 - \delta) - a\delta}{4 - \delta}$。进一步回代可得，供应商关于批发价格的最优化问题为：

$$\max_{w}[a - q_R^{SR}(w) - q_S^{SR}(w)]q_S^{SR}(w) + wq_R^{SR}(w) - sq_S^{SR}(w) \quad (7.26)$$

通过求解式（7.24）的一阶导数为零的条件，可得供应商的最优批发价格。进一步地，依次回代可以得到均衡结果。证毕。

定理7.2给出了零售商为双重目标企业情形下的双渠道供应链均衡结果。

需要说明的是，上述结果对应着供应商直销数量始终为正的情况。通过分析易得，这限定供应商的直销成本 s 满足 $s<\hat{s}_1 \equiv \dfrac{6a-3a\delta}{10-3\delta}$，且易证 $\hat{s}_1>0.4a$。关于供应商直销成本劣势较大时的情形，参见第 3 章中定理 3.1 的证明。这里，仅讨论供应商通过其直销渠道销售正数量产品的情况。

相比纯营利情形下的均衡结果，显然有：$w^{SR}>w^{SF}$，$q_R^{SR}>q_R^{SF}$，$q_S^{SR}<q_S^{SF}$。直观上来讲，零售商关注消费者剩余促使其增加订货量；供应商为了避免零售市场过度竞争，通过批发价格来限制零售商的激进行为。这也使得供应商可以利用零售商对消费者剩余的关注提升批发价格，导致其利润增加（即 $\pi_S^{SR}>\pi_S^{SF}$），而零售商则因偏离利润最大化目标而利润受损（$\pi_R^{SR}<\pi_R^{SF}$）。

7.3.2 动态契约和承诺契约模型

如前文所述，在动态契约下，供应商在每期期初给定一个批发价格，然后零售商和供应商依次进行决策。在承诺契约下，供应商在第一期期初承诺一个价格序列（w_1，w_2），然后，零售商和供应商依次进行决策。在两种契约下，供应商第一期和第二期的利润函数分别如式（7.3）和式（7.4）所示。相应地，零售商第一期和第二期的利润函数分别式（7.27）和式（7.28）所示：

$$v_{R1}(q_{R1},I) = (a-q_{R1}-q_{S1})q_{R1} - w_1(q_{R1}+I) - hI + \dfrac{\delta}{2}[q_{R1}^2+2q_{R1}q_{S1}+q_{S1}^2]$$
(7.27)

$$v_{R2}(q_{R2}) = (a-q_{R2}-q_{S2})q_{R2} - w_2(q_{R2}-I) + \dfrac{\delta}{2}[q_{R2}^2+2q_{R2}q_{S2}+q_{S2}^2]$$
(7.28)

通过逆序求解，可以分别得出动态契约和承诺契约下的均衡结果。本章将使用上角标 *DR* 和 *CR* 分别表示动态契约和承诺契约的均衡结果。其中，第一个字母代表契约类型；第二个字母代表双重目标零售商情形。

定理 7.3 在双重目标情形下的双渠道供应链中：

（1）动态契约下存在均衡解，均衡批发价格、销售量、直销量以及订货量为：

$$w_1^{DR} = \frac{a(744 - 660\delta + 116\delta^2 + 34\delta^3 - 9\delta^4) - 8h(2-\delta)(3-\delta)^2 - s(184 + 20\delta - 156\delta^2 + 70\delta^3 - 9\delta^4)}{4(372 - 400\delta + 143\delta^2 - 17\delta^3)}$$

$$w_2^{DR} = \frac{a(124 - 90\delta + 8\delta^2 + 3\delta^3) + 4h(42 - 29\delta + 5\delta^2) - s(116 - 54\delta - 4\delta^2 + 3\delta^3)}{248 - 184\delta + 34\delta^2}$$

$$I^{DR} = \frac{(14 - 5\delta)[(4-\delta)^2(a\delta - s\delta + 4s) - 16h(3-\delta)^2]}{(4-\delta)^2(124 - 92\delta + 17\delta^2)}$$

$$q_{R1}^{DR} = \frac{(a\delta - s\delta + 4s)(232 - 230\delta + 75\delta^2 - 8\delta^3) - 8h(3-\delta)^2(2-\delta)}{(4-\delta)(372 - 400\delta + 143\delta^2 - 17\delta^3)}$$

$$q_{S1}^{DR} = \frac{a(1488 - 2204\delta + 1202\delta^2 - 286\delta^3 + 25\delta^4) - 8h(2-\delta)(3-\delta)^2 - s(2416 - 3124\delta + 1502\delta^2 - 318\delta^3 + 25\delta^4)}{2(4-\delta)(372 - 400\delta + 143\delta^2 - 17\delta^3)}$$

$$q_{R2}^{DR} = \frac{(a\delta - s\delta + 4s)(120 - 74\delta + 11\delta^2) - 8h(42 - 29\delta + 5\delta^2)}{(4-\delta)(124 - 92\delta + 17\delta^2)}$$

$$q_{S2}^{DR} = \frac{a(248 - 306\delta + 117\delta^2 - 14\delta^3) + 4h(42 - 29\delta + 5\delta^2) - s(488 - 454\delta + 139\delta^2 - 14\delta^3)}{(4-\delta)(124 - 92\delta + 17\delta^2)}$$

$$Q_1^{DR} = \frac{(4-\delta)^2(a\delta - s\delta + 4s)(100 - 72\delta + 13\delta^2) - 8h(3-\delta)^2(76 - 52\delta + 9\delta^2)}{(4-\delta)^2(3-\delta)(124 - 92\delta + 17\delta^2)}$$

$$Q_2^{DR} = \frac{2(4-\delta)^2(8-3\delta)(a\delta - s\delta + 4s) + 8h(84 - 100\delta + 39\delta^2 - 5\delta^3)}{(4-\delta)^2(124 - 92\delta + 17\delta^2)}$$

（2）承诺契约下存在均衡解，承诺契约下每期的均衡结果与静态情形下相同，其中均衡批发价格、战略库存、销售量以及直销量为：

$$w_1^{CR} = w_2^{CR} = \frac{a(12 - 2\delta - \delta^2) - s(4 + 2\delta - \delta^2)}{8(3-\delta)}$$

$$I^{CR} = 0$$

$$q_{R1}^{CR} = q_{R2}^{CR} = \frac{a\delta + s(4-\delta)}{6 - 2\delta}$$

$$q_{S1}^{CR} = q_{S2}^{CR} = \frac{3a(2-\delta) - s(10 - 3\delta)}{4(3-\delta)}$$

证明：通过逆序求解来确定两种契约下的均衡策略。在动态契约下，第二期结束时，供应商确定其直销数量来最大化第二期的利润，具体的最优化问题与式（7.7）相同，且有 $q_{S2}^{DR}(q_{R1}) = \frac{a - q_{R1} - s}{2}$。了解到供应商的最优反应函数，零售商确定其最优销售量，其最优化问题为：

第7章 双渠道供应链下考虑企业双重目标的战略库存策略

$$\max_{q_{R2}}[a - q_{R1} - q_{S2}^{DR}(q_2)]q_{R1} - w_2(q_{R1} + I) - hI + \frac{\delta}{2}[q_{R1} + q_{S2}^{DR}(q_2)]^2$$
(7.29)

通过求解式(7.27),可得零售商有关销售量的最优反应函数为:

$$q_{R2}^{DR}(w_2) = \frac{2a + 2s - 4w_2 + a\delta - s\delta}{4 - \delta}$$
(7.30)

将式(7.30)结果逆序代入,可得 $q_{S2}^{DR}(w_2) = \dfrac{a + 2w_2 - s(3 - \delta) - a\delta}{4 - \delta}$。此时,供应商在第二期的最优化定价问题为:

$$\max_{w_2}[a - q_{R2}^{DR}(w_2) - q_{S2}^{DR}(w_2)]q_{S2}^{DR}(w_2) + w_2[q_{R2}^{DR}(w_2) - I] - sq_{S2}^{DR}(w_2)$$
(7.31)

通过求解式(7.31)可得,供应商第二期的批发价格为:

$$w_2(I) = \frac{a(12 - 2\delta - \delta^2) - I(4 - \delta)^2 - s(4 + 2\delta - \delta^2)}{8(3 - \delta)}$$
(7.32)

将式(7.32)逆序回代,可分别得到零售商和供应商在第二期的效用函数 $v_{R2}^{DR}(I)$ 和利润函数 $\pi_{S2}^{DR}(I)$。在第一期期末,供应商决策其直销数量,其最优化问题为:

$$\max_{q_{S1}}(a - q_{R1} - q_{S1})q_{S1} + w_1(q_{R1} + I) - sq_{S1} + \pi_{S2}^{DR}(I)$$
(7.33)

通过求解式(7.33),可以得到供应商关于直销数量的最优反应函数为:

$$q_{S1}^{DR}(q_{R1}) = \frac{a - q_{R1} - s}{2}$$
(7.34)

了解到供应商的最优反应函数,零售商的最优化问题为:

$$\max_{q_{R1},I}[a - q_{R1} - q_{S1}^{DF}(q_{R1}) - w_1]q_{R1} - (w_1 + h)I + \frac{\delta}{2}[q_{R1} + q_{S1}^{DF}(q_{R1})]^2 + v_{R2}^{DR}(I)$$
(7.35)

通过求解式(7.35),可得零售商在第一期的最优反应函数分别为:

$$q_{R1}^{DR}(w_1) = \frac{2a + 2s - 4w_1 + a\delta - s\delta}{4 - \delta} \tag{7.36}$$

$$I^{DR}(w_1) = \frac{a\varphi + s\phi - 16h(3-\delta)^2 - w_1(144 - 96\delta + 16\delta^2)}{(4-\delta)^2(8-3\delta)} \tag{7.37}$$

其中，$\varphi = 72 - 20\delta - 10\delta^2 + 3\delta^3$，$\phi = 40 - 52\delta + 22\delta^2 - 3\delta^3$。

将式（7.36）回代入式（7.34）中，可得供应商的直销数量 $q_{S1}^{DR}(w_1) = \dfrac{a - a\delta + 2w_1 - s(3-\delta)}{4 - \delta}$。类似地，通过将式（7.37）回代，可以得到供应商在第二期的仅关于第一期批发价格的利润函数 $\pi_{S2}^{DR}(w_1)$。因此，供应商在第一期的最优化问题为：

$$\max_{w_1}[a - q_{R1}^{DR}(w_1) - q_{S1}^{DR}(w_1) - s]q_{S1}^{DR}(w_1) + w_1[q_{R1}^{DR}(w_1) + I^{DR}(w_1)] + \pi_{S2}^{DR}(w_1) \tag{7.38}$$

通过求解式（7.36），可得供应商在第一期的批发价格。通过依次回代，可以得到动态契约下的均衡结果。

在承诺契约下，给定供应商的批发价格序列，第二期期末，供应商决策直销数量。供应商的最优化问题和最优反应函数同式（7.7）和式（7.8）。零售商的最优化问题和最优反应函数同式（7.29）和式（7.30）。通过回代，可分别得零售商和供应商第二期的效用函数 $v_{R2}^{CR}(w_2, I)$ 和利润函数 $\pi_{S2}^{CR}(w_2, I)$。供应商在第一期的最优化问题为：

$$\max_{q_{S1}}(a - q_{R1} - q_{S1})q_{S1} + w_1(q_{R1} + I) - sq_{S1} + \pi_{S2}^{CR}(w_2, I) \tag{7.39}$$

通过求解式（7.39），易得供应商的最优反应函数为 $q_{S1}^{CR}(q_{R1}) = \dfrac{a - q_{R1} - s}{2}$。了解到供应商的最优反应函数，零售商的最优化问题为：

$$\max_{q_{R1}, I}[a - q_{R1} - q_{S1}^{CR}(q_{R1}) - w_1]q_{R1} - (w_1 + h)I + \frac{\delta}{2}[q_{R1} + q_{S1}^{CR}(q_{R1})]^2 + v_{R2}^{CR}(w_2, I) \tag{7.40}$$

显然式（7.40）关于 I 单调递减，因此 $I^{CR} = 0$。进一步地求解式（7.38）可得，零售商有关销售量的最优反应函数为 $q_{R1}^{CR}(w_1) = \dfrac{2a + 2s - 4w_1 + a\delta - s\delta}{4 - \delta}$。通

第7章 双渠道供应链下考虑企业双重目标的战略库存策略

过回代,可得到供应商直销数量 $q_{S1}^{CR}(w_1)$ 和供应商第二期仅关于批发价格的利润函数 $\pi_{S2}^{CR}(w_2)$。因此,供应商第一期期初的最优化问题为:

$$\max_{w_1,w_2}[a - q_{R1}^{CF}(w_1) - q_{S1}^{CF}(w_1) - s]q_{S1}^{CF}(w_1) + w_1[q_{R1}^{CF}(w_1) + 0] + \pi_{S2}^{CR}(w_2)$$

(7.41)

通过求解式(7.40),可得供应商的最优批发价格序列。通过回代,可以得到承诺契约下的均衡结果。证毕。

类似于定理7.2,定理7.3给出的依旧是供应商直销数量为正的情形。通过分析易得,这限定供应商的直销成本 s 满足 $s < \hat{s}_2 \equiv$
$\dfrac{a(248 - 306\delta + 117\delta^2 - 14\delta^3) + 4h(42 - 29\delta + 5\delta^2)}{(4 - \delta)(122 - 83\delta + 14\delta^2)}$,且有 $\hat{s}_3$ 大于约 $0.3a$。这在现实中依旧符合多数实践。接下来,7.3.3节继续分析供应商既通过双重目标零售商进行间接销售,又通过其直销渠道进行销售时的战略库存策略。同时,通过对比,分析双重企业目标对战略库存等均衡策略的影响。

7.3.3 零售商追求双重目标的双渠道供应链战略库存管理

通过对定理7.3中的结果进一步分析发现,在动态契约下,零售商是否持有战略库存取决于供应商的直销劣势水平 s、零售商的库存持有成本 h,以及零售商对消费者剩余的关注程度 δ。

命题 7.4 在零售商具有双重目标情形下的双渠道供应链动态契约均衡中:

(1) 当且仅当 $h < \hat{h}_H$ 时,零售商持有战略库存;否则,零售商不持有战略库存,其中,$\hat{h}_H = \dfrac{(4-\delta)^2(a\delta - s\delta + 4s)}{16(3-\delta)^2}$。

(2) $\dfrac{\partial I^{DR}}{\partial h} < 0$,$\dfrac{\partial}{\partial \delta}\left[\dfrac{\partial I^{DR}}{\partial h}\right] < 0$,$\dfrac{\partial I^{DR}}{\partial s} > 0$,$\dfrac{\partial}{\partial \delta}\left[\dfrac{\partial I^{DR}}{\partial s}\right] > 0$。

证明:由定理7.3中的均衡结果可得:动态契约下,
$\dfrac{\partial I^{DR}}{\partial h} = -\dfrac{16(3-\delta)^2(14-5\delta)}{(4-\delta)^2(124 - 92\delta + 17\delta^2)} < 0$,且令 $I^{DR} = 0$ 可得,$h = \hat{h}_H$。进一步地,

$$\frac{\partial^2 I^{DR}}{\partial h \partial \delta} = -\frac{16(13632 - 24260\delta + 17444\delta^2 - 6327\delta^3 + 1156\delta^4 - 85\delta^5)}{(4-\delta)^3 (124 - 92\delta + 17\delta^2)^2} < 0, \frac{\partial^2 I^{DR}}{\partial s \partial \delta} =$$

$$\frac{2(468 - 332\delta + 59\delta^2)}{(124 - 92\delta + 17\delta^2)^2} > 0, \frac{\partial I^{DR}}{\partial s} = \frac{(4-\delta)(14-5\delta)}{124 - 92\delta + 17\delta^2} > 0 \text{。证毕。}$$

命题 7.4 的第（1）部分表明：在动态契约下，当零售商的战略库存持有成本小于阈值 $\hat{h}_H$ 时，零售商会战略性地在第一期持有库存到第二期。而随着库存持有成本的增加，零售商将放弃囤积库存。

命题 7.4 的第（2）部分表明：当零售商战略性持有库存时，其战略库存的持有量随着库存持有成本（直销成本）的增加而减少（增加）。显然，库存持有成本会抑制零售商囤积库存的动机。此外，供应商直销方面劣势的降低（市场竞争的加剧）会导致零售商在第二期销售战略库存的利润率减少，从而抑制零售商的战略库存行为。这表明，供应商通过提高直销销售的渠道效率可以有效地限制甚至消除零售商的战略库存行为。然而，零售商关注消费者剩余会在一定程度上影响上述效应。一方面，零售商关注消费者剩余会使其不再对库存持有成本的增加那么敏感；另一方面，会使零售商对直销成本的增加更加敏感。这两方面影响将导致双重目标零售商更加激进地囤积战略库存。图 7.3 进一步刻画了命题 7.4。在图 7.3 中，随着零售商对消费者剩余关注程度的增加，截断 $\hat{h}_H$ 有向右下方移动的趋势。即，零售商在更大的参数区域内战略性地囤积库存。

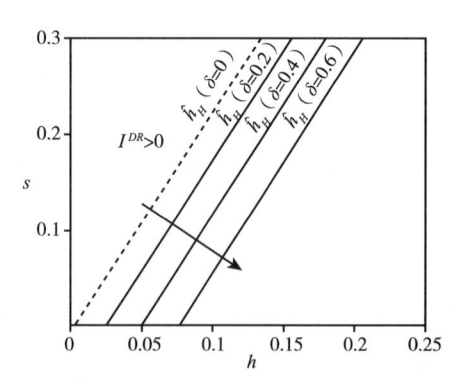

图 7.3 双重目标零售商下均衡战略库存

第 7 章 双渠道供应链下考虑企业双重目标的战略库存策略

推论 7.3 在双重目标情形下的双渠道供应链均衡中:

(1) 当零售商持有战略库存时,(i) $w_1^{DR} > w_2^{DR}$;(ii) $Q_1^{DR} > Q_2^{DR}$;(iii) $q_{R1}^{DR} < q_{R2}^{DR}$;(iv) $q_{S1}^{DR} > q_{S2}^{DR}$;(v) $p_1^{DR} > p_2^{DR}$。

(2) 相比承诺契约,(i) $w_1^{DR} > w_1^{CR}$;(ii) $w_2^{DR} < w_2^{CR}$;(iii) $Q_1^{DR} > Q_1^{CR}$;(iv) $Q_2^{DR} < Q_2^{CR}$;(v) $q_{R1}^{DR} < q_{R1}^{CR}$;(vi) $q_{R2}^{DR} > q_{R2}^{CR}$;(vii) $q_{S1}^{DR} > q_{S1}^{CR}$;(viii) $q_{S2}^{DR} < q_{S2}^{CR}$。

证明:依据定理 7.3 中的均衡结果可得,在动态契约下,批发价格 $w_1^{DR} - w_2^{DR} = \dfrac{(8-3\delta)[(4-\delta)^2(a\delta - s\delta + 4s) - 16h(3-\delta)^2]}{4(3-\delta)(124 - 92\delta + 17\delta^2)}$。显然,当 $h < \hat{h}_H$ 时,$w_1^{DR} - w_2^{DR} > 0$。同理可证:关于订货量,当 $h < \hat{h}_H$ 时,$Q_1^{DR} - Q_2^{DR} = \dfrac{(52 - 38\delta + 7\delta^2)[(4-\delta)^2(a\delta - s\delta + 4s) - 16h(3-\delta)^2]}{(4-\delta)^2(3-\delta)(124 - 92\delta + 17\delta^2)} > 0$;关于销售量,当 $h < \hat{h}_H$ 时,$q_{R1}^{DR} - q_{R2}^{DR} = -\dfrac{(8-3\delta)[(4-\delta)^2(a\delta - s\delta + 4s) - 16h(3-\delta)^2]}{(4-\delta)(3-\delta)(124 - 92\delta + 17\delta^2)} < 0$;关于直销数量,当 $h < \hat{h}_H$ 时,$q_{S1}^{DF} - q_{S2}^{DF} = \dfrac{(8-3\delta)[(4-\delta)^2(a\delta - s\delta + 4s) - 16h(3-\delta)^2]}{2(4-\delta)(3-\delta)(124 - 92\delta + 17\delta^2)} > 0$;关于零售价格,当 $h < \hat{h}_H$ 时,$p_1^{DF} - p_2^{DF} = \dfrac{(8-3\delta)[(4-\delta)^2(a\delta - s\delta + 4s) - 16h(3-\delta)^2]}{2(4-\delta)(3-\delta)(124 - 92\delta + 17\delta^2)} > 0$。推论 7.2 中第(1)部分得证。

推论 7.2 中第(2)部分,相比承诺契约,同理可得,当 $h < \hat{h}_H$ 时:对于第一期的供应商批发价格有 $w_1^{DR} - w_1^{CR} = \dfrac{(2-\delta)[(4-\delta)^2(a\delta - s\delta + 4s) - 16h(3-\delta)^2]}{8(3-\delta)(124 - 92\delta + 17\delta^2)} > 0$,对于第二期的供应商批发价格有 $w_2^{DR} - w_2^{CR} = -\dfrac{(14 - 5\delta)[(4-\delta)^2(a\delta - s\delta + 4s) - 16h(3-\delta)^2]}{8(3-\delta)(124 - 92\delta + 17\delta^2)} < 0$;对于第一期的零售商订货量有 $Q_1^{DR} - Q_1^{CR} = \dfrac{(76 - 52\delta + 9\delta^2)[(4-\delta)^2(a\delta - s\delta + 4s) - 16h(3-\delta)^2]}{2(3-\delta)(4-\delta)^2(124 - 92\delta + 17\delta^2)} > 0$,对于第二期的零售商订货量有 $Q_2^{DR} - Q_2^{CR} = -\dfrac{(28 - 24\delta + 5\delta^2)[(4-\delta)^2(a\delta - s\delta + 4s) - 16h(3-\delta)^2]}{2(3-\delta)(4-\delta)^2(124 - 92\delta + 17\delta^2)} < 0$;对于第一期零售

商的销售量有 $q_{R1}^{DR} - q_{R1}^{CR} = -\dfrac{(2-\delta)[(4-\delta)^2(a\delta - s\delta + 4s) - 16h(3-\delta)^2]}{2(3-\delta)(4-\delta)(124 - 92\delta + 17\delta^2)} <$

0，对于第二期零售商的销售量有 $q_{R2}^{DR} - q_{R2}^{CR} =$

$\dfrac{(14-5\delta)[(4-\delta)^2(a\delta - s\delta + 4s) - 16h(3-\delta)^2]}{2(3-\delta)(4-\delta)(124 - 92\delta + 17\delta^2)} > 0$；对于第一期的供应商

直销数量有 $q_{S1}^{DR} - q_{S1}^{CR} = \dfrac{(2-\delta)[(4-\delta)^2(a\delta - s\delta + 4s) - 16h(3-\delta)^2]}{4(3-\delta)(4-\delta)(124 - 92\delta + 17\delta^2)} > 0$，

对于第二期的供应商的直销数量有 $q_{S2}^{DR} - q_{S2}^{CR} =$

$-\dfrac{(14-5\delta)[(4-\delta)^2(a\delta - s\delta + 4s) - 16h(3-\delta)^2]}{4(3-\delta)(4-\delta)(124 - 92\delta + 17\delta^2)} < 0$。证毕。

推论7.3的第（1）部分表明：正如前面纯营利情形中所分析的那样，在动态契约下，当零售商在第一期战略性地囤积库存时，其依旧可以在第二期从供应商那里获得相对较低的批发价格。而供应链会提高第一期的批发价格来限制零售商过多地囤积战略库存。如此导致，零售商第一期的订货量高于第二期，而零售商第一期的销售量却低于第二期；供应商第一期的直销数量高于第二期，第一期的市场零售价格低于第二期。

推论7.3的第（2）部分展示了战略库存在批发价格和订货量等方面的影响。显然，相比无战略库存的承诺契约，零售商战略性地囤积库存直接导致其第一期订货量增加，而第二期订货量降低；零售商第一期销售量降低，而第二期销售量增加；供应商第一期直销数量增加，而第二期直销数量降低。

推论7.4 在双重目标情形下的双渠道供应链均衡中，当零售商持有战略库存时，相比纯营利情形：

(1) $I^{DR} > I^{DF}$。

(2) 如果 $s < \hat{s}_3$，$w_1^{DR} > w_1^{DF}$，其中，$\hat{s}_3 = \dfrac{93a(140 - 170\delta + 68\delta^2 - 9\delta^3)}{20260 - 21086\delta + 7292\delta^2 - 837\delta^3}$。

(3) 如果 $s < \hat{s}_4$，则 $w_2^{DR} > w_2^{DF}$；如果 $s > \hat{s}_5$，则 $w_2^{DR} < w_2^{DF}$，其中，$\hat{s}_4 = \dfrac{31a(2 - 9\delta + 3\delta^2)}{994 - 617\delta + 93\delta^2}$，$\hat{s}_5 = \dfrac{36a - 142a\delta + 41a\delta^2}{508 - 290\delta + 41\delta^2}$。

证明： 依据表7.2和定理7.3的均衡结果：

(1) 令 $\Delta I = I^{DR} - I^{DF}$，则有 $\dfrac{\partial \Delta I}{\partial h} = -\dfrac{\delta(27264 - 27668\delta + 9404\delta^2 - 1071\delta^3)}{62(4-\delta)^2(124 - 92\delta + 17\delta^2)} <$

第7章 双渠道供应链下考虑企业双重目标的战略库存策略

0。令 $\Delta I = 0$ 可得,$h = h'$,其中,$h' = \dfrac{2(4-\delta)^2[31a(14-5\delta) + s(234-83\delta)]}{27264 - 27668\delta + 9404\delta^2 - 1071\delta^3}$。

由此可得,当 $h < h'$ 时,$I^{DR} - I^{DF} > 0$;当 $h > h'$ 时,$I^{DR} - I^{DF} < 0$。进一步地,令 $\Delta h' = h' - \hat{h}_H$,则有 $\dfrac{\partial \Delta h'}{\partial s} = \dfrac{2(4-\delta)^2(234-83\delta)}{27264 - 27668\delta + 9404\delta^2 - 1071\delta^3} > 0$。令 $\Delta h' = 0$ 可得,$s = s'$,其中,

$$s' = -\dfrac{(14-5\delta)[31a(4-\delta)^4(124-92\delta+17\delta^2) + 8(3-\delta)^2(27264+27668\delta+9404\delta^2-1071\delta^3)]}{(4-\delta)^4(234-83\delta)(124-92\delta+17\delta^2)} < 0。$$

由此可得,对于 $\forall s > 0$,有 $\Delta h' = h' - \hat{h}_H > 0$。综上分析,当 $h < \hat{h}_H$ 时,$I^{DR} > I^{DF}$。

(2) 令 $\Delta w_1 = w_1^{DR} - w_1^{DF}$,则有 $\dfrac{\partial \Delta w_1}{\partial h} = \dfrac{\delta(102 - 67\delta + 11\delta^2)}{31(372 - 400\delta + 143\delta^2 - 17\delta^3)} > 0$,即 Δw_1 关于 h 递增。令 $\Delta w_1 = 0$ 可得,$h = h''$,其中,$h'' = \dfrac{s(20260 - 21086\delta + 7292\delta^2 - 837\delta^3) - a(13020 - 15810\delta + 6324\delta^2 - 837\delta^3)}{12(102 - 67\delta + 11\delta^2)}$。因此,当 $h < h''$ 时,$w_1^{DR} - w_1^{DF} < 0$;否则,当 $h > h''$ 时,$w_1^{DR} - w_1^{DF} > 0$。显然,当 $s < \hat{s}_3$ 时,$h'' < 0$;否则,当 $s > \hat{s}_3$ 时,$h'' > 0$,其中,$\hat{s}_3 = \dfrac{93a(140 - 170\delta + 68\delta^2 - 9\delta^3)}{20260 - 21086\delta + 7292\delta^2 - 837\delta^3}$。综上分析,当 $s < \hat{s}_3$ 时,$w_1^{DR} - w_1^{DF} > 0$ 恒成立。

(3) 令 $\Delta w_2 = w_2^{DR} - w_2^{DF}$,则有 $\dfrac{\partial \Delta w_2}{\partial h} = \dfrac{(268 - 94\delta)\delta}{62(124 - 92\delta + 17\delta^2)} > 0$。令 $\Delta w_2 = 0$ 可得,$h = h'''$,其中,$h''' = \dfrac{s(994 - 617\delta + 93\delta^2) - a(62 - 279\delta + 93\delta^2)}{2(134 - 47\delta)}$。因此,当 $h < h'''$ 时,$w_2^{DR} - w_2^{DF} < 0$;当 $h > h'''$ 时,$w_2^{DR} - w_2^{DF} > 0$。显然,当 $s < \hat{s}_4$ 时,$h''' < 0$;当 $s > \hat{s}_4$ 时,$h''' > 0$,其中,$\hat{s}_4 = \dfrac{31a(2 - 9\delta + 3\delta^2)}{994 - 617\delta + 93\delta^2}$。即,当 $s < \hat{s}_4$ 时,$w_2^{DR} - w_2^{DF} > 0$ 恒成立。

又因为,当 $\delta < \dfrac{9 - \sqrt{57}}{6}$ 时,$\hat{s}_4 > 0$;当 $\delta > \dfrac{9 - \sqrt{57}}{6}$ 时,$\hat{s}_4 < 0$。所以,当 $\delta < \dfrac{9 - \sqrt{57}}{6}$ 且 $s < \hat{s}_4$ 时,$h''' < 0$;当 $\delta < \dfrac{9 - \sqrt{57}}{6}$ 且 $s > \hat{s}_4$ 时,$h''' > 0$;当 $\delta > \dfrac{9 - \sqrt{57}}{6}$ 时,对于 $\forall s > 0$,$h''' > 0$。进一步地,$h''' - \hat{h}_H =$

$$\frac{(124-92\delta+17\delta^2)[s(508-290\delta+41\delta^2)-a(36-142\delta+41\delta^2)]}{16(3-\delta)^2(134-47\delta)}$$。因此，当 $s > \hat{s}_5$ 时，有 $h''' - \hat{h}_H > 0$；当 $s < \hat{s}_5$ 时，有 $h''' - \hat{h}_H < 0$，其中 $\hat{s}_5 = \frac{36a-142a\delta+41a\delta^2}{508-290\delta+41\delta^2}$。又因为，当 $\delta < \frac{71-\sqrt{3565}}{41}$ 时，$\hat{s}_5 > 0$；当 $\delta > \frac{71-\sqrt{3565}}{41}$ 时，$\hat{s}_5 < 0$。所以，当 $\delta < \frac{71-\sqrt{3565}}{41}$ 且 $s < \hat{s}_5$ 时，$h''' - \hat{h}_H < 0$；当 $\delta > \frac{71-\sqrt{3565}}{41}$ 且 $s > \hat{s}_5$ 时，$h''' - \hat{h}_H > 0$；当 $\delta > \frac{71-\sqrt{3565}}{41}$ 时，对于 $\forall s > 0$，有 $h''' - \hat{h}_H > 0$。又因为 $\hat{s}_4 - \hat{s}_5 = -\frac{2a(4-\delta)^2(134-47\delta)}{(508-290\delta+41\delta^2)(994-617\delta+93\delta^2)} < 0$，所以，可进一步归纳为，当 $\delta < \frac{71-\sqrt{3565}}{41}$ 且 $s > \hat{s}_5$ 时，$h''' - \hat{h}_H > 0$，$h''' > 0$。因此，当 $h < \hat{h}_H$ 时，$w_2^{DR} - w_2^{DF} < 0$；当 $\delta > \frac{71-\sqrt{3565}}{41}$ 时，对于 $\forall s > 0$，$h''' - \hat{h}_H > 0$，$h''' > 0$。因此，当 $h < \hat{h}_H$ 时，$w_2^{DR} - w_2^{DF} < 0$。综上分析，当 $s > \hat{s}_5$ 时，$w_2^{DR} - w_2^{DF} < 0$。证毕。

推论 7.4 的第（1）部分表明：相比纯营利情形，双重目标零售商在第一期将采取更加激进的战略库存策略，即增加战略库存数量。显然，零售商这一动机源于其对消费者剩余的重视。

推论 7.4 的第（2）部分表明：相比纯营利情形，供应商将在第一期设定相对更高的批发价格。这出于两方面的原因：一方面限制零售商激进的战略库存行为；另一方面利用零售商对消费者剩余的关注提升批发价格，从而减弱零售市场的竞争。这里，需要说明的是，如图 7.4 所示，阈值 $\hat{s}_3$ 始终大于 $0.4a$。实际上，上述均衡结果讨论的是供应商直销数量大于零的情形，即讨论的是供应商直销成本小于约 $0.3a$ 的情况。因此，在上述均衡结果中，供应商将始终在第一期提高其批发价格。那么，零售商对消费者剩余的关注是否会引起第二期批发价格的提高？

推论 7.4 的第（3）部分给出了结果。有趣的是，虽然零售商对消费者剩余的关注将促使其订购更多的产品，但是供应商在第二期不一定会利用零售商对消费者剩余的关注来提升批发价格。具体地，当第二期当直销成本较大时，

第 7 章　双渠道供应链下考虑企业双重目标的战略库存策略

供应商降低了其批发价格（见图 7.4）。这是因为零售商关注消费者剩余促使其在第一期囤积了更多的战略库存，从而迫使供应商在第二期降低批发价格，尤其是当直销劣势相对较大时，供应商更多地依靠零售商进行销售。

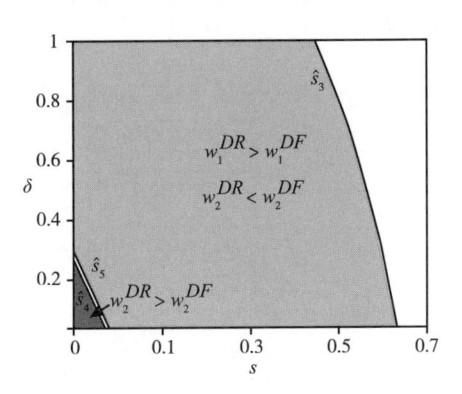

图 7.4　纯营利和双重目标零售商下的批发价格对比

由第 6 章的推论 6.2 可知，在单渠道供应链背景下，不论零售商是否采取双重目标结构，供应商都保持其批发价格不变。然而，在双渠道供应链背景下，通过比较纯营利和双重目标情形发现，批发价格发生了改变。这表明，供应链渠道结构会改变双重目标零售商对均衡结果的影响。

7.3.4　战略库存对利润和消费者剩余的影响

本节将进一步分析战略库存对零售商利润、供应商利润、供应链利润以及消费者剩余的影响。如前所述，这也在一定程度上等同于分析供应链成员以及供应链对动态契约和承诺契约的偏好。

命题 7.5　在双重目标情形下的双渠道供应链均衡中：

（1）当 $h < \hat{h}_R$ 时，对于零售商，动态契约更优；当 $\hat{h}_R < h < \hat{h}_H$ 时，承诺契约更优，其中，

$$\hat{h}_R = \frac{(4-\delta)[s(4352 - 5936\delta + 2632\delta^2 - 268\delta^3 - 88\delta^4 + 17\delta^5) - a\delta(3376 - 3960\delta + 1668\delta^2 - 292\delta^3 + 17\delta^4)]}{8(3-\delta)^2(792 - 964\delta + 386\delta^2 - 51\delta^3)}。$$

（2）当 $h < \hat{h}_C$ 时，动态契约下供应链利润更高；当 $\hat{h}_C < h < \hat{h}_H$ 时，承诺契

约下供应链利润更高，其中，

$$\hat{h}_C = \frac{(4-\delta)\left[s(10304 - 15312\delta + 8492\delta^2 - 2084\delta^3 + 191\delta^4) - a\delta(1888 - 1988\delta + 696\delta^2 - 81\delta^3)\right]}{8(3-\delta)^2(1536 - 1764\delta + 672\delta^2 - 85\delta^3)}。$$

（3）动态契约下的供应商利润始终高于承诺契约。

证明：通过将定理 7.3 中的均衡结果回代，可以得到，动态契约和承诺契约下，零售商的利润分别为 π_R^{DR} 和 π_R^{CR}。这里，由于利润解析式过于复杂，不再赘述。令 $\Delta\pi_R = \pi_R^{DR} - \pi_R^{CR}$，则易证，$\dfrac{\partial^2 \Delta\pi_R}{\partial h^2} = \dfrac{32(3-\delta)^2(792 - 964\delta + 386\delta^2 - 51\delta^3)}{(4-\delta)^2(124 - 92\delta + 17\delta^2)^2} > 0$。可见，$\pi_R^{DR} - \pi_R^{CR}$ 是关于 h 的严格凸函数。通过求解 $\Delta\pi_R = 0$ 可得，$h = \hat{h}_H$ 和 $h = \hat{h}_R$ 是函数的两个根，且易证 $\hat{h}_R < \hat{h}_H$。由此可得，当 $h < \hat{h}_R$ 或 $h > \hat{h}_H$ 时，$\pi_R^{DR} - \pi_R^{CR} > 0$；当 $\hat{h}_R < h < \hat{h}_H$ 时，$\pi_R^{DR} - \pi_R^{CR} < 0$。这里，仅讨论战略库存存在，即 $h < \hat{h}_H$ 的情况。

同理，对于供应链，动态契约和承诺契约下，整个供应链的利润分别为 π_C^{DR} 和 π_C^{CR}。令 $\Delta\pi_C = \pi_C^{DR} - \pi_C^{CR}$，则有 $\dfrac{\partial^2 \Delta\pi_C}{\partial h^2} = \dfrac{32(3-\delta)^2(1536 - 1764\delta + 672\delta^2 - 85\delta^3)}{(4-\delta)^2(124 - 92\delta + 17\delta^2)^2} > 0$，即 $\pi_C^{DR} - \pi_C^{CR}$ 是关于 h 的严格凸函数。通过求解 $\pi_C^{DR} - \pi_C^{CR} = 0$ 可得，$h = \hat{h}_H$ 和 $h = \hat{h}_C$ 是函数的两个根，且有 $\hat{h}_C < \hat{h}_H$。由此可得，当 $h < \hat{h}_C$ 或 $h > \hat{h}_H$ 时，$\pi_C^{CR} - \pi_C^{CR} > 0$；当 $\hat{h}_C < h < \hat{h}_H$ 时，$\pi_C^{DR} - \pi_C^{CR} < 0$。

对供应商，动态契约和承诺契约下的利润分别为 π_S^{DR} 和 π_S^{CR}。通过对比，易证 $\pi_S^{DR} - \pi_S^{CR} = \dfrac{\left[16h(3-\delta)^2 - (4-\delta)^2(a\delta - s\delta + 4s)\right]^2}{8(4-\delta)^2(3-\delta)(124 - 92\delta + 17\delta^2)} > 0$。证毕。

命题 7.5 表明：在双重目标情形下，当库存持有成本较小，即 $h < \hat{h}_R$（$h < \hat{h}_C$）时，零售商战略性地囤积库存依旧可以提升零售商（供应链）的利润（见图 7.5 和图 7.6）。战略库存之所以能带来利润的提升，是因为其可以带来相对更低的批发价格（易证，$w_{avg}^{DR} < w_{avg}^{CR}$），从而减轻供应链双重边际化效应。这与纯营利情形下类似。下面，讨论不同之处以及双重目标对契约偏好的影响。

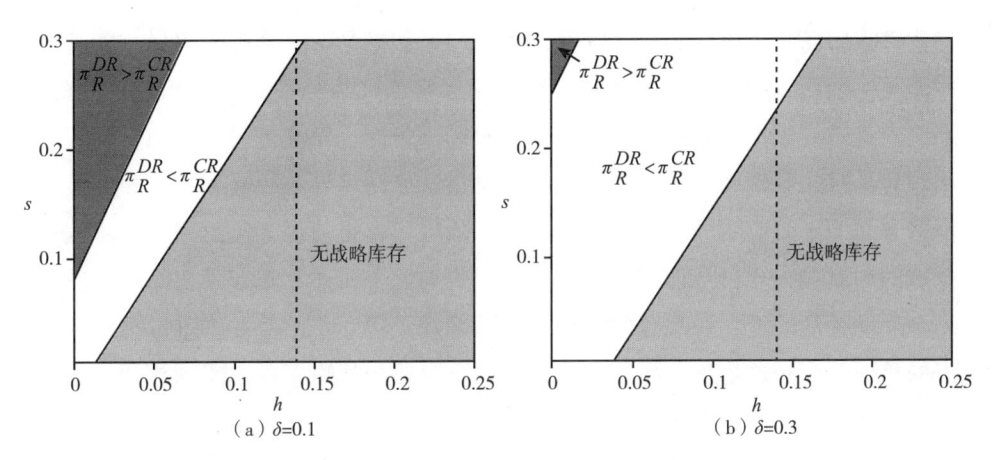

第 7 章 双渠道供应链下考虑企业双重目标的战略库存策略

图 7.5 社会责任型零售商情形下零售商的契约偏好

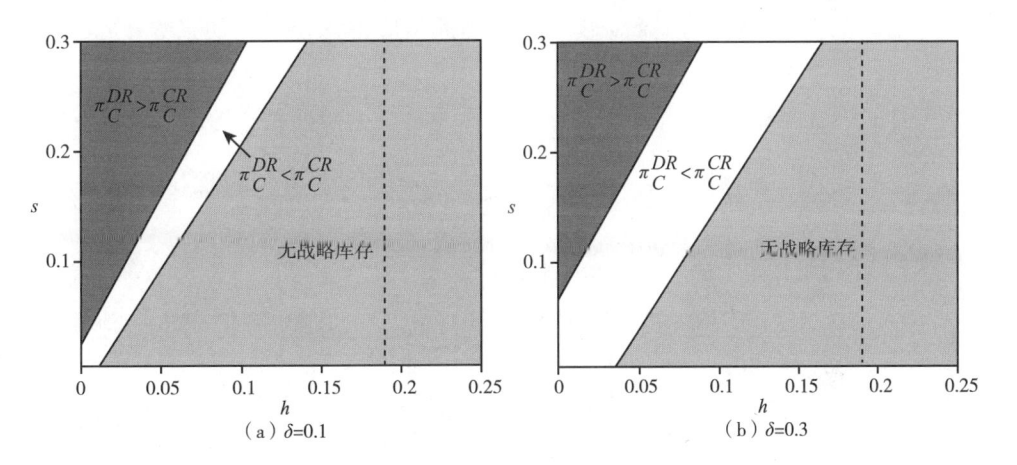

图 7.6 社会责任型零售商情形下供应链的契约偏好

基于命题 7.5 的结果，通过分析易得，当 $\delta < \hat{\delta}_R$ 时，$\hat{h}_R < 0$；当 $\delta < \hat{\delta}_C$ 时，$\hat{h}_C < 0$，其中，$\hat{\delta}_R = \dfrac{s(4352 - 5936\delta + 2632\delta^2 - 268\delta^3 - 88\delta^4 + 17\delta^5)}{a(3376 - 3960\delta + 1668\delta^2 - 292\delta^3 + 17\delta^4)}$，$\hat{\delta}_C = \dfrac{s(10304 - 15312\delta + 8492\delta^2 - 2084\delta^3 + 191\delta^4)}{a(1888 - 1988\delta + 696\delta^2 - 81\delta^3)}$。即随着零售商对消费者剩余关注程度的增加，命题 7.5 中关于战略库存有益于零售商和供应链的阈值将减小，且有可能小于零。通过对比图 7.5（a）和图 7.5（b），以及图 7.6（a）和图 7.6（b）亦可以展示这一结果。这意味着，当零售商关注消费者剩余程度较大时，零售商和供应链将始终偏好承诺契约；换句话说，零售商战略库存

243

将伤害零售商和供应链利润。这是因为：(1) 如推论7.4分析的那样，随着零售商关注消费者剩余程度的增加，零售商其将增加战略库存的囤积量；为此，供应商将进一步提高第一期批发价格来限制零售商；尤其是当供应商直销成本相对较小时，供应商将提高第二期批发价格；如此将导致战略库存在降低批发价格方面的正效应减弱。(2) 过度的囤积战略库存将使得零售商因进一步偏离原有的利润最大化目标而遭受更多利润损失。综上所述，随着零售商对消费者剩余程度关注的增加，战略库存带来的减轻双重边际化的益处将难以抵消其带来的负面效应；这也反映了零售商采取双重目标与战略库存之间的相互干涉将引发较低的供应链绩效。

下面，进一步分析双重目标情形下零售商战略库存行为对消费者的影响。

命题7.6 在双重目标情形下的双渠道供应链均衡中，如果 $h < \hat{h}_H$，则 $cs^{DR} > cs^{CR}$。

证明：通过将定理7.3中的均衡结果回代可得对应的消费者剩余函数，令 $\Delta cs = cs^{DR} - cs^{CR}$。则有 $\dfrac{\partial \Delta cs}{\partial h} = \dfrac{32(3-\delta)^2(100-72\delta+13\delta^2)}{(4-\delta)^2(124-92\delta+17\delta^2)^2} > 0$。通过求解 $\Delta cs = 0$ 关于 h 的解可得两个根，$\hat{h}_H$ 和 $\tilde{h}$，且有

$$\tilde{h} = \frac{(4-\delta)[s(1376-2736\delta+1860\delta^2-532\delta^3+55\delta^4) - a(8928-10688\delta+4644\delta^2-856\delta^3+55\delta^4)]}{16(3-\delta)^2(100-72\delta+13\delta^2)},$$

$\hat{h}_H - \tilde{h} = -\dfrac{[a(6-\delta)-s(2-\delta)](4-\delta)(124-92\delta+17\delta^2)}{4(3-\delta)(100-72\delta+13\delta^2)} < 0$。基于以上分析可得，当 $h < \hat{h}_H$ 时，有 $cs^{DR} - cs^{CR} > 0$。证毕。

命题7.6表明：在双重目标情形下，零售商在第一期战略性地囤积库存的行为依旧始终有益于提升消费者剩余。这是因为如前文分析的那样，零售商战略性地囤积库存依旧可以使其在两期获得一个相对较低的批发价格，从而导致消费者可以获得相对较低的市场零售价格。

7.4 考虑供应商双重目标的战略库存策略

7.2节和7.3节分别分析了纯营利情形和零售商追求双重目标时基于双渠

第 7 章　双渠道供应链下考虑企业双重目标的战略库存策略

道供应链的战略库存策略。本节将拓展分析供应商具有双重目标时基于双渠道供应链的战略库存策略，此时零售商追求利润最大化。

7.4.1　静态双渠道供应链模型

与纯营利情形不同的是，双重目标供应商将以最大化自身利润和消费者剩余的线性组合为目标。具体地，供应商和零售商的目标函数分别为：

$$v_S = (a - q_R - q_S)q_S + wq_R - sq_S + \frac{\eta}{2}(q_R^2 + 2q_Rq_S + q_S^2) \quad (7.42)$$

$$v_R = (a - q_R - q_S)q_R - wq_R \quad (7.43)$$

具体的决策顺序则与纯营利情形相同。通过逆序推导，可以得到均衡结果。这里，使用上角标 SS 表示当前的均衡结果。第一个字母 S 代表静态情形；第二个字母 S 表示供应商为双重目标企业的情形。

定理 7.4　在双重目标零售商情形下，静态双渠道供应链存在均衡解，具体均衡批发价格、订货量和直销数量分别为：

$$w^{SS} = \frac{3a(1-\eta) - s + 2s\eta}{3(2-\eta)}, \quad q_R^{SS} = \frac{s(2-\eta)}{3}, \quad q_S^{SS} = \frac{3a - s(5 - 3\eta + \eta^2)}{3(2-\eta)}$$

零售商、供应商以及供应链的均衡利润分别为：

$$\pi_R^{SS} = \frac{s^2(2-\eta)}{9}$$

$$\pi_S^{SS} = \frac{9a^2(1-\eta) - 3as(6 - 4\eta - \eta^2) + s^2(21 - 23\eta + 8\eta^2 - 2\eta^3)}{9(2-\eta)^2}$$

$$\pi_C^{SS} = \frac{9a^2(1-\eta) - 3as(6 - 4\eta - \eta^2) + s^2(29 - 35\eta + 14\eta^2 - 3\eta^3)}{9(2-\eta)^2}$$

$$cs^{SS} = \frac{(3a - s - s\eta)^2}{18(2-\eta)^2}$$

证明：通过逆序推导，首先供应商确定其最优直销数量，最优化问题为：

$$\max_{q_S}(a - q_R - q_S)q_S + wq_R - sq_S + \frac{\eta}{2}(q_R^2 + 2q_Rq_S + q_S^2) \quad (7.44)$$

通过求解式（7.42），可得零售商的最优反应函数为：

$$q_S^{SS}(q_R) = \frac{a - q_R - s + \eta q_R}{2 - \eta} \tag{7.45}$$

了解到供应商的最优反应函数，零售商确定其最优订货量，零售商的最优化问题如式（7.2）所示，且零售商的最优反应函数为 $q_R^{SS}(w) = \frac{(a + s - (2 - \eta)w - a\eta)}{2}$。通过回代可得，供应商关于直销数量的最优反应函数为 $q_S^{SS}(w) = \frac{a(1 + 2\eta - \eta^2) + w(2 - 3\eta + \eta^2) - s(3 - \eta)}{4 - 2\eta}$。进一步回代可得，供应商关于批发价格的最大化问题为：

$$\max_w [a - q_R^{SS}(w) - q_S^{SS}(w)]q_S^{SS}(w) + wq_R^{SS}(w) - sq_S^{SS}(w) + \frac{\eta}{2}[q_R^{SS}(w) + q_S^{SS}(w)]^2 \tag{7.46}$$

通过求解式（7.46）的一阶导数为零的条件，可得供应商的最优批发价格。进一步地依次回代，可以得到均衡结果。证毕。

定理 7.4 给出了零售商为双重目标企业情形下的双渠道供应链均衡结果。需要说明的是，上述结果对应着供应商直销数量始终为正的情况。通过分析易得，这限定供应商的直销成本 s 满足 $s < \hat{s}_3 \equiv \frac{3}{5 - 3\eta + \eta^2}$。易证 $\hat{s}_3 > 0.6a$。这里，仅讨论供应商通过其直销渠道销售正数量产品的情况。

相比纯营利情形下的均衡结果，显然有：$w^{SS} < w^{SF}$，$q_R^{SS} < q_R^{SF}$，$q_S^{SS} > q_S^{SF}$。直观上，供应商关注消费者剩余促使其降低批发价格增加直销量；由于直销量增加导致竞争加剧，零售商减少其零售商销量。供应商因偏离利润最大化目标而利润受损（即 $\pi_S^{SS} < \pi_S^{SF}$），而零售商则销量减少而使利润受损（即 $\pi_R^{SS} < \pi_R^{SF}$）。

7.4.2 动态契约模型和承诺契约模型

如前文所述，在动态契约下，供应商在每期期初给定一个批发价格，然后零售商和供应商依次进行决策。在承诺契约下，供应商在第一期期初承诺一个价格序列 (w_1, w_2)，然后，零售商和供应商依次进行决策。在两种契约下，

第7章 双渠道供应链下考虑企业双重目标的战略库存策略

零售商第一期和第二期的利润函数分别如式（7.5）和式（7.6）所示。相应地，供应商第一期和第二期的利润函数分别式（7.47）和式（7.48）所示：

$$v_{S1}(w_1,q_{S1}) = (a-q_{R1}-q_{S1})q_{S1} + w_1(q_{R1}+I) - sq_{S1} + \frac{\eta}{2}[q_{R1}^2 + 2q_{R1}q_{S1} + q_{S1}^2]$$

(7.47)

$$v_{S2}(w_2,q_{S2}) = (a-q_{R2}-q_{S2})q_{S2} + w_2(q_{R2}-I) - sq_{S2} + \frac{\eta}{2}[q_{R2}^2 + 2q_{R2}q_{S2} + q_{S2}^2]$$

(7.48)

通过逆序求解，可以分别得出动态契约和承诺契约下的均衡结果。本章将使用上角标 DS 和 CS 分别表示动态契约和承诺契约的均衡结果。其中，第一个字母代表契约类型，第二个字母代表双重目标供应商情形。

定理 7.5 在双重目标情形下的双渠道供应链中：

（1）动态契约下存在均衡解，均衡批发价格、销售量、直销量以及订货量为：

$$w_1^{DS} = \frac{93a(1-\eta) - 9h(2-\eta) + s(58\eta - 23)}{93(2-\eta)}$$

$$w_2^{DS} = \frac{31a(1-\eta) + 21h(2-\eta) + s(30\eta - 29)}{2-\eta}$$

$$I^{DS} = \frac{7(4s-9h)(2-\eta)}{124}$$

$$\pi_S^{SS} = \frac{9a^2(1-\eta) - 3as(6-4\eta-\eta^2) + s^2(21-23\eta+8\eta^2-2\eta^3)}{9(2-\eta)^2}$$

$$q_{R1}^{DS} = \frac{(9h+58s)(2-\eta)}{186}$$

$$q_{S1}^{DS} = \frac{3(10s-7h)(2-\eta)}{62}$$

$$q_{S1}^{DS} = \frac{186a - 9h(2-3\eta+\eta^2) - 2s(151-87\eta+29\eta^2)}{186(2-\eta)}$$

$$q_{S2}^{DS} = \frac{3(10s-7h)(2-\eta)}{62}$$

$$Q_1^{DS} = \frac{(200s-171h)(2-\eta)}{372}$$

$$Q_2^{DS} = \frac{(21h + 32s)(2 - \eta)}{124}$$

（2）承诺契约下存在均衡解，承诺契约下每期的均衡结果与静态情形下相同，其中均衡批发价格、战略库存、销售量以及直销量为：

$$w_1^{CS} = w_2^{CS} = \frac{3a(1 - \eta) - s - 2s\eta}{3(2 - \eta)}$$

$$I^{CS} = 0$$

$$q_{R1}^{CS} = q_{R2}^{CS} = \frac{s(2 - \eta)}{3}$$

$$q_{S1}^{CS} = q_{S2}^{CS} = \frac{3a - s(5 - 3\eta + \eta^2)}{3(2 - \eta)}$$

证明：通过逆序求解来确定两种契约下的均衡策略。在动态契约下，第二期结束时，供应商确定其直销数量来最大化其第二期的利润，具体的最优化问题为：

$$\max_{q_{S2}}(a - q_{R2} - q_{S2})q_{S2} + w_2(q_{R2} - I) - sq_{S2} + \frac{\eta}{2}(q_{R2} + q_{S2})^2 \quad (7.49)$$

通过求解式（7.47），可得零售商有关销售量的最优反应函数为：

$$q_{S2}^{DS}(q_{R2}) = \frac{a - s - q_{R2}(1 - \eta)}{2 - \eta} \quad (7.50)$$

了解到供应商的最优反应函数，零售商确定最优销售量，其最优化问题与式（7.9）相同，且有 $q_{R2}^{DS}(w_2) = \frac{a + s - w_2(2 - \eta) + a\eta}{2}$。将式（7.50）结果逆序代入可得 $q_{S2}^{DS}(w_2) = \frac{a(1 + 2\eta - \eta^2) - s(3 - \eta) - w_2(2 - 3\eta + \eta^2)}{2(2 - \eta)}$。此时，供应商在第二期的最优化定价问题为：

$$\max_{w_2}[a - q_{R2}^{DS}(w_2) - q_{S2}^{DS}(w_2)]q_{S2}^{DS}(w_2) + w_2[q_{R2}^{DS}(w_2) - I] - sq_{S2}^{DS}(w_2) +$$

$$\frac{\eta}{2}[q_{R2}^{DS}(w_2) + q_{S2}^{DS}(w_2)]^2 \quad (7.51)$$

$$q_{S1}^{DR}(q_{R1}) = \frac{a - q_{R1} - s}{2} \quad (7.52)$$

第7章 双渠道供应链下考虑企业双重目标的战略库存策略

通过求解式（7.51）可得，供应商第二期的批发价格为：

$$w_2^{DS}(q_{R1}) = \frac{3a(1-\eta) - s(1-2\eta) - 4I}{3(2-\eta)} \quad (7.53)$$

将式（7.52）逆序回代，可分别得到零售商和供应商在第二期的利润函数 $\pi_{R2}^{DS}(I)$ 和效用函数 $v_{S2}^{DS}(I)$。在第一期期末，供应商决策其直销数量，其最优化问题为：

$$\max_{q_{S1}}(a - q_{R1} - q_{S1})q_{S1} + w_1(q_{R1} + I) - sq_{S1} + v_{S2}^{DS}(I) + \frac{\eta}{2}(q_{R1} + q_{S1})^2 \quad (7.54)$$

通过求解式（7.54），可以得到供应商关于直销数量的最优反应函数为：

$$q_{S1}^{DS}(q_{R1}) = \frac{a - s - q_{R1}(1-\eta)}{2-\eta} \quad (7.55)$$

了解到供应商的最优反应函数，零售商的最优化问题为：

$$\max_{q_{R1},I} [a - q_{R1} - q_{S1}^{DS}(q_{R1}) - w_1]q_{R1} - (w_1 + h)I + \pi_{R2}^{DS}(I) \quad (7.56)$$

通过求解式（7.56）可得，零售商在第一期的最优反应函数分别为：

$$q_{R1}^{DS}(w_1) = \frac{a + s - w_1(2-\eta) - a\eta}{2} \quad (7.57)$$

$$I(w_1) = \frac{9a(2-\eta) + s(5+2\eta) - w_1(18-9\eta) - 9h(2-\eta)}{16} \quad (7.58)$$

将式（7.57）回代入式（7.53）可得供应商的直销数量 $q_{S1}^{DS}(w_1) = \frac{a(1 + 2\eta - \eta^2) + w_1(2 - 3\eta + \eta^2) - s(3-\eta)}{4 - 2\eta}$。类似地，通过将式（7.58）回代可以得到供应商在第二期的仅关于第一期批发价格的利润函数 $\pi_{S2}^{DS}(w_1)$。因此，供应商在第一期的最优化问题为：

$$\max_{w_1} [a - q_{R1}^{DS}(w_1) - q_{S1}^{DS}(w_1) - s]q_{S1}^{DS}(w_1) + w_1[q_{R1}^{DS}(w_1) + I^{DS}(w_1)] + v_{S2}^{DS}(w_1) \quad (7.59)$$

通过求解式（7.59），可得供应商在第一期的批发价格。通过依次回代可以得到动态契约下的均衡结果。

在承诺契约下，给定供应商的批发价格序列，第二期期末，供应商决策直销数量。供应商的最优化问题和最优反应函数同式（7.49）和式（7.50）。零售商的最优化问题和最优反应函数同式（7.9）和式（7.10）。通过回代可分别得到零售商和供应商第二期的利润函数 $\pi_{R2}^{CS}(w_2,I)$ 和效用函数 $v_{S2}^{CS}(w_2,I)$。供应商在第一期的最优化问题为：

$$\max_{q_{S1}}(a - q_{R1} - q_{S1})q_{S1} + w_1(q_{R1} + I) - sq_{S1} + \frac{\eta}{2}(q_{R1} + q_{S1})^2 + v_{S2}^{CS}(w_2,I) \tag{7.60}$$

通过求解式（7.60），易得供应商的最优反应函数为 $q_{S1}^{CS}(q_{R1}) = \dfrac{a - s - q_{R1}(1 - \eta)}{2 - \eta}$。了解到供应商的最优反应函数，零售商的最优化问题为：

$$\max_{q_{R1},I}[a - q_{R1} - q_{S1}^{CS}(q_{R1}) - w_1]q_{R1} - (w_1 + h)I + \pi_{R2}^{CS}(w_2,I) \tag{7.61}$$

显然式（7.40）关于 I 单调递减，因此 $I^{CS}=0$。进一步地求解式（7.61）可得，零售商有关销售量的最优反应函数为 $q_{R1}^{CS}(w_1) = \dfrac{a + s - w_1(2 - \eta) + a\eta}{2}$。通过回代可得到供应商直销数量 $q_{S1}^{CS}(w_1)$ 和供应商第二期仅关于批发价格的利润函数 $\pi_{S2}^{CR}(w_2)$。因此，供应商第一期期初的最优化问题为：

$$\max_{w_1,w_2}[a - q_{R1}^{CS}(w_1) - q_{S1}^{CS}(w_1) - s]q_{S1}^{CS}(w_1) + w_1[q_{R1}^{CS}(w_1) + 0] +$$
$$[q_{R1}^{CS}(w_1) + q_{S1}^{CS}(w_1)]^2/2 + v_{S2}^{CS}(w_2) \tag{7.62}$$

通过求解式（7.62），可得供应商的最优批发价格序列。通过回代可以得到承诺契约下的均衡结果。证毕。

类似于定理7.3，定理7.4给出的依旧是供应商直销数量为正的情形。通过分析易得，这限定供应商的直销成本 s 满足 $s < \hat{s}_4 \equiv \dfrac{186a - 9h(2 - 3\eta + \eta^2)}{302 - 174\eta + 58\eta^2}$，且有 $\hat{s}_2$ 大于约 $0.6a$。这在现实中依旧符合多数实践。接下来，下一节继续分析双重目标供应商既通过零售商进行间接销售，又通过其直销渠道进行销售时的战略库存策略。同时，通过对比，分析双重企业目标对战略库存等均衡策略的影响。

7.4.3 供应商追求双重目标的双渠道供应链战略库存管理

通过对定理 7.4 中的结果进一步分析发现,在动态契约下,零售商是否持有战略库存取决于供应商的直销劣势水平 s、零售商的库存持有成本 h,以及零售商对消费者剩余的关注程度 δ。

命题 7.7 在具有社会责任感的供应商的双渠道供应链动态契约均衡中:

(1) 当且仅当 $h < \tilde{h}_H$ 时,零售商持有战略库存;否则,零售商不持有战略库存,其中,$\tilde{h}_H = \dfrac{4s}{9}$。

(2) $\dfrac{\partial I^{DS}}{\partial h} < 0$,$\dfrac{\partial}{\partial \delta}\left[\dfrac{\partial I^{DS}}{\partial h}\right] > 0$,$\dfrac{\partial I^{DS}}{\partial s} > 0$,$\dfrac{\partial}{\partial \delta}\left[\dfrac{\partial I^{DS}}{\partial s}\right] < 0$。

证明:由定理 7.4 中的均衡结果可得:在动态契约下,$\dfrac{\partial I^{DS}}{\partial h} = -\dfrac{63(2-\eta)}{124} < 0$,且令 $I^{DR} = 0$ 可得,$h = \dfrac{4s}{9}$。进一步地,$\dfrac{\partial}{\partial \delta}\left[\dfrac{\partial I^{DS}}{\partial h}\right] = \dfrac{63}{124} > 0$,$\dfrac{\partial I^{DS}}{\partial s} = \dfrac{7(2-\eta)}{31} > 0$,$\dfrac{\partial}{\partial \delta}\left[\dfrac{\partial I^{DS}}{\partial s}\right] = -\dfrac{7}{31} < 0$。证毕。

命题 7.7 的第(1)部分表明:与纯营利情形相比,具有社会责任感的供应商并不影响库存持有成本的门槛。也就是说,$\tilde{h}_H = \bar{h}_H$。这是一个有趣的结果,因为人们可能会认为,有社会责任感的供应商会降低批发价,从而促进零售商持有更多库存。然而,有社会责任感的供应商会直接销售更多的产品,这抑制了零售商通过加剧竞争持有更多库存的动机。这两种力量相互碰撞,库存持有成本的阈值不变。

命题 7.7 的第(2)部分表明:当零售商战略性持有库存时,其战略库存的持有量随着库存持有成本(直销成本)的增加而减少(增加)。这与命题 7.4 中的结果是一致的。供应商的社会关注程度对于零售商的上述库存对成本的敏感性有不同的影响。也就是说,随着 η 的增加,零售商对库存持有成本变得更加敏感,但对供应商的销售成本不那么敏感。

推论 7.5 在双重目标供应商情形下的双渠道供应链均衡中,当零售商持有战略库存时，(i) $w_1^{DS} > w_2^{DS}$；(ii) $Q_1^{DS} > Q_2^{DS}$；(iii) $q_{R1}^{DS} < q_{R2}^{DS}$；(iv) $q_{S1}^{DS} > q_{S2}^{DS}$；(v) $p_1^{DS} > p_2^{DS}$。

证明：依据定理 7.4 中的均衡结果可得，在动态契约下，$w_1^{DS} - w_2^{DS} = \frac{8(4s-9h)}{93}$，当 $h < \tilde{h}_H$ 时，对于批发价格有 $w_1^{DS} - w_2^{DS} = \frac{8(4s-9h)}{93} > 0$。同理可证，当 $h < \tilde{h}_H$ 时，对于零售商的订货量有 $Q_1^{DS} - Q_2^{DS} = \frac{13(4s-9h)(2-\eta)}{186} > 0$。

当 $h < \tilde{h}_H$ 时，对于零售商销量有 $q_{R1}^{DS} - q_{R2}^{DS} = -\frac{4(4s-9h)(2-\eta)}{93} < 0$；对于供应商直销量有 $q_{S1}^{DS} - q_{S2}^{DS} = \frac{4(4s-9h)(1-\eta)}{93} > 0$；对于产品零售价格有 $p_1^{DS} - p_2^{DS} = \frac{4(4s-9h)}{93} > 0$。证毕。

推论 7.5 表明，与先前的分析相比，战略库存的存在导致了相似的结果（例如，推论 7.3）。此处省略细节。通过进一步比较营利性和双重目标型供应商环境下的结果，下面的引理强调了供应商的社会关注对战略库存和批发定价决策的影响。

推论 7.6 在双重目标供应商情形下的双渠道供应链均衡中，当零售商持有战略库存时，相比纯营利情形：

(i) $I^{DS} < I^{DF}$；(ii) $w_1^{DS} < w_1^{DF}$，$w_2^{DS} < w_2^{DF}$。

证明：当 $h < \frac{4s}{9}$ 时，可以很容易得到 $I^{DS} - I^{DF} = -\frac{7(4s-9h)\eta}{124} < 0$，$w_1^{DS} - w_1^{DF} = -\frac{\eta(a-s)}{2(2-\eta)} < 0$，$w_2^{DS} - w_2^{DF} = -\frac{\eta(a-s)}{2(2-\eta)} < 0$。证毕。

推论 7.6 表明，与营利性零售商设置相比，供应商对消费者剩余的关注降低了零售商持有更多库存的动机，而供应商对消费者剩余的关注导致两个时期的批发价格较低。这两个结果都与零售商具有双重目标环境下的结果有很大不同，这表明供应商对消费者剩余的重视对战略库存和批发价格的影响是不同的。第二部分的基本直觉是，双重目标供应商往往会通过降低批发价来销售更多产品（降低零售价）。如前所述，由于批发价较低，零售商应该持有更多库存。然而，情况恰恰相反。这是因为供应商对消费者剩余的重视也促使其在直接渠道上更加积极,这增加了零售竞争。因此,零售商没有更多销售的动机,从而降低了其战略性持有库存的动机。

7.4.4 战略库存对利润和消费者剩余的影响

本节将进一步分析战略库存对零售商利润、供应商利润、供应链利润以及消费者剩余的影响。如前所述,这也在一定程度上等同于分析供应链成员以及供应链对动态契约和承诺契约的偏好。

通过比较均衡利润,可以得到以下命题。

命题 7.8 在双重目标供应商情形下的双渠道供应链均衡中:

(1) 当 $h < \tilde{h}_R$ 时,对于零售商,动态契约更优;当 $\tilde{h}_R < h < \tilde{h}_H$ 时,承诺契约更优,其中,$\tilde{h}_R = \dfrac{272s}{891}$。

(2) 当 $h < \tilde{h}_S$ 时,动态契约下供应商利润更高;当 $\tilde{h}_S < h < \tilde{h}_H$ 时,承诺契约下供应商利润更高,其中,$\tilde{h}_S = \dfrac{2(372 - 279a\eta - 329s\eta + 211s\eta^2)}{9(186 - 211\eta + 59\eta^2)}$。

(3) 当 $h < \tilde{h}_C$ 时,动态契约下供应链利润更高;当 $\tilde{h}_C < h < \tilde{h}_H$ 时,承诺契约下供应链利润更高,其中,$\tilde{h}_C = \dfrac{4(644 - 601s\eta + 279s\eta^2 - 279a\eta)}{9(768 - 818\eta + 217\eta^2)}$。

证明:通过将定理 7.4 中的均衡结果回代,可以得到动态契约和承诺契约下零售商的利润分别为 π_R^{DS} 和 π_R^{CS}。令 $\Delta\pi_R = \pi_R^{DS} - \pi_R^{CS}$,则易证,$\dfrac{\partial^2 \Delta\pi_R}{\partial h^2} > 0$。可见,$\pi_R^{DS} - \pi_R^{CS}$ 是关于 h 的严格凸函数。通过求解 $\Delta\pi_R = 0$ 可得,$h = \tilde{h}_H$ 和 $h = \tilde{h}_R$ 是函数的两个根,且易证 $\tilde{h}_R < \tilde{h}_H$。由此可得,当 $h < \tilde{h}_R$ 或 $h > \tilde{h}_H$ 时,$\pi_R^{DS} - \pi_R^{CS} > 0$;当 $\tilde{h}_R < h < \tilde{h}_H$ 时,$\pi_R^{DS} - \pi_R^{CS} < 0$。这里,仅讨论战略库存存在,即 $h < \tilde{h}_H$ 的情况。

同理,对于供应商,动态契约和承诺契约下供应商的利润分别为 π_S^{DS} 和

π_S^{CS}。令 $\Delta \pi_S = \pi_S^{DS} - \pi_S^{CS}$,则有 $\frac{\partial^2 \Delta \pi_S}{\partial h^2} > 0$,即 $\pi_S^{DS} - \pi_S^{CS}$ 是关于 h 的严格凸函数。通过求解 $\pi_S^{DS} - \pi_S^{CS} = 0$ 可得,$h = \tilde{h}_H$ 和 $h = \tilde{h}_S$ 是函数的两个根,且有 $\tilde{h}_S < \tilde{h}_H$。由此可得,当 $h < \tilde{h}_S$ 或 $h > \tilde{h}_H$ 时,$\pi_S^{DS} - \pi_S^{CS} > 0$;当 $\tilde{h}_S < h < \tilde{h}_H$ 时,$\pi_S^{DS} - \pi_S^{CS} < 0$。

对于供应链,动态契约和承诺契约下整个供应链的利润分别为 π_C^{DS} 和 π_C^{CS}。令 $\Delta \pi_C = \pi_C^{DS} - \pi_C^{CS}$,则有 $\frac{\partial^2 \Delta \pi_C}{\partial h^2} > 0$,即 $\pi_C^{DS} - \pi_C^{CS}$ 是关于 h 的严格凸函数。通过求解 $\pi_C^{DS} - \pi_C^{CS} = 0$ 可得,$h = \tilde{h}_H$ 和 $h = \tilde{h}_C$ 是函数的两个根,且有 $\tilde{h}_C < \tilde{h}_H$。由此可得,当 $h < \tilde{h}_C$ 或 $h > \tilde{h}_H$ 时,$\pi_C^{DS} - \pi_C^{CS} > 0$;当 $\tilde{h}_C < h < \tilde{h}_H$ 时,$\pi_C^{DS} - \pi_C^{CS} < 0$。证毕。

命题7.8刻画了渠道成员和整个渠道在动态契约下表现更好的条件,并强调了几个重要的结果。第一,与纯营利性设置相比,供应商对消费者剩余的重视并没有改变零售商的契约偏好,这与双重目标零售商设置的结果不同。当持有成本相对较小时,零售商更喜欢签订动态合同(见图7.7)。潜在的直觉与纯粹以营利为目的的案例相似。

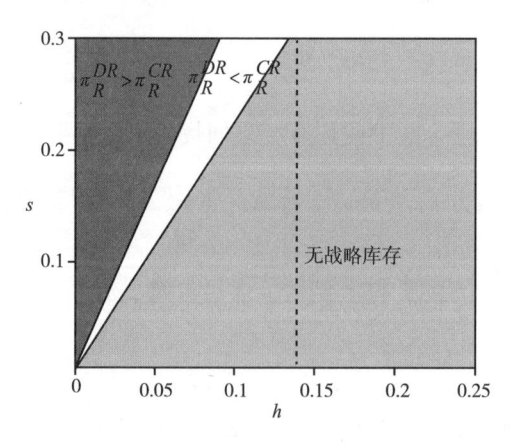

图7.7 社会责任型供应商情形下的零售商契约偏好

第7章 双渠道供应链下考虑企业双重目标的战略库存策略

第二,在社会责任供应商情形下,供应商不太可能选择动态契约,特别是在社会关注度相对较高的情况下。具体地说,随着 η 的增加,阈值 $\tilde{h}_S$ 可能会变为负,这一点通过比较图 7.8 中的左侧和右侧情节也很明显。这与先前的文献(Anand et al.,2008)以及本书的先前分析(供应商在营利性双重目标零售商的设置中总是更喜欢签订动态合同)形成对比。潜在的直觉是,供应商对消费者剩余和战略库存的重视都会降低批发价。当供应商对消费者的关注度较高时,定价将比集中案例的价格更低(在集中案例中,供应商或零售商充当集中计划者,零售价格为 $\frac{a}{2}$)。因此,双重目标供应商倾向于选择承诺合同,以避免战略库存造成的这种偏差。

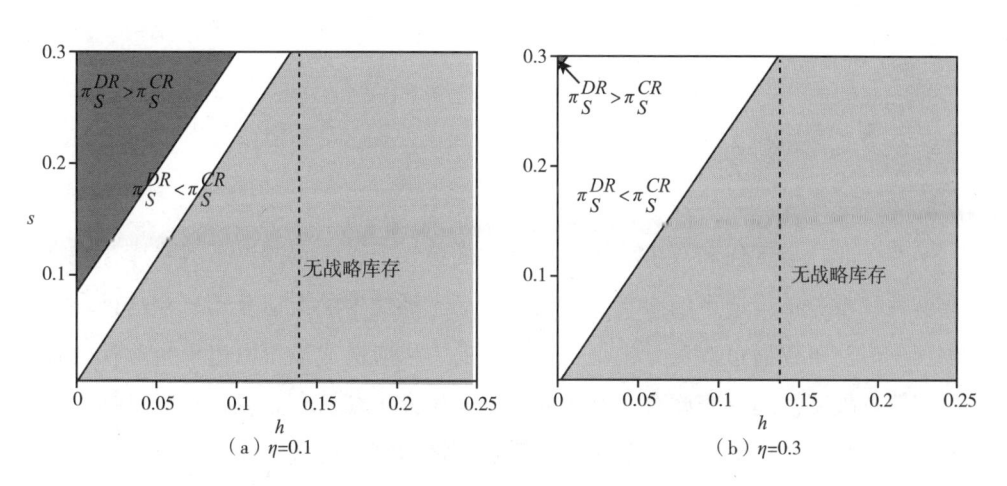

图 7.8 双重目标供应商情形下供应商合同偏好

第三,供应链的契约偏好呈现出类似的趋势,如图 7.9 所示。这表明,尽管供应商对消费者剩余的重视和战略库存都可以提高供应链的效率,但它们的叠加可能会导致企业偏离最优结果,从而损害供应链。

关于消费者剩余,可以发现,当 $h < \tilde{h}_H$ 时,$cs^{DS} < cs^{CS}$。这一发现表明,在供应商具有双重目标的双渠道供应链中,消费者更喜欢动态契约,而不是承诺契约。潜在的机制类似于纯粹以营利为目的的设置,此处省略细节。

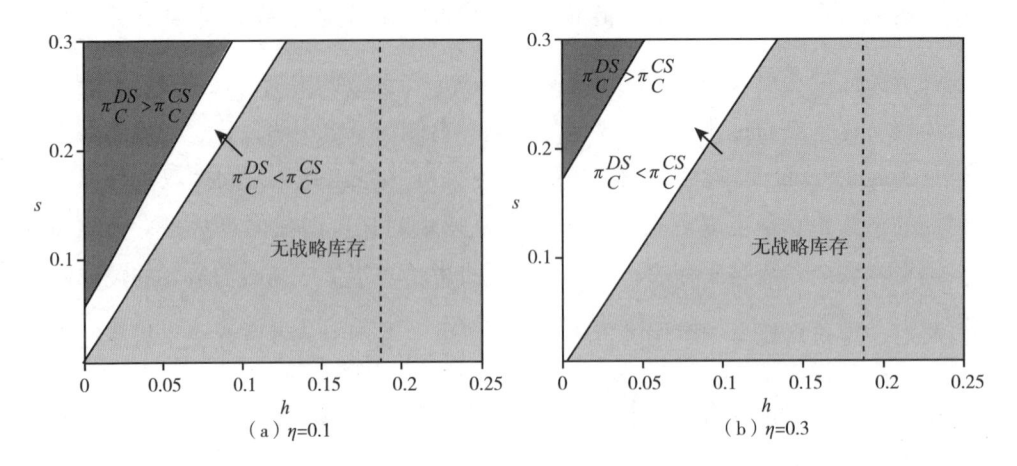

图 7.9　双重目标供应商情形下供应链合同偏好

7.5　本章小结

在企业社会责任和双重分销日益普及的背景下，本章探讨了战略库存在社会责任双重分销渠道中的意义，并研究了动态环境中的渠道互动，在这种环境中，供应商可以通过双重分销渠道销售产品，供应链成员可以追求企业社会责任倡议并战略性地持有库存。基于此，分别研究了纯营利企业，双重目标零售商和双重目标供应商情形下基于双渠道供应链的零售商战略库存策略，并对不同情境下战略库存对供应链成员利润、供应链利润以及消费者剩余的影响等做了进一步分析。已有战略库存的相关研究大多在单渠道供应链下展开，且很少分析企业具有双重内部目标时的结果。本章研究正是弥补了这些研究空缺，得到了一些有趣的结果和管理启示，可为企业管理者提供一定的实践指导。

7.2 节在纯营利情形下，首先对单渠道基准模型进行了简要的总结，其次分析了双渠道供应链背景下的动态契约和承诺契约模型。通过求解得到了不同契约模型下的均衡结果，包括供应链成员的决策（供应商批发价格、零售商战略库存和销售量以及供应商直销数量）和供应链利润以及消费者剩余。研究发现，零售商是否持有战略库存不仅取决于库存持有成本的大小，还取决于

第7章　双渠道供应链下考虑企业双重目标的战略库存策略

供应商直销成本的大小。供应商通过直销和提升直销渠道的效率可以有效地限制甚至消除零售商的战略库存行为。零售商战略库存依旧可以起到减轻双重边际化的效果；然而，对于零售商而言，随着供应商直销劣势的减弱，战略性持有库存将损害其自身利润；相反，当供应商直销劣势相对较大时，即使库存持有成本高于单渠道供应链背景下的阈值，零售商战略性地持有库存依旧有益于提高其利润。这意味着在双渠道供应链中，战略库存对供应链成员以及供应链利润的影响还取决于供应商的直销成本水平。

7.3节和7.4节分别拓展分析了零售商采取双重目标结构和供应商采取双重目标结构时的情况。遵循已有研究，对动态契约和承诺契约下的双渠道供应链均衡进行了分析。研究发现：零售商是否持有战略库存和契约结果取决于供应商的直销劣势水平、零售商的库存持有成本以及企业（零售商或供应商）对消费者剩余的关注程度；随着零售商（供应商）对消费者剩余关注程度的增加，零售商将增加（减少）其战略库存囤积量。相比纯营利情形，随着零售商对消费者剩余关注程度的改变，零售商和供应链对契约的偏好将发生改变。战略库存的存在仍然可以降低平均批发价格，但渠道成员的社会关注降低了战略库存的价值，从而改变了合同偏好。特别是，随着社会关注的增加，供应商和零售商更倾向于动态契约的经典结果消失了。这意味着战略库存可能对关注消费者剩余程度较高的零售商不利，即使其可以使零售商从供应商那里获得较低的批发价格。类似地，企业（零售商或供应商）采取双重目标结构与战略库存之间的相互干涉还会引发较低的供应链绩效。通过与单渠道基准（Anand et al.，2008）的结果对比，发现当供应商在销售过程中效率足够低时，即使单位库存成本处于中间范围，零售商也可以从持有战略库存中受益。

第 8 章 结论与展望

8.1 主要研究结论

本书的研究结论主要包括以下五个方面。

（1）考虑企业双重目标的供应商侵入策略。基于已有供应商侵入的经典研究框架（Arya et al.，2007），本书进一步分析了考虑零售商具有双重目标时供应商侵入策略及其影响。具体地，一是构建了零售商是双重目标企业时有无供应商侵入的模型；二是给出了不同情境下的均衡结果；三是探讨了零售商具有双重目标时，供应商侵入对供应商和零售商利润的影响；四是探讨了零售商具有双重目标对均衡策略的影响；五是分析了零售商具有双重目标对供应商侵入的结果的影响；六是分析了零售商具有双重目标对消费者剩余的影响；七是拓展分析了价格竞争下零售商双重目标结构对供应链侵入的影响；八是考虑了各異型企业双重目标对均衡结果和供应链侵入策略的影响等。

针对此部分研究，得到如下有价值的主要研究结论：

第一，在纯营利情形下，已有传统观点认为，供应商侵入始终有益于提升供应商利润（Arya et al.，2007；Guan et al.，2019）。这是因为，供应商侵入不仅可以促使供应商获得直销利润，还能通过降低批发价格减轻双重边际化利润。然而，本书认为，当供应商侵入具有双重目标的下游零售商时，即使侵入下游市场是不需要支付额外成本的，供应商选择侵入依旧有可能损害自身利润。

第二，供应商侵入有可能提升双重目标零售商的利润。然而，当双重目标零售商关注消费者剩余的程度不是过低时，这一供应商侵入的光明面将消失。

第8章 结论与展望

第三，零售商追求双重目标可以策略性地抵制供应商侵入。因此，尽管追求双重目标导致零售商偏离了利润最大化，但其有可能获得相比采取纯营利目标时更高的利润。

第四，双重目标零售商对消费者剩余的关注有助于提升消费者剩余。然而，本研究发现，当零售商关注消费者剩余的程度较高且供应商直销劣势处于中等水平时，这一关注消费者剩余的举动有可能会伤害消费者剩余。相反，当零售商关注消费者剩余程度较低且供应商直销劣势不是很显著时，零售商这一举动始终有益于消费者。

第五，在价格竞争下，供应商侵入与零售商双重目标之间的紧张关系变得不那么强烈，同时在双重目标零售商情形下不存在侵入效应（即阻止供应商销售正数量）。

第六，各啬型双重目标零售商的双重目标性质表现出更强的零售竞争力，并使供应商在实施其直接渠道策略时不那么激进。此外，各啬型双重目标零售商的存在并不一定能提高消费者剩余。

（2）考虑制造商具有双重目标时的分销渠道选择策略。基于已有仅直销渠道、仅零售渠道和混合销售渠道的经典研究框架，本书拓展分析了考虑制造商具有双重目标时的渠道选择策略。具体地，一是本书构建了制造商具有双重目标时的单渠道和混合渠道的基础模型；二是并探讨了制造商具有双重目标对渠道的均衡策略的影响；三是分析 Loss-for-Surplus 比率；四是分别在制造商极度关注消费者、利润约束、一般双重目标函数、价格竞争和零售商同样追求双重目标的多种情境下，检验了渠道选择策略的稳健性。

针对此部分研究，得到如下有价值的主要研究结论：

第一，对于追求双重目标的制造商而言，混合渠道和仅零售渠道将成为两种最有利的选择。具体而言，当销售成本不太高时，制造商会选择混合渠道；而当销售成本较高且消费者关注度也很高时，制造商会选择仅零售渠道。

第二，与仅直销渠道（情境 D）和混合渠道结构（情境 H）相比，仅零售渠道结构（情境 R）在牺牲制造商利润以提升消费者剩余方面最有效。混合渠道结构（情境 H）的转换效率是三者之中最差的。

第三，极度关注消费者剩余。分析制造商极度关注消费者的情境，结果表明，基础模型中得出的结果大体上依然成立。在单一渠道分析中，随着 η 的增加，制造商相较于情境 R 更倾向于选择情境 D 的区域会扩大。这是因为利润变得不那么重要，制造商倾向于采用直销来创造更多的消费者福利。在混合渠道分析中，较高的 η 会增加直销的数量，从而间接加剧渠道平衡效应，导致更多的利润损失。因此，与基础模型相比，制造商相较于情境 H，更倾向于选择情境 R 的区域会扩大，而情境 H 中的盈亏可能仍然是三者中最低的。

第四，利润约束。注意到非负利润约束不影响单一渠道分析的结果，因为当 $\eta<1$ 时，利润总是为正。可以发现，仅在消费者关注度较高$\left(\text{即 }\eta>\dfrac{6}{7}\right)$且销售成本适中时，非负利润约束在情境 H 下才具有约束力。在这种情况下，制造商在利润方面会受损，从而阻止其通过直销渠道创造更多的消费者福利。因此，只有当销售成本较小时，才会因销售成本增加而提高批发价格。当销售成本较大时，利润约束会促使制造商降低批发价格，并更多地依赖零售渠道以保持更多利润。此外，随着消费者关注度的提高，由于非负利润约束，制造商会提高批发价格。这种扭曲虽然会减少情境 H 中的利润损失，但会导致消费者剩余的损失更多。更高的利润约束会扭曲双重目标制造商的决策，诱使制造商为维持自身生存而减少对消费者剩余的提高。因此，在较高利润约束下，混合渠道在转换效率方面的表现是三种渠道结构中最低的。

第五，价格竞争。首先，价格竞争会加剧直销的劣势，从而促使制造商通过提高批发价格来限制订单数量。其次，竞争加剧使得零售商对批发价格的敏感度降低。因此，在直销成本增加的情况下，价格竞争会增强制造商提高批发价格的动机，并且与双重目标制造商与零售商进行数量竞争时相比，η 的下界会变得更小。价格竞争可以减轻干扰效应所带来的利润损失。当竞争激烈时，制造商偏好情境 R 而非情境 H 的情况将不复存在。与之前的发现相反，当消费者关注度较低时，情境 H 下的转换效率可能是最高的。最后，在情境 H 下，当消费者关注度足够低时，一个具有双重目标的制造商可能比一个纯营利制造商获得更高的利润。在这种情况下，具有双重目标的制造商可以在提高消费者剩余的同时获得利润（即"善有善报"）。

第六，零售商追求双重目标。虽然基准模型中获得的大部分见解在零售商追求双重目标的情境中仍然有效，但也揭示了一些额外的特征。首先，当下游市场存在一个具有双重目标的零售商时，情境 R 下制造商的利润可能会随着消费者关注度的提高而增加，这与基准模型相反。其次，随着消费者关注度的提高，情境 R 在提升消费者剩余方面的有效性在扩大。再次，在情境 H 中，批发价格总是随着销售成本的增加而降低，这意味着当直销渠道在销售过程中效率降低时，制造商会降低批发价格，从而更多地依赖零售渠道。最后，当存在一个具有双重目标的零售商时，情境 H 相较于情境 R 更有利的区域会扩大；而当存在混合零售商时，情境 H 相较于情境 R 更有利的区域会缩小。

（3）零售竞争环境下考虑制造商具有双重目标的分销渠道选择策略。基于第 4 章中制造商考虑企业双重目标的分销渠道选择的基本模型，本书在第 5 章进一步考虑了零售竞争环境下制造商具有双重目标时的分销渠道选择策略。具体地，一是考虑自有零售商竞争的情况下制造商单渠道和混合渠道的均衡结果分析；二是给出了自有零售商竞争情境对渠道均衡策略的影响；三是分析 Loss-for-Surplus 比率；四是分析了额外零售竞争情境下制造商单渠道和混合渠道的均衡结果分析；五是分析额外零售竞争情境对制造商渠道均衡策略的影响；六是分析 Loss-for-Surplus 比率。

针对此部分研究，得到如下有价值的主要研究结论：

第一，对于单一渠道分析，当销售成本较低时，制造商仍然倾向于仅直销渠道（情境 D）。随着 n 的增加，倾向于仅直销渠道的区域会缩小，因为下游竞争进一步缓解了双重边际化问题。

第二，对于混合渠道分析，批发价格随着直销成本增加而提高的现象依然存在。

第三，在自有零售竞争下，制造商偏好情境 H 而非情境 R 的区域会缩小，而在额外零售竞争下，该区域会扩大。总体而言，自有零售竞争会加剧渠道平衡效应，而额外零售竞争会缓解渠道平衡效应。

（4）单渠道供应链下考虑企业双重目标的战略库存策略。在单渠道供应链情境下，基于已有战略库存的经典研究框架（Anand et al.，2008），本书拓展分析了考虑零售商采取双重内部企业目标时的战略库存策略及相关研究问题。具体地，一是构建了零售商具有双重目标时的动态契约和承诺契约模型；二是给出了不同契约模型下的均衡结果；三是分析了零售商采取企业双重目标对战略库存等均衡策略的影响；四是探讨了零售商、供应商以及供应链对动态契约和承诺契约的偏好，即战略库存对企业和供应链利润的影响；五是分析了零售商采取企业双重目标对契约偏好的影响；六是分析了零售商战略库存行为对其采取企业双重目标的影响；七是研究了零售商采取企业双重目标对企业利润以及消费者剩余的影响。

针对此部分研究，得到如下有价值的主要研究结论：

第一，动态契约下，双重目标零售商依旧会在第一期战略性的囤积库存用于第二期销售，且战略库存的囤积量随着零售商关注消费者剩余程度的增加而增加。

第二，相比纯营利情形，双重目标零售商过度囤积战略库存将导致跨期价格波动增加，导致无效率加剧，进而将改变契约偏好结果。

第三，由于战略库存依旧可以通过降低批发价格减轻双重边际化效应，因此，当零售商战略库存成本相对较低时，零售商和供应链都偏好动态契约。换句话说，一定条件下，战略库存有助于提升零售商和供应链利润。这一结果与已有传统观点（Anand et al., 2008）类似。然而，随着双重目标零售商关注消费者剩余程度的增加，这一结果将发生改变。即：即使零售商持有库存成本很小，当双重目标零售商关注消费者剩余的程度相对较高时，零售商和供应链将始终偏好承诺契约。

第四，战略库存将加剧零售商采取双重目标结构时对利润造成的损失。

第五，零售商采取双重目标结构将始终有益于供应商、供应链以及消费者。

（5）双渠道供应链下考虑企业双重目标的战略库存策略。在双渠道供应链情境下，基于已有战略库存的经典研究框架（Anand et al., 2008），本书分析了零售商的战略库存策略，且进一步分析了零售商和供应商分别采取企业双重目标情境下的相关问题。具体地，一是构建了双渠道供应链情境下的动态契约和承诺契约模型；二是给出了不同契约模型下的均衡结果；三是探讨了相比单渠道供应链情境，双渠道供应链情境下的均衡策略发生了哪些改变；四是探讨了零售商、供应商以及供应链在双渠道供应链情境下的契约偏好，即战略库存在双渠道供应链情境下对企业利润和供应链绩效的影响；五是构建了零售商采

第8章 结论与展望

取企业双重目标结构时基于双渠道供应链的动态契约和承诺契约模型;六是分别给出了不同契约模型下的均衡结果;七是分析了零售商采取企业双重目标对均衡策略的影响;八是探讨了新情境下零售商、供应商以及供应链的契约偏好,即战略库存对企业利润和供应链绩效的影响;九是分析了双渠道供应链情境下,零售商采取企业双重目标对契约偏好的影响;十是构建了供应商采取企业双重目标结构时基于双渠道供应链的动态契约和承诺契约模型;十一是分别给出了不同契约模型下的均衡结果;十二是分析了供应商采取企业双重目标对均衡策略的影响;十三是探讨了新情境下零售商、供应商以及供应链的契约偏好,即战略库存对企业利润和供应链绩效的影响;十四是分析了双渠道供应链情境下,供应商采取双重目标对契约偏好的影响等。

针对此部分研究,得到如下有价值的主要结论:

第一,双渠道供应链中考虑纯营利情形,零售商在动态契约下依旧会战略性地囤积库存,且战略库存的囤积量取决于零售商库存持有成本的大小和供应商直销劣势的水平。

第二,供应商开通直销渠道和提升直销渠道效率有助于限制零售商的战略库存行为,然而,零售商战略库存始终有益于供应商。

第三,在单渠道供应链中,当零售商库存持有成本相对较小时,零售商始终偏好动态契约,然而,在双渠道供应链中,情况并非一定如此。具体地,即使库存持有成本相对较小,当供应商直销劣势较低时,零售商将偏好承诺契约;另外,即使库存持有成本相对较大(高于单渠道供应链情境下的阈值),零售商依旧可能会偏好动态契约。这意味着,相对单渠道供应链情境,在双渠道供应链中,零售商战略库存对利润的战略影响将发生改变。

第四,在双重目标零售商和双渠道供应链情境下,零售商仍旧会战略性地囤积库存,且战略库存的数量取决于供应商直销劣势水平、零售商库存持有成本大小以及零售商对消费者剩余的关注程度。

第五,零售商战略库存囤积量将随着其对消费者剩余关注程度的增加而增加。

第六,相比纯营利情形,随着零售商对消费者剩余关注程度的改变,零售商和供应链对动态契约和承诺契约的偏好将发生改变。特别地,当零售商关注

263

消费者剩余程度相对较大时，零售商和供应链将始终偏好承诺契约。这意味着战略库存可能对关注消费者剩余程度较高的零售商不利，即使其可以使零售商从供应商那里获得较低的批发价格。类似地，零售商采取双重内部企业目标结构与战略库存之间的相互干涉还会引发较低的供应链绩效。

第七，在双重目标供应商和双渠道供应链情境下，零售商仍旧会战略性地囤积库存，且战略库存的数量取决于供应商直销劣势水平、零售商库存持有成本大小以及供应商对消费者剩余的关注程度。

第八，供应商对消费者剩余的重视降低了零售商持有更多库存的动机。

第九，与纯营利性情形相比，供应商对消费者剩余的重视并没有改变零售商的契约偏好，这与社会责任零售商设置的结果不同。类似地，尽管供应商对消费者剩余的重视和战略库存都可以提高供应链的效率，但它们的叠加可能会导致企业偏离最优结果，从而损害供应链。

8.2　主要贡献

本书的主要贡献体现在以下五个方面：

（1）针对双重目标企业和供应商侵入具有广泛实践背景且已有研究尚未进行相关探索，本书考察了考虑企业双重目标的供应商侵入策略问题，发现供应商侵入双重目标零售商可能会伤害其利润、双重目标零售商可能伤害消费者等。具体地，现实中，尽管企业采取双重目标和供应商侵入正在许多行业成为流行的商业实践，已有研究未就这种内部企业目标结构和外部市场结构之间的相互作用进行探索。针对这一研究缺口，第3章将阿里亚等（2007）的供应商侵入研究框架拓展到了零售商具有双重目标结构的情形。研究发现，在双重目标情境下，原有的经典的供应商侵入可以提升供应商利润的结论可能不再成立。这提醒着在电子商务时代，即使零售商采取双重目标结构和供应商侵入都对供应商有益，供应商有必要考虑两者之间的相互干扰。本书研究还发现：零售商关注消费者剩余不一定会为消费者带来更多福利。这可能引发有关"超越利润"的相关立法争论的新趋势，即政策制定者有必要考虑供应链系统中上下游互动的影响。此外，本书研究还发现：零售商采取双重目标可以策略性地抵制供应商侵入，从而有可能因避免激烈的市场竞争而获益。这强调了在采取双重目标时企业拥有战略性眼光是非常重要的。可见，本书研究可以为企业管理者理解双重目标零售商在供应链系统中的影响提供帮助；也为更深入地理解企业采取双重内部企业目标的内部动机提供了一些参考；同时可以为政策制定者在为"超越利润"的议程引入管制或提供激励时提供全新的视角；最后，为考虑企业双重目标的供应商侵入研究奠定了理论基础。

（2）已有研究发现，直接渠道和间接渠道的混合对制造商是有利的，但它们都是以利润最大化的企业为前提的，尚未探讨双重目标制造商的渠道偏好。本书研究表明，当企业将消费者福利纳入其目标时，上述结论可能不再适用。本书研究发现，双重目标制造商对消费者的关注会显著影响其渠道选择，例如当消费者关注度高且销售劣势处于中等到较高水平时，仅零售渠道结构可能是更优的选择。该研究结论补充了现有研究，详细说明了鉴于对消费者剩余的重视，集中式与分散式渠道决策的权衡（Moothy，1988；McGuire & Staelin，2008）。本书还发现，当销售成本很小或很大时，混合渠道可能是更优选择。在制造商通过双重目标零售商进行销售的情况下，尤其可能出现这种情况。本书的分析还为混合渠道的管理提供了管理意义。消费者关注度高的制造商应该提高批发价格，更多地依赖直销渠道。而当制造商通过双重目标零售商进行销售时，情况则正好相反。本书分析揭示了渠道分散在减少由于追求消费者剩余而导致的利润损失方面的作用。该分析还揭示了直销效率与消费者关注度之间的战略互动，这种互动在改变运营决策以及混合渠道结构在效用、利润和转化效率方面的表现方面发挥着重要作用。这些相互作用证明了源于内部渠道动态的驱动力的重要性。因此，渠道参与者和政策制定者应该考虑垂直结构以及随之而来的互动，以更好地管理公司的社会使命和商业模式。

（3）零售竞争目前已经成为学术界广为关注的研究领域，这类情境更加贴合企业实际。本书还提出了零售竞争环境下考虑企业双重目标的分销渠道选择策略，具体研究自有零售竞争以及额外零售竞争两大应用情境。比较有趣的是，本书的研究结论与已有研究有所不同。研究发现，在额外零售竞争情境下，当消费者关注度较高且销售成本中等时，只通过零售渠道销售将是比混合渠道更优的选择。这为制造商的分销渠道选择提供了积极的管理启示。研究还发现，增加额外零售竞争可以缓解双重目标与双渠道之间的干扰，从而减少这一干扰所造成的利润损失。进一步地，额外的零售竞争可以削弱双重目标与双渠道安排之间的干扰所造成的价格和数量扭曲。这强调了拥有双重目标的企业在选择分销渠道时注重额外的零售竞争是非常重要的。本书重点关注了零售竞争的影响及影响的机理，研究发现自有零售商的竞争进一步缓解了双重边际化效应，放大了强调消费者剩余损害制造商营利能力的程度。最后，本书分析了零售竞争环境下双重目标企业在牺牲自身利润换取消费者剩余的效率，给予企业管理者在进行渠道选择时效用最高与效率最高的双重建议，进而更好地实现公司价值与自身使命。

（4）针对战略库存在协调上下游互动中具有重要作用且已有研究尚未探讨企业具有双重目标的情形，本书将零售商具有双重目标引入传统战略库存框架中，发现当零售商把更多的注意力放在消费者剩余上时，战略库存可能会伤害双重目标零售商、双重目标会影响企业的契约偏好等。具体地，战略库存在协调上下游互动中发挥着重要作用，同时对企业利润和供应链绩效有着重要影响。然而，已有研究建立在零售商是"利润至上"的假设基础上。在"超越利润"议程逐渐兴起的新型商业环境下，战略库存的影响及其与零售商采取双重目标结构之间的相互作用尚未可知。针对这一研究缺口，第6章拓展了阿南德等（Anand et al., 2008）的战略库存研究框架以考虑具有双重目标的零售商，并对动态契约和承诺契约下的企业策略进行了深入的分析。研究发现：零售商对消费者的关注导致其过度持有库存，放大零售价格的跨期变异性，进而吞噬持有库存的战略价值。因此，战略性库存可能损害零售商的利润，即使持有库存是无成本的。因此，虽然战略库存是零售商一项战略性工具，但对于双重目标零售商而言，极有可能损害自身利润。供应链绩效也将因此受到影响。

（5）针对已有战略库存研究缺乏双渠道分销背景下的相关问题的探索，本书考察了双渠道供应链下的战略库存策略问题，发现供应商采取直销及提升直销渠道效率可以有效限制零售商战略库存和改变契约偏好等。具体地，双渠道营销是当今企业广泛采取的营销模式。然而，已有战略库存的研究缺乏对这一现实背景下的相关问题的探索。为此，在第 7 章将阿南德等（Anand et al., 2008）的研究拓展到了双渠道供应链情境。进一步地，本书还将相关研究问题拓展到了零售商和供应商分别具有双重内部企业目标结构的情境。研究指出，供应商开通直销渠道以及提升直销渠道的效率可以有效地限制零售商的战略库存行为。当供应商直销劣势水平较低时，即使零售商库存持有成本非常低，零售商和供应链依旧可能会偏好承诺契约。这意味着战略库存在双渠道供应链中带来的减轻双重边际化的益处可能远远没有想象中那么显著。本书研究还表明，战略库存的存在仍然可以降低平均批发价格，但渠道成员双方的社会关注降低了战略库存的价值，从而改变了契约偏好。特别是随着社会关注度的提高，供应商和零售商偏好动态契约的经典结果消失了。可见，本书的研究可以为理解双渠道营销商业环境下的战略库存影响提供帮助；还可以为零售商和供应商采取双重内部企业目标结构，在双渠道供应链背景下对战略库存策略的影响提供管理参考；最后，为多渠道供应链情境下考虑企业双重目标的战略库存策略研究提供了理论指导。

8.3 局限性

在电子商务迅猛发展和"超越利润"议程变得越来越普遍的今天，研究考虑企业双重目标的供应商分销渠道选择和战略库存策略及其在供应链层面的经济影响是非常重要的。本书研究填补了相关领域的研究空缺，但仍存在一些局限性，主要体现在以下几个方面：

（1）假设以营利为目的和双重目标的零售商的需求函数是相同的。然而，消费者对企业社会责任的感知不仅影响他们对产品的需求量，还有可能促使他们提高对产品的效用。消费者可能更愿意从双重目标企业购买产品的这一问题尚待探讨。

（2）假设每一方都能观察到另一方关心消费者剩余的程度。本书考虑的双重目标企业是上市公司或注册为双重目标的企业，以便企业关注消费者剩余的程度是众所周知的。对于这类公司或组织来说，这是一个合理的假设。然而，企业在消费者剩余中的权重可能是私人信息或难以核实。

（3）在制造商具有双重目标的渠道选择策略的研究中，本书假设需求函数是线性的，对于分析的可处理性而言是确定性的。然而，现实中的需求可能是随机的，需求不确定性对消费者剩余的影响不可忽视（Cohen et al.，2022）。

（4）在考虑双重目标的战略库存策略研究中，未考虑零售商在两期内关注消费者剩余程度不同的情形。在两期动态情境中，本书研究了零售商在两期内关注消费者剩余程度相同时的战略库存策略，并得到了一些有趣的管理见解。然而，零售商关注消费者剩余的程度有可能会跨期波动。虽然本研究可以对这种情境下的企业实践间接地提供一些管理见解，但是难以为企业管理者提供直接指导。

（5）在单渠道供应链下考虑企业双重目标的战略库存策略的研究中，本书仅考虑了供应商可以观察到零售商库存水平的情况。然而，正如罗伊等（Roy et al.，2019）指出的那样，零售商的库存水平可能是不可观察的。已有研究表明，当供应商只通过传统零售商间接销售时，库存水平的可见性具有重要意义。本书的模型尚未扩展到具有这些因素的设置，这将是一个更具挑战性和复杂性的分析。

（6）本书未对供应商通过混合渠道进行销售或者竞争型供应链等情形进行分析。为考察零售商采取企业双重目标结构的战略性意义，假定供应商要么通过纯营利零售商进行销售，要么通过双重目标零售商进行销售。然而，现实中供应商有可能既通过纯营利零售商，又通过双重目标零售商销售其产品。下游竞争环境下双重目标零售商和供应商之间的策略互动，以及竞争如何影响零售商的库存策略在本书中未进行深入研究。

8.4　今后研究工作展望

随着"利润至上"的管理原则在全球范围内受到挑战，具有"超越利润"管理理念的企业正在许多行业逐渐兴起。然而，这一类具有社会责任的企业在运营管理，尤其是供应链管理领域的影响尚未得到深入的探索。因此，基于上述研究局限性，本书对后续研究工作提出如下建议：

（1）根据2023年中国消费者洞察报告，93.5%的受访者表示在同等性能、价格和质量的商品中，更倾向于选择有社会责任承诺或做出社会贡献的企业。据此，研究消费者更愿意为负有社会责任的企业买单这一现象，对供应商侵入策略的影响也是一个非常有趣的方向。

（2）现实中双重目标企业对消费者的关注程度的情况可能无法观测到，进一步研究市场中消费者关注程度的不可观察，将有助于更深入地理解双重目标企业的渠道设计。

（3）在零售商具有双重目标或是制造商具有双重目标的研究中，进一步探索需求不确定性如何影响双重目标制企业的决策，是未来研究的一个重要方向。

（4）在双重目标零售商存在下的承诺问题（使用批发价格或其他工具）也可能是未来研究的一个有趣问题。

（5）本书关于战略库存的大多数研究均假定零售商在两期内关注消费者剩余的程度相同，后续的研究可以拓展到零售商在两期内关注消费者剩余程度不同的情境，这有助于为不同情境下的战略库存企业实践提供直接的管理见解。未来的研究可以探讨自愿性披露问题，即零售商决定是否可信地披露其组织目标。

（6）现实中，供应商可能采取多渠道营销，比如，供应商可能通过直销渠道和两个独立的零售商渠道销售其产品，或者与竞争制造商合作。这种情境下，多渠道之间的竞争如何对双重目标零售商的库存策略产生影响是值得关注的问题。

（7）为了简单起见，本书未考虑供应商可能通过第三方或多个零售商进行销售的情境。可以推测，由于搭便车问题，下游竞争可能会降低零售商持有库存的动机，以及下游竞争导致批发价格下降较小的效果（Desai et al.，2010）。此外，假设供应商可以观察到零售商库存水平的情况。将本书的模型扩展到考虑这些因素将会更具挑战性，是未来值得研究的主题。

参考文献

[1] 曹裕,易超群,万光羽.基于"搭便车"行为的双渠道供应链库存竞争和促销策略[J].中国管理科学,2019,27(7):106-115.

[2] 龚本刚,汤家骏,程晋石,等.产能约束下考虑消费者偏好的双渠道供应链决策与协调[J].中国管理科学,2019,27(4):79-90.

[3] 郭燕,王凯,陈国华.基于线上线下融合的传统零售商转型升级研究[J].中国管理科学,2015,23(S1):726-731.

[4] 李建斌,朱梦萍,戴宾.双向搭便车时双渠道供应链定价与销售努力决策[J].系统工程理论与实践,2016,36(12):3046-3058.

[5] 梁喜,符建勋,方昭重.基于制造商促销的供应链战略库存协调模型[J].计算机工程与应用,2017(23):241-219.

[6] 罗美玲,李刚,张文杰.双渠道供应链中双向搭便车研究[J].系统管理学报,2014,23(3):314-323.

[7] 浦徐进,龚磊.消费者"搭便车"行为影响下的双渠道供应链定价和促销策略研究[J].中国管理科学,2016,24(10):86-94.

[8] 商道纵横编著.全面认识企业社会责任报告[M].北京:社会科学文献出版社,2015:6.

[9] 石纯来,聂佳佳.网络外部性对双渠道供应链信息分享的影响[J].中国管理科学,2019,27(8):142-150.

[10] 王先甲,周亚平,钱桂生.生产商规模不经济的双渠道供应链协调策略选择[J].管理科学学报,2017,20(1):17-31.

[11] 杨家权,张旭梅.考虑零售商策略性库存的双渠道供应链定价及协调[J].系统管理学报,2020,29(1):176-184.

[12] 张文杰,骆建文. 供应不稳定时零售商战略库存决策研究 [J]. 管理工程学报, 2013 (4): 62-66.

[13] 周建亨,赵瑞娟. 搭便车效应影响下双渠道供应链信息披露策略 [J]. 系统工程理论与实践, 2016, 36 (11): 2839-2852.

[14] Akturk M. S., Ketzenberg M. Exploring the competitive dimension of omnichannel retailing [J]. Management Science, 2022, 68 (4): 2732-2750.

[15] Akturk M. S., Ketzenberg M., Heim G. R. Assessing impacts of introducing ship-to-store service on sales and returns in omnichannel retailing: A data analytics study [J]. Journal of Operations Management, 2018, 61: 15-45.

[16] Albuquerque R., Koskinen Y., Zhang C. Corporate social responsibility and firm risk: Theory and empirical evidence [J]. Management Science, 2019, 65 (10): 4451-4469.

[17] Anand K., Anupindi R., Bassok Y. Strategicinventories in vertical contracts [J]. Management Science, 2008, 54 (10): 1792-1804.

[18] Arya A., Frimor H., Mittendorf B. Decentralized procurement in light of strategic inventories [J]. Management Science, 2015, 61 (3): 578-585.

[19] Arya A., Mittendorf B. Managing strategic inventories via manufacturer to consumer rebates [J]. Management Science, 2013, 59 (4): 813-818.

[20] Arya A., Mittendorf B., Ramanan R. N. V. Beyond profits: The rise of dual-purpose organizations and its consequences for disclosure [J]. The Accounting Review, 2019, 94 (1): 25-43.

[21] Arya A., Mittendorf B., Sappington D. E. M. The bright side of supplier encroachment [J]. Marketing Science, 2007, 26 (5): 651-659.

[22] Aupperle K. E., Carroll A. B., Hatfield J. D. An empirical examination of the relationship between corporate social responsibility and profitability [J]. Academy of Management Journal, 1985, 28 (2): 446-63.

[23] Barnett M. L., Salomon R. M. Beyond dichotomy: The curvilinear relationship between social responsibility and financial performance [J]. Strategic Management Journal, 2006, 27 (11): 1101-1122.

［24］Barnett M. L. Stakeholder influence capacity and the variability of financial returns to corporate social responsibility［J］. The Academy of Management Review, 2007, 32（3）：794－816.

［25］Battilana J., Pache A. C., Sengul M., Kimsey M. The dual-purpose playbook［J］. Harvard Business Review, 2019, 97（2）：124－133.

［26］Bayram A., Cesaret B. Order fulfillment policies for ship-from-store implementation in omni-channel retailing［J］. European Journal of Operational Research, 2021, 294（3）：987－1002.

［27］Beaton E. E., Dowin Kennedy E. Responding to failure：the promise of market mending for social enterprise［J］. Public Management Review, 2021, 23（5）：641－664.

［28］Bell D. R., Gallino S., Moreno A. How to win in an omnichannel world［J］. MIT Sloan Management Review, 2014, 56（1）：45－53.

［29］Benabou R., Tirole J. Individual and corporate social responsibility［J］. Economica, 2010, 77（305）：1－19.

［30］Bian J., Guo X., Li K. W. Distribution channel strategies in a mixed market［J］. International Journal of Production Economics, 2015, 162：13－24.

［31］Bian J., Liao Y., Wang Y. Y., Tao F. Analysis of firm CSR strategies［J］. European Journal of Operational Research, 2021, 290（3）：914－926.

［32］Bian J., Li K. W., Guo X. A strategic analysis of incorporating CSR into managerial incentive design［J］. Transportation Research Part E：Logistics and Transportation Review, 2016, 86：83－93.

［33］Bian J., Liao Y., Wang Y. Y., et al. Analysis of firm CSR strategies［J］. European Journal of Operational Research, 2021, 290（3）：914－926.

［34］Bose A., Gupta B. Mixed markets in bilateral monopoly［J］. Journal of Economics, 2013, 110（2）：141－164.

［35］Bova F., Yang L. State-owned enterprises, competition, and disclosure［J］. Contemporary Accounting Research, 2018, 35（2）：596－621.

［36］Boyaci T. Competitive stocking and coordination in a multiple-channel distribution system [J]. IIEtransactions, 2005, 37 (5): 407-427.

[37] Brand B., Grothe M. A note on corporate social responsibility and marketing channel coordination [J]. Research in Economics, 2013, 67 (4): 324-327.

[38] Brand B., Grothe M. Social responsibility in a bilateral monopoly [J]. Journal of Economics, 2015, 115 (3): 275-289.

[39] Cachon G. P., Girotra K., Netssine S. Interesting, important, and impactful operations management. Manufacturing & Service Operations Management, 2020, 22 (1): 214-222.

[40] Cai G. G. Channel selection and coordination in dual-channel supply chains [J]. Journal of Retailing, 2010, 86 (1): 22-36.

[41] Cai G. G., Zhang Z. G., Zhang M. Game theoretical perspectives on dual-channel supply chain competition with price discounts and pricing schemes [J]. International Journal of Production Economics, 2009, 117 (1): 80-96.

[42] Cao J., So K. C., Yin S. Impact of an "online-to-store" channel on demand allocation, pricing and profitability [J]. European Journal of Operational Research, 2016, 248 (1): 234-245.

[43] Cao L., Li L. The impact of cross-channel integration on retailers' sales growth [J]. Journal of Retailing, 2015, 91 (2): 198-216.

[44] Cattani K., Gilland W., Heese H. S., et al. Boilingfrogs: Pricing strategies for a manufacturer adding a direct channel that competes with the traditional channel [J]. Production and Operations Management, 2006, 15 (1): 40-56.

[45] Chang C. W., Li C. C., Lin Y. S. The strategic incentive of corporate social responsibility in a vertically related market [J]. International Review of Economics & Finance, 2019, 59: 88-97.

[46] Chen C. L., Liu Q., Li J., et al. Corporate social responsibility and downstream price competition with retailer's effort [J]. International Review of Economics & Finance, 2016, 46: 36-54.

[47] Chen J., Liang L., Yao D. Q., et al. Price and quality decisions in dual-channel supply chains [J]. European Journal of Operational Research, 2017,

259 (3): 935-948.

[48] Chen J., Zhang H., Sun Y. Implementing coordination contracts in a manufacturer Stackelberg dual-channel supply chain [J]. Omega, 2012, 40 (5): 571-583.

[49] Chen K. Y., Kaya M., Özer Ö. Dual sales channel management with service competition [J]. Manufacturing & Service Operations Management, 2008, 10 (4): 654-675.

[50] Chen L. G., Gu W., Tang Q. Strategic inventories in competitive supply chains under bargaining [J]. Manufacturing & Service Operations Management, 2023, 25 (6): 2160-2175.

[51] Chen P., Liu X., Wang Q., Zhou P. The implications of competition on strategic inventories considering manufacturer-to-consumer rebates [J]. Omega, 2022 (107): 102541.

[52] Chen X., Zhang H., Zhang M., et al. Optimal decisions in a retailer Stackelberg supply chain [J]. International Journal of Production Economics, 2017 (187): 260-270.

[53] Chiang W. K., Chhajed D., Hess J. D. Direct marketing, indirect profits: A strategic analysis of dual-channel supply-chain design [J]. Management Science, 2003, 49 (1): 1-20.

[54] Chiang W. K., Monahan G. E. Managing inventories in a two-echelon dual-channel supply chain [J]. European Journal of Operational Research, 2005, 162 (2): 325-341.

[55] Chu K., Wang S. S. Pfizer to cut prevenar 13 price again [J]. Wall Street Journal. https://www.wsj.com/articles/pfizer-to-cut-prevenar-13-price-again-1422306772.

[56] Cohen M. C., Perakis G., Thraves C. Consumer surplus under demand uncertainty [J]. Production and Operations Management, 2022, 31 (2): 478-494.

[57] Col B., Patel S. Going tohaven? Corporate social responsibility and tax avoidance [J]. Journal of Business Ethics, 2019, 154 (4): 1033-1050.

[58] Dan B. , Xu G. , Liu C. Pricing policies in a dual-channel supply chain with retail services [J]. International Journal of Production Economics, 2012, 139 (1): 312 – 320.

[59] Darrell R. The future of shopping [J]. Harvard Business Review, 2011, 89 (12): 64 – 75.

[60] Demand Caster. Warby parker aligns business objectives with supply chain management to drive growth. DemandCaster, 2014 (20). https://www.demandcaster.com/blog/warby-parker-aligns-business-objectives-with-supply-chain-management-to-drive-growth/.

[61] Derhami S. , Montreuil B. , Bau G. Assessing product availability in omnichannel retail networks in the presence of on-demand inventory transshipment and product substitution [J]. Omega, 2021, 102 (4): 1 – 14.

[62] Desai P. S. , Koenigsberg O. , Purohit D. Forward buying by retailers [J]. Journal of Marketing Research, 2010, 47 (1): 90 – 102.

[63] Dey K. , Roy S. , Saha S. The impact of strategic inventory and procurement strategies on green product design in a two-period supply chain [J]. International Journal of Production Research, 2019, 57 (7): 1915 – 1948.

[64] Dey K. , Saha S. Influence of procurement decisions in two-period green supply chain [J]. Journal of Cleaner Production, 2018 (190): 388 – 402.

[65] Dijkstra A. S. , Van der Heide G. , Roodbergen K. J. Transshipments of cross-channel returned products [J]. International Journal of Production Economics, 2019 (209): 70 – 77.

[66] Dixit A. K. , Stiglitz J. E. Monopolistic competition and optimum product diversity [J]. American Economic Review, 1977, 67 (3): 297 – 308.

[67] Donaldson T. , Preston L. E. The stakeholder theory of the corporation: Concepts, evidence, and implications [J]. Academy of Management Review, 1995, 20 (1): 65 – 91.

[68] Dou G. , Choi T. M. Does implementing trade-in and green technology together benefit the environment? [J]. European Journal of Operational Research,

2021, 295 (2): 517-533.

[69] Dumrongsiri A., Fan M., Jain A., et al. A supply chain model with direct and retail channels [J]. European Journal of Operational Research, 2008, 187 (3): 691-718.

[70] Edgecliffe-Johnson A. Beyond the bottom line: should business put purpose before profit? [J]. Financial Times, 2019 (3).

[71] Eldar O. Therole of social enterprise and hybrid organizations [J]. Columbia Business Law Review, 2017 (1): 92-193.

[72] Flammer C. Does corporate social responsibility lead to superior financial performance? A regression discontinuity approach [J]. Management Science, 2015, 61 (11): 2549-2568.

[73] Freeman R. E. Strategic management: A stakeholder approach [M]. Cambridge University Press, 2010.

[74] Freeman R. E., Wicks A. C., Parmar B. Stakeholder theory and "the corporate objective revisited" [J]. Organization Science, 2004, 15 (3): 364-369.

[75] Friedman H. L., Heinle M. S. Taste, information, and asset prices: Implications for the valuation of CSR [J]. Review of Accounting Studies, 2016, 21 (3): 740-767.

[76] Friedman M. The Social Responsibility of Business is to Increase its Profits [J]. The New York Times Magazine, 1970 (13).

[77] Gallino S., Moreno A. Integration of online and offline channels in retail: the impact of sharing reliable inventory availability information [J]. Management Science, 2014, 60 (6): 1434-1451.

[78] Gao F., Agrawal V. V., Cui S. The effect of multichannel and omnichannel retailing on physical stores [J]. Management Science, 2022, 68 (2): 809-826.

[79] Gao F. Cause marketing: Product pricing, design, and distribution [J]. Manufacturing & Service Operations Management, 2020, 22 (4): 775-791.

[80] Gao F., Su X. Omnichannel retail operations with buy-online-and-pick-

up-in-store [J]. Management Science, 2017, 63 (8): 2478 - 2492.

[81] Gao F., Su X. Online and offline information for omnichannel retailing [J]. Manufacturing & Service Operations Management, 2017, 19 (1): 84 - 98.

[82] Godfrey P. C., Merrill C. B., Hansen J. M. The relationship between corporate social responsibility and shareholder value: An empirical test of the risk management hypothesis [J]. Strategic Management Journal, 2009, 30 (4): 425 - 445.

[83] Goering G. E. Corporate social responsibility and marketing channel coordination [J]. Research in Economics, 2012, 66 (2): 142 - 148.

[84] Goering G. E. The profit-maximizing case for corporate social responsibility in a bilateral monopoly [J]. Managerial and Decision Economics, 2014, 35 (7): 493 - 499.

[85] Greenfield J. Amazon: Still a charity for consumers funded by investors? [J]. Forbs, 2014 (30).

[86] Guan H., Gurnani H., Geng X., Luo Y. Strategic inventory and supplier encroachment [J]. Manufacturing & Service Operations Management, 2019, 21 (3): 536 - 555.

[87] Guan X., Liu B., Chen Y., et al. Inducing supply chain transparency through supplier encroachment [J]. Production and Operations Management, 2020, 29 (3): 725 - 749.

[88] Guo C., Thompson R. G., Foliente G., et al. An auction-enabled collaborative routing mechanism for omnichannel on-demand logistics through transshipment [J]. Transportation Research Part E: Logistics and Transportation Review, 2021, 146 (2): 1 - 22.

[89] Guo X., Kouvelis P., Turcic D. Pricing, quality, and stocking decisions in a manufacturer-centric dual channel [J]. Manufacturing & Service Operations Management, 2022, 24 (4): 2116 - 2133.

[90] Ha A., Long X., Nasiry J. Quality insupply chain encroachment [J]. Manufacturing & Service Operations Management, 2016, 18 (2): 280 - 298.

[91] Ha A. Y., Luo H. & Shang W. Supplier encroachment, information sha-

ring, and channel structure in online retail platforms [J]. Production and Operations Management, 2022, 31 (3): 1235 – 1251.

[92] Ha A. Y. , Tong S. , Wang Y. Channel structures of online retail platforms [J]. Manufacturing & Service Operations Management, 2022, 24 (3): 1547 – 1561.

[93] Haitao Cui T. , Raju J. S. , Zhang Z. J. Fairness and channel coordination [J]. Management Science, 2007, 53 (8): 1303 – 1314.

[94] Hamamura J. , Zennyo Y. Retailer voluntary investment against a threat of manufacturer encroachment [J]. Marketing Letters, 2021, 32 (4): 379 – 395.

[95] Hart O. Incomplete contracts and public ownership: Remarks, and an application to public-private partnerships [J]. The Economic Journal, 2003, 113 (486): 69 – 76.

[96] Hartwig R. , Inderfurth K. , Sadrieh A. , et al. Strategic inventory and supply chainbehavior [J]. Production and Operations Management, 2015, 24 (8): 1329 – 1345.

[97] Hassey H. , Kassaow J. Visionspring aims to provide eyeglasses to millions [M]. Stanford Social Innovation Review, 2014. https://ssir.org/articles/entry/visionspring_aims_to_provide_eyeglasses_to_millions.

[98] Hotkar P. , Gilbert S. M. Supplier encroachment in a nonexclusive reselling channel [J]. Management Science, 2021, 67 (9): 5821 – 5837.

[99] Hsueh C. F. A bilevel programming model for corporate social responsibility collaboration in sustainable supply chain management [J]. Transportation Research Part E: Logistics and Transportation Review, 2015 (73): 84 – 95.

[100] Huang S. , Chen Y. Manufacturer encroachment with competing dual-purpose online retail platforms [J]. Journal of Retailing and Consumer Services, 2023 (73): 103370.

[101] Huang S. , Gao Y. , Wang Y. Supply chain channel structure with online platform and dual-purpose firms [J]. Transportation Research Part E: Logistics and Transportation Review, 2023 (180): 103363.

[102] Huang S., Guan X., Chen Y. J. Retailer information sharing with supplier encroachment [J]. Production and Operations Management, 2018, 27 (6): 1133-1147.

[103] Huang S., Guan X., Xiao B. Incentive provision for demand information acquisition in a dual-channel supply chain [J]. Transportation Research Part E: Logistics and Transportation Review, 2018 (116): 42-58.

[104] Huang S., Yang C., Liu H. Pricing and production decisions in a dual-channel supply chain when production costs are disrupted [J]. Economic Modelling, 2013 (30): 521-538.

[105] Huang W., Swaminathan J. M. Introduction of asecond channel: Implications for pricing and profits [J]. European Journal of Operational Research, 2009, 194 (1): 258-279.

[106] Huang X. B., Watson L. Corporate social responsibility research in accounting [J]. Journal of Accounting Literature, 2015, 34 (1): 1-16.

[107] Hu C., Hu M., Xiao Y. Socially responsible newsvendor [M]. Available at SSRN, 2024, 3805366.

[108] Huh Woonghee T., Li H. Product-line pricing with dual objective of profit and consumer surplus [J]. Production and Operations Management, 2023, 32 (4): 1223-1242.

[109] Huh W. T., Li H. Product-line pricing with dual objective of profit and consumer surplus [J]. Production and Operations Management, 2023, 32 (4): 1223-1242.

[110] Ikram A., Li Z. F., Minor D. CSR-contingent executive compensation contracts [J]. Journal of Banking & Finance, 2019 (151): 105655.

[111] Ishibashi I., Matsumura T. R&D competition between public and private sectors [J]. European Economic Review, 2006, 50 (6): 1347-1366.

[112] Ishibashi K., Kaneko T. Partial privatization in mixed duopoly with price and quality competition [J]. Journal of Economics, 2008, 95 (3): 213-231.

[113] Jensen M. C. Value maximization, stakeholder theory, and the corpo-

rate objective function [J]. Journal of Applied Corporate Finance, 2001, 14 (3): 8 – 21.

[114] Jerath K., Kim S. H., Swinney R. Product quality in a distribution channel with inventory risk [J]. Marketing Science, 2017, 36 (5): 747 – 761.

[115] Jeuland A. P., Shugan S. M. Managing channel profits [J]. Marketing Science, 1983, 2 (3): 239 – 272.

[116] Jia S., Karp J., Ravi R., et al. Effective online order acceptance policies for omnichannel fulfillment [J]. Manufacturing & Service Operations Management, 2022, 24 (3): 139 – 147.

[117] Jin C., Wu C., Chen Y. J. Managing competition from within and outside: Using strategic inventory and network externality to combat copycats [J]. Manufacturing & Service Operations Management, 2023, 25 (5): 1814 – 1834.

[118] Jin D., Caliskan-Demirag O., Chen F. Y., Huang M. Omnichannel retailers' return policy strategies in the presence of competition [J]. International Journal of Production Economics, 2020 (225): 107595.

[119] Jin M., Li G., Cheng T. C. E. Buy online and pick up in-store: Design of the service area [J]. European Journal of Operational Research, 2018, 268 (2): 613 – 623.

[120] Ji Y., Xu W., Zhao Q. The real effects of stock prices: learning, disclosure and corporate social responsibility [J]. Accounting & Finance, 2019 (59): 2133 – 2156.

[121] Kapner S. How the webdrags on some retailers [J]. Wall Street Journal, 2014 (1).

[122] Kaul A., Luo J. An economic case for CSR: The comparative efficiency of for-profit firms in meeting consumer demand for social goods [J]. Strategic Management Journal, 2018, 39 (6): 1650 – 1677.

[123] Keskinocak P., Chivatxaranukul K., Griffin P. M. Strategic inventory in capacitated supply chain procurement [J]. Managerial and Decision Economics, 2008, 29 (1): 23 – 36.

[124] Keys T., Malnight T. W., Van Der Graaf K. Making the most of corporate social responsibility [J]. McKinsey Quarterly, 2009 (1).

[125] Kim S. L., Lee S. H., Matsumura T. Corporate social responsibility and privatization policy in a mixed oligopoly [J]. Journal of Economics, 2019, 128 (1): 67 - 89.

[126] Kopel M. Price and quantity contracts in a mixed duopoly with a socially concerned firm [J]. Managerial and Decision Economics, 2015, 36 (8): 559 - 566.

[127] Kotler P. Marketing Management: Analysis, Planning and Control [M]. Prentice-Hall, Inc., Englewood Cliffs, NJ. 1972.

[128] Kraft T., Zheng Y., Erhun F. The NGO's dilemma: How to influence firms to replace a potentially hazardous substance [J]. Manufacturing & Service Operations Management, 2013, 15 (4): 649 - 669.

[129] Leighton M., Saguin J. 19 B Corps that make products we love while using their profits for good (2022 - 06 - 02). https://www.businessinsider.com/guides/style/b-corp-retail-companies#%20bombas-8.

[130] Li B., Jiang Y. Impacts of returns policy under supplier encroachment with risk-averse retailer [J]. Journal of Retailing and Consumer Services, 2019 (47): 104 - 115.

[131] Li B., Zhu M., Jiang Y., et al. Pricing policies of a competitive dual-channel green supply chain [J]. Journal of Cleaner Production, 2016 (112): 2029 - 2042.

[132] Li C., Zhou P. Corporate social responsibility: The implications of cost improvement and promotion effort [J]. Managerial and Decision Economics, 2019, 40 (6): 633 - 638.

[133] Li J., Wu D. A. Do corporate social responsibility engagements lead to real environmental, social, and governance impact? [J]. Management Science, 2020, 66 (6): 2291 - 2799.

[134] Li J., Yi L., Shi V., Chen X. Supplier encroachment strategy in the presence of retail strategic inventory: Centralization or decentralization? [J]. Ome-

ga, 2021 (98): 102213.

[135] Li Q. H., Li B. Dual-channel supply chain equilibrium problems regarding retail services and fairness concerns [J]. Applied Mathematical Modelling, 2016, 40 (15-16): 7349-7367.

[136] Li R. Reinvent retail supply chain: Ship-from-store-to-store [J]. Production and Operations Management, 2020, 29 (8): 1825-1836.

[137] Littau P., Jujagiri N. J., Adlbrecht G. 25 years of stakeholder theory in project management literature (1984-2009) [J]. Project Management Journal, 2010, 41 (4): 17-29.

[138] Li T., Xie J., Zhao X., et al. On supplier encroachment with retailer's fairness concerns [J]. Computers & Industrial Engineering, 2016 (98): 499-512.

[139] Li T., Xie J., Zhao X. Supplier encroachment in competitive supply chains [J]. International Journal of Production Economics, 2015 (165): 120-131.

[140] Liu B., Guan X., Wang Y. Supplier encroachment with multiple retailers [J]. Production and Operations Management, 2021, 30 (10): 3523-3539.

[141] Liu M., Cao E., Salifou C. K. Pricing strategies of a dual-channel supply chain with risk aversion [J]. Transportation Research Part E: Logistics and Transportation Review, 2016 (90): 108-120.

[142] Liu X., Liu X., Reid C. D. Stakeholder orientations and cost management [J]. Contemporary Accounting Research, 2019, 36 (1): 486-512.

[143] Li X., Li Y., Chen Y. J. Strategic inventories under supply chain competition [J]. Manufacturing & Service Operations Management, 2022, 24 (1): 77-90.

[144] Li Z., Gilbert S. M., Lai G. Supplier encroachment as an enhancement or a hindrance to nonlinear pricing [J]. Production and Operations Management, 2015, 24 (1): 89-109.

[145] Li Z., Gilbert S. M., Lai G. Supplier encroachment under asymmetric information [J]. Management Science, 2014, 60 (2): 449-462.

[146] Luo X., Bhattacharya C. B. Corporate social responsibility, customer satisfaction, and market value [J]. Journal of Marketing, 2006, 70 (4): 1-18.

[147] Macmillan D. Warby Parker adds storefronts to its sales strategy [J]. Wall Street Journal, 2014 (17). https://www.wsj.com/articles/warby-parker-adds-storefronts-to-its-sales-strategy-1416251866.

[148] Mandal P., Basu P., Saha K. Forays into omnichannel: An online retailer's strategies for managing product returns [J]. European Journal of Operational Research, 2021, 292 (2): 633-651.

[149] Mantin B., Jiang L. Strategic inventories with quality deterioration [J]. European Journal of Operational Research, 2017, 258 (1): 155-164.

[150] Ma P., Shang J., Wang H. Enhancing corporate social responsibility: Contract design under information asymmetry [J]. Omega, 2017 (67): 19-30.

[151] Martínez-de-Albéniz V., Simchi-Levi D. Supplier-buyer negotiation games: Equilibrium conditions and supply chain efficiency [J]. Production and Operations Management, 2013, 22 (2): 397-409.

[152] Matsui K. Disclosure policy in a mixed market [J]. European Accounting Review, 2016, 25 (1): 81-107.

[153] Matsumura T. Partial privatization in mixed duopoly [J]. Journal of Public Economics, 1998, 70 (3): 473-483.

[154] McGuire T. W., Staelin R. An industry equilibrium analysis of downstream vertical integration [J]. Marketing Science, 2008, 27 (1): 115-130.

[155] McWilliams A., Siegel D. Corporate social responsibility and financial performance correlation misspecification [J]. Strategic Management Journal, 2000, 21 (5): 603-609.

[156] McWilliams A., Siegel D. Corporate social responsibility: A theory of the firm perspective [J]. Academy of Management Review, 2001, 26 (1): 117-127.

[157] Meyer P. Walmarts stakeholders: Analysis & recommendations [J]. Panmore Institute, 2017 (25).

[158] Modak N. M., Kazemi N., Cárdenas-Barrón L. E. Investigating struc-

ture of a two-echelon closed-loop supply chain using social work donation as a Corporate Social Responsibility practice [J]. International Journal of Production Economics, 2019 (207): 19-33.

[159] Modak N. M., Panda S., Sana S. S., et al. Corporate social responsibility, coordination and profit distribution in a dual-channel supply chain [J]. Pacific Science Review, 2014, 16 (4): 235-249.

[160] Moon I., Dey K., Saha S. Strategic inventory: manufacturer vs. retailer investment [J]. Transportation Research Part E: Logistics and Transportation Review, 2018 (109): 63-82.

[161] Moorthy K. S. Strategic decentralization in channels [J]. Marketing Science, 1988, 7 (4): 335-355.

[162] Mukhopadhyay S. K., Yao D. Q., Yue X. Information sharing of value-adding retailer in a mixed channel hi-tech supply chain [J]. Journal of Business Research, 2008, 61 (9): 950-958.

[163] Nematollahi M., Hosseini-Motlagh S. M., Heydari J. Coordination of social responsibility and order quantity in a two-echelon supply chain: A collaborative decision-making perspective [J]. International Journal of Production Economics, 2017 (184): 107-121.

[164] Nielsen I. E., Majumder S., Sana S. S., et al. Comparative analysis of government incentives and game structures on single and two-period green supply chain [J]. Journal of Cleaner Production, 2019 (235): 1371-1398.

[165] Ningning Wang, Zhuoxin Li. Channel Structures for a Dual-Purpose Firm: Direct, Retail, or Hybrid? [J]. Production and Operations Management, 2025, https://doi.org/10.1177/10591478251317454.

[166] Panda S. Coordination of a socially responsible supply chain using revenue sharing contract [J]. Transportation Research Part E: Logistics and Transportation Review, 2014 (67): 92-104.

[167] Panda S., Modak N. M., Basu M., et al. Channel coordination and profit distribution in a social responsible three-layer supply chain [J]. International

Journal of Production Economics, 2015 (168): 224 – 233.

[168] Pi Z., Fang W., Zhang B. Service and pricing strategies with competition and cooperation in a dual-channel supply chain with demand disruption [J]. Computers & Industrial Engineering, 2019 (138): 106130.

[169] Planer-Friedrich L., Sahm M. Strategic corporate social responsibility, imperfect competition, and market concentration [J]. Journal of Economics, 2020, 129 (1): 79 – 101.

[170] Pontefract D. Should companies serve only their shareholders or their stakeholders more broadly? [J]. Forbes, 2016 (9).

[171] Porter M. E., Kramer M. R. Strategy and society: the link between corporate social responsibility and competitive advantage [J]. Harvard Business Review, 2006, 84 (12): 78 – 92.

[172] Pu X., Gong L., Han X. Consumer free riding: Coordinating sales effort in a dual-channel supply chain [J]. Electronic Commerce Research and Applications, 2017 (22): 1 – 12.

[173] Ranjan A., Jha J. K. Pricing and coordination strategies of a dual-channel supply chain considering green quality and sales effort [J]. Journal of Cleaner Production, 2019 (218): 409 – 424.

[174] Roy A., Gilbert S. M., Lai G. The implications of strategic inventory for short-term vs. long-term supply contracts in nonexclusive reselling environments [J]. Manufacturing & Service Operations Management, 2022, 24 (5): 2629 – 2647.

[175] Roy A., Gilbert S. M., Lai G. The implications of visibility on the use of strategic inventory in a supply chain [J]. Management Science, 2019, 65 (4): 1752 – 1767.

[176] Saghiri S., Wilding R., Mena C., Bourlakis M. Toward a three-dimensional framework for omni-channel [J]. Journal of Business Research, 2017 (77): 53 – 67.

[177] Servaes H., Tamayo A. The impact of corporate social responsibility on firm value: The role of customer awareness [J]. Management Science, 2013, 59

(5): 1045-1061.

[178] Shi X., Chan H. L., Dong C. Impacts of competition between buying firms on corporate social responsibility efforts: Does competition do more harm than good? [J]. Transportation Research Part E: Logistics and Transportation Review, 2020 (140): 101985.

[179] Siawsolit C., Gaukler G. M. Offsetting omnichannel grocery fulfillment cost through advance ordering of perishables [J]. International Journal of Production Economics, 2021, 239 (9): 1-14.

[180] Singh N., Vives X. Price and quantity competition in a differentiated duopoly [J]. The Rand Journal of Economics, 1984, 15 (4): 546-554.

[181] Slobig Z. How visionspring experiments with distribution to expand its reach (2017-08-24). Skoll https://skoll.org/2017/08/24/visionspring-experiments-distribution/.

[182] Sodhi M. M. S. Conceptualizing social responsibility in operations via stakeholder resource-based view [J]. Production and Operations Management, 2015, 24 (9): 1375-1389.

[183] Spengler J. J. Vertical integration and antitrust policy [J]. Journal of Political Economy, 1950, 58 (4): 347-352.

[184] Sumida M., Gallego G., Rusmevichientong P., Topaloglu H., Davis J. Revenueutility tradeoff in assortment optimization under the multinomial logit model with totally unimodular constraints [J]. Management Science, 2021, 67 (5): 2845-2869.

[185] Sundaram A. K., Inkpen A. C. Stakeholder theory and "The corporate objective revisited": A reply [J]. Organization Science, 2004, 15 (3): 370-371.

[186] Sundaram A. K., Inkpen A. C. The corporate objective revisited [J]. Organization Science, 2004, 15 (3): 350-363.

[187] Sun X., Tang W., Chen J., et al. Manufacturer encroachment with production cost reduction under asymmetric information [J]. Transportation Research Part E: Logistics and Transportation Review, 2019 (128): 191-211.

[188] Tang Y., Sethi S. P., Wang Y. Games of supplier encroachment channel selection and e-tailer's information sharing [J]. Production and Operations Management, 2023, 32 (11): 3650-3664.

[189] Tannenbaum J. Franchisees resist poaching via software, kiosks, Internet [J]. Wall Street Journal, 1995 (30).

[190] Tedeschi B. New level of competition: When a supplier gets into its customers' business [J]. New York Times, 2005 (26).

[191] Thaichon P., Phau I., Weaven S. Moving from multichannel to omnichannel retailing: Special issue introduction [J]. Journal of Retailing and Consumer Services, 2022 (65): 102311.

[192] Tsay A. A., Agrawal N. Channel conflict and coordination in the e-commerce age [J]. Production and Operations Management, 2004, 13 (1): 93-110.

[193] Wang N., Fan Z. P., Zhao X. Coordination incompetitive dual sales channels of the mobile phone industry [J]. International Transactions in Operational Research, 2020, 27 (2): 984-1012.

[194] Wang N., Li Z. Supplier encroachment with a dual-purpose retailer [J]. Production and Operations Management, 2021, 30 (8): 2672-2688.

[195] Wang Y., Mei S., Xu R., Yang D., Zhong W. Channel competition in omni-channel supply chain considering social media advertising [J]. Managerial and Decision Economics, 2023, 44 (6): 3354-3366.

[196] Wei L., Kapuscinski R., Jasin S. Shipping consolidation across two warehouses with delivery deadline and expedited options for e-commerce and omni-channel retailers [J]. Manufacturing & Service Operations Management, 2021, 23 (6): 1634-1650.

[197] Worsham E., Fehrman R., Clark C. Visionspring: Business model iteration in pursuit of vision for all [J]. Innovation Investment Alliance and CASE at Duke, 2017. https://www.mercycorps.org/sites/default/files/2019-11/Scaling-Pathways-Vision-Spring-Case-Study.pdf.

[198] Xia J., Niu W. Adding clicks to bricks: An analysis of supplier en-

croachment under service spillovers [J]. Electronic Commerce Research and Applications, 2019 (37): 100876.

[199] Xia J., Niu W. A perspective on supplier encroachment in the era of e-commerce [J]. Electronic Commerce Research and Applications, 2020 (40): 100924.

[200] Xiao T., Shi J. J. Pricing and supply priority in a dual-channel supply chain [J]. European Journal of Operational Research, 2016, 254 (3): 813 – 823.

[201] Xue L., Wang K. Dual-channel supply chain coordination under risk aversion and fairness concerns [J]. Managerial and Decision Economics, 2023, 44 (6): 3289 – 3307.

[202] Xu G., Dan B., Zhang X., et al. Coordinating a dual-channel supply chain with risk-averse under a two-way revenue sharing contract [J]. International Journal of Production Economics, 2014 (147): 171 – 179.

[203] Xu J., Qi Q., Bai Q. Coordinating a dual-channel supply chain with price discount contracts under carbon emission capacity regulation [J]. Applied Mathematical Modelling, 2018 (56): 449 – 468.

[204] Xu L., Wang C., Zhao J. Decision and coordination in the dual-channel supply chain considering cap-and-trade regulation [J]. Journal of Cleaner Production, 2018 (197): 551 – 561.

[205] Yan B., Wang T., Liu Y., et al. Decision analysis of retailer-dominated dual-channel supply chain considering cost misreporting [J]. International Journal of Production Economics, 2016 (178): 34 – 41.

[206] Yang H., Luo J., Zhang Q. Supplier encroachment under nonlinear pricing with imperfect substitutes: Bargaining power versus revenue-sharing [J]. European Journal of Operational Research, 2018, 267 (3): 1089 – 1101.

[207] Yang L., Wang G., Ke C. Remanufacturing and promotion in dual-channel supply chains under cap-and-trade regulation [J]. Journal of Cleaner Production, 2018 (204): 939 – 957.

[208] Yang X., Dai B., Xie X. Supplier encroachment strategies in a retail

platform with strategic inventory holding behavior [J]. Transportation Research Part E: Logistics and Transportation Review, 2024 (187): 103582.

[209] Yan W., Xiong Y., Xiong Z., et al. Bricks vs. clicks: Which is better for marketing remanufactured products? [J]. European Journal of Operational Research, 2015, 242 (2): 434 – 444.

[210] Ye Y., Guo Q., Nie J. Retailer information strategies with a dual-purpose manufacturer [J]. Transportation Research Part E: Logistics and Transportation Review, 2023 (180): 103355.

[211] Yglesias M. Amazon profits fall 45 percent, still the most amazing company in the world [J]. Slate, 2013 (29).

[212] Yoon D. H. Supplier encroachment and investment spillovers [J]. Production and Operations Management, 2016, 25 (11): 1839 – 1854.

[213] Yoo W. S., Lee E. Internet channel entry: A strategic analysis of mixed channel structures [J]. Marketing Science, 2011, 30 (1): 29 – 41.

[214] Yu D., Wan M., Luo C. Dynamic pricing and dual-channel choice in the presence of strategic consumers [J]. Managerial and Decision Economics, 2022, 43 (6): 2392 – 2408.

[215] Zax L. The VisionSpring model: Creating markets and players instead of empty CSR [EB/OL]. (2012 – 10 – 05). https://www.forbes.com/sites/ashoka/2012/10/05/the-visionspring-model-creating-markets-and-players-instead-of-empty-csr/.

[216] Zhang J., Li S., Zhang S., et al. Manufacturer encroachment with quality decision under asymmetric demand information [J]. European Journal of Operational Research, 2019, 273 (1): 217 – 236.

[217] Zhang P., Xiong Y., Xiong Z. Coordination of a dual-channel supply chain after demand or production cost disruptions [J]. International Journal of Production Research, 2015, 53 (10): 3141 – 3160.

[218] Zhang Q., Tang W., Zaccour G., et al. Should a manufacturer give up pricing power in a vertical information-sharing channel? [J]. European Journal

of Operational Research, 2019, 276 (3): 910 – 928.

[219] Zhang T., Li G., Cheng T. E., Shum S. Consumer inter-product showrooming and information service provision in an omni-channel supply chain [J]. Decision Sciences, 2020, 51 (5): 1232 – 1264.

[220] Zheng B., Yu N., Jin L., et al. Effects of power structure on manufacturer encroachment in a closed-loop supply chain [J]. Computers & Industrial Engineering, 2019 (137): 106062.

[221] Zhou J., Zhao R., Wang B. Behavior-based price discrimination in a dual-channel supply chain with retailer's information disclosure [J]. Electronic Commerce Research and Applications, 2020 (39): 100916.

[222] Zhou P., Hong H. Horizontal partial shareholding, dual purpose concern, and mixed duopoly competition [J]. Managerial and Decision Economics, 2022. https://doi.org/10.1002/mde.3584 1 – 9.

[223] Zhu B., Wen B., Ji S., et al. Coordinating a dual-channel supply chain with conditional value-at-risk under uncertainties of yield and demand [J]. Computers & Industrial Engineering, 2020 (139): 106181.

[224] Zipkin P. H. Foundations of inventory management [M]. McGraw-Hill/Irwin, New York, 2000.